2012年「印度尼西亞共和國」全圖

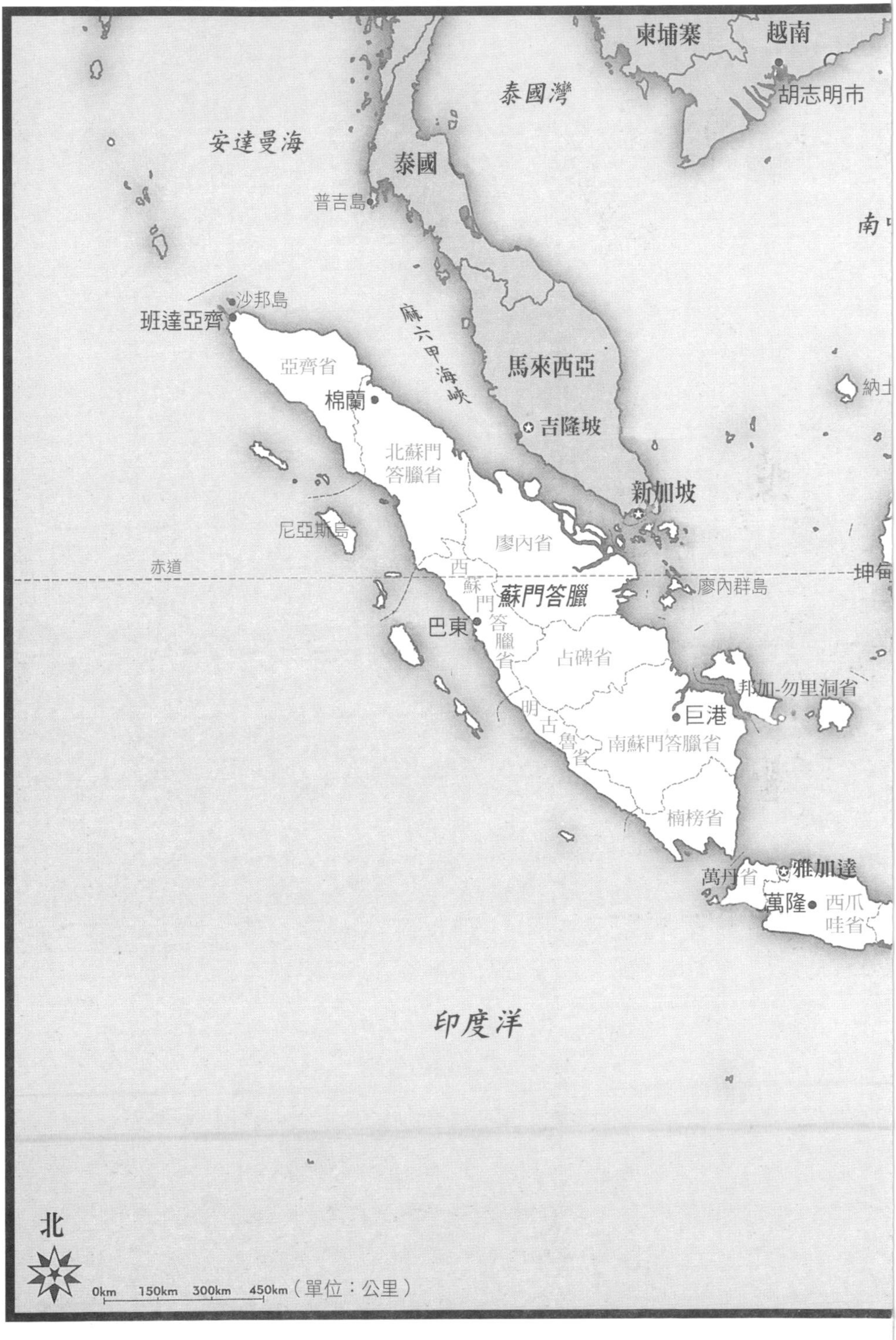

印尼

Etc.

眾神遺落的
珍珠

Indonesia Etc.:
Exploring the Improbable Nation

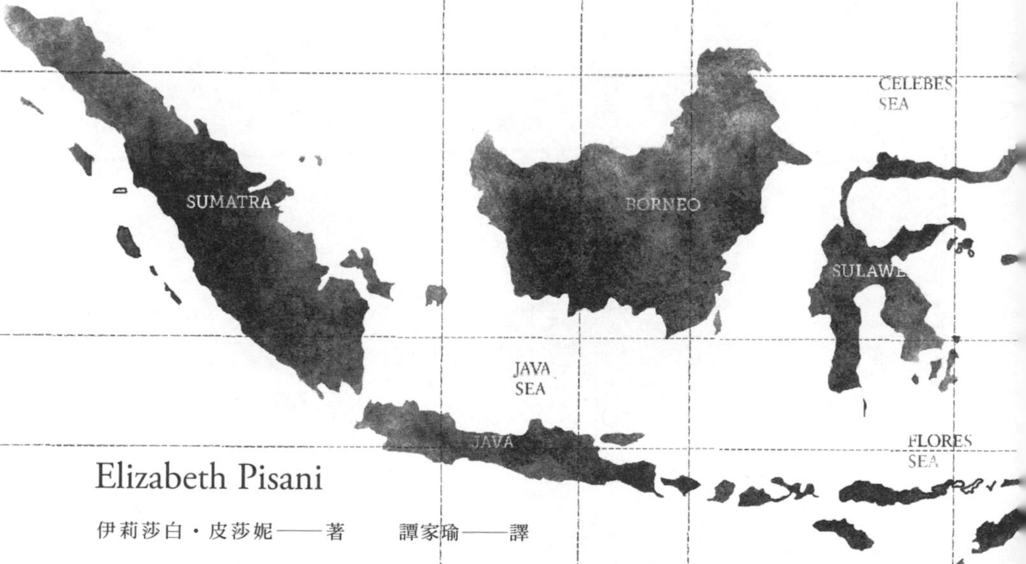

Elizabeth Pisani

伊莉莎白・皮莎妮——著　　譚家瑜——譯

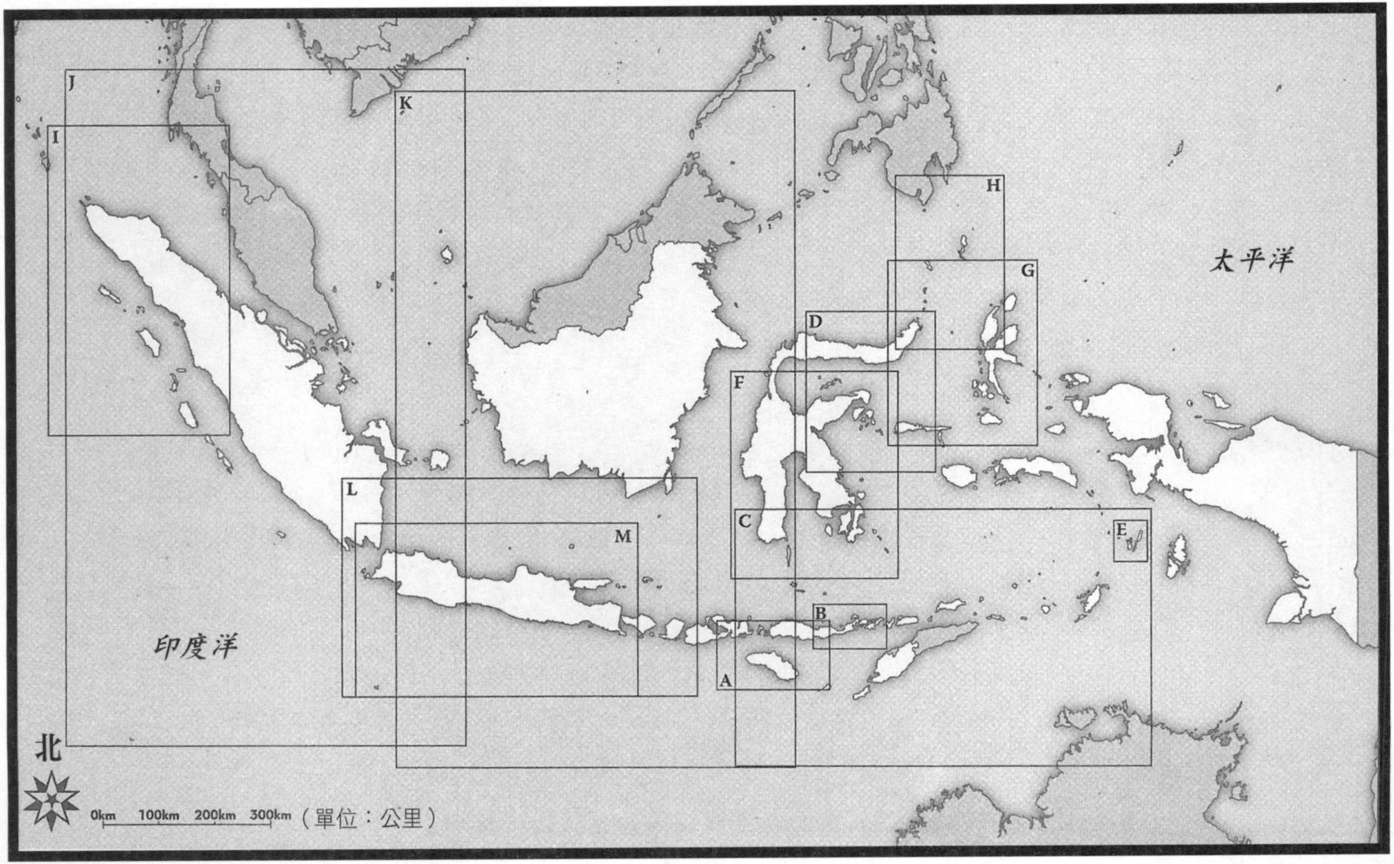
太平洋
印度洋
北
0km 100km 200km 300km（單位：公里）
A
B
C
D
E
F
G
H
I
J
K
L
M

印尼分區圖，詳見各章附圖

目次

推薦序一

「模範生」和她的「壞男友」

國立暨南國際大學東南亞學系教授兼系主任
李美賢

印尼幅員廣大，由一萬數千個島嶼組成，住著三百六十個族群，說著七百一十九種語言。這樣一個充滿多元與異質性的國家，卻可能也是這世界上大部分人們無法在地圖上指認的「大國」。甚至有許多人是在準備出發前往有「度假天堂」之稱的峇里島時才發現，「喔，原來峇里島在印尼」，也因為「度假天堂」的加持，才願意對印尼有一點點正面的觀感。

通常，周遭朋友去印尼會跟隨旅行團，搭乘舒服有冷氣的遊覽車、小巴、安全的觀光遊艇。人們猶如鑽進氣球裡，在氣球內享受星級的舒適，行走安全的行程，品嘗萬無一失的料理，更謹慎一點的，上飛機前先打個預防針，再帶上胃腸藥。氣球隔絕了自己與印尼的真實接觸，更多時候錯失了品味多層次又迷人的印尼的機會。許多去過峇里島的人用「鼓起勇氣」來敘述自己品嘗當地風味料理「髒鴨」的經驗，飽足之餘仍不忘批評一句：「髒鴨？幹嘛不取個美味一點的名字？」總之，印尼，即便是如度假天堂峇里島，大家總有說不完的負面印象與恐懼。如果有誰像本書作者皮莎妮一般，隨便在路旁就喝一杯冰涼椰子水，恐怕就會引來「太過『冒險』」的指謫。如果還像皮莎妮那樣騎摩托車、搭破公車、乘坐充滿暈吐味的渡輪，走過兩萬三千公里路，路途中還任意與人攀談（包括原本伺機要搶劫她的人），以「凡事點頭就對了」的態度進入許多社區，睡臥偶遇百姓人家的地板，這些行徑恐怕已不是「太冒險了」這幾個字足堪警戒了。但皮莎妮的「冒險」故事卻充滿意外與驚喜，例如在距離首都特區雅加達遙遠的東部外島邊陲地區，皮莎妮讓與她攀談的人任意滑動瀏覽她iPad裡一九八八年在印尼拍下的照片，意外連結了一個社區、一個世代的成長與變遷；在臨時借宿的眾多人家的住家地板上，如何親密地分享他們的希望與恐懼。「凡事點頭就對了」不僅直白透露了皮莎妮的大勇大仁，也讓長期被「經濟與文化勢利眼」蒙蔽的素樸人情，動人地編織了起來。

皮莎妮出生於美國，在歐洲數個國家受教育，是牛津大學中國文學碩士，曾經擔任路透社及《經濟學人》駐外記者，一九八八至一九九一年間派駐印尼。其後生涯大轉變：在倫敦衛生與熱帶醫學院流行病學系攻讀博士，成為流行病學家，二〇〇一至二〇〇五年間任職印尼健康衛生部，從事愛滋病相關研究工作，如她所說：「性與毒」就是她工作的全部。皮莎妮會說流利的法語、西班牙語、中文以及印尼文，跨域知識與多語文能力，讓她得以探索科學、政治與文化膠著纏繞的複雜課題。以世俗的「模範」標準來看，說皮莎妮是一位「模範生」實不為過。這位「模範生」，卻在一九八八年到印尼擔任特派記者後，深度迷戀、無法自拔地愛上印尼這個「壞男友」。二〇一一年皮莎妮以研究休假的名義暫離愛滋病的研究崗位，重返印尼。皮莎妮為期一年重探印尼，以摩托車、公車、渡輪探訪了三十三個省分中的二十六個省，像蟲一般地鑽探許多走到一半就沒有的路，以及絕大多數印尼人也不曾去過的巷弄與社區。皮莎妮像蠕蟲（worm's-eye view）般行走二十六省，無疑也是對地方分權後各地狀況的巡禮。

自一九九七金融風暴導致三十年威權統治的強人蘇哈托下台，一九九九年通過地方自治相關法案、二〇〇一年開始實施以來，印尼正式進入地方分權自治的新時代。省和地區自此擁有前所未有的高財政預算和行政自主權。此一重大改變，雖被認為是民主化最具體的作為，讓印尼各省擁有自我發展的機會，然而一般認為這是為了減緩分離主義活動造成的緊張局勢，以期保持這個世界上最大的因殖民統治而形成的國族國家的一統性，不致走向分裂。以總體經濟指標鳥瞰（bird's view），印尼近年來是個受國際媒體關注、充滿發展機會與希望的「金磚」大國，是不可錯失的投資地。此時的印尼，有一億一千萬名年齡低於二十五歲的青年人口，這是令無數面臨發展停滯的已開發國家嫉妒也覬覦的年輕勞動力。這些年輕人在做什麼？這本書給了我們非常多而鮮明的畫面，但沒有一個簡單的答案。

印尼擁有兩億五千萬人口，主要集中在爪哇島上的首都雅加達及幾個大城市。有一人群擠在爪哇島上的年輕人，對臉書上癮，也熱愛上社交網站。雖然如此，伊斯蘭宗教復興運動也旺盛地開展，仍有數百萬人花很多時間參加閱讀《古蘭經》的課程，這些人反對西方國家政治霸權，以及占據經濟主導地位，他們摒棄西方國家的生活方式，希望回歸以「伊斯蘭作為生活方式」。女神卡卡（Lady Gaga）風靡無數的印尼年輕人，但在另一批印尼年輕人眼中，卡卡是汙穢、不道德的，因此必須阻撓女神的造訪，以具體行動履行穆斯林的職責與義務，重整伊斯蘭教的信念。可以說，「世俗道德秩序 vs. 宗教道德秩序」二元對立的現象，正在人口密集的爪哇島上演。有趣的是，公務員是大家共同追求的夢想職業——穿上制服，享受公務人員的福利與安定，這或許是這個國家唯一能提供的穩定且可溫飽的工作。

離開都市，尤其是進入更邊陲的東部外島社區，集體合作主義完全沒有受到國家現代化發展方案夾帶的個人主義影響。集體合作、長年在地、族人緊密凝聚，編織成安身立命的安全網。在那些一間醫院都沒有的地方，集體合作互助之外，只能依靠祖先與聖靈的保佑。在這些地方，要他們破除「迷信」、停止「奢華」葬禮，不就等於剝奪了他們的安全感，情何以堪？尤其印尼三十多年「發展與現代化」的雨露，完全沒有降落在東部這些外島，外島人民的生活品質與國家的發展與現代化，是兩個沒有交集的畫面。

印尼自獨立以來，爪哇成為政經文化的中心，蘇門答臘扮演平衡區域代表性的配角，東部外島是永恆的「邊陲」。在蘇哈托被譽為「發展之父」那段印尼經濟高度成長的新秩序時期，東部外島省分經常默默吞忍「零成長」或「負成長」的苦果，且持續扮演「資源提供者」的角色，這個嚴重的內部殖民現象不言而喻。改革教育、提高教育水平，成為每個階段印尼政府重要的施政方針。二〇〇三年，我也走過皮莎妮從坤甸到山口洋那一段路，當年我經過許多小學，眼前所見每個學校的學生似乎都在上足球課，當時司機先生感慨地釐清我的質疑：「老師薪水太低了，逼得老師都蹺課去打別的工，學生就自己玩……。」此一狀況是外島學校教育的普遍現象，且多數學生幾乎國中畢業就必須放棄學業，主因是必須通車到別的地方上高中，很少家庭可以負擔通車所需的交通費。一般被認為得以讓一個人甚至一個家庭階級流動或翻身的「教育」，在印尼的許多家庭就因為付不出「通車費」而被迫停止。少數人幸運地上了學院，往往也因為必須支付親人葬禮的禮儀費用而輟學。也才有人說：「如果印尼人能省下葬禮的開銷，就足以讓年輕人圓一個夢。」但這是「外人」的理性，我們應更謙卑地了解，他們願意慷慨放棄一個夢想，而把積蓄花費在葬禮上的深層的意義，或至少要能意識到文化霸權似乎總干擾著我們理解異文化的視域。

印尼社會的多元，毋庸置疑。多元並存與否，取決於是否擁有容忍異己的價值。從城市與鄉村，我們看到現代與傳統生活方式的強烈對比。現代生活方式是爪哇島城市裡年輕人的人生目標，現代生活方式也代表更多的個人主義、更多的自私、更多的你爭我奪，還有更多的連鎖企業。東部外島，傳統圖騰仍引導著人們的生活節序，集體主義下綿密的宗親網絡，成為安全感的基石。

這本書的主書名「印尼etc.」，擷取自印尼開國元老蘇卡諾寥寥數語的獨立宣言：「我們是印尼子民，在此宣告印尼獨立，將盡速謹慎完成權力轉移及其他事宜。」「etc.」這個「其他（未竟）事宜」所指為何？究竟要完成什麼？蘇卡諾慷慨激昂地陳詞之餘，交代了這個「其他事宜」。國家獨立之初，蘇卡諾即追求在一統印尼下開展現代性方案，透過現代性工程，樹立模範生。舉例來說，即便當時民生凋敝，眾生嗷嗷待哺，蘇卡諾規畫了現代大都會具備的豪華物質建設——「雅加達特區」。他說：「看看紐約、莫斯科或任何其他國家的首都，不論是東方還是西方，你總是會發現，一個國家的偉大就在各式各樣的建築裡，那些令人引以為傲的物質建設裡」，且慷慨激昂地說，印尼的獨立紀念碑必須建得像「巴黎的艾菲爾鐵塔」那樣。（Abdin Kusno, 2000: 56-58）換言之，從獨立宣言就開啟了印尼向歐美現代化哲學與策略學習的現代化追趕之路，首都雅加達特區的建設成了印尼國家的門面，也成了印尼國家發展的指標性城市，以及各地方學習的「模範生」——這裡有人人可以預期與期待的一切，一個現代發達的國家應該擁有的一切。簡單來說，完成「其他事宜」，就是把印尼建設成另一個像強盛歐美國家那樣的國家——有雄偉的都市、現代化的典章制度，有秩序、有章法可循的幸福生活。

一九五六年蘇卡諾訪問美國，造訪當年的汽車大城底特律，意外發現停車場內數千輛的皮卡車（pickup truck）是當時工人們上下班的交通工具，也對他們整齊乾淨的社區印象深刻。蘇卡諾感嘆地自問：「印尼工人的生活水平，何時才能像美國的工人那樣？」當年的底特律工人，無疑是蘇卡諾心目中工人的模範生。印尼第二大城市泗水，近幾年脫胎換骨，愈來愈接近蘇卡諾心中的底特律。泗水自二〇一〇年麗斯瑪（Tri Rismaharini）擔任市長以來，頻頻在國際上嶄露頭角，獲得城市大獎。垃圾不見了，規畫完善的住宅區出現了，市民以身為「趕上現代」的泗水居民感到驕傲。泗水所做到的，應該就是蘇卡諾要完成的「etc.」的一部分。然而，在泗水愈來愈像底特律之際，泗水以及泗水人似乎也把印尼拋得更遠了，就像峇里島人不屑當印尼人一樣。也許不久之後，泗水的天空也會飛滿如雅加達上空那些為躲避車潮接送小孩上下學的直升機。當印尼更多地方變成泗水時，印尼會繼續存在嗎？或者說，會如何繼續存在？

當然，這本書告訴我們，印尼絕大部分的地方，距離模範生的境界仍舊遙遠，沒有雄偉的物質建設，更沒有秩序與法治。對於「他」（印尼）的混亂與失序，皮莎妮經常想賞他一巴掌，卻又發現自己無法自拔地著迷於他的永無止境和無法預知：在最違反現代常規的互動裡，總會遇見最質樸的人性；在最顛簸與物質落後裡，總驚見最簡單的智慧和勇氣；在最令人喪氣的迷信與奢靡裡，直見最謙卑與無私的心靈。這無疑正是狂野「壞男友」讓模範生為之傾倒的魔力。

皮莎妮這本書，不僅讓世人看到多樣且真實的印尼，更深深地撩起了我們「酸甜苦辣」的全方域味覺。

推薦序二

以印尼作為方法

「燦爛時光」東南亞主題書店負責人、前《四方報》總編輯

張正

這些來自印尼的人

因為這本書，我算了算自己認識的印尼人。

最初照顧我父親的看護工阿麗，來自印尼。她中文流利，清楚掌握所有韓劇的劇情，而且燒得一手好菜。

後來的看護Jumaenah，也是來自印尼。她的中文不好，不會煮飯，但是年輕力壯個子大，搬動起行動愈來愈不方便的父親輕而易舉。而且她很愛笑，用笑聲化解病人的無理取鬧。

開朗愛笑的，還有南洋台灣姊妹會的創始會員洪榮細。榮細是結婚來台的印尼華人，總愛揶揄自己一點都不「細」。圓滾滾的榮細，笑起來像女版彌勒佛。幾年前我和就娣紀念中心執行長李三財合辦「五語＋N學堂」，鼓勵台灣人學習東南亞語言，也鼓勵新住民上講台當老師，榮細當然是不二人選。

二〇〇六年，我受已故成露茜社長之命開辦《四方報》，初期只有越南文版，不過我也因此認識了一些「同業」：在台灣辦印尼文雜誌的曾國榮和譚雲福。他們都是印尼華人，赴台求學，畢業後定居。憑藉著通曉印、台雙邊的文化優勢辦起雜誌，左右逢源，銷路極佳。

二〇一一年，《四方報》多了印尼文版，來上班的編譯葉又珊，同樣是印尼華人。不過她不是留學生，而是在印尼排華風暴中遠嫁來台的新住民。又珊戴著一副眼鏡，白淨瘦小，輕聲細語，給人一種謹慎的感覺。

另一位高䠷得不尋常的《四方報》印尼編譯丁安妮，則是以另一種路徑來台定居：先在台灣某安養院當看護，後來與安養院一位阿公的兒子相戀結縭。瘦高的丁安妮，一副模特兒骨架，現在除了繼續擔任編譯之外，也兼職主持廣播，偶爾拍拍戲、上上電視節目。

二〇一四年，我和朋友們開辦「移民工文學獎」，向印尼、越南、泰國、菲律賓的移民及移工徵稿，其中以印尼朋友來稿最為踴躍。獲獎者之一Erin，原本是位印尼牧羊女，來台灣照顧阿公。外籍看護工的行動不自由，身體被禁錮，但是透過觀察、閱讀與寫作，Erin讓自己的心靈自由。

「Reading makes me free.」（閱讀讓我自由）是Erin在受訪時說的話，這句話給了我靈感，促成二〇一五年的東南亞主題書店「燦爛時光」，我希望打造一座充滿東南亞書籍的空間，提供異鄉人閱讀，讓他們得到心靈的自由。

沒想到「燦爛時光」的成立，也讓Erin有了靈感。

Erin和同鄉在網路上組成的文學社團FLP，有幾十位成員，包括另一位移民工文學獎得主Nanik，以及擁有中文筆名的王磊和李安等等「移工文青」。他們平時不易見面，但是透過網路彼此切磋，甚至集結文章自行出版。

看到台灣人在台灣成立以東南亞書籍為主的書店，這批「移工文青」得到啟發，組織了「印尼閱讀推廣聯盟GEMAS」。他們預計返國之後，分別在各自的鄉村設立小型圖書館，讓知識在鄉村扎根。

不可能讀完的etc.

從華人到印尼人，從移民、移工到留學生，算一算，我還真認識不少來自印尼的人。加上就讀暨南大學東南亞研究所時期，曾經讀過一些文獻資料，我以為自己算是了解印尼，不過讀完這本《印尼etc.：眾神遺落的珍珠》後，才發現我還差得遠。

如同本書作者皮莎妮所說：「當好大喜功的民族黨領袖蘇卡諾宣布印尼獨立後，他解放的是個不具完整實體的國家，僅憑想像統一了『表面上擁有共同歷史和少許共通文化』的一大片破碎島嶼。」

印尼橫跨三個時區，擁有兩億四千多萬人口，包含一萬七千多座被海洋隔離的島嶼，豈是認識幾個人就能完全理解，也不是蘇卡諾喊一聲統一就能統一的。

地理上的阻隔，是統一的根本障礙，畢竟再強大的帝國，也敵不過變幻莫測的海洋。不論是古代的室利佛逝、滿者伯夷，抑或近代的西方殖民帝國荷蘭、橫掃西太平洋的日本，都只能在表面上統領這一大片破碎島嶼，或者以商業機制鬆散地串連彼此。統一政權之下的數百個民族，仍各自過著自己的日子。

就算是滲入人心的宗教，也沒能一統江湖。在台灣多了二十幾萬名印尼移工之後，我們總算比較了解印尼是伊斯蘭教的國度，知道稱作穆斯林的穆斯林不吃豬肉。然而，印尼雖是全世界穆斯林最多的國度，但古老的印度教與佛教，仍在印尼占有一席之地。最顯眼的標誌，即是世界最大的佛寺「婆羅浮屠」，與東南亞最大的印度教寺廟「巴蘭班南」。

而隨著西方殖民者而來的天主教與基督教，也在此與伊斯蘭教分庭抗禮，各據山頭。例如松巴島上的居民，信奉的就是基督教。不過，在各個宗教山頭底下真正牢不可破的，是各族群內部傳承千年的民間信仰與鬼怪傳說。同樣以松巴島為例，作者皮莎妮發現，名義上信奉基督教的島民，骨子裡更相信古老的馬拉普教（Marapu），「這個崇拜萬物的傳統宗教讓島民相信，他們觀察一隻雞的內臟所獲得的啟示，要比閱讀《聖經》來得多」。

彼此不同，但並不阻礙印尼各島之間的往來。作者寫道：「印尼群島擁有許多不同的封建領地，各地居民從不認為自己歸屬於某個領土完整的大國。然而，由於商人頻繁往返於各島，世居島上的小老百姓變得樂意包容與接納彼此的差異，養成一種『幾近調情的好客態度』，這些島嶼也成為誘惑外來者探險的地方。」

倒是語言上的統一，因為搭上現代傳播科技的便車，顯得快速許多。印尼語是一九四五年印尼建國之後，以馬來語為基礎新發展出來的新語言，地位類似中文的「國語／普通話」。在中央政府的刻意推廣之下，印尼語透過電視與廣播，跨海傳送到各個獨立的島嶼。這也替精通印尼語的作者皮莎妮鋪了路，讓她暢行印尼大大小小的島嶼。

不過，說是「暢行」，恐怕言過其實了。

皮莎妮還是得面對永遠不準時的公共運輸，被擁有「幾近調情的好客態度」的印尼友人頻頻滿不在乎地放鴿子。幸虧皮莎妮同時具備記者的好奇心、學者的分析能力，以及人類學家的耐心，就算被放鴿子，也總能心平氣和地蹲在屋簷下，和印尼婦人一起剝豆莢、閒嗑牙，自得其樂，總算完成了這部非常人所能完成的印尼歷險記。

真實的印尼

作者皮莎妮對於印尼各地難以理解的風俗習慣，雖然仍不免以西方現代社會的窺奇角度切入，但仍十分寬容地為其解釋。唯獨對於國際經濟專家一致看好的印尼經濟前景，頗不以為然。

印尼地處熱帶，物產豐饒，隨便在土裡丟幾粒種子，就能有吃得飽的食物。在遼闊的偏鄉，居民也能靠著出售棕櫚油、橡膠、乾椰肉、肉豆蔻、丁香等農作物，賺到足夠的生活費。「但他們尚未養成儲蓄、投資的概念。」皮莎妮這麼認為。

皮莎妮的看法不是空穴來風，畢竟她真正和當地居民攪和、生活在一起。當她在雷里雷夫村時，和她一起烤婚禮蛋糕的印尼媽媽，指著另一位把玩新型手機的妙齡女子，三姑六婆地說：「看到沒？他們家把全部的土地賣給採礦公司以後拿到一大筆現金，於是就蓋了棟新豪宅。這本來沒什麼，可是他們後來又拿信用卡買了五台摩托車，而且不是普通車子哦，是一台兩千萬盧比（約台幣六萬元）的拉風車呀，接著又買了三支手機，結果不到兩年他們就沒有飯可吃，也沒有地可種了，還欠了一屁股債，真不知道接下來會怎樣？」

有別於不斷自嘲、通篇慵懶隨性的文筆，皮莎妮在此處顯得嚴厲。她指責經濟專家只談印尼年輕勞動人口眾多的「人口紅利」，卻不提「三分之一年輕人全然不事生產，五名成年人當中有四個人沒有銀行帳戶」。

她點名智庫機構麥肯錫全球研究所吹捧印尼經濟前景的報告，指出該報告所徵詢的七十五位專家，包括九位印尼內閣部長、兩位大使，加上經濟學家和企業老闆，「我很好奇當中有多少人了解雷里雷夫這類村子的人口紅利」。

學然後知不足

大概很難有第二個外國人，能像皮莎妮這麼細緻地描述印尼。她精通印尼語，在印尼擔任過路透社的記者，以及衛生組織的研究員，為了這本書，又特地花了一年半的時間周遊列島。前前後後與印尼相處了二十幾年，跑遍印尼的大城小鎮、窮鄉僻壤，最後，她以「壞男友」比喻印尼。是呀！對於情人的迷戀與憎惡，往往同時存在。而對皮莎妮來說，印尼這個情人，也的確是善良與邪惡、古典與現代的綜合體。她說：「我已經接受了一個事實：印尼還存在著許多我永遠不會了解的生活和事物。」

回想我身邊和印尼相關的人，每個人，都是牽引我了解印尼的一條線索。但深究起來，透過每一條線索所找到的答案，反倒都提示了我對於印尼的了解有多麼匱乏。認識世界，不也是如此？知道得越多，才知道自己所知的有多麼少。

前言

印尼，我迷人的壞男友

「小姐！進來見見我奶奶吧！」在印尼東南方沒沒無聞的松巴島上，一位笑容燦爛的小夥子迎我入門。那是二十年前的邀約，當時天氣熱得像火爐上的煎鍋，四處灰塵瀰漫，我步履蹣跚走在一條沙土路上，口渴到快不行，心裡想著：有何不可？說不定他奶奶會講幾個故事給我聽，陪她喝一、兩杯茶肯定是件愉快的事。於是我費了番力氣爬上一道梯子，來到一座竹棧走廊。幾名年輕人在那兒敲鑼打鼓，製造一陣惱人的噪音後，旋即躬身穿過低矮的玄關，一溜煙地消失在不見天日的暗處。我藉著竹蓆牆的縫隙透進來的點點微光，瞥見一幅耶穌畫像，還看見一個像是裝著髒衣服的大袋子被擱在一張竹椅上。除此之外，屋裡空蕩蕩的，不見老奶奶的蹤影。

「等一下！」小夥子摸了摸那個洗衣袋，然後順手解開袋口，拉掉覆蓋在頂端的布巾，老奶奶終於現身。她昨天剛辭世，依當地習俗，四日後才會發喪，中間這段時間，每天須接見前來弔唁的客人。小夥子替歸天的奶奶道了聲「幸會」，我們就坐下來喝茶。

印尼總是充滿這類令人跌破眼鏡的奇事。比方說，一位身兼蘇丹❶和全國商會會長的總統候選人，在宮廷裡養了一批據說可帶來好運的白子侏儒。一名地方警長會向別人解釋如何召集一群沒幹過壞事的鱷魚，讓牠們來指認另一隻吃掉人類的不肖同類，好活捉那畜生。在這個國家，你可能有機會和某個樂得承認自己為了增加預算，而故意延長一場游擊戰的軍事將領共飲啤酒，也可能陪某個死人喝茶。

這的確是個不可思議的國度——領土涵蓋一萬三千四百六十六座島嶼[2]，居民種族超過三百六十個，方言多達七百一十九種。它之所以存在至今，是因為境內的火山土壤與海洋氣候相結合，孕育出令歐洲人趨之若鶩的各種香料，而較歐洲人先一步踏上印尼諸島的阿拉伯、印度和中國商人，曾與各地親王和蘇丹做買賣，歐洲人認為此種貿易方式無法滿足其商業利益，遂引進獨占事業，日後給印尼帶來了大小衝突、殖民活動、剝削統治及獨立戰爭，現代印尼正是由這段殘破的歷史拼湊起來的國家。

一九四五年，開國元老宣布印尼脫離荷蘭殖民統治之際，全文僅寥寥數語的獨立宣言有云：「我們是印尼子民，在此宣告印尼獨立，將盡速謹慎完成權力轉移及其他事宜。」

此後，印尼一直在處理「其他事宜」。

世界上有許多殖民國家曾經為生存而奮鬥，不再接受昔日殖民統治者所劃定的疆域，然而像印尼這種必須摻合眾多生存元素的國家實屬罕見。印尼國土環繞地球赤道，跨距相當於從倫敦到伊朗首都德黑蘭，或者從美國阿拉斯加州的安克拉治到東岸的華盛頓特區那麼長。位於蘇門答臘島西北端的亞齊省，住著篤信伊斯蘭教、五官略似阿拉伯人的馬來族，並驕傲地給自己的居地冠上「麥加[3]走廊」之名。坐落在亞齊省東南方、與之相距約五千兩百公里的省分是巴布亞，占據了紐幾內亞島西半邊大部分地區，居民皮膚黝黑。我初訪當地時，發現許多原住民一絲不掛，男性僅以葫蘆遮掩生殖器，但他們卻發展出某些複雜的農耕技術。巴布亞省和亞齊省居民慣吃的食物、吹奏的音樂、祈求的神祇、所屬的種族都不一樣。兩地之間的其他省分，還存在著各種多彩多姿的文化，並採取彼此迥異的方式引領古老傳統融入現代社會。

當今地球上每三十個人就有一人以印尼為家——據最新統計，印尼人口已破二・四億，世界排名第四。首都雅加達比其他任何城市來得喧囂吵雜，全國約有六千四百萬人（超過英國總人口）使用臉書，卻有八千萬居民（相當於德國人口總和）無電可用，另有一・一億人（與墨西哥人口總數相當）每日生活費低於兩美元（約台幣六十元）。

印尼擁有一長串「世界最大」、「數量繁多」、「成長最快」的統計名單，然而正如該國

❶ 譯註：蘇丹是伊斯蘭教國家統治者的稱號。印尼為全世界穆斯林人口最多的國家，信徒占總人口八五％以上，十六世紀末伊斯蘭教成為優勢宗教以來，爪哇和蘇門答臘等地分立了許多封建蘇丹國，印尼獨立為現代國家後仍予以保留。

❷ 數字難以確定。二〇一二年印尼統計局的報告指出，根據政府公布的清單，印尼共有一七五〇四座島。然而，二〇一一年地理資訊系統（GIS）與聯合國共同舉行的一項調查中，排除了只在退潮時才會露出海面的小島，因此報告中提到的島嶼總數為一三四六六座。調查人員認為，印尼全年有人居住的島嶼介於六、七千座之間。

❸ 譯註：伊斯蘭教第一聖城，穆斯林一生至少會去當地朝聖一次。

企業家瑞迪（John Riady）[4]所言：「印尼恐怕是最被世人忽略的國家。」

一九八八年，我以路透社記者的身分首度被派駐印尼時，對這個國家也是幾近一無所知。一九八三年，年僅十九歲的我曾經扛著背包去過爪哇和峇里島，也曾為了探訪紅毛猩猩而在北蘇門答臘省短暫停留，於是產生了幾個印象：印尼是個友善多變的國家，儘管日常生活一團混亂且難以預料，卻存在著異常精緻的文化，你會看到身披蠟染華服的舞孃們隨著甘美朗（gamelan）[5]樂團演奏的旋律，在精雕細琢的神廟建築群的陰影底下曼妙地扭動雙手。

那時我腦海裡的印尼地圖只聚焦在爪哇島上，就跟大多數外國人一提起印尼便想到爪哇沒兩樣。爪哇面積與希臘相當，僅占印尼領土七％，但全國六〇％的人口（一·四億人）都擠在這座島上。因此，首都雅加達當然是設在爪哇；自十二世紀以來，爪哇統治者便對印尼群島眾王國產生程度不一的影響。路透社指派我從印度首都新德里轉移陣地到雅加達，而且是在發布調職令的十天前才通知我，當時我壓根兒不知道這個國家還包含其他數百種文化，記憶中只對崇拜印度教的峇里島婦女頭頂著神廟供品、姿態優雅地款款擺動身體，或者是印尼東方的迷人珊瑚礁、蘇門答臘或加里曼丹的酷熱叢林、印尼西部的精彩衝浪活動還有些印象。

接下來的兩年半，每當我可以忙裡偷閒、不用報導每日股市行情，就四處蹓躂晃蕩，努力認識「印度尼西亞」（簡稱「印尼」）。我曾探尋紅毛猩猩的足跡，追蹤分離主義者的反叛活動，造訪盜挖黃金的礦工和非法移民，與雅加達的銀行家、當紅影星和昔日政治犯共進午餐。於是我的印尼話愈說愈流利，和當地人的對話也變得愈來愈有趣，然而當我得知的事情愈多，才逐漸意識到外界有多不了解這個國家。世人永遠無法預期印尼發生的一切。

由於軍方對我的報導正確性（尤其是關於亞齊省即將爆發內戰的消息）意見紛紜，我在一九九一年離開了印尼。後來印尼軍事發言人努哈迪（Nurhadi Purwosaputro）將軍在澳洲布里斯本的喜來登大酒店，以私人箋紙親筆寫了封短信寄給我，內容如下：

> 我想因為妳是記者的緣故，我們始終維持著相當正式（職業性）的關係。此刻我認為我應當以軍事發言人的身分鄭重告訴妳，妳已善盡職責且表現優異，對於我國的人民、政府、國事與真正面臨的問題皆有深入的了解。
>
> 現在妳的職務已有變動，我只把妳當熱愛印尼的普通人看待。

努哈迪接著表示，下次我回雅加達時，務必接受邀請去他家作客。此人曾經忝不知恥地欺騙大眾，隱瞞同僚殘忍對付亞齊、巴布亞、東帝汶，以及印尼其他動亂省分的真相。他捏造的謊言往往理由牽強、幾近荒唐，有時為了避開我們這些記者的追問，還會從後門溜出辦公室。有一回，他在我的截稿日期逾時很久以後，才為了先前沒能及時針對某次小型屠殺事件表達意

---

❹ 譯註：生於雅加達的華人，「瑞迪」為印尼名，中文名為「李白」，現任印尼第二大財團力寶集團（Lippo Group）副董事長，其父李文正為共同創始人之一，集團主要投資亞洲各國地產、超市、百貨公司、娛樂及服務業。

❺ 譯註：爪哇與峇里島的傳統音樂形式，通常在宗教儀式、婚禮、割禮等重要場合演出，完整的樂團至少囊括鑼、鼓、笛、木琴等二十種不同的樂器，並以兩兩成對或四個一組的方式演奏。

見而來電致歉，理由是：當時他奉命將總司令視為聖物的一把短劍送回該長官出生地，忙得沒工夫跟記者們談話。

這種無厘頭的事情難免令人抓狂，但我發現它也帶了點趣味，一位高級軍事將領居然會因為不想開門見山地抖出同袍的殘忍行徑，而跟一名外國記者胡謅神劍的故事。雖然我常恨不得扭斷努哈迪將軍的脖子，但實在沒辦法討厭他，而且他說對了，撇開諸多政治領導者的惡形惡狀不談，我的確熱愛印尼。

二〇〇一年，我懷著這份情愫重返故地，此時與抗議學生包圍國會大廈，導致蘇哈托（Suharto）[6]結束三十二年政權一事已時隔三秋，而我在離開印尼的十年間也轉換了跑道，成為專攻愛滋病的流行病學家，返回雅加達之後的任務，是協助印尼衛生部追蹤愛滋病擴散情形——印尼的毒品注射者、跨性人[7]、性交易工作者、男同志、受刑人之間愛滋病感染率雖高，但衛生當局巴不得這些人不存在，寧可對他們視而不見。接下來四年，我照舊四處奔走，也看到印尼呈現迥異於往昔的風貌。我有一半的時間必須和基層公務員一起被關在某些省會的三星級旅館裡參加講習會，整天與書面協議、投影報告，還有無數黏呼呼的蛋糕為伍。而我在這些場合中發現，印尼官僚似乎沒有我以前想像的那麼顢頇無能，但自私心態絲毫未減。

其餘時間我大都在隱密的巷弄中跟毒品注射者打交道，或者與從事性工作的跨性人在人行道上邊走邊聊，要不就待在裝潢俗麗、方興未艾的男同志俱樂部裡，而且總會發生奇遇。有一天，我在一座骯髒的火車月台跟一名身上刺青的毒蟲哈啦了幾句，他不但請我喝芬達汽水，還告訴我：「小姐，我們本來想搶劫妳哦，但妳實在滿有趣的。」除了遇見怪咖，我也跟某些奇人建立了友誼。比方說，我認識一位曾是雅加達知名性工作者的人妖❽，至今仍不時在網路上收到他提供的攝影建議。

二〇〇五年，我再度離開了印尼，但每年總會設法回當地待幾個星期，而且還是住以前住過的房子，用從前用過的手機，騎昔日借來的機車，找同樣幾位老友去某些省分遊蕩。我開始覺得待在這個國家彷彿交了個身材巨大的「壞男友」，他會撩動我的感情，攪動我的思緒，時而令我開懷大笑，待我溫柔體貼，時而與我共享如膠似漆、有點令人羞於啟齒的親密關係。接著我又發現，他也會忘記重要紀念日，用言語冒犯朋友，說一堆低級謊言。當你以為你真的了解他，他就露出馬腳或原形畢露。一旦摸清這個壞男友的底細後，你明知會以眼淚收場，卻不斷重蹈覆轍，繼續和他交往。

有時候，無論你多想賞他一巴掌，總會期待別人也能欣賞這頭怪獸、能再多了解他一些。然而，過去這些年來，我早就習慣一件事：每當我在倫敦或紐約酒會中向別人提起「印尼」兩個字，他們總是露出緊張茫然的表情，心裡肯定在想：「噢，天哪，印尼……是柬埔寨、越南，還是泰國附近哪個國家……的新名字嗎？」

---

❻譯註：軍事強人出身的印尼第二任總統，執政期間實施獨裁統治，一九九八年交出政權。

❼譯註：「跨性人」（transgender）是指在心理或裝扮上部分或全盤翻轉性別角色的個人或團體，與透過施打荷爾蒙或動手術來轉換性別的「變性人」（transsexual）不同。

❽譯註：形容外表像女人的男人（無論是否變性），為貶義詞，東南亞國家稱ladyboy，歐美國家則稱shemale。

二〇一一年歲末，我決心寫本有關印尼的書，把我的「壞男友」介紹給世人認識，也讓自己有藉口在這個國家多待一段時日，以便進一步了解我為他付出真情的這些年來，他是如何改頭換面的。於是，我暫時拋下倫敦公共衛生顧問的工作遠赴這萬島之國，打算自印尼東南部展開旅程，然後大略以逆時針方向穿越東方諸島。一切順利的話，我將跨海北上蘇拉威西島，再西進婆羅洲和蘇門答臘島，接著去蘇門答臘東南地區繞一圈，最後由聚集了印尼近三分之二人口的爪哇島離境。（印尼各島地理位置請參閱扉頁「印度尼西亞共和國」全圖）

我對行程規畫只有粗略的概念，一方面想去追蹤早年在印尼旅遊時邂逅的某些人的下落（搞不好還能見到在松巴島請我和他奶奶一起喝茶的小夥子），一方面也渴望探訪全然陌生的地域。但我的計畫只能到此為止，因為在印尼，計畫永遠趕不上變化——船班不是遲到三天，就是根本沒開，航班會在半空中臨時更改目的地，新的簽證規定會突然把你趕去邊境，意外的遭遇會打亂你的行程。

不擬定任何計畫還有一個理由：印尼彷彿變幻莫測的萬花筒，擁有五彩繽紛的組合元素，並隨著每一次的歷史和環境變遷而產生不同的模式，我不敢奢望我能窺其全豹。雖然我想捕捉印尼的廬山真面目，也想探究它是拉著哪幾根「紅線」將不同的島嶼和文化牽繫成一個完整的國家，但我心知肚明這個國家在我旅遊期間肯定是說變就變，我嘗試窺探印尼全貌的過程中，每每只能看到零星的片段。

因此，我採取流行病學家慣用的原則之一：隨機取樣。換句話說，如果你無法研究每個人，又想了解一大群人發生了什麼事，最好的辦法就是隨機挑幾個樣本。與其事先安排好要去哪裡、跟誰交談，不如相信只要我去的地方和觀察的人夠多，就可以將零星的片段拼湊出一幅完整的印尼畫像，揭露某些深刻雋久的印尼特質。

我只抱著一個原則上路：「凡事點頭就對了。」因為印尼人是地球上最好客的民族，盛情難卻——跟蘇丹喝杯茶怎麼樣？樂意之至！一起參加婚禮遊行嗎？恭敬不如從命！要不要參觀痲瘋病院？當然要！願不願意跟游牧家庭睡在大樹下？有何不可？晚餐吃狗肉可以嗎？呃，行啦！這個策略使我在印尼得以暢行無阻，踏足聞所未聞的島嶼，成為當地農夫、教士、警察、漁民、老師、司機、軍人、護士家裡的座上賓。我大部分時間不是搭乘船隻，就是坐著一路顛簸、漆著俗氣顏色、播放震耳印度流行歌、車頂晃著暈吐袋的巴士旅行，不過有時也能幸運地鑽進包機，或是坐上裝有深色玻璃和皮質座椅、受到嚴密保護的私家轎車。一路走來，我多次獲得善意的款待，鮮少聊到政治腐敗無能、法律不公不義、百姓命運悲慘的話題。

我總共花了一年多的時間遊走諸島，偶爾才會經過最熱門的觀光地點，例如峇里島某個海灘酒吧（裡頭擠滿了身材保養得宜、臉上略帶風霜、和峇里男孩膩在一塊兒的白種男人），以及雅加達某餐廳（該餐廳專為那些想趁著華爾街股市開盤和手上黑莓機吱吱作響以前，趕緊喝杯安神酒的銀行家和股票經紀人提供外燴）。不過我發現，我騎著機車、搭著巴士、乘著渡輪長途跋涉兩萬一千公里，又搭著飛機航行兩萬公里的過程中，遇到這些場合的機會少之又少。總而言之，印尼有三十三省，我去了二十六省。雖然這本書是從印尼群島的歷史演變，以及我和這位「壞男友」初相遇的經歷拉開序幕，不過大部分篇幅都在描述此行發掘的故事。這個國家與我的認知頗有出入，它迷人的多樣性和強勁的凝聚力超乎我的預期。

Indonesia Etc.:
Exploring the Improbable Nation

Elizabeth Pisani

1 不可思議的國度

印尼群島擁有許多不同的封建領地，各地居民從不認為自己歸屬於某個領土完整的大國。然而，由於商人頻繁往返於各島，世居島上的小老百姓變得樂意包容和接納彼此的差異，養成一種幾近調情的好客態度，這些島嶼也成為誘惑外來者探險的地方……

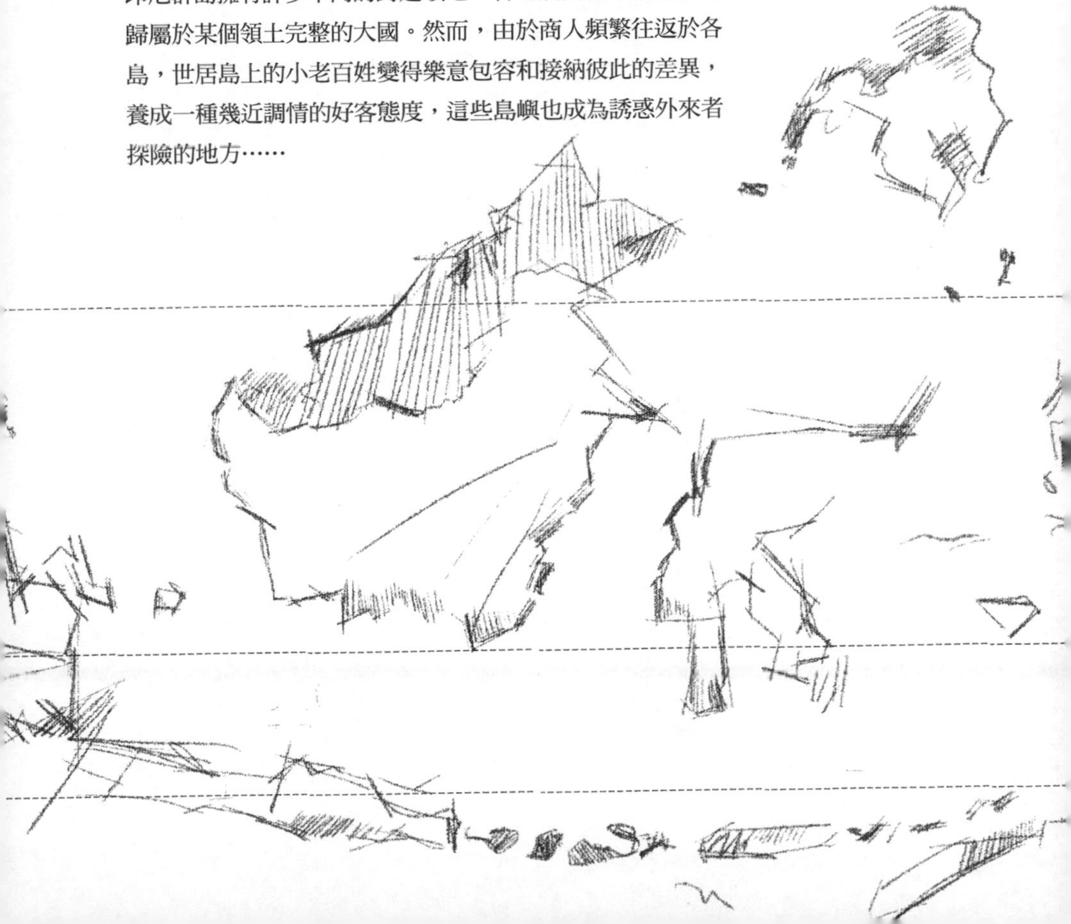

當好大喜功的民族黨領袖蘇卡諾（Sukarno）❶宣布印尼獨立後，他解放的是個不具完整實體的國家，僅憑想像統一了表面上擁有共同歷史和少許共通文化的一大片破碎島嶼。草草擬就的獨立宣言只提到「將盡速處理其他事宜」，而且是在參與二次世界大戰的日本驟然投降兩天後倉促公布的。日本曾在一九四二年侵略荷屬東印度❷，陸續將荷蘭殖民者趕出印尼群島。印尼民族黨本以為這是件可喜可賀的事，因為他們極不信任白種人，誰叫荷蘭人用搜刮民脂民膏的手段統治了印尼三百五十年，可是後來才發現，日本鬼子跟荷蘭人一樣可惡，只是表現方式不同罷了。蘇卡諾及其黨羽匆匆宣布獨立的用意，就是想讓印尼諸島脫離任何貪婪外來者的魔掌。

「日本鬼子饒不得啊。」此言出自東印尼一位漁夫母親的嘴裡。二〇一二年年初，我曾在漁夫家過夜。這位母親的臉龐已變得像蜜餞一樣皺巴巴，但年輕時肯定是個美人胚子，她說：「他們實在太——殘忍了，只想強姦沒出嫁的姑娘。」

這是我詢問她年紀時所引起的話題，但她摸不清自己究竟幾歲了，只說日本鬼子來的時候她已成年。我問她那時的生活怎麼樣，這位老婦人搖了搖頭，然後動作僵硬地使盡力氣站起來解釋：「他們命令一夥男人挖了個坑，然後叫兩個男的在坑邊站好，還給他們的眼睛圍上一塊白布，接著就從後面喀、喀兩下。」

她一邊回憶七十年前親眼目睹的場面，一邊目光炯炯地比劃著蒙眼動作，並舉起一隻乾癟的手朝自己的脖子後面砍了兩下，然後搖搖晃晃坐回椅子上說：「他們的腦袋滾到了坑裡面，其中一具屍體還掛在坑邊，直到有個日本阿兵哥推它一把才掉進去。」

數十年後，某日本公司在她家附近開了座珍珠養殖場，一批來自東京的主管想了解一點地方特色，於是參加當地的導覽。「那時我就坐在市場裡賣魚，還用日本話招呼他們，跟他們討價還價，他們都嚇了一跳，沒料到我這賣魚的老太婆居然會講日語，後來他們把我的魚統統買走了，」她笑著說：「我讓他們付了四倍價錢喔。」

歐洲人比日本人捷足先登的主因是，他們在印尼各地市場發現了香料和其他財富；現今的印尼正是因為這些貪婪的荷蘭商人才團結起來。歐洲人尚未登陸之前的幾世紀，阿拉伯和亞洲貿易商已和印尼群島各封建領地做過生意，他們在海風協助下遠渡重洋來到印尼，人類史上大部分的長程貿易也是由海風帶動。每年之中的某段時間，赤道附近的信風❸會改變風向，在中國和印度（為當時兩大生產國和消費國）之間的海面上，為兩國商船提供一條便於通行的運輸航道。十二月至隔年三月間，來自中國的東北風襲向南方。自六月到九月，海上的東南風又迅

❶譯註：印尼建國之父，一九二七年創立民族協會，號召印尼人民團結合作，爭取脫離荷蘭殖民政府獨立，次年將民族協會更名為民族黨。印尼獨立後成為首任總統，主政期間行獨裁統治且思想左傾，奉行不結盟主義，藉拉攏軍方反對勢力和印尼共產黨鞏固權力，一九六七年下台。

❷譯註：一八〇〇至一九四九年，荷蘭政府長期統治印度尼西亞，並稱之為「東印度」。二次大戰期間荷蘭本土遭德軍占領，政府被迫宣布終止與當時最大貿易夥伴日本的貿易關係，引起日本憤慨，遂展開侵略印尼的行動。

❸譯註：信風是從副熱帶高壓氣團吹向赤道低壓氣團的風，受地球自轉影響，北半球吹東北風，南半球吹東南風，因年年反覆定期出現而得名。古代商船皆為帆船，商人善用信風的規律性出動帆船從事航海貿易，故信風亦稱「貿易風」。

速朝北吹至印度。因此，舉凡想在印度和中國之間運送絲綢、棉布、瓷器、鐵器、茶葉和銀器的商人，不是得翻越喜馬拉雅山，就是得通過現在的印尼領海。

在風向不定的過渡期，印尼群島的貿易活動往往陷入停頓，外來貿易商就利用這幾個月，停留在某些熱鬧的港口裝卸貨物、整修船隻、補給食物，甚至跟當地女子通婚，順便為下一批生意取得貨源。肉豆蔻粉和晒乾的丁香花苞來自東方列島，西端的亞齊區和蘇門答臘的蘇丹國可供應胡椒，地方領主爭相吸引商人和船長們前來自己的封地，有的港口是供應量販胡椒最佳管道，有的商港以提供安全倉儲名聞遐邇，有的港埠收費低廉，貿易商也比較不易遭人搶劫。據說馬可波羅在一二九〇年左右從中國返回義大利的途中，曾通過印尼海域，他如此形容爪哇港口的繁忙盛況：「此地迭有船舶往來，屢見買賣貨物、獲利豐厚之商賈，島上珍奇繁多，不及備載。」

如果你隨便挑個印尼現代貿易城的市場逛一逛，說不定會發現那裡的景象和氣息，非常接近馬可波羅在七百多年前所描述的見聞。你會看到一堆歪七扭八的攤子緊挨著彼此，每個攤子皆以老舊的包裝箱、廢棄的家具、沒人要的木板條、上屆的競選旗幟任意拼湊而成，沒有人在乎攤販的外觀，擺在桌上的貨色才重要。某個攤位將一大落紅辣椒堆放在一塊白色粗麻布上，看起來像座火山似的。隔壁的攤位擺著幾個如同魔術方塊的木箱，第一箱塞滿肉豆蔻粉，第二箱裝滿胡椒粒，第三箱是乾燥丁香花苞，另外二十二個排排站的箱子，則是盛滿薑黃、老薑、南薑、香菜子，還有各式各樣你瞧不出是什麼東西，但用舌頭一嘗就能辨識的香料。你還會看到一堆被草繩綁住腳的螃蟹，在一塊石板上吐泡沫。市場角落佇立一間老雜貨鋪，店裡一根柱子上掛著一頂頂可供辛勤耕作的稻農遮陽之用的棕櫚葉斗笠，店內還擺著一根根竹掃帚和椰纖掃把、一個個可放在小火爐上燉湯用的平底大肚陶鍋。

如今全國市場也出現大量專利藥品販賣者，他們拿著時新道具四處兜售商品。我參觀某個市場時，瞧見一群觀眾正聚精會神聆聽一名江湖郎中透過吵死人的迪斯可音響，努力推銷某種可治百病的藥草，身旁擺著一具面向觀眾的人頭模型，人頭從中一分為二，半邊是俊秀的年輕臉蛋，另半邊露出面部的肌腱和突起的眼球。不遠處有位婦人沉默不語地坐在幾片看來像泥巴、上頭布滿窟窿、中間穿著繩子的圓餅，我猜那是某種植物的塊莖，但其實是泥巴築成的蟻窩。她向我打包票，只要切下一塊上等蟻窩熬煮成汁，即可用來治糖尿病和高血壓。婦人隔壁有位長了一對招風耳、留著兩撇八字鬍的老翁，把攤位分成兩區，一半賣的是裝在可樂瓶裡、看起來黏答答的黑藥水，他又是乾咳又是吐痰地向我解釋，這叫「山王水」，能治肺癌，是以某種長在火山上的植物根部提煉而成。攤位的另一半擺著幾小堆菸草，還有用來捲菸草的乾葉子。

市場裡的商人一律用「國語」而非「方言」與我和其他可能樂於掏腰包的顧客交談。他們彼此通用的語言，其實是貿易商使用了數千年的一種馬來語。很久很久以前，一波又一波的外國商人，紛紛乘著商船從印尼群島之間的幾道海峽，通過操著各種方言的島嶼社區。波斯人在第七世紀統治過印尼，爾後阿拉伯人取而代之，繼而又有來自印度西部古加拉特邦，以及東部柯羅曼德爾海岸的印度人上岸，中國人則在十二世紀開始大量出現，這些外來者的共通點是熱中於貿易。後來擁有各種膚色、出自各類族群的諸島居民，在為一籃籃珠母貝、一綑綑檀香木、一籠籠天堂鳥、一袋袋胡椒粒，以及一堆堆軟趴趴的海參討價還價時，一律說馬來語，就跟現在一樣。儘管各島居民私下交談時，還是習慣採用數百種土語，但幾乎人人都會說印尼話，給觀光客帶來一大便利。印尼話是公眾場合的語言，來自不同背景、聚集在大城裡的印尼人，在日常生活中也都說印尼話。

商業影響了印尼群島的宗教和語言。自第七世紀以降，與印度商人同行的學者，將印度教和佛教傳入蘇門答臘南邊的室利佛逝[4]王國，日後成為當地原住民建立的第一個海上商業帝國，統治者靠貿易累積龐大財富，足以建立軍隊，征服鄰島，將佛教渡海傳播至爪哇，招納遠在今日泰國和柬埔寨南邊的封臣國。金碧輝煌的廟宇開始在爪哇中部平原和丘陵勃然興起，世上最大的佛寺「婆羅浮屠」[5]於第九世紀在爪哇落成，另一個崇拜印度教的王朝也不甘示弱，建立了令人驚豔的「巴蘭班南」寺廟群[6]。

下一波商人是穆斯林，分別來自南亞、華南和中東。由於共同的宗教信仰有如商業潤滑劑（商人可一起用餐禱告，順便談生意），印尼諸島的貿易商遂成為最早接受伊斯蘭教的一群人。爪哇的王公貴族們逐漸揚棄梵文姓名，開始採用蘇丹稱號。到了十六世紀初，爪哇島的統治者幾乎悉數改信伊斯蘭教，唯獨崇奉印度教的峇里島仍保留印度式宮闈和種姓制度[7]。

印尼群島擁有許多不同的封建領地，各地居民從不認為自己歸屬於某個領土完整的大國。然而，由於商人頻繁往返於各島，世居島上的小老百姓變得樂意包容和接納彼此的差異，養成一種幾近調情的好客態度，這些島嶼也成為誘惑外來者探險的地方。

不過，這麼開放也有缺點，導致印尼成為歐洲人的俎上肉，也改變了彼此的經商手法。

君士坦丁堡[8]於十五世紀中葉遭土耳其人攻陷後，歐洲的基督徒商人再也無法隨心所欲地向亞洲的穆斯林商人採辦貨物。當時，香料是歐洲富裕家庭食品櫃中不可或缺的食材——在沒有冰箱的年代，香料可防止肉類腐敗及掩蓋臭味。歐洲人若想繼續擁有供應無缺的胡椒、丁香、肉豆蔻，勢必得直接遠赴種植這些香料的島嶼搜尋貨源。一四九七年，葡萄牙探險家達迦馬（Vasco da Gama）繞著非洲南端航行，並發現通往東方的海路後，這個心願終於可望實現。葡萄牙人迅速找到正確航道，可直奔盛產寶貴香料的馬魯古群島（昔稱摩鹿加群島或香料群島），第一個目的地就是遍植丁香的火山島特納提。該島蜿蜒崎嶇的海岸邊，坐落著一個熱鬧

❹譯註：中國唐朝對蘇門答臘的古稱，又稱三佛齊，建國年代不詳，第七世紀開始向中國進貢，鼎盛時期勢力範圍北至馬來半島，南及爪哇島，因地理位置優越而成為貿易強國，亡於十四世紀末。

❺譯註：為夏特連拉王國所建，意為「山頂的佛寺」，與中國長城、埃及金字塔、柬埔寨吳哥窟並列為「古代東方四大奇蹟」，被列入聯合國世界文化遺產。

❻譯註：由馬打蘭王朝於西元八五〇年左右建造，為印尼及東南亞最大的印度教廟宇，也是聯合國世界文化遺產，寺廟群計有八座主廟和二百五十座或大或小的獨立神廟。

❼譯註：印度傳統的世襲社會階級制度，由上至下共分僧侶、士族、平民、奴隸四級，各級都有特別習俗，且不得互相社交和通婚。

❽譯註：今日土耳其最大城市伊斯坦堡的舊稱，因位居歐洲通亞洲的陸路與海路要道，自古以來即為兵家必爭之地，也是貿易繁榮的商港。

非凡的城市，城中尚保留兩座葡萄牙碉堡和一座蘇丹宮遺址。如今，較大的那座碉堡一部分是軍營，一部分為政府辦公處。有些軍眷將洗淨的衣物披掛在碉堡內的舊大砲上晾晒，幾輛掛有紅色公家牌照的休旅車，載著身穿制服的公務員通過一道凱旋門前往破舊的辦公室。至於那座蘇丹宮，則是風華盡失地站在市立足球場後方的小土丘上，像是一棟突兀的鄉下木屋。

那座王宮曾經富麗堂皇。一五七九年，英國探險家德瑞克（Francis Drake）臨時起意登陸特納堤島，作為環球航行的最後一站，並寫下參觀蘇丹宮的感想。這位海盜出身的航海家什麼金銀財寶沒見過，但依然對當地的蘇丹腰纏金布、腳踏紅鞋、手戴碩大金鍊和六枚戒指（鑲有兩顆鑽石、兩顆綠松石、一顆紅寶石和一顆翡翠）留下深刻印象。

> 他端坐於王位，右側立一面寶扇（其上密布刺繡，滿綴藍寶石），宮中悶熱至極，扇葉以涼風送爽，為國王舒心。

在德瑞克那個年代，蘇丹王座早已不再安穩舒適。葡萄牙人打著自由貿易的口號，拿大砲給蘇丹宮轟出了好多窟窿，他們並非只要一些香料，而想全部搬走。葡萄牙人以為貿易是一場零和賽局，只要某方敗陣，則他方必勝，但事後證明，那些洋人不太擅長玩這種遊戲。

根據德瑞克的記載：「葡萄牙人……欲立專制政府以號令地方百姓……殘殺國王。」他們的計畫引火自焚；特納堤老百姓群起反抗，趕走了葡萄牙人。於是其他歐洲人——西班牙人、英國人、荷蘭人——接踵而至，競相在馬魯古群島採購香料賣到歐洲，導致產地價格上漲，歐洲利潤下跌，令遠洋貿易商大感不悅。一六〇二年，荷蘭商人決定採取行動，聯合成立荷蘭東印度公司。

東印度公司是全世界第一家股份有限公司，初期投資者達一千八百人。公司成立後大肆宣傳，帶動了世界最早股市交易；第一艘商船尚未啟航，初期投資者便哄抬價格，出售手中股票。十七位董事承受龐大壓力，必須為股票持有人創造利潤。他們提高獲利的第一步是：壟斷香料市場，剔除來自其他歐洲人的競爭，採行策略則是：賄賂＋籠絡＋暴力。

十七世紀的馬魯古群島一如今日，北部的許多人家每逢採收季節，就把丁香樹上一簇簇的粉紅花苞打下來，孩子們將摘下的花苞鋪在棕櫚葉編成的圓盤上，大人們再把盤子抬到椰子葉搭蓋的屋頂上晾乾。那些花苞經過連日的風吹日晒，變得皺皺、黑黑、彎彎的，歐洲人會把它們放在聖誕節喝的熱葡萄酒裡添加香氣。七月是晒丁香花苞的季節，如果這個時節你在馬魯古群島的某個小島附近航行，恰巧海上飄來一陣風，那麼你可能還沒見著陸地，就聞到聖誕節氣息了。

東印度公司打算買下每一朵丁香花苞，沒想到事與願違——馬魯古群島北部幾乎家家種丁香樹，他們寧可把花苞賣給穆斯林商人，也不願交到這些渾身是毛的白種異教徒手上。後來東印度公司十七位董事想了個餿主意：砍倒馬魯古群島所有的丁香樹，只保留安汶島上的植株。他們為達目的不擇手段，於是付給當地蘇丹一大筆錢，開啟了長達三百多年賄賂和籠絡地方領主的傳統。

肉豆蔻市場較易壟斷，因為當時全世界只有一個地方生長這種香料：班達群島。這些蕞爾小島與世隔絕、地處深海之上，大多數地圖幾乎看不見它們坐落於何方。荷蘭人的籠絡策略對它們起不了作用，因為這些小島擁有堅不可摧的村落式民主傳統，荷蘭人在當地根本找不到可以行賄或恐嚇的蘇丹、國王、中央政權。班達島居民與荷蘭人簽下貿易協定後，卻把肉豆蔻賣給英國人。一六〇九年，東印度公司派軍到當地興建一座碉堡，竟遭島民伏擊，犧牲了一位海軍上將和三十三名部下。十二年後，荷蘭人採取了史無前例的大規模報復行動。

二〇一二年元旦我在班達島四處閒晃時，發現東印度公司迄今仍陰魂不散。例如，當地某間教堂走道兩旁盡是該公司為歷任總督立下的墓碑，一座廢棄花園前面兩扇厚重的鍛造鐵門上刻有該公司標誌VOC[9]，這標誌不僅被嵌入路石、圍牆和大砲中，還被用來裝飾散布於該島的幾座碉堡拱門。其中氣勢最雄偉的貝爾基卡碉堡威風凜凜地俯瞰港口，儼然在警告駛近的船隻：別給荷蘭人惹麻煩。去過班達島的觀光客，恐怕會認為東印度公司比較像軍隊[10]，不太像經商事業。要是你看過當地博物館懸掛的一幅油畫，這感受會更強烈。油畫中央有個體格壯碩的日本武士傭兵，他全身赤裸只纏一塊腰布，雙腿鮮血四濺地站在死人肢體堆中，一腳踩著從某個被砍下的頭顱掉出來的一顆眼球。一條條錦蛇扭動身軀爬出屍體胸腔，一隻隻斷掌自深紅血灘伸出來。背景有個光溜溜的嬰兒爬到呼天搶地的母親大腿上，她穿著伊斯蘭服飾，在那面無表情的日本武士準備舉劍砍殺一名班達島英雄之際，懇求對方垂憐。一名荷蘭佬揮舞著來福槍，另一名荷蘭士兵踢倒一個犯人。畫面中間還有五名班達島長老眼神茫然地俯視著刺穿他們身體的長矛，數艘飄揚著荷蘭旗幟的戰艦停在海灣遠處。

這是一幅歌頌暴力的畫作，所描繪的事件也充滿血腥味。一六二一年，東印度公司野心勃勃的新任總督柯恩（Jan Pieterszoon Coen）帶頭發動這場大屠殺。十二年前，他還是一名年輕商人，曾目睹上司遭到班達島統治者偷襲殺害，於是以牙還牙，採取滅族行動。他派手下除掉他們認為成不了好奴隸的島民，把剩下的居民運到海外，致使當地人口從一萬五千人銳減至數百人。柯恩濫用武力雖遭十七位董事申斥，卻還是從董事們手上領到了三千基爾特（guilder，荷蘭貨幣單位）獎金。

丁香與肉豆蔻獨占事業固然為東印度公司貢獻了龐大收益，不過他們也為鞏固這些事業付出了高昂代價。該公司因爪哇親王之間時起紛爭，而陷入一連串所費不貲的戰役，以至於沒有心思經營與中國之間的高獲利貿易，接著就開始出現虧損，最終於一七九八年破產。當時東印度公司只差四年就可以舉行成立兩百週年慶祝活動，而且員工多達五萬人，擁有近一百五十艘商船和數十艘戰艦。由於該公司顯然「大到不能倒」，荷蘭王室遂接收其財產及債務，並接管荷屬東印度殖民地，直到一百五十年後遭日本人侵為止。

不過，荷屬東印度究竟涵蓋哪些島嶼，始終是個無解謎題。東印度公司倒閉之前，已在爪哇島和盛產香料的馬魯古群島建立某些權威，控制蘇拉威西島的繁忙港埠望加錫，並且在蘇門答臘島設有一、兩個前哨站。接下來一個半世紀，荷蘭王室循序漸進地將觸角伸向更廣大的

---

❾ 譯註：為荷蘭文Vereenigde Oost-Indische Compagnie簡寫，意為「聯合東印度公司」，一般習稱「荷蘭東印度公司」。

❿ 譯註：東印度公司勢力龐大，可自組傭兵，發行貨幣。

領域，但接管這些島嶼的荷蘭殖民統治者，也和往日的東印度公司一樣，對賺錢興趣比較大，不太關心當地人死活。他們砍倒蘇門答臘的叢林，以種植橡膠與可可；為取得咖啡、茶葉、蔗糖、菸草，而剷除爪哇、蘇拉威西和其他島嶼的灌木林；並大肆開發土地，以便挖掘錫礦、金礦和鑿井取油。要是有哪座島或哪個地區生產不出荷蘭商人感興趣的東西，殖民者就讓當地王侯繼續作威作福，直到一八八〇年代始畫下句點。

✲

在印尼旅行的本國人和外國人，第一個會聽到的問題是：「你從哪裡來？」印尼是個商業國家，當地人一看到生面孔，自然而然會這麼問，因為他們想知道這個陌生人可能帶來什麼生意、購買哪些東西、出現何種行為。不過，從這個問題也能看出印尼人對其他國家（包括對前殖民者）抱有哪些好玩的想法。

從前我一聽到這問題就頭大，不知該如何作答，因為雖然我媽是在英國長大的蘇格蘭人，但我十四歲以前從未住過英國，往後三十五年歲月中，也只在那裡正式住過五年。我曾祖父是紐約義大利移民，我爸媽就是在移民局排隊通關時認識的，那時我爸靠著搭便車環遊世界，我媽也是搭順風車遊遍歐洲。我在美國中西部一座城市（我老把它的名字拼錯）出生，在德國、法國和西班牙長大，這輩子住在印尼的時間，其實比待在其他任何國家的時間來得長。我每天都聽到一堆印尼人問我：「妳從哪裡來？」而我的答覆只有一個：「我來自英國。」

二十多年前我初次寄居印尼，並承認自己是「英國人」時，總會聽到這種反應：「哇！英國人！黛安娜王妃！」如今全世界幾乎都能從電視上看到足球轉播賽，印尼人一聽說我來自英國，他們的反應也變了：「哇！英國人！曼聯[11]！」我還常聽他們說：「真希望印尼過去是英國而不是荷蘭的殖民地。」

我問印尼人為何有此一說，他們提出的理由不外乎：第一，荷蘭人只會巧取豪奪，不思回報，而英國人幫印尼建立了國家制度。（我又問他們對荷蘭人完成的重要工程、灌溉系統、港口建設有何看法，他們的答覆是：荷蘭人搞這些玩意兒只是為了更有效率地搶走我們的東西。）第二，荷蘭人蓄意對印尼人施行愚民政策，而英國人會教育民眾。第三，荷蘭人派政治官員執行朝令夕改、對升斗小民沒半點好處的司法制度，而英國人擁有獨立司法系統，法律之前人人平等。

這些意見並非來自史家或學者，而是出自我在船上和咖啡攤前遇到的小老百姓，以及卡車司機、莊稼漢和助產士的口中。我還發現一個有趣現象：雖然印尼人老愛數落荷蘭人的種種不是，過去七十年來，卻甚少力圖扭轉他們遺留的歪風。我猜是因為荷蘭人開始剝削印尼諸島以

---

[11] 曼聯的國際行銷部抓住了印尼民眾的人心與荷包，例如印尼的金融銀行（Bank Danamon）特別為國內「追逐時尚的運動迷」發行「曼聯」信用卡。
譯註：曼聯全名為「曼徹斯特聯合足球俱樂部」（Manchester United Football Club），或稱「曼徹斯特聯隊」，是英國知名度最高、戰績最輝煌的一支足球隊，球迷遍及全世界。

前，各島早已存在統治者橫征暴斂的惡習。

歐洲人改變了貿易活動的遊戲規則，並採取更有效率的方式成立香料種植園和萃取廠，而印尼諸島眾多國王和蘇丹在歐洲人來臨前，即已長期榨取農民稅收與勞力，為永無止境、彼此對立的戰爭挹注經費。在前殖民時代，印尼的知識階層僅限於從印度和中東前來巡迴講學的學者，以及少數與他們進行交流的朝臣。司法制度因統治者為所欲為而蕩然無存，位居爪哇心臟地帶的殖民地只要買通時生齟齬的皇親國戚，讓他們做大官，就能鞏固權力。於是這些達官貴人依然故我，在百姓面前炫耀財富，撐著頻頻轉動的金傘出門參加盛大遊行，照常耍脾氣、當大爺、收稅金；可是回到自己的宮廷後，卻得乖乖將他們搜刮而來的稅收呈遞給荷蘭王室，只能從中領回一筆薪資。

如果荷蘭主子提出更多要求，這批貴族就變本加厲壓榨人民血汗。自一八三〇年代以來，印尼農民一向是想種什麼就種什麼（大部分是給家人吃的糧食），現在卻得保留部分農地，栽種殖民政府以固定價格收購的經濟作物，還得前往荷蘭商人開墾的大農場義務勞動好幾天，為荷蘭國庫增闢財源。有段時期，荷蘭一半的國家收入都是從印尼汲取而來。到了二十世紀初，一批左傾政治家迫使荷蘭通過「倫理政策」，認為荷屬東印度殖民政府必須為當時在名義上受荷蘭統治的三千四百萬名印尼人民的福祉承擔一些責任，有義務為享有較多特權的「本地人」子女成立學校。然而，這項新政策依舊阻止不了當時將首都設在巴達維亞（今稱雅加達）的殖民政府對原住民宣戰。

在爪哇和其他島嶼的某些大農場，居民反抗荷蘭人的行動層出不窮，令人憎惡的義務勞動制度也漏洞百出。殖民者始終採取以暴制暴的因應之道，十九世紀後期的數十年間，他們愈來愈無法容忍其他島嶼殘存的半自治封建領地，巴達維亞政府遂展開強迫列島接受其政令的活動，結果遭地方統治者反擊。一九〇八年以前，距荷蘭屬地爪哇僅咫尺之遙的峇里島地方領袖，一直想擺脫荷蘭女王威蓮米娜（Queen Wilhelmina）的束縛。印尼群島最西邊的亞齊省，也在一九〇三年前想盡辦法擊退荷蘭人。群島東方「荷屬西巴布亞」叢林和沼澤地帶的殖民地，更是名存實亡；巴布亞位置極其偏遠，印尼獨立時甚至尚未劃入領土。帝汶島東半部從未出現過荷蘭人蹤跡，十六世紀葡萄牙人遭特納提島居民驅逐後，便在東帝汶落腳，並長期聚居於當地，直到一九七五年葡萄牙國內發生社會主義革命才放棄這塊寶地，爾後印尼政府迅速派軍進駐，並將東帝汶劃入第二十七省。

說來諷刺，荷蘭在印尼推行立意良善的倫理政策，卻為反殖民運動埋下種子。拜此德政之賜，許多年輕「本地人」生平頭一遭得以受教育、學荷蘭語，進而有機會接觸暢談國家主權、社會正義等新潮思想的書報，於是來自各島的熱血青年前仆後繼聚集在爪哇大城，找到一起反抗某個公敵的共同理想，國家觀念也逐步在他們腦海中成形。一九二八年，一群來自印尼群島的年輕人宣誓，他們將以「印尼兒女」之名，為「一片國土：印尼，一個國家：印尼，一種語言：印尼話」而奮鬥。

日後這句話便成為民族黨致力推翻荷蘭統治者的口號，不過口號喊得太響的反動分子，統統被荷蘭人放逐到他們傷害不了殖民者的偏遠外島。

一度大受荷蘭人青睞的班達島，直到一九三〇年代仍屬這類閉塞之地。我曾在當地某條寂靜的小街上，發現一座追悼被放逐該島的政治叛亂分子紀念碑。其中兩位重要印尼民族黨領導人是：印尼獨立後首任總理夏赫里爾（Sutan Sjahrir），以及與第一任總統蘇卡諾共同簽署獨立宣言的首任副總統哈達（Mohammad Hatta）。

如今印尼人民早已牢記被列為國定假日的獨立日：一九四五年八月十七日。這一天，各地村民會用竹子編製凱旋門，然後用油漆寫上一行賀詞：恭祝印尼六十七歲！[12]住在雅加達貧民窟的窮人，也會撿拾廢棄的塑膠杯，並漆上紅白兩色，將它們做成立體彩旗串，懸掛在散發陣陣惡臭的運河邊。

不過，我在班達島發現的紀念碑卻隱含一段建國祕辛，對印尼獨立日的看法與正統說法有出入，碑銘寫道：「班達人民共立此碑以茲紀念印度尼西亞共和國獲得獨立與主權之日：一九四九年十二月二十七日。」

我想進一步了解這是怎麼回事，於是前去參觀哈達被流放期間的棲身處。這座故居已成博物館，是典型的班達式平房，有三道木門和開向一條前廊的幾扇百葉窗。雖然當天沒訪客，但門是開著的，我晃了進去。主臥室一角擺著一張雕刻精美的雙人沙發，原有絲絨厚墊被換上涼爽的柳條，沙發前放了張木頭茶几，兩側各備一張柳條椅，几上立了一塊寫著「桌椅組」的木牌，下方有兩只空瓶在地面上滾來滾去。牆角一個玻璃櫃裡，放置了一套西裝、一件襯衫、一副眼鏡和一雙鞋。室內還有一張擺著一台打字機的書桌，此外再沒有其他擺設，也沒有提供任何資訊說明哈達為何被流放於此，以及印尼為何有兩個獨立日。

獨立日之所以鬧雙胞，出現了時間差距（正統說法是一九四五年，少數人提到一九四九年），其實是因為荷蘭人花了這四年多的時間，才承認他們失去印尼殖民地。

整個一九三〇年代，印尼民族主義運動在荷蘭左派政黨推波助瀾之下蓬勃發展，但也產生歧異。一派人士認為，工人與農民將拿起鐵鎚、鐮刀趕走殖民者，另一派人士則認為，《古蘭經》才是對抗荷蘭人最強大的武器。要不是第二次世界大戰爆發，雙方恐怕還會爭論不休。

真正促成印尼獨立的因子，是日本出兵占領行動。日軍火速攻打荷蘭人，粉碎了歐洲人比亞洲人占優勢的神話。他們支持「由亞洲人治理亞洲」，並提出建立「亞洲共榮圈」的口號，鼓勵蘇卡諾和其他民族黨人為獨立自治做準備。日本預料同盟國⓭必然會進攻亞洲，於是將印尼人組成軍隊，訓練大批年輕人使用武器，從事游擊戰。

接著，美軍在廣島投下原子彈，日軍投降，印尼迅速宣布獨立。在一大串有待國家處理的「其他事宜」中，第一項便是確保殖民勢力不再死灰復燃。當時從戰敗國日本手中接管印尼的澳洲、英國和美國部隊，雖不熱中把印尼交還給荷蘭人，但在主權轉移空窗期，同盟國依然視荷蘭為印尼群島合法政權，荷蘭也有意索回這塊殖民地。

⓬ 譯註：該數字是以作者寫作年分計算。
⓭ 譯註：二戰期間為抵抗「軸心國」（包括德、義、日三國）侵略所組成的聯盟，由英、美、俄三國主導。

印尼民族黨對於如何阻止荷蘭再犯一事意見不合，多數領導人贊成以談判方式達成獨立，不過當時最富群眾魅力的年輕領袖蘇卡諾，卻獨排眾議支持打仗，並設法煽動印尼諸島叛亂，拒絕臣服於荷蘭。接下來四年，印尼經歷了時斷時續的戰爭和火藥味濃厚的外交過程。

印尼開國元勳一如十八世紀末的美國建國之父，對這個新興國家最佳政治運作方式產生歧見：該採聯邦制？還是建立大一統國家和強勢中央政府？獨立後首任副總統哈達和第一任總理夏赫里爾，都出身於西蘇門答臘，他們唯恐印尼一旦成為中央集權國家，以爪哇島為統治中心的領導人必將取代荷蘭人，強迫其他島嶼和文化服從其意志。日後出任總統的蘇卡諾則認為，要將不同的國家組成元素結合在一起，唯有靠強大的中央政府才辦得到，並以統治過印尼諸島的兩個古代帝國——室利佛逝和滿者伯夷[14]為例。事實上，這些殖民時代以前的帝國領土，並不像蘇卡諾宣稱的那麼大，而且主要是透過鬆散的進貢制度擴充勢力範圍。不過，蘇卡諾打算改寫歷史，希望名正言順地從殖民者手裡收復國土，將這個殖民帝國變成共和國，然後坐鎮在爪哇的中央政府統轄全國。

蘇卡諾的計謀未能即時得逞，因荷蘭方面認為蘇卡諾曾與荷蘭敵國日本狼狽為奸，於是在正式移交主權的談判桌上否決了他的意見。當荷蘭人提議容許組成「印尼聯合共和國」（係荷蘭王室領導的國協）的七個獨立邦採取自治後，哈達和夏赫里爾雙雙簽署了同意書。然而，聯邦制獲得的支持不到一年便瓦解，於是蘇卡諾打定主意重回老路，矢志成立一個由雅加達主宰的統一國家。

蘇卡諾是個擅長蠱惑人心的政治領袖，懂得善用民粹主義和群眾魅力，既愛作秀又會搗亂，而且頭腦精明，早就認清要讓大家接受印尼是個統一國家的觀念有多難。一九五〇年代初期馬魯古群島、西蘇門答臘、西爪哇，以及蘇拉威西島的叛亂活動，便凸顯出一個事實：並非所有「印尼人」都贊同蘇卡諾為中央集權勾勒的願景。

蘇卡諾為使全民接受其統一國家的概念，於是創造一套政治哲學，也就是眾所周知的「建國五原則」，歸納如下：

（一）信奉上帝——蘇卡諾強調「信仰唯一上帝」，但並未指明是哪個上帝，目的在於遵守宗教自由原則。政治立場與蘇卡諾相左的蘇哈托（也是蘇卡諾接班人）認為，這項原則可抵制共產主義。

（二）人道主義——蘇卡諾期許印尼發揚公正且文明的人道精神，這概念可能是受到某些開明爪哇統治者的影響，也得到多位專權統治者的支持。

（三）國家統一——根據蘇卡諾的解釋，這點可防止封建制度再興；蘇哈托則認為，統一全國，可讓軍隊堂而皇之涉入國民生活每個層面。

（四）民主政治——此原則主張政治代表們經過深思熟慮後，以共同智慧來領導民主。蘇卡諾意在防範西方的對立式民主，蘇哈托則打算把所有民主體制摒除在外。

（五）社會正義——蘇卡諾和蘇哈托對於「為全民建立社會正義」的原則有不同解讀，蘇

⓮十三世紀於東爪哇興起的印度教王國，十六世紀前統治過馬來半島南部、婆羅洲、蘇門答臘和峇里島。

卡諾擁護社會主義，容許國家干預經濟；蘇哈托支持資本主義，認為可透過自由市場政策逐步造福全民。

雖說每個印尼人都能背誦「建國五原則」——就像再怎麼離經叛道的基督徒也能將〈主禱文〉倒背如流一樣——但蘇卡諾祭出這些原則後，始終未能帶動民族主義思潮，讓大家接受統一概念。於是蘇卡諾改弦易轍，打算動用武力、譁眾取寵。為了促進全國統一，他必須幫印尼人民尋找某個共同敵人來取代荷蘭人，因此打算挑起幾場戰事。

引發第一場戰爭的因子，與荷蘭尚未歸還屬地有關。當初荷蘭把屬地移交給印尼民族黨領導人時，並未交出富藏礦產的西巴布亞。蘇卡諾說，那塊地是我們的，於是向聯合國求助。對一個新生國家來說，這是個膽大妄為的舉動，雖然當時大多數會員國站在印尼這一邊，但還不足以迫使聯合國採取行動，因此蘇卡諾不斷煽動同黨與荷蘭人作對。一九六一年，他派傘兵部隊進入巴布亞，意圖奪回領土。儘管在大多數印尼人眼中，那塊土地屬於他們的國家，但少數巴布亞人卻不作如是觀[15]。

後來，蘇卡諾把矛頭指向印尼北方的馬來西亞。當時這個前英國殖民地也組成新的聯邦國家，並罔顧蘇卡諾的反對，將婆羅洲的沙巴和沙勞越併入聯邦，兩國關係惡化。蘇卡諾為抗議馬來西亞獲得安理會席次，憤而退出聯合國[16]。

蘇卡諾的種種大動作，的確可促使民族主義深植人心，卻無法分散民眾對全國經濟崩壞、政治結構脆弱的注意力。從宣布獨立到一九五五年舉行首屆合法選舉這段時間，印尼總共換過十四次內閣，獲選進入國會的政黨多達二十八個，蘇卡諾領導的民族黨所占席次最多，但只險勝排名第二、第三的兩大伊斯蘭政黨。共產黨因接二連三惡意製造叛亂，而成為新成立政府軍的眼中釘，卻獲得民意調查的肯定，六次選舉均大獲全勝，位居第四大黨。然而，頻繁的選舉活動對於政局的穩定並無太大助益，國會反而更加擾攘不安。

性情急躁的蘇卡諾終於失去耐心，他素來不欣賞針鋒相對的議會政治，主張印尼比較適合遵守爪哇村落傳統，由某個睿智長老帶領村民透過討論形成共識——符合「建國五原則」第四條。一九五七年，蘇卡諾宣布他將扮演全國長老的角色，並發揮爪哇人能言善道的特長，將獨裁統治美其名曰「指導式民主」。

蘇卡諾是個作風大膽、眼光獨到的思想家，在位期間始終廣受愛戴。不過他指導政治的手法，顯然跟好萊塢導演如出一轍，巴不得全國人民在他的指揮下，成為這齣政治大戲的臨時演員，而且不計成本，劇本內容則是反殖民主義。由於荷蘭人曾為謀取經濟利益統治過印尼，蘇卡諾認為「反殖民主義」就是「反資本主義」的同義詞。因此，一九四五年頒布的印尼憲法，堅決對私有企業採取敵視態度，並強調國家必須掌控所有自然資源和重要生產部門。

⓯ 一九六二年，荷蘭在聯合國接管一段時間後，同意將西巴布亞移交給印尼統治，條件是巴布亞居民有權決定自己的未來。印尼於一九六三年接掌當地政府，繼而在一九六九年實施「自決法案」，許多部落長老在大量駐軍鼓勵下，投票贊成將當地併入印尼領土，西巴布亞終於成為印尼一省。自此以後，巴布亞人（所屬種族與文化有別於印尼各島居民）一直在為「領土合併」之事起爭議，這問題也因為近年來的政經發展而益形複雜，且持續惡化。

⓰ 譯註：印尼只是暫時退出，時間從一九六五年一月到次年九月。

蘇卡諾的作法只給那些依貿易維生的外島居民帶來苦惱，對爪哇島也沒有太大好處。由於經濟凋敝、就業不振，愈來愈多爪哇年輕人加入蘇卡諾的政治大戲，動輒舉行集會、上街遊行。當穆斯林青年和共產黨青年在街頭對峙，蘇卡諾主張印尼不該受宗教擺布，令共產黨士氣大增。一九六〇年代中期，印尼共產黨自稱擁有兩、三百萬名黨員，人數之多僅次於中國和蘇聯。

作風極端保守、意圖干預「指導式民主」的印尼軍方既討厭共產黨，也不欣賞穆斯林的政治言論，但軍事將領們只能忐忑不安地對愈演愈烈的政治亂象乾瞪眼。一九六五年九月三十日晚上，情況有了轉變。民眾長期接受官方說詞（其實根本不合邏輯），以為當天晚上有一批軍官與共黨密謀推翻蘇卡諾政權。但這種情況似乎不可能發生，因為軍方普遍憎惡共產黨，怎麼可能和對手成為一丘之貉，聯手除掉共產黨重要支持者蘇卡諾？官方還說，那群「叛軍」殺害了六位將軍，占領了國家廣播電台。後來時任戰略儲備隊指揮官的蘇哈托出手救援，鎮壓叛軍，安定局面，並保護蘇卡諾總統人身安全——學校裡的孩子們都是這麼被教的，然而沒有人告訴他們，日後蘇哈托在家中逮捕了這名前任元首並取而代之。

關於這次叛變，還有許多其他論述，大都由外國人出版，提出的論點包括：蘇哈托一手策畫了整件事，至少已在事前得知；這是一樁軍隊內訌事變，蘇哈托只是在恰當的時間、恰當的地點善加利用罷了；這場失敗政變是由美國中央情報局、英國軍情六處主導，或是雙方合作的陰謀。

不論真相如何，該事變掀起了聲勢浩大的反共宣傳活動，軍方繼而展開報復殺戮行動。許多小老百姓滿腔熱血地參與其事，不同族群濫用暴力清算各種舊帳。東爪哇穆斯林起身反抗長期與之對立的共產黨，峇里島每二十人有一人遇害——犯案率為印尼之最。雖然共產黨口口聲聲說他們會保護當地印度教徒，以免這些教徒被下流卑鄙的無神論者欺負，不過對於擁有特權和土地的峇里島貴族來說，共產黨帶來的威脅更大。北蘇門答臘幫派組織和商業利益團體密切掛鉤，設法暗殺試圖將農場工人組織起來的共黨分子。西加里曼丹達雅克族利用這次共黨叛變的機會，開始將華人趕出當地。

這場大屠殺消滅了一整個世代為社會奉獻的行動派，並斬草除根不讓他們有復生可能。它阻礙了政治辯論的發展，也導致印尼公民對政治忠誠有所忌諱。最終結果是：蘇哈托順利掌權。

Indonesia Etc.:
Exploring the Improbable Nation

Elizabeth Pisani

2 多元而統一

蘇哈托運用官僚制度將國家牢繫在一起，這位沉默寡言的軍事強人，固然常把國徽上的座右銘「多元而統一」掛在嘴邊，但也十分明確地表示，他寧願捨棄多元而支持統一，因為統一比較單純，多元較難處理……

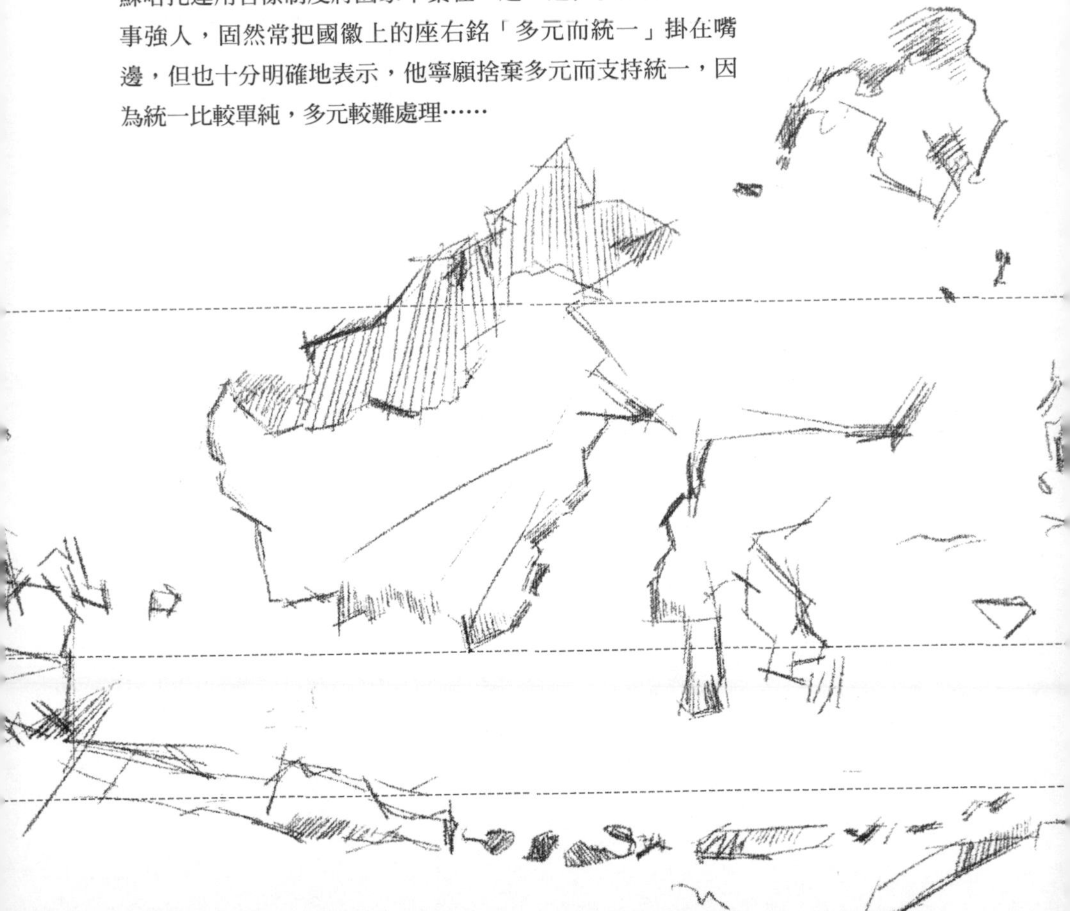

雅加達最高檔的四季酒店，猶如印度拉賈斯坦邦的著名水上宮殿，矗立在一片洪水匯集的湖泊中，湖水漫流過高速公路和酒店入口之間的凹地。一名穿制服的警衛看守著高聳的大門，眼前坐落著兩棟藍色的巨大洗衣房，屋裡擠滿衣冠楚楚、稍顯緊張的客人，他們都是利用從酒店維修部偷來的梯子爬進洗衣房的。由於雅加達再度進入洪汛期，頭腦機靈的酒店員工便自創了一項非正式服務：將客人護送到不淹水的地方，收費不含在每晚兩百五十美元的房價中，有時雙方還會在中途重新議價。

雅加達不是個令人一見傾心的城市，而是一座土地寬廣、市容紊亂、自私自利、野心勃勃、崇尚消費、看似無遠弗屆的大都會，它擁擠、汙穢、喧囂，建在一片沼澤地上，雖然洪水年年來報到，但市民都很天才，能把這裡的變幻無常化作種種優點。市民的人數也很可觀，荷蘭人離開時，全市只有六十萬居民，日後市界逐年向外拓展，總面積超過六百六十一平方公里，四〇％的土地低於海面。到了二〇一一年，該市人口已達印尼獨立當年的十七倍，並且將周邊城鎮一併劃入都會區。如今大雅加達區是僅次於大東京區的全球第二大都會，市民有兩千八百萬人。市區建有完善的供水與排水系統，還有高聳入雲的摩天大樓和美輪美奐的購物中心，但舊運河兩旁盡是違章建築，河裡積滿垃圾。

這裡比不上東京，市內沒有值得誇耀的大眾運輸系統，交通堵塞其來已久。不過，這問題可難不倒當地的超級富豪，例如我認識的一名富翁，小時候每天由私家直升機送去幼稚園，但其他市民哪個沒嘗過程度不一的苦頭？中下階層只能又推又擠地搭乘班次有限的老火車和髒巴士，要不就騎著摩托車穿梭於混亂的車陣中，夢想著有朝一日能擁有一部四輪車。大街上每年總會再湧入二十萬輛汽車，意味著交通流量更大、通勤時間更長。僱得起司機的有錢人，在私家車上配備行動辦公室，為的是更有效地善用他們在交通打結的馬路上所耗去的光陰。若干年前，市府決心改善市區主幹道壅塞情況，規定尖峰時間每輛車至少須乘坐三人才能上路，結果是上有政策、下有對策，腦筋動得快的居民再度想出應變之道。幾天之內，許多道路支線上，經常可見失業者自告奮勇鑽進有錢人家的冷氣車，充當額外乘客。

諸如此類的市民小創意，是我愛上雅加達的原因。一九八八年我初次卜居城內時，這個首善之都已有不少光鮮亮麗的辦公區和交通擁擠的大馬路。那些帶了點浮誇現代感的辦公區，置身於一大片鐵皮屋頂、簡陋住宅、複雜巷弄，以及散發著刺鼻味的市場中，猶如分布於汪洋大海裡的幾座島嶼，看來並不令人生厭。但我在印尼衛生部任職那段時間（二〇〇一至〇五年），這些島嶼變大了，海洋卻縮小了。不過，每當我騎著機車在這座低窪城的小路裡鑽來鑽去，或者在設有空調的辦公區之間猛抄捷徑，依舊能窺探我最愛觀察的小市民生活，那才是雅加達的真實面貌。我曾看到一名小學生坐在屋裡用功讀書，還用雙手緊摀著耳朵，免得聽見三個弟妹在旁爭吵的聲音。我也曾看到一位年輕爸爸用水桶在街上幫尚在學步的孩子洗澡，一名裁縫師騎著單車經過他們身邊，車後擺了個工作檯，上頭架著一具老舊的Singer（勝家牌）縫紉機，單車把手上掛了一塊LEVIS（李維牛仔服）的廣告牌。

現在的雅加達只殘留少許昔日的影子。二〇一一年我在城內四處奔波為印尼之旅做準備時，曾在某條小路再度遇見一名流動裁縫師，他也載著一具老舊的勝家牌縫紉機、也還在替李維牛仔服做廣告。然而，從前市區裡的狹街窄巷，還有為它們注入生氣的居民卻一一消失了。

這位裁縫師在股票交易所和林立於街頭的五星級酒店之間的馬路上慢慢踩著腳踏車，遭到來自四面八方的商人咒罵，那些商人都開著豪華休旅車準備趕赴下一場交易，沒耐心從他身旁繞過去。

如今的雅加達滿城盡是購物中心、公寓大廈、速食餐廳和印多超市（Indomaret）——該連鎖便利商店佇立在每個街角，店裡放送著超強冷氣，瀰漫著雞肉熱狗煙燻味。市區裡還充斥著價格不菲的壽司餐廳、裝潢俗氣的酒吧夜店，以及光燦奪目、卓然挺立、象徵國家繁榮的摩天大樓。印多超市與設有門禁的社區就跟麥當勞漢堡店一樣，占領了大街小巷，整個市區的擴張也幾乎毫無節制。二〇一一年我騎著機車努力在市區繞來繞去，以便搜尋渡輪時間表和旅行用的蚊帳時，發覺雅加達愈來愈不討人喜歡了。它已經不是我在二十五年前認識的那座城市，一切改變要從蘇哈托交出政權說起。

✲

一九八八年路透社將我調到雅加達工作時，我們的新聞編輯室是個昏暗沉悶的房間，裡頭只擺了幾台黑底閃著綠色螢光字的笨重電腦螢幕，只聽得到男同事們高談闊論。

此時蘇哈托已經在位二十一年，是個其貌不揚、沉默寡言、講求條理、自奉甚儉、把國家的穩定看得比什麼都重要的獨裁者，也是一位了不起的領導人，作風和前任總統蘇卡諾大異其趣。蘇卡諾總是擺出高瞻遠矚的民族救星姿態，多次出席大規模集會，蘇哈托則像個憂心忡忡的大叔，努力為某些推動家庭計畫的診所站台；蘇卡諾曾號召後殖民時代的各地領導人發起不結盟運動，蘇哈托則是召集農民力行把老鼠趕出稻田的運動；蘇卡諾風流韻事不斷，有過四段婚姻（最後一任妻子是在日本酒吧認識的未成年舞女），長久以來引起不少八卦，而蘇哈托與妻子「田媽媽」❶結縭五十載，未給民眾製造太多閒話。

蘇哈托外表毫無魅力可言，被我們戲稱為「老頭子」，卻是無數趣味話題的來源。駐雅加達的外國記者們，總有機會參加一連串雞尾酒外交晚宴，也總會聊些趣聞，我很快便適應了這種小圈子生活，並且在綠葉繁茂的門騰區，租下一棟荷蘭殖民時期建造的小別墅。房子坐落於一條窄街後方，在街上來來往往的主要是一些推著手拉車的流動小販，每個小販都以獨特叫賣聲推銷自己的東西，「叮—叮—叮」賣的是炒麵，「咚—咚—咚」是賣肉丸湯，賣沙嗲或蔬菜的小販則吆喝著：「嗲—嗲—沙嗲呀！」，「喲—喲—買菜喲！」。

有幾個流動小吃攤就開在我家庭院一株點著蠟燭的緬梔（俗名雞蛋花）樹下，我的爪哇朋友們為此感到不解，他們以為緬梔應該是屬於墓園的植物。記者、外交官、較敢大發議論的印尼知識分子，不時圍坐在這些攤子的餐桌前臧否人物，談論誰上台、誰下台，評斷這位部長未出席那次雞尾酒會，究竟意味著「老頭子」不滿軍方某個派系，還是對某個特定商業集團發出警訊。由於當時政壇有許多狀況未明，什麼事都可能發生。

❶譯注：蘇哈托夫人本名哈迪娜（Siti Hartinah），田媽媽（Ibu Tien）是印尼人對她的暱稱。

一位聰明絕頂、極端自信的英國年輕外交官班傑明（Jon Benjamin）老愛提起他所謂的「老鼠屎」理論，例如部長沒在雞尾酒會露臉，最可能的原因是他的司機忘了給車子加油。他反覆強調，印尼取消與新加坡的聯合軍事演習、貿易代表團延遲訪美、預定播放副總統文告的廣播電台遇到停電，全是因為某個地方的某個人把事情搞砸了。隨著某些事件的發生，往往可證明他的理論是對的。

蘇卡諾企圖透過個人影響力把「印尼」搏合起來，蘇哈托則是運用官僚制度將國家牢繫在一起。這位沉默寡言的軍事強人，固然常把國徽上的座右銘「多元而統一」掛在嘴邊，但也十分明確地表示，他寧願捨棄多元而支持統一，因為統一比較單純，多元較難處理。於是，一群奉承者硬是把「多元」包裝成蘇哈托能接受的形式，例如將地方服飾改成樸實無華的樣式、讓傳統舞蹈揚棄搔首弄姿的動作。

我到路透社履新第二天，就見識到蘇哈托版本的「多元」。「走吧！我們帶妳去瞧瞧這個國家！」我的印尼同事們說，隨後就把我帶到一條兩旁羅列著玻璃帷幕辦公區的通衢大道，途中經過幾尊蘇卡諾時代為了提振無產階級士氣而樹立的巨型雕像，不一會兒的工夫，便來到蘇哈托夫人設計的一座主題公園「小印尼」。我們搭乘纜車在一片寬闊的人工湖上方搖來晃去，湖中散布了幾個形似印尼主島的小島。下了纜車後，又在幾座新蓋的展示館附近逛了一圈。展館共二十七座，每座代表一個省分（當時印尼只有二十七省），裡頭陳列著各省傳統建築模型，以及身著傳統服飾的假人（其中沒有一個是裸露上身的峇里島女子，或是纏著骷髏圖腰布的松巴島戰士）。有一間展館可見印尼各個合法宗教崇拜所，包括天主教和基督教教堂、印度教神廟、佛教舍利塔，當然還有伊斯蘭教清真寺，卻看不到象徵數百種民間信仰的展示品（例如宰牛儀式範例，以及被當作供品的胎兒胞衣）。後來我才發現，這些民間信仰始終和蘇哈托核准的宗教並存著。

✲

蘇哈托夫人把較「原始的」文化從「小印尼」的展館剔除之際，蘇哈托本人也在全國各地建立統一的象徵和機構，但這些普及全國的國家象徵多半含有爪哇特色。每個星期一早上，學校裡的孩子們會一邊唱著國歌，一邊注視男、女生代表神色莊嚴地升國旗。除了國歌之外，印尼還有其他頌揚國家統一的歌曲，其中一首名叫〈從沙邦到馬老奇〉，沙邦島位於印尼西北角，馬老奇是印尼東南角的一座城市，這首歌就是在讚美兩地之間一連串的島嶼結合為一個國家。一位峇里島朋友曾說：「我小時候總是非常驕傲地穿著紅短褲立正高唱〈從沙邦到馬老奇〉，當年什麼都不懂，對爪哇的一切照單全收。」

蘇哈托主政時代每個星期六，從亞齊省到巴布亞省（兩地相隔五千公里，跨三個時區）的全國公務員也會舉行升旗典禮，他們一律穿著款式雷同的爪哇蠟染服，衣服上都飾有象徵建國五原則的老鷹圖。這些被刻意強調的國家統一象徵物，可以對外來者產生一點撫慰作用，因為你在任何陌生的印尼城市，總會看到幾樣你認得的東西。我知道每棟辦公大樓、每所學校和宗教場所外頭，都會掛上載明其用途和地址的白色告示牌。每個村落的入口，都有一塊用木板精心手繪的彩色指標，上頭寫著：「家庭福利聯盟十大計畫」。該聯盟表面上是個草根性婦女組織，其實是爪哇中央政府率先提出成立構想再複製到全國，並由各省省長夫人負責監督。這些被稱為「夫人」的女士代表某個中上階級，她們仿效蘇哈托夫人「田媽媽」的打扮，個個挽起頭髮，噴上髮膠，盤成一個比蜂窩圓、但比傳統髮髻蓬鬆的大包頭。她們會捧著柔滑細緻的粉餅在臉上塗塗抹抹，手上留著恐怕會把小孩嚇出心臟病的長指甲。雖然她們的妝容很像狄薇兒❷與《日本天皇》❸音樂劇演員的混合體，顯得不怎麼端莊高雅，但她們提倡的「十大計畫」卻灌輸了賢妻良母應盡的家庭義務，並且涵蓋具體（健康、食物）和比較抽象（了解並實踐建國五原則）的內容。

一九七〇年代，為消除地方差異，使官僚體系走向現代化，蘇哈托努力幫全國建立統一的政府架構。從前的地方社區向來根據各自傳統成立地方組織，例如加里曼丹的達雅克族，會接受某位德高望重的長老督導，在公共議事廳中集會；西蘇門答臘的宗族們，則是在公有土地上聚會。蘇哈托藉袪除這些差異來破壞地方文化根基，力圖建立一套全國統一的基本制度。政府主要分五等級：國、省、縣、鄉、村，❹各級政府直屬於一套指揮系統。蘇哈托削去各省決策權，欽點省長為首都雅加達效命——許多省長出身於軍旅，有些人籍貫是爪哇，所有人都忠心耿耿。他還提供兩支正規軍做這些省長的後盾，其中成員泰半也是爪哇人。第一支正規軍由武官擔任，受命「身兼二職」，可介入上至省、下至村的居民生活，第二支正規軍則由文官組成，兩者的職掌始終界線不明。

我在蘇哈托執政期間前往印尼東部旅行時，很少聽到公務員講方言，也不常看到黑皮膚、髮頭髮的種族（例如巴布亞省的美拉尼西亞人）出任公職。大多數政府官員不是爪哇人，就是來自教育水準較高的其他地區，當地居民都把他們當異類看。一九九一年，我在毗鄰澳洲北方的薩武島旅行時遇到的一名農夫告訴我：「我們這裡每天只能吃一頓飯，其他時間都喝棕櫚糖[5]水。那些公務員就不一樣了，他們每天能吃到三餐。」

當地居民眼中另一個異類，是來自爪哇的「越區移民」或「內部移民」，這些人都是窮苦的農民，由政府出錢讓他們從人口過剩的爪哇鄉下搬到其他較空曠的島嶼。此類移民計畫其實從荷蘭統治時代就出現了，那時叫「殖民」，後來蘇卡諾明智地改稱「越區移民」，盤算著每年將一百五十萬名爪哇人（連同他們的價值觀——服從指揮、集體合作）送到其他各島，以達同化國人之目的。然而，蘇卡諾比較善於勾畫願景，不太擅長付諸行動，因此他在十五年內送出的越區移民人數，僅達目標人數千分之一。

蘇哈托也和蘇卡諾一樣，巴望著政府支持的越區移民可促進全國統一，於是加強實施該計畫，每年從爪哇和峇里島遷出約三十萬人。一位負責執行計畫的部長說：「我們打算透過內部移民的方式……把所有種族融合成一個國家——印尼國。將來不同的種族會因為融合而消失，

❷譯註：Cruella de Vil，迪士尼卡通片《一〇一忠狗》裡長相醜陋、面色慘白的壞女人。
❸譯註：The Mikado，以十九世紀日本為題材的英國音樂劇，劇中演員都在臉部塗抹厚粉。
❹印尼行政區劃分如下：中央政府下設一級行政區，包括二十九省、四特區和一首都區，二級行政區分為縣或市，下面再分為鄉（或稱「區」），鄉以下又分為村，都會區以「里」取代「村」。
❺譯註：以棕櫚花的汁液慢慢熬煮而成的粗糖，甜度介於黑糖和砂糖之間，香味特殊。

全國只剩一個人種——印尼人。」

如果那位部長以為，這些移民會心花怒放地在咖啡館裡跟當地人談情說愛，然後安居樂業生幾個真正的「印尼」寶寶，他就大錯特錯了。事實上，這些移民都自成一體，像糯米沾黏似的聚集在取了家鄉名字的村落。一九九〇年代初我去亞齊省東北部參觀過的一座移民村，是我在印尼所見最荒涼偏僻的地方。這個從森林開墾出來、與一座橡膠園相鄰的小村叫作「西多穆里歐」，是個爪哇名，村裡幾家小店也都冠上爪哇大城的名稱，像是「索洛農產」啦、「瑪琅理髮」啦，可是店外全部封上了木條。大多數住宅已沒有比較值錢的家當，都是上鎖的空屋。我朝某個屋子裡偷窺，只看見散落在地板的玩具，還有擱在餐桌上的半杯茶，唯一生命跡象是一群飢腸轆轆的狗。

接著，一位老先生騎著一台古董摩托車出現了。我問他村民都到哪裡去了，老先生說他們因為不受當地歡迎而遠走他方。那時亞齊省的反叛分子曾指控雅加達竊取當地資源，憤而發動一場對抗中央政府的游擊戰，然而受害最深的，卻是無一技之長也無半分土地的農民，被一心想促進全國統一的政府誤送到此地。西多穆里歐的村長在半夜遭人刺殺身亡後，村民相繼棄村而逃，這樁刺殺案很有可能是游擊隊所為。

亞齊省移民蒙受迫害，只是地方對中央政府表達不滿的一個極端例子。話說回來，有些地方的移民縱使能與當地鄰居和睦共處，他們還是習慣講家鄉話，種植自己在家鄉種的作物，成立類似爪哇或峇里島甘美朗樂團的音樂團體。這種情況比較像文化移植而非越區移民，難以形成同化力量。

在蘇哈托的建國大業中，內部移民是個罕見的失敗政策，比較成功的案例是推廣電視（這位農家出身的領導者會幹這種事，倒是頗出人意料）。

蘇哈托心知肚明，如果他想消弭蘇卡諾時代的動亂，讓國家以比較穩健的步伐前進，勢必得改善國民的健康和教育，以及農耕技術，還須善用一座平台以昭告全民：他們在打造這個光榮國家的過程中所扮演的角色，他認為電視就是這座平台。一九七〇年代中期，印尼發射了一枚傳播訊號可覆蓋全國（以及東南亞大部分地區）的人造衛星。雖然這是印尼百姓無力負擔的大手筆行動（當時全世界只有美國與加拿大擁有人造衛星），但無疑為蘇哈托提供了一個傳聲筒，可向全國人民宣傳國家發展進程，同時向全球暗示：蘇卡諾時代的動亂之門已經牢牢關閉，一扇新造的現代之門即將開啟。

人造衛星一升空，政府便開始為全國發放「公用」電視機，每年送出五萬台。這些電視通常擺在村長家裡，全村人可聚在一起觀賞晚間節目。那時只有一個電視頻道TVRI，外島的電視屏幕上，驟然充斥著報導全國發展現況的影像和商業廣告。雅加達當局不少人開始擔心這些廣告恐將對國家不利，他們認為電視台替某些消費品向少數買得起電視的大城特權階級打廣告是一回事，但是讓住在鄉村和偏遠島嶼的窮人看到大量專供富人享用的消費品又是另一回事。衛星電視應當發揮的功能，是將全國不同族群融合成「印尼人」，而不是把他們變成一群「想要卻得不著」的不滿分子。

✲

一九八一年，蘇哈托飭令禁止電視播廣告，「旨在避免形成有礙發展精神之負面效應」，並利用多出來的時段廣發他意圖散播的訊息，TVRI也不遺餘力地播放響應家庭計畫、善盡國民義務、努力為國爭光的枯燥內容。許多研究顯示，透過電視宣導家庭計畫成效特別顯著，因為凡是獲贈公用電視的村子，生育率很快就下降。

一九八九年，TVRI獨占市場的局面被打破，蘇哈托率先將民營電視台營業執照頒予其子班邦，旋即又將執照發給女兒圖圖❻和堂弟蘇德威卡摩諾❼，並准許家人從拉丁美洲進口連續劇、任意為節目播廣告、公然宣稱電視可達社會教化之目的。最初這些民營電視台的觀眾僅限於都會上層階級，爾後各電視台逐步設法取得衛星傳播管道，讓電視節目走入蘇哈托子女絕對不會涉足的窮人家中。

✲

蘇哈托少時家貧，初中便輟學，後來因為從腳踏車上摔下來，扯破了僅有的一套像樣衣服，只好放棄銀行工作去從軍。他在軍中平步青雲，大權在握，但始終惦記著爪哇農民，盼能改善他們的生活，成為國家領導人後，旋即著手實踐這個理想。雖然蘇哈托指派軍事將領監控印尼人民的生活，但明智地把經濟管理重任交給一小批精明幹練、行事謹慎的經濟學家，其中不少人曾獲美國福特基金會贊助，在加州留過學，因此被稱作「柏克萊幫」。他們的第一項舉措是推動重大農業政策，使得印尼從世界最大稻米進口國，變成稻米淨出口國。

「柏克萊幫」觀察到南韓等國因扶植民營外銷產品製造業而致富，因此舉臂歡迎外國投資者，並鼓勵國內企業生產外銷貨。於是，印尼的經濟繁榮起來，兒童就學比例上升一倍，國民基本醫療服務管道大增。蘇哈托在總統任內的頭二十年，係透過提供國民足夠的照顧，讓大家腳踏同一條船，並聽從船長命令的手段來維持國家安定。他努力平衡各方勢力，如果軍中天主教徒聲勢太強，難以安撫，他就分一點好處給穆斯林知識分子。他准許軍人監管荷蘭時代留下的大型國營企業，目的在於讓勞工安分守己，不敢鬧事。他延攬外商公司前來印尼投資，並要求外商與提供政治獻金給他的本國商人合作。

世界銀行經濟學家稱後者為「高成本交易」，其他人稱之為「貪汙」。不過，打從一九八〇年代初開始，外商是真的想在印尼投資，因為只要向蘇哈托妥協就能享有安定，於是許多投資者對軍事高層及其親信行賄，認為這是換取安定的合理代價，卻對其他代價視而不見，而付出那些代價的往往是反對伐木與採礦、遭到武力威脅而噤聲的社區；要求最低工資而受傷躺在醫院的工人；因報導這些事件而被監禁的記者。

多年來，大多數印尼人也選擇視若無睹，因為蘇哈托提供的安定對他們有利。我向雅加

❻ 譯註：蘇卡諾共育有三男三女，班邦（Bambang Trihatmojo）是排行老三的次子，圖圖（Tutut）為暱稱，本名魯卡瑪娜（Siti Hardiyanti Rukmana），是排行老大的長女。

❼ 譯註：Sudwikatmono生前擔任印尼跨國事業三林集團（Salim Group，由著名華人企業家林紹良創建）主管。

達路透社報到當天，與我辦交接的記者，扔了一本剛出版的蘇哈托英文自傳到我辦公桌上說：「妳讀過以後給我們兩句評語吧。」他看我一副驚慌失措的模樣，又補上一句：「裡面可能有提到非法處決人犯的故事哦。」後來我發現，蘇哈托果真在自傳中提起二十年前，他曾下令國防部長不經審訊處決兩千名普通罪犯，以示「殺雞儆猴」。於是我跑去附近餐館打聽「公眾輿論」，料想某些印尼人或許願意向我透露他們對此事的看法，後來有個居民聳著肩膀對我說：「那些犯人被處決以前，我女兒在天黑以後都不敢上街，現在她敢走夜路了。」該事件落幕後，他的女兒和其他數百萬比較膽小的孩子，都能安心地上學，獲得適當的健康照顧，每天晚上吃得飽飽地上床，還可以夢想長大以後要做什麼，他們的父母輩就不曾享受過這些好處。

蘇哈托和大多數獨裁者一樣，統治時間極長，超過了法定任期；世人對他在位最後幾年的醜態記憶猶新，往往不願承認他有過任何重要建樹。蘇哈托執政期間不僅箝制各種政治言論，還將印尼多元文化統一成爪哇模式，甚至挪用大量公帑給手下將領、商場親信、日趨貪婪的子女享用。這些固然是事實，但他篡奪權位之後的頭二十年，的確因大幅改善數千萬老百姓的生活而深得民心。

一九八〇年代末期，情況開始嚴重惡化，部分原因正是人民的生活變好了。由於基本需求獲得滿足、教育程度逐步提高，人們開始想要更多東西。他們眼看著經濟日趨繁榮，所有財富卻集中在一小撮人的口袋裡，其中當然包括蘇哈托子女，他們長大成人以後變得愈來愈貪得無厭。勞工們聽到政府首長在演講時提起「下滲經濟」[8]這名詞的感想是，他們製造芭比娃娃和耐吉球鞋為公司賺了大錢，但那些利潤下滲到他們手上的速度不夠快，於是開始表達不滿。當軍事將領監管的合資企業相繼落入蘇哈托子女而非軍方的手中後，那些將領也比較懶得鎮壓勞工抗議活動。

當時的印尼尚未成為容納異己的大熔爐。我至今仍保留一件用粗糙的淺藍尼龍布縫製、上頭印著幾個數字的襯衫。那塊布料原本是一群來自印尼唯一合法工會的勞工，綁在雅加達郊區一家鞋廠外頭的抗議布條，上面印有細述最低工資勞工法的文字。這群勞工沒有訴諸武力，沒有發表評論，僅僅在布條上列出應當依法支付工人薪水的公司數目，可是布條只在工廠外面懸掛了半天，就遭到開進工廠的軍隊撕毀，後來我的幾個工會朋友乾脆把它剪開做成襯衫。

從前的印尼不會像南韓那般發生群眾示威和街頭暴動，也不會像印度一樣口出惡言反對民主、糾集數百萬人舉行靜坐抗議。一九八八年我奉調到印尼時，只見過少數被掛起來之後又被強制拆除的抗議布條，也只遇過幾樁民眾憤怒洗劫日本商店、不安定省分爆發反政府小型鬥毆事件，這些案件起碼讓記者們還有點事可忙。

那時我賃居的門騰區，過去是荷蘭人雲集的郊區，現在仍是雅加達最綠意盎然的地段。我會從我的別墅跳上摩托車，跑去探索環境比較髒亂的市區，還會跟聚集在碼頭等著把載貨雙桅帆船駛向其他小港的水手攀談。我也會前往有如迷你阿姆斯特丹的舊荷蘭城蹓躂，那裡有座鵝卵石廣場，運河邊櫛比鱗次、門面狹窄的典雅高樓如今已無人管理，被堵塞的運河頻頻發出惡

❽譯註：亦稱「滴漏經濟」，該理論主張對富人減稅及提供優惠政策，可改善經濟和窮人生活。

臭，殖民時代的店鋪被小商人、小竊賊接收，一群妓女和嫖客聚集在一道列柱長廊下，隨著廉價卡帶錄音機播放的刺耳音樂扭腰擺臀。

由於工作的需要，我偶爾會吸菸。那時候的良家婦女是不碰菸的，但買支香菸和借個打火機，不失為跟街頭小販打開話匣子的好方法。他們對總統官邸周邊交通模式的變化瞭如指掌，也很清楚哪個店家付了保護費給哪個警察分隊或軍隊。

路透社攝影記者恩妮（Enny Nuraheni）常陪我東奔西跑，她是我採訪各類犯罪案件的好搭檔。為了挖掘新聞，我們常鬼鬼祟祟做些小動作，例如突破警方在發生爆炸案的教堂四周拉起的封鎖線，或是聲東擊西地溜進不讓媒體靠近的難民營。我們這兩個嬌小玲瓏的女人——一個是白皮膚，一個有古銅膚色——總是共騎一輛生鏽的機車，在陌生的市區兜來兜去，看在別人眼裡肯定覺得很怪異。眼尖的恩妮一發現有趣的事物就戳戳我的腰，我毫不遲疑地緊急剎車後，她就立刻抄起相機，衝到一隻身穿芭蕾舞裙、在路上隨手風琴音樂跳舞的小猴兒面前，或是鑽進一群穿著西裝在股票交易所外頭劇烈扭打的男人堆中。這類歇斯底里的打鬥，是雅加達股市成長過程所衍生的行為。一九八八年我剛到印尼時，雅加達股市的掛牌股票只有二十四種，而且只准外國人購買八種。有一天，我基於好玩心理大量買下三家上市公司股票，交易額幾乎占當日股市營業額四分之一。一年過後，印尼的技術官僚強行解除蘇卡諾時代實施的管制，上市公司家數頓時翻了三倍，另外還有數十家公司等著掛牌。雅加達的大街小巷不時出現掛了又拆、呼籲「公開上市！」的布條。西裝革履的男士們為了取得新發行股票而大打出手，一份上市申請表索價一百七十美元（依當時匯率計算，約台幣六千八百元）。與此同時，軍人們老是在拆除那些提醒工廠勞工每日應得〇・九美元（約台幣三十五元）工資的布條。

✲

我反覆咀嚼印尼殖民史以後發現，是丁香獨占事業將大眾的注意力轉移到蘇哈托政府貪汙這檔事上頭。

如今印尼丁香最大一群消費者是全國的吸菸客，他們愛抽帶丁香味的香菸，是因為丁香可產生兩種作用：既是麻醉劑，又能將尼古丁順利帶進肺部。全國每年消耗的丁香菸高達兩千兩百三十億支，是普通「白菸」消耗量的十三倍。丁香菸多數仍為手捲菸，有些是在僅靠吊扇散熱、風速慢得吹不走菸屑的小棚子裡捲製，有些則是由身著制服的女工們在設有空調、纖塵不染、十分現代化的工廠裡製作。由於廠方會發放生產獎金，她們都以飛快速度捲菸，從工廠高處望下去，儼然在觀賞一部快轉影片。

印尼生產的丁香約占世界產量八成，製菸業將大部分國產丁香都變成了氣味濃郁、吸入後令人感到慵懶酥麻的香菸，每個談論政治、家務、稻米或橡膠價格的場合，幾乎處處瀰漫這種菸味。蘇哈托家族看準丁香帶來的商機後，總統么兒湯米[9]決定仿效東印度公司致富策略：成

---

[9] 譯註：湯米（Tommy）為暱稱，本名普特拉（Hutomo Mandala Putra），在兄弟姊妹中排行第五，下面尚有一妹。

立丁香獨占事業。丁香樹和青少年一樣敏感，只要有過一年大豐收，產量就會長期減少，導致嚴重歉收，並且持續很久，不知何日方休。湯米宣稱，他以固定價格大批收購全國丁香，可替農民穩定市價，但他出售丁香的價錢卻是收購價的三倍。

湯米自認穩賺不賠，因為印尼許多製菸公司的大老闆是一群腰纏萬貫的華僑家族，不怕沒人買他的丁香。近代印尼人對這些華僑評價不一，老百姓普遍認為他們財力雄厚，也有不少人把他們當壓榨者看，不過他們也為印尼提供了經濟成長所需的資金和經商技巧。只要華僑不碰政治，印尼人尚能忍受他們日進斗金的事實，華僑也總是盡量避免引起爭議。不過，這回華僑拒絕當順民，多家工廠大量囤積丁香，就是不向湯米採購。最後結局是：印尼納稅人在總統的命令下為湯米紓困。

丁香菸事件導致民怨沸騰，也製造了社會壓力。打擊印尼丁香菸，就好比打翻英國茶。吸菸是印尼人的社交活動，民眾每每利用吸菸機會抱怨第一家庭有多囂張。平素保持沉默的印尼媒體，開始公然嘲笑湯米吃相難看的貪婪舉動。向來把印尼當最佳客戶看待、甚少對蘇哈托提出微詞的世界銀行，也寫了一份報告指陳，獨占丁香事業乃不智之舉、想把這隻妖怪收回瓶裡談何容易。

蘇哈托的五官特徵和印尼遙遠東方諸島、擁有塌鼻子鬈頭髮、說話音調平板的居民沒有太多相似處，他也鮮少維護那些島民的利益。爪哇農民就比較討這位老頭子歡心，爪哇農家出身的蘇哈托最樂之事，莫過於站在故鄉稻田裡和農民講爪哇話、聊皮影戲[10]。蘇哈托覺得這些農民才是他的子民，當親生子女的貪婪行徑威脅到爪哇農民福祉時，他選擇站在農民這一邊。

蘇哈托政府為了幫助農民增產，曾在爪哇鄉間普設田野學校。一九九〇年某日，我在一間田野學校的稻田裡嘗到踩爛泥的滋味。當離開田埂一腳踏進稻田，會覺得自己像被吸進去似的。田裡的泥巴在趾間滑動，覆蓋住腳踝，泥水同時濺到小腿上，腳丫子繼續下陷，接著就碰到土質不算太硬、帶著結實彈性的底部。這時不用再擔心被泥巴吞噬，可抬起腳來再用力踩得更深一點，泥巴會再度徐徐滑過趾間。這個初體驗過程進行得很慢，但好玩極了。當然啦，這間田野學校裡的學員可不是第一次下田，他們在稻田裡長大，擁有寬大的腳掌，視鞋子為累贅。他們來學校的目的，是想了解昆蟲。

一九八六年，爪哇的稻作曾經毀於一種名叫「稻褐飛蝨」的小蟲。不過，這些害蟲倒是給蘇哈托另一個兒子幫了大忙，讓他經營的殺蟲劑事業生意興隆，當時他為印尼農民供應大量獲得政府補貼的殺蟲劑。這些農藥會先殺死大型蟲子（例如蜘蛛和專吃稻褐飛蝨的水黽），卻殺不死飛蝨卵；由於蜘蛛全部死光光，蟲卵就在沒有天敵的田中孵化，並以稻米為食，還傳播病毒。農民的自然反應是噴灑更多農藥，那意味著蘇哈托的兒子獲利更多，病毒卻還是死不了，因而導致印尼在一九八六年損失大批須辛苦耕種、可自給自足的稻米。蘇哈托把這樁事看得比家人的收入更重要，旋即撤銷補貼，禁用效力廣泛的殺蟲劑，同時成立數千所我去造訪過的田野學校，以便教導農民分辨益蟲害蟲，減少農藥用量。

⑩ 譯註：印尼皮影戲傳自印度，主要盛行於爪哇和峇里島。

印尼是全世界第一個把有利於生態的害蟲綜合管理列為治國政策的國家，但隨著蘇哈托年歲漸長，具備生態觀念的政府官員卻日益減少了。一九九〇年代，印尼不知有多少經濟利益全被出席蘇哈托晚宴的一小群賓客明目張膽瓜分了。雖然二十年後的今天，印尼的貪汙案仍不在少數，不過大多數貪官汙吏起碼還會遵守「按服務收費」原則——有些人是因為幫別人拿到新的採礦合約、替別人取得省政府或縣政府的核准，或者代別人去牢裡蹲三、四年，而分得一些好處，因此現代貪汙人士受到大眾鄙夷的程度，較蘇哈托時代來得低，蘇哈托政府則是厚顏無恥地大肆搜刮農民和企業的血汗錢，然後送進總統子女的荷包。

一九九一年中期我離開印尼以前，曾在雅加達舊荷蘭城中央廣場的一棟豪宅舉辦盛大惜別晚宴。荷蘭統治時期，那幢豪宅是巴達維亞市政廳，後來變成博物館，裡頭依然擺滿厚重的荷蘭家具、金碧輝煌的畫像、布滿灰塵的吊燈。博物館由我一位朋友負責經營，他答應借我使用的條件是：他本人或屬下不必在事後做任何整理或清掃工作。於是我花了一整個下午刷洗廁所，給庭院中的大理石噴水池填滿冰塊，把酒冰鎮起來，還聘請每天傍晚叮叮咚咚地從我家院子經過的街頭小販提供外燴，他們一個個推著手拉車從市區過來後，就開始在庭院中炒麵條、烤沙嗲。

我邀請的貴賓包括：內閣部長和軍事將領、異議分子和社運人士、電影紅星和名設計師、大牌律師和經濟學家。席開之後，我忙著四處介紹大家互相認識，至今仍保留當天的來賓簽到簿。我再度回到雅加達後，當年在內閣任職的某些貴賓已身繫囹圄，幾位異議分子卻成為內閣閣員。

當丁香獨占事業變成街談巷議的話題後，雅加達變得亂哄哄的，原本安安靜靜的咖啡攤，也出現叫囂謾罵的聲音。一九九七年七月至一九九八年一月這半年之內，印尼幣對美元的匯率，從兩千五百盧比換一美元，暴跌到一萬盧比換一美元。進口貨消失了，日用品價格飛漲。蘇哈托支持者設法扭轉民怨，讓大家不再針對貪婪的蘇哈托家族發洩怒氣，而把矛頭轉向華人，大肆掀起排華運動。雅加達中國城遭人縱火，數百名華僑婦女被強暴，但是眾怒依舊難消，最後大家好不容易才找到真正的洩憤目標：蘇哈托。於是學生走上街頭，占領國會大廈。過去這些年來，總統恣意縱容家人瓜分軍事將領的利益，因此這些事件爆發後，軍方只是袖手旁觀。

一九九八年五月，蘇哈托終於在握權三十二年後辭去總統大位。印尼固然重獲新生，但根本沒人知道該由誰來撫養這個新生兒。

✲

蘇哈托下台三年後（與我上次離開印尼的時間相隔整整十年），我重返雅加達與印尼衛生部共事。抵達當地那個週末，一位朋友陪我去中國城逛了一圈。我看到有些商店依然人去樓空，店面玻璃都被砸破，其他建築則被暴動期間的大火燻成暗灰色。我們晃進一家書店後，我張口結舌瞪著一張桌子，因為上頭堆滿討論共產中國崛起和社會主義歷史的著作；在蘇哈托時代，膽敢以此方式陳列書籍的店東老早被送進大牢了。我正想把這意外發現告訴朋友時，他已經晃到另一張桌子前，桌上也擺了一堆令人不可思議的書，他正在翻閱的那本書叫作《性高潮迭起的女人》。

我還注意到其他的變化：播放無聊遊戲綜藝節目的電視頻道一應俱全、媒體熱中加入口水戰、人人樂於發表政治觀點、軍服在公共集會場合相當少見、包著穆斯林頭巾的女性比例大增。我抵達雅加達時，正逢印尼政治改革接受大考驗時期。副總統哈比比（B. J. Habibie）繼承了蘇哈托的元首之位，他在德國受過工程訓練，可作風一點也不像日耳曼民族，動輒未經大腦思考便脫口許下誇張承諾。舉例來說，他沒有事先照會外交部長，就輕易向難以駕馭的東帝汶居民允諾，他們可針對獨立議題舉行公投。

殖民手段較荷蘭人凶殘的葡萄牙人，曾經像夾著尾巴的小狗倉皇逃離東帝汶。一九七五年印尼入侵當地後，旋即興高采烈地建立第二十七省，雅加達派遣數千名（大多是爪哇穆斯林）公務員掌管該省（居民全是天主教徒）事務，蘇哈托及其支持者認為，他們是在嘉惠帝汶居民。

我擔任記者那段時間，曾三番兩次被印尼陸軍總部召去接受和帝汶島有關的再教育，而我得到的訊息往往是：帝汶居民普遍對政府不滿？妳到底是從哪兒聽來這消息的？軍隊很快就靠槍托和鐵靴平息了眾怒？胡說，沒這回事！自認有義務幫我釐清事實的努哈迪將軍向我招認，有些軍人確實可能在幾樁罕見案例中，對當地居民施以少許暴力，不過政府為他們興建了道路和保健中心，並提供教育和避孕措施，為東帝汶帶來發展（蘇哈托式）。雅加達高層人士不斷否認當地居民不滿的事實，只讓記者們報導政府鋪了哪些道路。

哈比比對這類消息陶醉不已。因此，一九九八年八月間，當十名投票者中有八位贊成「叫印尼滾蛋、讓東帝汶獨立」時，他感到十分錯愕，也管不住軍隊——當時軍方發起惡意報復行動，毀壞印尼在東帝汶建造的多項基礎設施。雖然哈比比曾推動若干相當激進的改革，但他既未與前任總統劃清界線，也未獲得軍方支持。一九九七年，印尼舉辦蘇哈托時代最後大選之際，只有三個合法政黨參選，最大的專業集團黨贏得四分之三選票。蘇哈托倒台一年後，這個新興民主國家的政黨已多達四十八個，專業集團黨在大選中所獲選票，僅略高於總票數十五分之一，出身於該黨的總統哈比比退位。

繼任者是體弱多病、眼睛半盲的伊斯蘭教學者瓦希德（Abdurrahman Wahid）⓫，別名賈斯杜爾（Gus Dur）。此人敢做敢為但性情古怪，且毫無從政經驗。他在所屬政黨僅獲得一三%的選票之後，歷經一番政治角力才接掌政權，並且與某些特殊政治夥伴建立脆弱的結盟關係。二〇〇一年五月我抵達印尼時，素來溫和的國會對他展開彈劾程序。書面理由是：瓦希德違法放款，對象包括他的男按摩師；真正理由則是：這位性情耿直頑固的總統，冒犯了他必須仰仗的某些團體。

那段時期，雅加達政治抗議事件頻傳，我身邊老是出現示威群眾，我卻照舊過著尋常生活，跟年紀小我一半的跨性人、男妓和男同志打交道。當時我負責調查愛滋病和這些族群的性行為，發覺這座城市正在變調走樣，男人與男人從事性交易的按摩院，竟成為雅加達的新興娛

⓫ 譯註：蘇哈托下台後第一任民選總統，民族覺醒黨創立者。任內因涉嫌貪汙而遭彈劾，不過對種族和解有重大貢獻。

樂場所，而我第一次住在當地時，城裡還沒有男同志酒吧。不過就我記憶所及，跨性人早就成為雅加達的風景特色之一了。

跨性人的印尼文waria是由wanita（女人）和paria（男人）兩個字組成，不過他們完全以女性身分過日子，有的還擁有丈夫。雖然大多數跨性人仍保有男性生理構造，但隆乳情況愈來愈普遍。他們在文化上扮演十分獨特的角色，之所以見容於社會，部分原因是長期承襲了比蘇（Bissu）祭司的遺澤。印尼南蘇拉威西省的傳統部落當中，人口最多的布吉族將族人劃分為五種性別，比蘇即屬於其一。他們常被稱為陰陽人，且身兼巫醫和靈媒；據說現今的比蘇仍有能力在出神狀態下與神靈溝通，過去的比蘇則是經常乘著族人打造的大帆船航行於海上。布吉族雖篤信伊斯蘭教，但始終願意接納這種兩性人，「唉呀，真主肯定樂意透過比蘇傳達旨意的，因為阿拉沒有性別，既不是男人，也不是女人。」一位布吉族鄉長夫人告訴我。過了一會兒，當地一位資深比蘇披著美麗的絲質紗籠[12]，坐在鋪著布毯的客廳裡向我描述，他／她如何用紅洋蔥治療從陰莖流出的白色分泌物，還請我提供處理生殖器潰爛的方法。

雖然現代比蘇仍會舉行半宗教性祭拜儀式，不過一般跨性人比較可能在歌舞秀中演出。這群「不男不女」的人一度扮演了某種政治角色，當民眾對政治言論有所忌憚時，有些跨性人偶爾會不知天高地厚，敢於向當權者（至少是對當權者的太太們）說真話。還記得我在蘇哈托時代看過一齣歌舞秀，演員是一群身披紗籠裝模作樣地娛樂「顧客」的跨性人，他們頭上挽著端莊的髮髻，臉上抹著厚厚的白粉，露出完美「夫人」形象，活脫脫成了蘇哈托夫人那幫貴婦的複製品。現場顧客閒聊的話題是，某部長夫人跟某執政者搞外遇、哪家外商公司為哪幾筆貪汙交易提供最多好處、她們的老公想了哪些絕招向蘇哈托子女詐財，那時其他人可不敢公然談論這種事情。我看見觀眾一邊高聲尖笑，一邊熱烈鼓掌（她們手上的指甲都修剪得完美無瑕）。那場歌舞秀的觀賞者，幾乎清一色是濃妝豔抹、如假包換的「夫人」。

我著手調查愛滋病期間，印尼已歷經民主改革，將言論自由還諸於民，這些跨性人在過去所扮演的政治角色也就跟著式微了。雖然他們繼續演歌舞秀，不過大多數人是靠白天在美容院上班、天黑後到街頭出賣身體的方式謀生。因此，我每天晚上會帶著一群採訪者（包括三位不賣春的跨性人）出門，然後在人行道上逡巡，邀請路人參與我們的調查。跨性人最拿手的本領是在街頭拋飛吻、露身材，尖聲怪笑地調侃開著汽車或騎著機車徐徐經過的潛在顧客。這些男兒身女兒心的跨性人，大概是不高興看到我缺乏女人味，有事沒事就消遣我。他們會說：「妳為什麼不穿雙高跟鞋啊？」、「妳幹嘛不好好把指甲修一修？」、「來，讓我幫妳……」接下來其中一名性工作者就隨手從化妝包裡掏出指甲油，要我坐在午夜過後的人行道邊，為我塗蔻丹。夜晚的街頭偶爾也會有好戲上場，例如雅加達即將舉行地方大選之前，市長打算嚴懲不道德行為，於是在某天晚上取締了大批性工作者，我的研究團隊也有半數成員被捕，有幾位想在個人地盤幫我招募研究幫手的跨性人竟拉拉扯扯地打起來，有些研究人員訪談進行到一半就跟著嫖客作鳥獸散。有一回，我差點損失大家辛苦收集到的血液樣本，因為站在路障邊的幾名警

⓬譯註：用一片長方形布料繫在腰部圍成筒狀或披掛在全身的服裝，男女皆宜，盛行於東南亞、南亞、阿拉伯、東非等地。

察乍見我拿著抽血針筒，當場認定我是毒品交易者，還打算沒收我所有的裝備。

那時我們往往得忙到半夜三、四點方能回到實驗室，而我直到早上八點才會跳上機車趕回辦公室完成白天的工作，途中常遇到一名身穿白長袍、頭上裹著格紋頭巾的少年找我搭訕。他是聖戰軍（Laskar Jihad）——該激進團體公然對馬魯古省基督徒發動戰爭——基本教義派成員之一，常一手搖著募款箱，一手分發立誓掃蕩馬魯古省基督徒的小冊子，這遠比同志酒吧或販賣討論社會主義和性高潮書籍的書店大量崛起更教人震驚。雖說印尼提出的建國五原則語意不清、易遭訕笑，但我始終認為對宗教包容是印尼得以生存至今的主因。然而，自蘇哈托垮台後，印尼人不斷爭權奪利，並以宗教為名互相殘殺，當局卻未曾採取任何行動。

瓦希德總統遭彈劾之後，蘇卡諾女兒梅嘉娃蒂（Megawati Sukarnoputri）繼任總統。她和父親一樣對國家的統一懷有堅定信念，但群眾魅力不及乃父；她擁有和蘇哈托時代的夫人們一樣精心裝扮的容貌，卻以態度冷傲出名。雖然她在位時期政績平平，不過並未重蹈前總統覆轍激怒軍隊。二〇〇二年，峇里島鬧區一家夜店發生爆炸事件，造成兩百餘人喪生，梅嘉娃蒂深受刺激，遂開始採取較嚴厲手段對付伊斯蘭極端主義分子，國家漸趨安定。

二〇〇四年，印尼首度舉行總統直接普選——以往總統係由議會推選。全國五十餘萬個投票所的選民一一給選票捺印，挑出心目中人選。從票匭抵達投票所的黎明，直到完成計票的黃昏，包括志工和官員，全國上下充滿興奮緊張的氣氛，我相當感動地發現，各地投票所均維持良好秩序。五年以前，雅加達曾深陷火海，經濟一蹶不振，其後又因為東帝汶獨立、軍方支持屠殺行動而元氣大傷。老百姓曾目睹馬魯古省爆發內戰、亞齊省和巴布亞省發生血腥暴動，也曾彈劾、換掉一位總統，物質生活遠不及一九九七年以前。不過，總統直選這一天，全國一・四億個選民投下神聖的一票後，都心平氣和地離開投票所，沒有任何人鬧事，真是一項了不起的成就。

有史以來，印尼人民頭一回當家作主選出新元首：蘇哈托時代的將軍蘇西洛（Susilo Bambang Yudhoyono，民眾習稱SBY），而他所代表的印尼民主黨僅成立了四年。

二〇〇五年我二度揮別雅加達後，直到二〇一一年才又重返當地展開旅行，此時蘇西洛已成功連任。我離開的這幾年，雅加達也改頭換面，從一個雖邋遢卻友善的城市，變成一座既浮誇且髒亂的大都會。在少數尚未改建的小路上，賣麵和賣菜小販依然喊著叮叮咚咚的叫賣聲，但必須跟霓虹燈閃爍的印多超市，以及只須加開水就能食用的泡麵「營多麵」（Indomie）[13]競爭。商業是將印尼諸島納入現代國家版圖並同化所有人民的一股力量，荷蘭人和印尼人都曾出力。蘇西洛執政以來，印尼每年經濟成長率平均達到五・七%，比英國和美國同期成長率分別高了將近五倍和四倍，國民也比二十年前富裕三倍。新財富創造了大批擁有手機和衛星電視的

[13] 譯註：全球最大速食麵製造商營多食品公司（Indofood）生產的廉價泡麵。

新消費者，這兩樣東西比起蘇哈托時代搖旗吶喊的慶祝典禮和僵化死板的官僚體系，更能將印尼人民團結在一起。

我買了一張印尼大地圖並將它摺好，連同全國渡輪時間表一起塞進我的背包，接著就把喧囂的雅加達拋諸腦後，開始進一步了解我的「壞男友」。即將朝松巴島出發之際，雅加達的朋友古里開我玩笑說：「妳走到印尼任何角落都會看到印多超市的啦，到時候一定會無聊到想哭，馬上就跑回來哦！」

Indonesia Etc.:
Exploring the Improbable Nation

Elizabeth Pisani

3 黏稠的傳統文化

印尼許多島嶼的常民生活——出生死亡、結婚離婚、遺產繼承、文化保存、教育活動——全靠傳統知識與先人智慧奠定根基。西松巴島的居民常自豪地說，他們擁有像煉乳或糖蜜一般「濃厚」或「黏稠」的傳統……

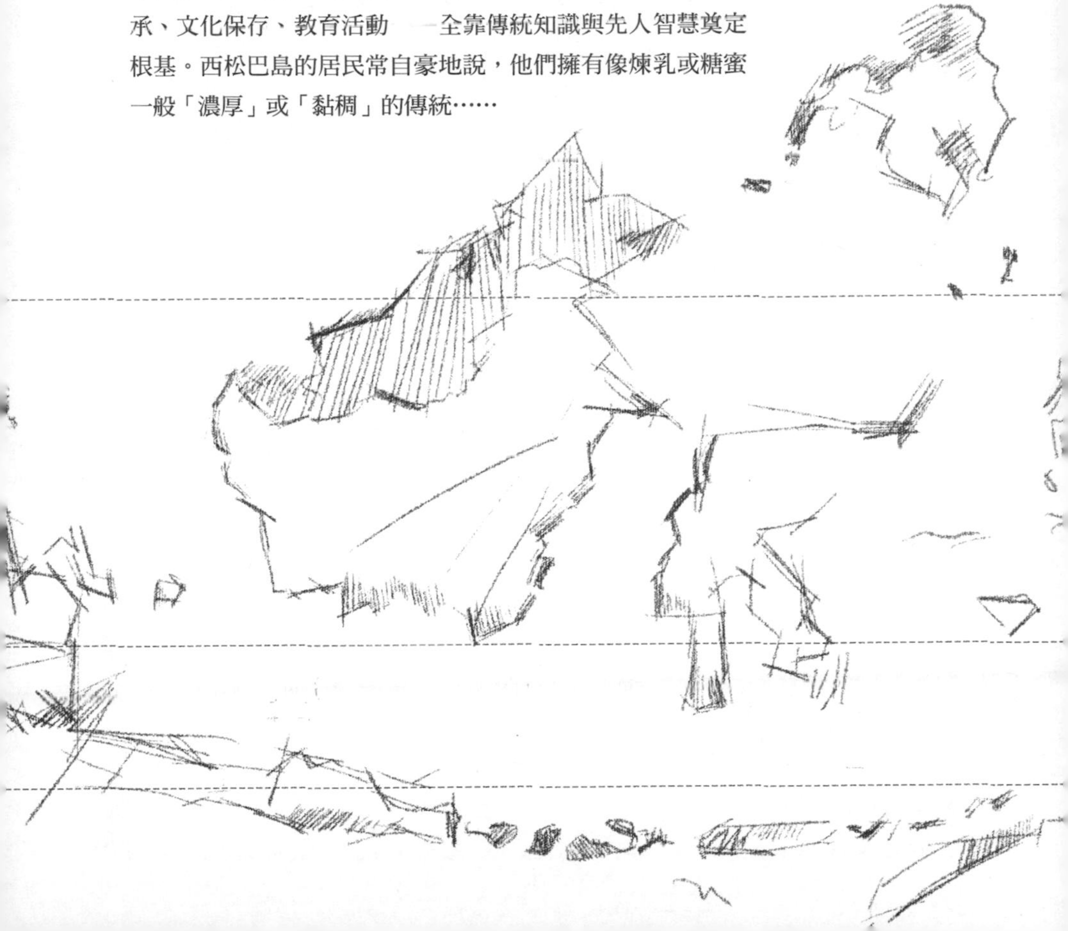

圖A：東努沙登加拉省，松巴島

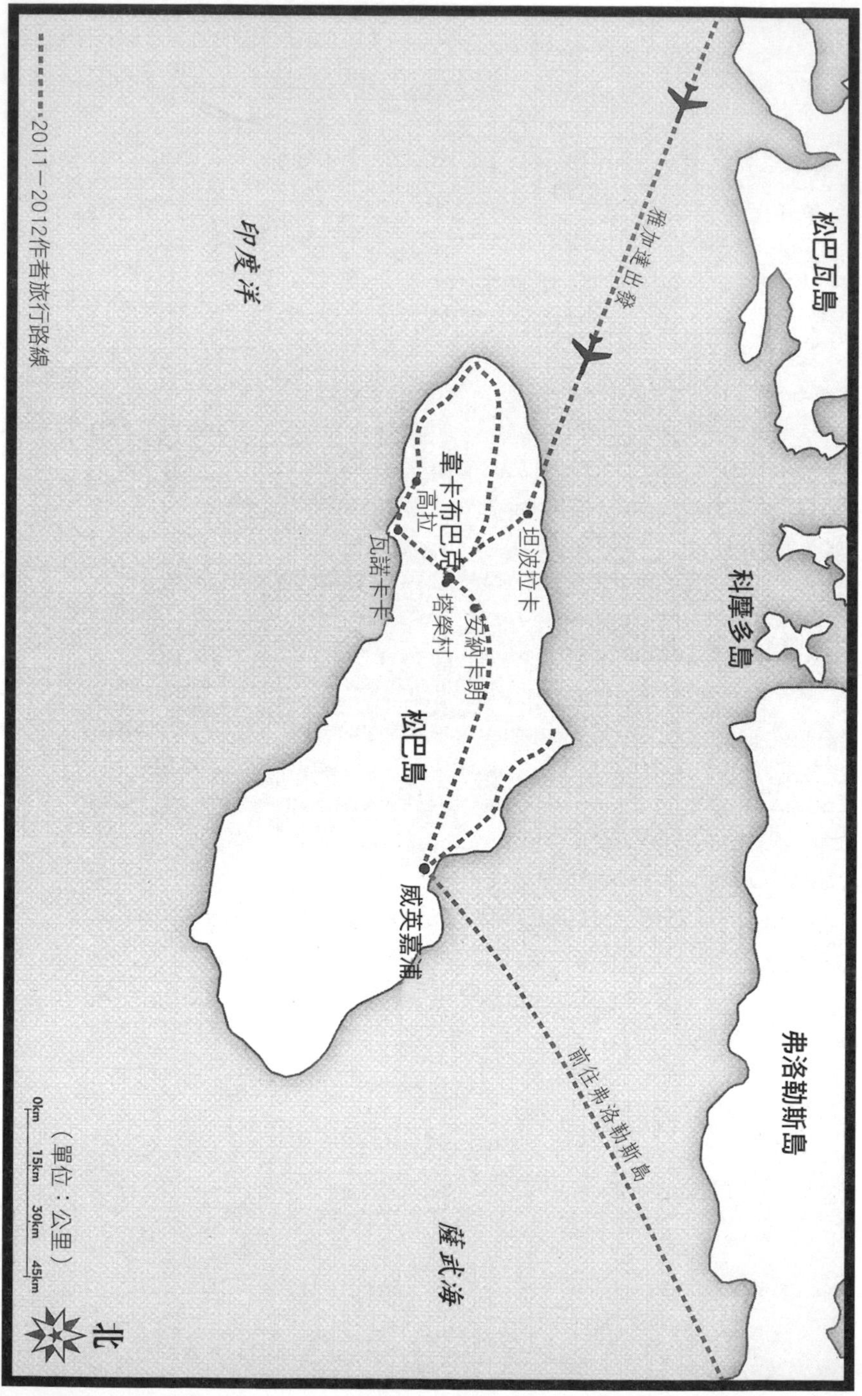

我抵達松巴島不到十分鐘，就和一位初相識的年輕人共乘一輛計程車，前往該島主要城市韋卡布巴克。行進途中，他突然把手機往我眼前伸過來，給我看一張照片，我瞧見螢幕上有具屍體躺在市場裡。「看，他的手在那兒。」年輕人一邊說一邊將畫面放大，好讓我看得更仔細些，接著又說兩星期前，市場裡發生了大刀瘋狂砍人事件，那隻手是在光天化日下被斬斷的，「這種事在這裡根本是家常便飯。」年輕人自稱法嘉，是參加某項政府計畫被派駐到松巴島的爪哇醫生，該計畫提供高薪號召剛取得執照的醫師，前往極偏遠地區的醫療站從事短期服務[1]，「松巴島和爪哇不一樣。」法嘉說。

如果你把印尼領土看成一個破碎的橢圓形鐘面，松巴島大概是在四點鐘的位置，距澳洲北方不遠。這裡沒有坡度傾斜的梯田，也沒有火山、皮影戲，或層層疊疊的寺廟。過去兩百年來，松巴島吸引外界的原因是，島上遍植檀香木。那些林地一旦被開墾出售，就成為一大片高低起伏的草皮，一年之中大部分時間被無情的南方烈日晒成焦黃色。每逢乾季，它會讓人隱約想起西班牙中央高原，因為此地盛產良駒，馬術競賽是最受歡迎的運動。這裡也經常可看到某個手握長矛的男子騎著一匹粗壯的小馬走在傍晚天空下的剪影畫面，簡直跟唐吉訶德沒兩樣。

要是你從雅加達前往今日的松巴島，會有種穿越時空的感覺。當地人所謂的「高樓」是指兩層樓，而且只在最大的兩個城鎮才看得到。島上布滿巨大的墳塚，不是散置在馬路旁，就是

---

[1] 印尼政府根據地點遠近——一般地區、偏遠地區、極偏遠地區——來分配醫療站，醫生前往極偏遠地區服務的薪資，幾乎是普通醫療站薪水的四倍。

坐落在現代平房前，有些圍繞在市場邊。大多數墳墓皆以巨大石板砌成方形，上頭覆蓋著體積更大、靠船隻從採石場拖運而來的蘑菇狀合頂石❷，連最新的墳塋也長成這副德性。不過，如今也能看到鋪著磁磚的現代版水泥墓，儼然蓋了一大片公廁。島上看不到雅加達人常穿的商業套裝，打扮體面的松巴島男子會在頭上綁條帶子，於腰部和大腿圍上長長一條自織布，然後拿一條吊帶繫著（穿長褲時也一樣），吊帶上掛著一把又長又直、插入刀鞘的大刀，彎彎的刀柄以木頭或牛角做成。我抵達該島西北邊的坦波拉卡機場時，首先映入眼簾的是一幅寫著「停止暴力！」的布條，諷刺的是，呼籲終結暴力的布條，居然是用一對大刀撐開，布條下方還站著一群在腰間佩掛武器的男人。我本來覺得那場面很好笑，但遇到法嘉之後從他口裡得知：「使用暴力是本地生活的一部分。」

他並非第一個提出這看法的人。一八七〇年代，一位奉派到松巴島為荷蘭建立據點的執政官，曾向殖民地首都巴達維亞的上司稟報：「此乃強者稱霸之地。」並且指出當地獵取人頭和搶劫奴隸的行為，已將人類生存價值貶低到連一匹馬都不如的地步。荷蘭人曾與當地著名獵人頭殺手沃諾卡卡（Wono Kaka）發生兩年流血衝突，直到一九一三年才鞏固對松巴島的控制權。沃諾卡卡將荷蘭士兵斬首之後，就割下他們的頭皮，連同其他敵人的頭皮掛在族裡的骷髏樹上，因而激怒了荷蘭人。

荷蘭軍隊撤離松巴島後，基督教傳教士尾隨而至。在人口稠密的爪哇、蘇門答臘和蘇拉威西島，大多數印尼人清一色是穆斯林，我在印尼東部島嶼的村落中，卻看不到從頭到腳裹著罩袍的穆斯林。松巴島居民名義上雖是基督徒，但我幾度造訪此地後發現，很多人依然堅信古老的馬拉普教（Marapu），這個崇拜萬物的傳統宗教讓島民相信，他們觀察一隻雞的內臟所獲得的啟示，要比閱讀《聖經》來得多。

我選擇松巴島作為離開雅加達後的第一個落腳處，部分原因是想起一九九一年初次來訪時，這裡曾經是個被印尼人忽視、雅加達鞭長莫及、避開蘇哈托政治改革的邊遠地區，我很好奇這些年來它是否脫胎換骨，或者與雅加達的差距是否拉大。如今的松巴島乍看之下是比過去進步了，市場裡無論老少都用手機話家常，連傳統竹寮的茅屋頂上都安裝了俗稱小耳朵的碟形天線，不久以前還得靠兩條腿四處奔波的村民，現在個個騎著新機車到處溜溜轉，但我想知道這裡是否依然存在著某些古老神祕的傳統。

我把行囊丟進設備簡陋的旅館房間，並交代工作人員掃掉地上的死蟑螂後，就出門探險去了。韋卡布巴克號稱松巴島西部最大城市，但你只消花二十分鐘左右就能繞著它走完一圈。城裡最雄偉的建築是一棟拱門教堂，旁邊緊貼著一座縮小版雪梨歌劇院。另外還有一家看似一九三〇年代落成的醫院，內部陳設更像那個年代的風格。除此之外，當地多半只能見到煤渣磚頭蓋的小店鋪和小平房。我沿著主街走去，打算物色一雙鞋，卻找不到中意貨色。這裡不像雅加達，沒有占地寬廣的豪華購物中心，主街兩邊全是幾乎什麼都賣的家庭小鋪，店裡擺滿不下五百種雜貨，所有商品都蒙上一層灰，因為某個熱心包商在幾個月前挖開大部分路面、剷

❷ 譯註：建築物壓在最頂端的最後一塊石頭，用以穩定建築結構。

除所有人行道之後，就沒錢繼續施工了，於是每當小巴士從街上開過去，必定揚起漫天灰沙，然後飛進門戶大開的店面，落在箱中的白米，還有一堆塑膠椅、海灘球、椰子刨絲器、紗籠、電池、洋蔥、醬油瓶、鹹餅乾、魚乾、引擎零件、鐵皮浪板、人字拖鞋、牙膏、釣魚線、手工麵包、丁香菸、機車輪胎，以及進城光顧這種小店的村民可能需要的其他用品。當地雜貨店老闆全是華人（通常為女性），而且都具備一項看家本領：只要把手伸進積著厚灰的貨堆，就能取出顧客想買的任何東西。哪怕是遇到伸手不見五指的限電時間，老闆照樣能摸黑抽出一把彈簧刀、一截緞帶、一本筆記簿。我買了雙沾滿灰塵的鞋子，它們淋過一次雨之後，就變成了綠色。

可想而知，在韋卡布巴克不可能撞見印多超市。

如果你從平淡無奇的市街舉目望去，可以看到西松巴島。這地區大部分是丘陵，地面突出許多裸露的岩塊，紛爭不斷的部族相繼在丘陵上建造堡壘，許多傳統村落一直存留至今。韋卡布巴克的現代生活雖已滲透到這片丘陵周邊面積狹小的平地，但西邊村落依然高踞在一大片水泥屋上方，看似身在其中，卻又與之隔絕。

我在西松巴島發現的第一個村落是塔祭村，從路上只能看到村中幾個茅屋尖頂從一片樹林上方鑽出來。當我費勁地爬上通往村子的一條石子路，才發現先前所見的那些屋頂，屬於一群用竹子搭建的高腳屋。每間屋子都開有兩道門面向寬敞的前廊，壓得低低的大屋簷緩緩朝中央向上延伸，形成又尖又窄、指向天空的屋頂，彷彿小童戴上一頂尖帽壓住厚厚一排瀏海的模樣。我繼續往上走，經過一群四處亂竄的雞隻、豬仔與村童後，便進入村子中央，來到一圈房子前面。那些屋宇皆以水牛骨做裝飾，看守著一大片布滿巨墳的橢圓形空地。一座刻有花紋的墳墓頂端冒出一團火來，火堆裡擺著某種動物。

火焰熄滅後，我看到一隻四腳朝天的野豬，露出嘴巴，舌頭上塞著一塊灰石頭。村中一名長老戴著樹皮布[3]頭飾跳上那座墳墓，然後拔出腰刀在野豬腹部切出一道口子，接著就伸手進去掏出內臟擺在一片香蕉葉上。一位態度高傲、頭戴鮮豔粉紅頭巾、褲腰處圍著一塊花色精美依卡布（ikat）[4]的鷹鈎鼻大人物，站在較高處的一塊墓碑上方，指揮村民分配食物——豬耳朵給這家人，豬尾巴給那家人，從豬肝旁切下來的那塊軟趴趴、黏呼呼的內臟給某位貴客。

我純屬巧合地邂逅了迎接「受苦月」的慶典，這是松巴島特有信仰馬拉普教每年的習俗，相當於基督教的四旬齋節[5]，或伊斯蘭教的齋月[6]。受苦月來臨期間，村民生活必須有所節制，婦女不得在天黑後搗米，也不能梳妝打扮、人聲奏樂，敲鑼、宰牲、慶典一律遭禁止，但慶祝受苦月降臨的活動仍可如常舉行。

慶祝活動還不少。那天晚上，我坐在村子正中央的一座石頭墳上待到午夜過後，沉浸在村裡的祭司和許多年輕男子你來我往的呼應聲中。這些男人舉行活動期間，所有婦女只能待在家

---

[3] 譯註：以植物樹皮為原料經拍打加工製成的堅韌布料，常見於西非、東南亞、環太平洋諸島及中南美洲原始部落。

[4] 譯註：東南亞與印度等地結合染織技術的傳統織品，織紋繁複、色彩豐富。

[5] 譯註：為紀念耶穌在荒野禁食而齋戒或懺悔的節日，又稱大齋期，共四十天，時間約在每年三、四月間。

[6] 譯註：伊斯蘭教曆每年第九個月，穆斯林從日出到日落之間須禁食。

中，但他們似乎毫不介意或是沒注意到我在現場。

我完全琢磨不透他們在做什麼，因為聽不懂當地方言羅利語，事後才得知他們口裡吟誦的其實是一種只有祭司聽得懂的神聖經文，但我依然專心聆聽他們敲打聖鑼（村民在受苦月才會請出這種樂器）的聲音，看著各家的戶長魚貫走進墳間空地，放下一碗祭拜祖先的米飯。

那昏暗的光線、沉穩的誦經聲、緩慢而重複的動作，對我起了強烈的催眠作用。正感到昏昏欲睡之際，突然傳來一陣令人毛骨悚然的吶喊聲。我在瞬間驚醒，發現一群小夥子手舉長矛朝我的方向衝來，接著兵分二路繞過我坐的那塊墓碑一起湧向村子後方，然後用力將長矛擲入下方灌木叢，象徵性地為全村消除去年的罪孽，讓大家順利進入冥想月。

次日早上我再度回到塔榮村時，看見一位鼻頭寬扁、滿面皺紋、坐在長廊下剝豆莢的老婆婆笑吟吟地招手要我過去。她圍著一條印有藍色小花的舊棉紗籠，穿了件鑲蕾絲邊、領口超低的上衣。我脫下鞋子爬上高達腰際的長廊在她身旁坐下，她一句話也沒說，便立刻消失，幾分鐘後又端著一只用鮮花裝飾的鐵托盤走出來，盤中擺著一杯喝了讓人舌頭發麻的甜茶。她的另一隻手上提著一個裝滿廉價首飾的小籃子，裡面有仿製的珊瑚珠、做成子宮狀（象徵多子多孫）的金耳環，還有編著「松巴島」字樣的小髮帶。西松巴島觀光客不多，我這才恍然大悟，老婆婆招呼我是為了推銷東西。雖然我費了番唇舌向她解釋，我其實不是觀光客、目前住在印尼首都雅加達，又以剛展開長途旅行、不便攜帶多餘物品為由拒絕買她的東西，但實在不忍心看她失望的表情，於是索性請她——我喊她波波媽媽——和我聊聊昨夜的慶典。

波波媽媽開心地拍起手來，接著就把小籃子往旁邊一推，開始以動聽悅耳的印尼方言，教我認識西松巴島文化，我發現要了解當地習俗並不容易。波波媽媽告訴我，松巴島傳統村落裡每樣事情都有特定安排，例如誰在哪個場合負責敲哪個鑼啦、誰從哪扇門進入哪個房間啦，還有塔榮村的羅利語對日常物品的稱呼，會隨著它們的所在地而改變，例如村子裡的米飯、腰刀、頭飾，若被一群為了取得祭品而去獵捕野豬的男人帶進森林後，就被換上另一種叫法。波波媽媽還告訴我，聖矛和聖鑼只能擺在特定的房間、婦女也只能在特定的走廊編織東西，我不斷問：「為什麼？」得到的答案總是：「那是我們的adat呀。」

簡單說，adat是指傳統文化，在蘇哈托當政和「田媽媽」設法削弱並剷除這些文化，把它們變成「小印尼」展館裡的陳列品以前，它包含更廣泛的意義。雅加達之類的大都市很少提到傳統文化，但印尼許多島嶼的常民生活——出生死亡、結婚離婚、遺產繼承、文化保存、教育活動——全靠傳統知識與先人智慧奠定根基。西松巴島的居民常自豪地說，他們擁有像煉乳或糖蜜一般「濃厚」或「黏稠」的傳統，在蘇哈托處心積慮貶抑傳統文化之際，松巴島卻依然能夠維繫古老文化，原因或許是它處於全國經濟發展邊陲地帶。島上傳統文化與馬拉普教密不可分，具有某種神聖不可侵犯的色彩。蘇哈托失勢後，傳統文化再度被提起，且被有心人士利用，作為競選和政治的工具，以及爭奪資源和土地所有權的武器。

塔榮村的黏稠傳統文化，不會迅速在短期內消失。村民們都安安靜靜、好整以暇地度過受苦月，無論我何時走進村子，總會看到波波媽媽坐在長廊下，一副等著找人喝杯咖啡或聊聊閒話的模樣。其他的長廊上，也總是三三兩兩聚集著慢條斯理、井然有序、反覆不斷地完成日常工作的村民，例如幾名村婦在某個走廊上編製附有尖蓋的棕櫚籃，準備到月底時拿它們來盛裝供飯，一位長輩在另一條長廊上雕刻鼓。曾經姿態高傲、戴著粉紅頭巾在昨夜的慶典中發號施令的鷹鈎鼻男人，暫時卸下大祭司職務，玩起一種名叫「空殼拉殼」的遊戲，參加者須在一塊鑿有許多小洞的方形木頭上移動乾豆子，不能讓豆子掉到洞裡。

當這位祭司把一大群欺騙我遊戲規則的小朋友趕跑後，我對他說，印尼政府在松巴島推行家庭計畫似乎看不出太大成效。

「我們真是該謝天謝地呀，如果你只生一、兩個孩子，你就會想讓他們受教育，到時候這裡所有的傳統都會跟著消失了。」祭司一邊說，一邊揮手指著那些巫婆帽形狀的房子、雕滿花紋的墓碑、昨夜舉行殺牲儀式留下的血跡，以及一位不斷擊鼓的長老。

村民每天都在為這些傳統忙裡忙外，但還不至於沒空陪我喝杯茶或咖啡，或是與我討論野豬獵人的前途，或者向我解釋為什麼應該用牛皮做盾牌（牛皮堅韌耐用）、用馬皮製鼓（馬皮能發出圓潤宏亮的聲音）。

雖然我已多年沒住過鄉下了，不過對大小事物都好奇的我很快又適應了鄉間生活。我會隨手幫村民剝豆莢、將製作小飾品的珠子分類，或是把玉米攤在地上晒乾、將花生裝進小袋賣給想解饞的青少年。村民也會主動輪流請我幫忙編籃子或剝洋蔥，只要他們認為我有能力勝任這些工作。大家一邊幹活一邊用印尼話閒聊，我會向他們描述我的生活和我父母居住的村莊，如果我悶不吭聲地專注於手邊工作，他們也毫不介意，只是待在一旁繼續用羅利語聊東聊西。

波波媽媽第一次招待我到家裡作客那天，特意請我從她家右手邊（男人房那邊）的門口跨進去以示尊敬。門楣上掛著一具牛角伸展的水牛頭骨，門前一排整齊的柱子上也釘著許多牛骨，它們是過去舉行喪禮和祭禮之後留下的紀念品，也可藉此向陌生人宣示屋主的地位。

塔榮村的村舍有男人房與女人房之分，中間僅設一道高達胸部的隔牆。男人房專供舉行正式慶典和接待客人之用，若電力供應無缺，還可用來觀賞電視，但平日看來死氣沉沉的，日常活動都在隔牆另一邊的女人房進行。我看見女人房裡的煮菜鍋冒著炊煙，還從竹地板的縫隙瞥見養在屋下的豬仔和雞隻（波波媽媽會把餿水從這些縫隙倒下去給牠們享用）。爐灶上方掛著一個外面沾滿煤灰的大木箱，裡頭收藏著幾件重要物品，包括：以半年時間編織而成、只用來包裹下葬死者的依卡布，還有給女孩當嫁妝的祖傳沉重象牙手鐲，以及婚喪典禮專用的鑼鼓。屋裡每次生火煮飯，總會再給箱子裡的寶貝蒙上一層煙灰。

波波媽媽一面熱心向我獻寶，一面告訴我這些東西不能隨便帶出家門，「要等有人過世以後才能拿出來用。」她說。

我來村中作了幾回客，並且幫波波媽媽剝了一堆大蒜、補了一堆衣服後，她就不再把我當客人看，還會親密地牽著我的手，拉拉雜雜地與我聊些家庭瑣事。她總是把頭髮紮成一個髻，慈祥的臉龐散落著幾絲白髮。平日神采奕奕的她心情愁悶的時候，眼神就變得黯淡無光，她擔憂媳婦老是不懷孕，操心孫子不認真在田裡幹活，希望地方政府別再承諾做不到的事，認為前來探望她的孫兒孫女花太多時間玩手機，不好好溫習功課。

波波媽媽家中人丁興旺，然而個頭嬌小的她卻是全家支柱，且不怒而威，家人都不敢違抗她的命令，我也不例外。有一天她告訴我：「明天早上我要給妳個驚喜，妳八點鐘來家裡。」隔日早上，我好不容易把自己從床上挖起來，並準時抵達山上後，才發現她昨晚在另一個村莊過夜未歸，但我並未擅自離開，依舊老老實實坐在她家幫忙幹活。三小時過後，這位女家長才春風滿面地回來，一句話都沒解釋。

✲

為了慶祝受苦月結束，村子裡殺雞宰豬，舉辦了三天流水席。村民們相信，馬拉普教中的神靈會透過大自然顯靈，並透過祭司說明他們的旨意，每年還會把每個人的運道顯示在某隻雞的內臟裡。因此，受苦月結束後，各宗族成員都會送一隻雞給宗祠。那些雞被一個個扭斷脖子、割開喉嚨之後，就被插入架在火堆上的竹籤去毛。接下來，兩名小夥子拿大刀一砍，把雞胸剖成兩半露出內臟，並且將切半的雞隻排列整齊。所有羽毛被燒光的雞，簡直跟一個模子印出來似的，但村民們照樣認得出哪一隻是自己的。當祭司走向某隻雞的時候，雞主人會神情肅穆又緊張地隨之緩慢移動，看著祭司拔出長刀小心翼翼劃開雞腸，露出裡面的一道雞油。如果那道脂肪又厚又黃，就表示雞主人來年將過得平平安安、順順利利；要是雞主人看到薄薄一層近乎白色的雞油，則會一把鼻涕一把眼淚地哭著離去。

每隻雞可以透露每個村民的運氣，整個宗族的運勢就要靠全村人貢獻的雞來判斷了。在傳統農業社會中，勞動人口的多寡可決定一個宗族的強弱，而在部落戰事頻繁的社會裡，男人愈多意味著軍力愈強。松巴島是個務農且好戰的社會，財富是以人口數來衡量。因此，當我把我的雞送去波波媽媽家宰殺，就如同把自己當作她家的一分子，可為她的家族增添力量。村裡另外兩個家族原先對此耿耿於懷，但不久便消氣了，因為大家認為我能夠「歸屬」某個家庭才是重點，當地傳統儀式最重要的功能之一，就是要讓每個人明白自己在村中的歸屬和地位。那天晚上，波波媽媽家的幾個大塑膠桶裡，堆滿上百隻由村民為第二天的饗宴烹煮的雞。

當天早上，我去市場給自己挑了隻看起來像個吉祥鳥的小公雞，因為牠的頸部是紅褐色，還夾著黑斑紋，尾巴的羽毛亮麗奪目。雞販將兩隻雞腳綁在一起後，我就把牠倒掛在機車的把手上帶走，一路上只聽見牠咯咯咯地叫個不停。

前往塔榮村的途中，我打算寄個包裹去雅加達，於是順道在郵局停了一下，為避免雞被偷走，乾脆把牠帶在身邊。印尼各地郵局外觀一律是橘黃色，就算開在最小的市鎮也很有效率，辦事員個個訓練有素、態度和善，而且熱心得過頭。當你為了趕著寄包裹而衝去市場買個包裝用的米袋，他們會在辦公室等你。你回來以後，他們會從自己的手提包裡取出針線，幫你把米袋縫起來，還會主動告訴你，這星期的船班取消，所以你的包裹需要再等十天才能送出去。一位上了年紀的郵局局長曾告訴我：「如果印尼的公家機關統統站在天國門前排隊的話，上帝肯定會讓郵局第一個進門。」我同意。

我一踏進韋卡布巴克的郵局，就發現人山人海，因為今天是持有貧戶卡的家庭領取津貼的日子。這是印尼社會福利新制的重點項目，貧戶可獲政府補貼的稻米、免費醫療服務和救濟金，因此深受居民重視，而在郵局大排長龍的人，多半像是從城外山上的傳統村落過來的村民。由於慶賀受苦月結束的宴席即將登場，大多數人都盛裝打扮，女士們圍著紗籠，男士們纏著腰部、戴著頭巾，誰也沒注意到我，還有在我手上咯咯亂叫的雞。

為了參加塔榮村今晚的盛宴，我和郵局裡的其他顧客一樣著意裝扮了一番，披上我最好的紗籠。另外，我還準備了一份小禮物：檳榔和石灰粉，並特意裝在一個棕櫚葉編的小袋子裡。雖說嚼食檳榔會把口腔染紅、讓嘴巴破裂、將牙齒腐蝕變黑，但松巴島的鄉下居民彼此拜訪的時候，都習慣互贈檳榔以免失禮。

接著，我看到法嘉（就是與我共乘過計程車的爪哇醫生）走進郵局。我們打從認識以來，只相約吃過一、兩次晚餐，所以我很高興見到他，立刻熱絡地和他打招呼，然而他只是上上下下打量著我，一見到我一手捧了個包裹，一手提了隻猛拍翅膀的雞，就表情尷尬地掉頭而去。

他似乎認為我成了異類，不但舉止可笑、這麼快就「變得像本地人」，更糟的是，還跟其他危險、無知、等著領社會福利金的農民混在一起，破壞了高效率、現代化的郵局形象。我開始感到忸怩不安，因為那隻倒栽蔥的小公雞居然把糞便拉在郵局地板上。

韋卡布巴克有很多照相館，每次我拿隨身碟去加洗照片時，也會碰到令人尷尬的反應。我常去的那家照相館裡的店員，不是留著刺蝟頭的華僑男孩，就是裹著紫色頭巾的少年。每當他們看到隨身碟裡的影像——波波媽媽和她家人、我跟一群祭司、躺在血泊中的一群雞或一頭牛——總會露出狐疑眼神看著我說：「就這些？妳真的要洗這些相片？」如果我拍的畫面是古色古香的傳統住宅、散布在村子裡的巨大墳墓，或是松巴島的風景，他們倒還可以接受，但這些人物、這些儀式……都是不值得他們懷念、和現代印尼無關的老古董。

✲

我初抵松巴島那天，曾經嘲笑一群身上帶著大刀、拉著布條呼籲民眾停止暴力的松巴島男人，後來發現當地居民平日就用這種大刀殺牲、製鼓、剖椰子、削鉛筆。

我還發現，法嘉告訴我的大刀砍人事件並非特例。

自荷蘭殖民時代以來，軍人、傳教士和政府官僚莫不努力弭平松巴島紛爭，然而暴力似乎與島民的生活息息相關，所以他們始終不願離開易守難攻的山頂村落，可是住在這種地方卻對婦女造成不便，因為她們每天得花三、四個小時從山谷提水上來。直到今天，許多村落依然彼此對峙；羅利村受不了威耶瓦村、藍伯亞村憎恨埃迪村、柯帝村向來不受歡迎。因此，再小的事件都可能引發衝突，例如一九九八年，松巴島有人抱怨公務人員的考試不公平，結果引爆一場全面性宗族戰爭，導致數十人被亂刀砍死，幾百人無家可歸。如今這些衝突規模雖然縮小，但依舊時有所聞。有一天，我在騎車前往柯帝村的路上，收到法嘉醫生的一條簡訊：「柯帝村出現五屍，顯然因有人私奔，當心遇到戰爭。」

那天我雖未見到任何屍體，卻相信真有其事。地方政府為減少這些致命衝突，曾嚴禁村民在城裡和許多傳統慶典中使用大刀，唯部落長老例外。機場懸掛布條提醒大家，雅加達國會在一九五一年通過的第十二條法律指出：未經許可攜帶尖銳武器者可處十年徒刑。不過，當初的立法宗旨是平息印尼人對荷蘭人發動的五年游擊戰，只適用於人民不再需要抵抗野獸或獵人頭的現代統一國家。

有些人比喻，反對松巴島禁用大刀，有點像反對美國實施槍枝管制。在拓荒者需要獵捕野獸、對抗原住民的年代，槍枝確實在美國文化中扮演重要角色，可是現代美國人都上超級市場攫取食物、在法院設法擴張領土，幾乎用不上這類致命武器了。大刀的用途則是遠勝於槍枝；波波媽媽的兒孫們每天都使用這種「武器」，不過就我們所知，他們從來沒有隨便拿大刀砍過人。如今大刀在松巴島鄉間依然是不可或缺的工具，只是現代生活逐漸讓它失去了正當用途。在印尼大部分地區，以大刀殺生祭祀的習俗已不復見，而在松巴島最大城市威英嘉浦，以及韋卡布巴克市區比較進步的地段，居民也已經找到其他工具（如削鉛筆機）取代大刀功能，而且不再自己動刀殺雞宰牛，一概交給屠宰場處理。

印尼不僅在地理和文化上展現多元性，在生活型態上也是如此，不同的族群往往像是同時生活在不同的年代裡。二十一世紀初的今天，有些地區生活已非常現代化，有些地區還是跟老祖宗差不多。即使在同樣的地區，也會看到新舊並存的現象，像是農夫騎著機車去稻田、村民用手機錄下牲禮祭祀影片。

韋卡布巴克的現代化進程始終如蝸行牛步，至今才開始產生新舊衝突。而在印尼其他地區，年輕人的抱負與家庭需求相牴觸的情況，則是延續了近一個世紀。一九二二年出版的印尼第一部現代小說《未竟之愛》（*Sitti Nubaya*），就是在討論這類衝突。

這情況使國家領導人面臨一項難題：他們該如何為新舊並存的印尼制定法律？

✲

這趟旅程上路以前，我把二十年前初訪松巴島時所拍的照片存進了iPad。二〇一一年秋末的某個下雨天，我悠閒地坐在松巴島南岸的一座長廊上，一邊和當地青年雷克西閒聊，一邊把那些照片秀給他看。他拿著我的iPad興致勃勃地將螢幕上的影像滑來滑去，點了一張照片出來，畫面中有個穿著校服、戴著頭飾、抓著小馬的小男生露出頑抗的表情瞪著鏡頭，我說：「他年紀很小，可是凶巴巴的。」雷克西附和了一句：「他一副叫人家『少來惹我』的模樣，跟我們的村長佩里普斯爸爸好像。」說完就繼續滑照片。

接著，他又把小男生的照片滑回來。

「等一下，他就是佩里普斯爸爸啦。」雷克西說。我聽了哈哈大笑，覺得這種事不太可能發生，因為那張照片是在一個叫高拉的地點拍攝的，而我跟雷克西聊天的地方和那裡隔了二十五公里（對當地人來說，高拉堪稱另一個星球：擁有另一種語言、宗族和忠誠觀念），更何況照片裡的小男生現在的年紀頂多不過三十歲上下，還沒老到能當村長的地步（村長多為德高望重的長老）。不過，雷克西太太是從高拉村嫁過來的，她堅稱：「我發誓，就是他沒錯！」於是我們出發去找佩里普斯。

依政府規定，全國的村長應該是要上班的，不過就我所知，印尼沒有哪個村長這麼奉公守法。雖然如此，我覺得辦公室仍不失為尋人的好地點。上午十點半左右，村長辦公室裡一名睡眼惺忪的警衛告訴我們，佩里普斯去參加一個傳統慶典，但不知地點在哪兒。

雷克西和我跑了幾個小村，都沒打聽到佩里普斯的消息，最後有人告訴我們，他在下一個村子跟別人談判新娘聘禮的事。於是我們騎著機車前往山巔樹叢，然後把車子停在一個豬舍邊，豬舍裡關著一頭母豬和一大群不停尖叫的小豬。

豬舍上方是一座尖頂村屋，前廊傳來準新娘家屬嘰嘰喳喳的談話聲。他們正在等待新郎家那邊派代表過來，但也很歡迎我們這兩個不速之客。幾位頭髮灰白的男士一邊整理頭上的髮帶，一邊掏出幾袋檳榔招待我們。一名老婦不聲不響地蹲在牆邊，口裡嚼著一團高爾夫球大小的菸草。她身旁坐滿大人小孩，如果大人移動位置，小孩就立刻補位。走廊上還有一群為了參加這場莊重的集會而仔細噴上髮膠的青少年，其他孩子也都穿著最稱頭的衣裳打扮得異常整潔，好讓鄰居們刮目相看。聘禮談判可是一樁怠慢不得的大事。

佩里普斯坐在擁擠的人群中，雖然年齡只有多位男性出席者的一半，卻顯得威風凜凜。他既高高在上，又相當親切，一見我們出現，就代替主人請我們坐到走廊上，並示意女眷們端上咖啡。我已經百分之百確定，他就是二十年前那張照片裡的小男生。

佩里普斯和這戶人家的長輩們正在討論聘禮談判策略，他們展開具體交涉以前，還需要留意很多細節。佩里普斯告訴我，首先他們得宰殺一隻新娘家挑選的狗，然後由男女雙方各請一位祭司判讀狗心臟顯示的預兆，以便了解這對新人是否匹配，事後那隻狗會成為烤豬晚宴裡的第一道菜，作為「誠心」象徵。

聽了佩里普斯的解說後，我第一次注意到，松巴島人會以特定動詞來形容不同的宰牲方式，例如：殺牛和殺豬是「用割的」（劃破喉嚨），供人食用的雞也是「用割的」；為判斷吉凶而殺的雞是「用剖的」（從中間剖開以露出內臟）；殺狗（不管目的為何）則一律說「用打的」（其實較接近重擊）。

萬一狗心透露不祥預兆，男女雙方雖不至於放棄嫁娶計畫，卻會影響女方得到的聘禮價碼。凶兆表示夫妻可能仳離，明智的新郎肯定不想提供太多聘禮給任何一位搞不好會哭著跑回娘家的婚配對象。由於提供聘禮將損失一筆財產，幾乎形同遭竊，因此男方可利用占卜狗心的機會當場為聘禮殺價。

聘禮談判正式登場後，參與其事的男士們發現我看得津津有味，個個都像演戲似的立即展開一場意志力攻防戰。由於狗心透露的是吉兆，佩里普斯要求男方給女方四十頭牲口（包括水牛、乳牛和馬），代表男方的長輩只答應提供十五頭，佩里普斯當下露出嫌惡、氣憤的表情拒絕回應。雙方沉默良久之後，一位長輩說，好吧，好吧，二十頭。佩里普斯說：「好啊，現在給二十頭，另外二十頭什麼時候給？」最後雙方談妥的數字增加到二十五頭。接著，佩里普斯做了個攤開睡墊的動作請對方就寢，並且宣布：「我們已經用過豐盛的晚餐，沒必要再繼續討論這件事了，大家休息吧。」我問佩里普斯接下來會怎樣？「明天一早他們就會做出合理決定了。」

隔天我再回到聘禮談判地點時，來客已經離開。昨日看到的母豬和小豬還待在豬圈，但裡面多出了十五頭水牛、兩頭乳牛和三匹馬。依照最後談判結果，雙方已經約定男方再送二十頭牲口過來的時間表。佩里普斯不愧是個思慮周詳的談判高手。

一般人會認為，既然聘禮這麼高，生了一堆女兒的家庭肯定很高興，實則不然。原因之一是，這種交易並非只對女方有利。以佩里普斯參與的交涉來說，新娘家除了須提供預卜吉凶的狗，還得貢獻二十件女用紗籠、二十條男用腰布（必須是正規手織布，而非市場爛貨），以及其他物件，例如：銀手鐲（上等家庭給象牙鐲子）、廚房用具，外加一匹供人騎乘的馬。

我知道這種坐騎比那些被用來祭祀和當作食物的普通馬要值錢多了，但始終分不清被關在畜欄裡的馬兒誰是誰，感覺上牠們都長得一個樣，於是就跑去問新娘父親，哪一隻才是他們的新坐騎，他立刻指著一輛停放在一棵大樹旁的嶄新摩托車（我的機車正巧停隔壁），它身上紮滿裝飾用的頭巾和緞帶，儼然是一匹在當地年年舉辦的馬術競賽中贏得冠軍的坐騎，「我們已經是現代村子囉。」新娘父親說。

因此，收聘禮嫁女兒不見得划算，還須考慮其他狀況。嫁出去的女兒如潑出去的水，她們出閣後便和娘家再無瓜葛，而成為夫家一分子，生兒育女之後，孩子也只能冠她們的夫姓，她們生前是夫家人，死後仍是夫家魂，連遺體、喪禮、葬禮及牲禮都要顧及夫家的顏面。

我曾犯了個大忌問波波媽媽的兒子，他母親死後會葬在塔榮村，還是埋在娘家村（在大約三公里外的另一座山頭）？他聽了先是露出困惑憤怒又沉痛的複雜表情，彷彿在說：妳好大的膽子，竟敢問這種問題？接著才簡單地解釋，她母親雖然不在塔榮村出生，但「她就像我們買來的一樣，對吧？所以她會躺在我們的墳墓裡。」

✲

我坐在陰暗的走廊上，拿出像寶石般閃閃發亮的iPad，點出高拉村長佩里普斯兒時的照片後，一群人立刻湊了過來，有些村民從門口露出臉孔，有些孩子在老人背後窺探。雖然他們從來沒見過觸控式螢幕，但摸了幾分鐘之後就上手，還輪流拿著我的iPad快速滑動照片、放大縮小畫面，或是盯著螢幕反覆欣賞自己的倒影。

村民把玩我的iPad之際，我問佩里普斯，過去二十年來，他如何從一個性格倔強的十一歲小男生，蛻變成高拉村推選的村長？他告訴我，他十三歲那年父母雙亡，被迫輟學，有段時間「我學壞了，偷牛、偷錢都幹過」，直到結婚生子才擁有像樣的生活，後來「我斗膽競選村長，村民也都信任我」。

接著，有幾張照片引起一陣驚嘆，因為一些長輩從照片裡認出年輕時的自己，他們在拍照當時都已經成年。大夥兒一邊滑照片一邊說：「噢，看哪！這是某某某。」，「嘖，嘖，哈！我記得他是從柯帝村來的！」驟然間，眾人鴉雀無聲。

大家只是默默盯著某張照片裡的一名年輕人，他的頭髮又鬈又亂，還留著嚇人的鬍子，連小孩看了都不敢吭氣，佩里普斯也不再談笑風生，村民就這樣僵在那兒。

過了好久以後，佩里普斯才打破沉默，吐出那個年輕人的名字：「庫拉哈巴！他是最勇敢的戰士。」

我乍然想起庫拉哈巴曾是當地馬術競技場上的英雄，如今已不在人世。一九九〇年代中期，他在一場宗族戰爭中殺了人，後來被送進牢房，因身體日漸衰弱而在獄中病故。從村民描述他臨終前的健康狀況來判斷，我猜他是死於肺結核，但很多村民認為他是因為敵人對他下咒而死——在松巴島屢見不鮮的交戰活動中，施咒也是一種戰術。

接下來，大家轉移了話題。佩里普斯和他朋友提到高拉村的婚姻談判情況後，就輪到我開口。村中長輩想知道，西方國家的新娘子家裡需要提供新郎什麼東西。我說新娘的父親得負擔酒席費。哦，可是嫁妝呢？我坦白告訴他們，西方婚姻其實不重視嫁妝，他們都異口同聲驚嘆道：「哇！你們聽見了嗎？」

我開玩笑說，我真希望自己舉行婚禮以前，也有人幫我瞧瞧狗心臟能卜出什麼預兆，那樣我說不定就不會結婚了。村民們這才鬆了口氣問道：「所以你們那兒也會把狗打死囉？」

經過熱烈討論後，又有人說道：「可是，既然你們沒嫁妝，為什麼大家不離婚算了？」真是個好問題。我認為傳統婚姻交易制度可使村民團結一致，與社區形成更緊密的關係，功能遠勝過「進步」社會舉行的任何婚約儀式。而教育程度高、住在都市的新世代印尼人，則擁有較多選擇伴侶的自由，也可以在必要時離婚，這兩種婚姻制度各有利弊，最怕的是新制與舊制發生衝撞。

德喜就是個處於新舊夾縫中的女子。她住在松巴島另一個沿海村落，我初次踏進她住的村子時，看見兩個小男生正準備在一塊凹凸不平的墳地上較勁，他們選擇的武器是鬱金香形狀的木陀螺。比賽即將展開，兩個男生各自岔開雙腿，緊接著將重心向後移到一條腿上，然後用胳臂使出全力朝前方把陀螺甩出去，陀螺不斷在地上打轉後，誰先將對手的陀螺打歪，讓它搖晃倒地，誰就贏得比賽。

其中一個小男生名叫德瓦，是個笑容靦腆、不愛說話、好奇心強、討人喜歡的孩子。在德喜的四個手足當中，他年紀最小，也是唯一男孩，而且顯然是個陀螺高手。他耐著性子指導我甩了一會兒陀螺，可我怎麼試都學不來，讓他沮喪得不知如何是好，於是大姊德喜過來解圍。她邀我去走廊上喝咖啡，與我聊起印尼的世界地位和未來前景。在傳統村落裡遇到頭腦聰明的女子，我並不感到意外，因為這些地方的女性必須掌管複雜繁瑣的家庭財務，還得監督每個家庭成員遵守當地習俗，但是在傳統村落中遇見像德喜這麼有世界觀的女性，倒是讓我吃了一驚。

德喜和排行老二的妹妹怡拉，都是二十來歲的中學老師。大姊德喜富責任感，談論政治和教育政策時態度小心謹慎。怡拉幽默叛逆，總愛伶牙俐齒地挖苦政府提出的各項愚蠢政策。她們曾在帝汶省的省會庫邦就學（從松巴島搭船過去，要兩天才到得了），現在仍會透過手機以臉書跟住在其他島上的大學同窗聯絡。

德喜家是第二個收留我的西松巴島家庭。有時候，我會下山去市場買回一堆不知名的蔬菜，然後跟她家的女眷一起蹲在冒著炊煙的鍋子旁，向她們請教如何煮香蕉花才能去掉苦味。到了晚上，大夥兒會坐在一起擺龍門陣，她們的寡母寶琳娜媽媽會織著小餐巾，我會縫補破衣服，德喜會把最新出版的印尼小說（尤其是短篇小說）推薦給我，怡拉會聊音樂。如果我們懶得料理家務，就坐在外頭的走廊用老舊的膝上型電腦觀賞DVD。

印尼各地的陌生人之間一概以親屬稱謂相稱。對女性最常用，也是最尊敬的稱呼是Ibu（媽媽），一般簡稱Bu。不同的地區還有其他更親切的叫法，例如：東南諸島的Mama、西北部的Bunda。全國對男性的通稱是Papak（爸爸），而且各地幾乎都簡稱Pak。這些稱謂可單獨使用，也可與「人名」甚至「職稱」連貫。介紹某位老師的時候，可以只稱Ibu Guru（女老師）。如果你跟我一樣不擅長記人名，這種叫法很方便。更方便的是，許多印尼人（尤其是爪哇人）不用代名詞，在交談過程中會不斷提起自己的名字，例如：「你明天來波波媽媽家。」而不說：「你明天來我家。」

小孩有時會用Tante（阿姨）和Om（叔叔）稱呼大人，這是荷蘭時代遺留的習俗。大人會用Kakak和Adik來稱呼手足，這兩個名稱雖無性別之分（可指兄弟或姊妹），但與長幼有關，前者年紀較大，後者輩分較小，使用之前得先判斷說話對象的歲數。如果某位年輕的女性被某個老太太喊一聲「大姊」，千萬不要覺得受傷，因為這種叫法代表友誼和敬意，例如寶琳娜媽媽其實比我年輕，但我還是稱她「媽媽」，她則是喊我「大姊」。

有天晚上，我問寶琳娜媽媽，如果我們把她家的女孩賣了，能掙多少錢？二女兒怡拉立刻眼神發亮地說：「很多！」根據傳統說法，好人家的女兒身價，至少跟她母親一樣高，怡拉繼續說：「而且她可以得到一百個這個。」接著就拉開兩條胳臂拍了拍肩膀，比出一支牛角的長度。我心想：既然每個女兒的身價能值一百頭牛，而她家有四個可愛的女兒，不就代表一大筆財富了嗎？於是我對寶琳娜說：「哦，那以後廚房裡就只剩下我們兩個人了，而且我們會變成老富婆喲！」

每個人聽了都大笑，不過德喜立刻提出理性觀點：「決定聘禮其實很傷腦筋的。」她說得一點也沒錯，因為誰會願意提供一百頭長角牛，把這些在庫邦上過學、愛看書、認為宰牛是浪費資本的「現代」女孩娶回家？話說回來，如果她們不收聘禮，就形同背叛為她們供應昂貴現代教育費的宗親，會讓寶琳娜媽媽蒙羞。

在邁向現代化的過程中，集體社會可能遭遇的主要困境是：若要實現個人理想，就得犧牲某個共同文化提供的多重保障。

我待在塔榮村時，已經很習慣聽從波波媽媽的指揮了。她總是默不作聲地發號施令，只要覷我一眼，我就乖乖脫下爪哇式紗籠，改穿本地式樣。有時候，她會提醒我記得把一小疊鈔票跟宰好的雞一起放在盤子裡當供品，要是她覺得哪家鄰居受到冷落，就輕輕推我一把，示意我去坐到別人家的走廊上。

✲

我告別松巴島前往其他目的地後，仍繼續和波波媽媽互通簡訊保持聯絡。六個月後，她發了封簡訊說服我回松巴島參加馬術競賽季。

二〇一二年四月我重返韋卡布巴克時，當地人還記得我。民宿老闆不等我開口，就主動端來一杯無糖咖啡。在網咖打工的女孩一見我走上車道，立刻請另一位顧客離開我從前最愛的那張桌子。我常去光顧的那家餐廳老闆為了表示歡迎我歸來，免費招待一盤雞。我爬上塔榮村的山坡時，發現波波媽媽已在她家走廊迎接我。她就坐在半年前我們互道珍重的地方，一看到我便開心地站起來跳上跳下，彷彿我是個甫自戰場返鄉的軍人。

波波媽媽高興了沒兩下，竟嚎啕大哭起來，還抓著我的手捧在她胸口，搖頭晃腦地哭得愈發厲害，邊哭邊說她嫂嫂在昨天夜裡魂歸西天了。我出聲安慰她，她還是哭個不停，原來她不是在為嫂子難過，而是因為她催我回來看馬術賽，她卻得服喪，以至於無法履行約定和我一道去賽場。我提醒她，人算不如天算，我們還是可以一起參加葬禮，這才讓她破涕為笑。不過在葬禮舉行前，我得先按當地習俗前去拜謁亡者。

當我提議第二天就去弔祭那位亡故的兄嫂時，波波媽媽趕緊搖頭並壓低嗓門（每當她認為我講了不得體的蠢話，就出現這種動作）說：「明天不行，還有一堆事要安排。」雖然她在婆家地位崇高，但依舊得花時間備辦適當禮物送給嫂嫂的家人，也就是她自己的娘家。至於該送哪幾樣東西，得根據過去收受的禮物來決定——張三家可能在某人上西天時送過一頭豬，李四家可能在王五入土時送來一把刀。那天我看見塔榮村的一位朋友坐在紡織機前忙著織一塊依卡布，準備帶去喪家向波波的嫂子致敬。

二十年前我初次在松巴島陪一名死去的老奶奶喝茶時，還不太了解當地的禮物交換習俗，而且在她的葬禮上看到的送禮儀式相當簡單，只宰了一頭乳牛。二十年後的現在，我想起那場葬禮是在安納卡朗市中心附近舉行的，於是用iPad搜尋當年拍下的照片，結果找到一群五官長得像小精靈的女學童笑瞇瞇地站在老奶奶安葬之地後方的相片，接著便騎上機車試著搜尋她的家人，最後果然憑著照片找到老奶奶的墳墓。我把車子停在墓旁，然後將iPad的照片遞給坐在附近的一個阿婆看，她從中認出了一位參加過那次葬禮的客人，告訴我沿著馬路走一公里左右即可抵達他住的村子。

我記憶中的那條沙土路已鋪上柏油，變得和以前不一樣了，但我終究還是找到了老奶奶家，她姪女蘭布貝拉正坐在走廊上。蘭布貝拉小我幾歲，我初次見到老奶奶時，曾經為她和老奶奶的遺體拍過照，還加洗了一張相片送她們。可是當我拿那張照片給蘭布貝拉看時，她矢口否認在照片裡擺著得意姿勢的女生是她，但眼睛卻泛紅了。我用iPad把她在照片中的臉部放大讓她再仔細瞧一瞧，她還是一口咬定：「這不是我，一點都不像！」接著就從身上的紗籠摸出一個皮夾，然後抽出一張使用了很久、看起來皺皺的身分證，「看吧！這才是我！我長這樣。」她指著證件黑白照說。

我不想繼續招惹她，準備就此離開。這時候，一名身穿牛仔短褲、眼裡堆滿笑意的男人從房子暗處走出來，想看看外頭發生了什麼事。他就是二十年前請我和老奶奶一起喝茶的小夥子！他不但記得我，還把其他人從昏暗的屋子裡叫出來。他們先前一直在觀賞電視轉播的英國足球賽（電視的出現，似乎是過去二十年來這個村子最大的改變），現在則是一邊盯著iPad裡的照片，一邊說：「看，那是提穆斯叔叔！」，「嘿！那是我呀！」大夥兒還把蘭布貝拉奚落了一頓，笑她居然不知道小時候的容貌會跟長大後不一樣。雖然她被一群人捉弄得有點懊惱，卻難以抗拒那些照片的吸引力，而且很快就認出畫面中的幾個人，還跟著大家指指點點、嘻嘻哈哈。穿牛仔褲的男人請我喝了一杯茶，他的笑容依舊燦爛（和二十年前一樣），但已不再年輕。

✲

參加波波嫂子的葬禮前，我找了傑若米陪我前往高拉村附近的山區參觀馬術競賽。傑若米是我在雅加達認識的法國研究人員，專攻犯罪學和都市幫派文化。他想在印尼找個民風比較純樸友善的地方休息一陣子，於是跑來松巴島待了兩星期。

身材高大、膚色較深、擁有厚厚雙眼皮的傑若米，立刻擄獲了波波媽媽家裡那些年輕小姐的芳心。他一派悠閒地在各家走廊長坐、在河中沐浴、大啖用狗肝烹調的晚餐。松巴島海邊擁有連綿不盡的白沙，一般遊客來到這種地方總會想從事海灘活動，傑若米畢竟是來度假的，當然也打算去海邊遛遛，於是我和他約定，只要他用摩托車載我去看馬術競賽，我就答應提前離開賽場陪他去海邊。他把泳褲塞進摩托車的置物箱，我們便出發了。

高拉村的馬術競賽在當地稱為「帕索拉」（pasola），是由一群剽悍的年輕人分組參加的競技活動，參賽者一律戴著造型奇特的頭飾（例如在隨風翻飛的頭巾上綁幾根豔麗的羽毛或一顆松果），騎著小馬展開激烈廝殺，馬兒身上都裝飾著彩帶、絨球、鈴鐺和錢幣。

比賽開鑼後，松巴島的騎士們立即分成兩隊人馬彼此擦身而過，某村的選手採順時針方向快速圍成一圈，對手則採逆時針方向在第二個圈子裡奔馳。每一名騎士展開猛烈進擊時，一隻手必須緊抓轡繩引導馬匹前進，同時得扭動備用長矛充當盾牌，然後用另一隻手舉起矛槍奮力擲向敵方，設法在衝入敵陣前的一瞬間擊中目標。他們往往須同步做出轉動、投擲、避開長矛的動作，並維持風馳電掣般的速度騎在馬背上，看起來非常刺激。

我和傑若米前往賽場的過程也是驚險萬狀，雖然他有一雙長腿，但是在陡峭、泥濘、顛簸的山路上駕馭摩托車並非易事，更何況還得避開一路上故意偏離車道的機車騎士，他們甚至會故意在車上倒立兩下才坐回原位。那些機車騎士正趕著去參加馬術競賽，一旦超車從我們身旁呼嘯而過就面露得色。

我們隨著觀眾在賽場中繞來繞去看了兩小時比賽，一會兒幫這隊加油，一會兒替那隊歡呼，還吃了官夫人們提供的湯圓，跑去跟擔任裁判的佩普里斯村長打了照面。傑若米開始顯得不耐煩，我知道該是離開的時候了，於是和他一起走回摩托車停放處。

車鑰匙不見了。

我們試著尋找傑若米先前見過的幾個人（賣礦泉水的小姐、請吃湯圓的太太）打聽鑰匙的下落，還搜遍他去過的每個地方，包括他坐過的那棵大樹下（但不確定是哪一棵）、他小解過的那叢灌木、被高聲歡呼的觀眾踩過的草叢（草長得老高，且占地兩公頃），但傑若米僅有的一把本田機車鑰匙真的不見了，連個鑰匙圈的影子都沒有。

起先我以為他在開玩笑，可他不但沒有唬弄我，還露出如喪家之犬般的表情，一副聽候我大發雷霆的模樣。假如是在倫敦或北京，我可能早就捶胸頓足了。但在高拉村這種地方，我鎮定得像激不起一絲漣漪的池水，因為我知道雖然印尼總會發生一籮筐令人挫折、欠缺效率的事情，不過只要你發揮一點幽默和大量耐心，幾乎沒有擺脫不了的麻煩，每樣事情總能設法搞定。

馬術競賽在我們拚命尋找鑰匙之際驟然結束，當我看見觀眾們三五成群地相繼離去，忽然想到我們恐怕得推著一台被鎖住的摩托車，沿著泥濘不堪的山路步行五公里，才能抵達最近的市鎮，於是開始緊張起來，巴不得趕快設法搞定一切。

長期跟雅加達犯罪圈打交道的傑若米靈機一動，立刻朝幾個一臉流氓相的傢伙走去，打算請對方以接電方式幫我們發動機車，這樣就算沒鑰匙也能把機車騎回市區。我跟雅加達官僚體系打交道的時間也不算短，於是當機立斷在附近搜尋當權人士的蹤影，最後找到一名肩上別著幾顆金星、手裡握著無線對講機的警察。

我堆滿笑容、低聲下氣地上前說明：「警察先生，不好意思啊，我幹了件蠢事，麻煩你幫忙給個建議，告訴我怎麼做才能解決問題好嗎？」我知道他開著一部看起來性能不錯的雙駕駛座小卡車，說話的時候忍不住偷瞄了那卡車兩眼。

警察先生沒有正面回答我，而是用對講機請來一位肩上別著更多金星的長官，高階警官一見我就說：「妳很慌張吧，真對不起啊。」儼然出錯的人是他，不是我們，接著便指示屬下呼叫另一部警用卡車過來。

我們乘著警車回到機車停放處後，傑若米往我們那台機車的方向一指，四名體格結實的警察一骨碌地跳出卡車，合力把上鎖的機車扛到卡車兩排長凳中間，眾人一起離開了馬術競賽場。

其實，要讓那些警察幫我們偷輛機車易如反掌。半小時前還顯得慌裡慌張的傑若米在卡車上坐定後，立刻擠出頑皮的笑容用法語對我說：「我剛才真該叫他們搬一台更好的機車啊！」

✲

我在波波的嫂子發喪前一天去謁見了亡者。老太太的遺骸身著大禮服，頭髮被仔細梳了個髻，上頭紮著一朵紅色大蝴蝶結，膝蓋處圍著一塊美麗織錦，下巴微微垂在胸前，姿態和聚在四周睡著的一群老婦幾乎沒什麼區別。她已經在這個擁擠的房間裡坐了一星期（依當地習俗，死者遺體須安放家中七天供來客瞻仰弔唁），現在天氣這麼熱，我很驚訝她身上竟沒有發出異味。波波媽媽戳了我一下，我趕緊把一大袋檳榔擱在亡者腳邊，但我發現其他客人都把帶來的禮物直接擺在她膝蓋上。

波波媽媽剛離世的嫂子，是她哥哥四任妻子中的第二任，而那位兄長已在兩年前辭世，大老婆也在一年前撒手人寰，「她們一個個按順序倒下了。」一位禮儀師說，她所謂的順序是指大老婆和二老婆嫁給丈夫的次序。接著，波波媽媽把我介紹給第三任太太。這位瘦小乾癟的歐巴桑縮在死者遺體後方一個角落，臉部的皮膚已鬆垮得不成樣，全靠嘴裡含著的菸草才把臉頰撐起來。

第四任老婆用不著介紹，大家就知道她是誰；她看起來比任何人都神氣，年齡起碼小三姨太十歲，而且全身披著上等綢緞。波波媽媽後來告訴我，打從她哥哥娶了這女人後，她就沒跟他講過話，還頻頻搖頭反覆說道：「這樁婚姻不合適，他不該把這小妾娶進門的。」波波媽媽直到哥哥死後才跟他和解，送了一頭大水牛給他送終。

翌日，正式葬禮在塔縈村舉行。波波媽媽家的走廊熱鬧非凡，村民敲鑼打鼓地出席後，還大費周章用棕櫚葉編了一張送葬用的簾子。上午九點左右，波波媽媽的孫子比利領著一頭漂亮的白牛出現了。比利是個大眼睛、雙眼皮、細皮膚的帥哥，他把那頭寶貝白牛照顧得肥肥壯壯，還將牠略帶粉紅色的毛皮搓洗得乾乾淨淨，帥哥和白牛看起來登對極了。

男士們開始幹活，他們為白牛的兩支角纏上黃絲帶，又仔細在牠額頭上方綁了一朵宛如旭日的大花，接著將棕櫚葉的葉緣固定在一支牛角的尖端，讓葉子垂在白牛的喉部下方，再把葉子拉到另一支牛角的尖端圈住牛頭，使呈現扇形的牛角看起來更壯觀，以彰顯餽贈者的慷慨。

比利拿出豬油為白牛按摩，直到牠渾身上下在正午的陽光中閃閃發亮才歇手。

族裡的男士們將白牛外觀打理妥當後，就在牠後方一字排開。他們披戴正式腰布和頭巾，佩掛最上等的劍，每人嘴裡還叼著一根菸，手裡捧著鑼或是鼓。剛才他們敲敲打打地穿過市區，走了三公里路來到死者的村落，目的是向民眾展示波波媽媽的婆家出手有多大方。這支送葬隊刻意不經過郊區稻田，而選擇穿過人群沿著最大一條市街前進，居民有的駐足觀看，有的匆忙讓路。他們讚嘆：「哇！看那頭神氣的牛！那家人真了不起！」送葬行列擋道時，路上小巴士和摩托車都識相地跟在後頭不敢僭越。

波波媽媽為女眷們僱了「交通工具」，為避免塞車，所有婦女擠在一輛平板拖車上緩慢通過稻田，在波波娘家村子下面的竹林裡等待男士們抵達。山腳下的巨墳被圍上以新砍樹苗搭成的鷹架，目的是用來起吊重達數噸的雕花合頂石。波波媽媽小聲說：「她會葬在那裡，跟我爸媽埋一起。」我聽了很訝異，因為按一般習俗，妻子會跟丈夫埋一塊兒，而且有錢男人會先替家屬蓋好新墓穴。波波剛過世的嫂子之所以選擇與公婆長眠於此，是因為她不想在死後還得跟討厭的小妾關在一起。「這件事老早就定了。」波波媽媽說完這句話，便絕口不再提別的事。

當全員到齊、男士們吸菸休息了一陣子後，女士們也加入送葬隊。波波媽媽興奮地拉著我的手爬上山坡趕到最前面，跟帥哥比利和漂亮白牛並肩走在一塊兒。為了壯大聲勢，送葬行列進入墓地的時間已經過細心安排。我們抵達墳場時，每座墳墓旁都擠滿了人，每道走廊上也都座無虛席，數百位旁觀者都能看到波波媽媽慷慨餽贈的奠禮。

波波媽媽和娘家一位代表個別簡短發言後，葬禮出席者便魚貫前進，輪流向村長致敬。我被安插在波波與幾位宗族長輩後面，以及波波幾個年輕兒子前面——這象徵某種榮譽。當每位來賓個別和村長碰了碰鼻子後，我也依樣畫葫蘆，卻聞到村長渾身的米酒味。我獻上的一盒菸以及兩公斤的咖啡和糖，後來隨其他禮物悄悄被帶走，並轉贈給屠夫。

一匹乳白色的馬已經躺在空地上，腦袋和身體分了家，眼睛失去光澤，頸部開了大口。這匹馬成為第一個祭品的理由，是為了讓死去的老太太騎著牠順利進入來世。第二個倒下的祭品，是一頭牛角被塗上粉紅色的水牛。緊接著出現的是另一頭角上綁著紅花環的水牛，一名小夥子搶先跳到前面，快速抽出長刀劃開牠的頸動脈，搞得牛血四濺。站我旁邊的一個男人對小夥子的殺牛技術不以為然，當下吐了一口噁心的檳榔汁在地上。那頭脖子被劃開的水牛依然怒氣沖沖地噴著鼻息猛跺腳，雖然牠一隻前腿和一條後腿被繩子拴住，但力氣還是很大，一組男丁又拉又扯地才勉強鎮住牠，牠掙扎了一會兒終於跪下，喉頭不再濺血。而那名年輕劊子手已經趁機開溜了，他的表現不但為族人蒙羞，事後還得繳一筆罰金。

到了下午三、四點，墓地人滿為患，所剩空間已不多。在一大灘血泊中，躺著一匹馬、七頭水牛，和一隻按清真規矩為穆斯林客人宰殺的白牛。波波媽媽奉獻的那頭牛，即便在死後依然是所有祭牲當中最好看的。獵鷹在村屋上方的高空盤旋。

下一步屠宰工作開始了。男士們扒開地上幾隻牲口的毛皮小心翼翼地剝下，露出光滑得宛如巨大蚯蚓的粉紅軀體，接著就剖開肚皮取出內臟，將腹腔內依然冒著熱氣的半消化草料堆放在香蕉葉上。

夕陽西沉之際，被剝了皮的牛腿已悉數躺在地上，活像巴黎的紅磨坊舞孃跳大腿舞似的，將蹄子踢向墓碑。一顆馬腦袋猶如好萊塢電影《教父》（*The Godfather*）[7]裡的場景般，被棄置在廣場中。某些墳墓頂端擺擺著一堆銅鑼、馬皮鼓和發亮的肝臟，恍若一幅驚悚靜物畫。

一位宗族長老參考一本詳載了各項禮物和祭品的登錄簿，指揮送禮的客人將葬禮中屠宰的肉類打包帶回家。我也得到一大塊肉，上面還拖著一條令人垂涎三尺的腸子。因為我不但送了禮，也沾了波波家人的光——他們在幾天前送了兩頭豬給祭奠茶會的客人享用，今天又送一頭白牛。

從外人眼裡看來，拿一頭牛作為喪葬禮物，是對死者及其宗族表達敬意的一種象徵。這頭牛的牛角會被釘在宗祠前面，說不定會取代過去懸掛、較不重要的喪葬紀念品，還可以光宗耀祖。不過，波波媽媽贈送那頭白牛不僅是為了向死者致敬，也是為了報復。

松巴島居民贈送任何物品的用意，總含有某種交易成分。如果我送了你一隻肥牛，就表示你欠我一頭體積相當的牲口，總有一天（例如我奶奶、我丈夫，或我本人過世的時候）你非償還不可。要是你沒有多餘的牛可送人，那該怎麼辦？你可以向別人告貸，或者多盡些義務。萬一你得讓子女退學、賣掉田產，或者偷一頭牛（松巴島每年發生週期性盜牛案）才能還債，你只能照做。因此，波波媽媽「餽贈」這麼慷慨的喪葬禮物，其實是想給已故兄長的第四任老婆製造麻煩。

這類禮物交換習俗，一如伴隨婚姻而來的義務，具有重要文化功能。那些彼此交纏的共同義務，就像某種錯綜複雜的保險制度，意味著任何親戚有急需或有困難時，都能獲得集體資源，而且長期以來，似乎相當有效地為當地村民消除了財富不平等現象。

有些人顯然唯恐與某些逃不掉的義務扯上關係，心理學家從跨文化實驗中發現，在松巴島這類送禮文化薰陶之下成長的人，拒絕接受陌生人禮物的可能性最高，因為他們不想虧欠別人，怕有心理負擔。當傳統文化義務與現代社會需求互相扞格，麻煩就來了。在封閉的舊社會中，遵守文化傳統是居民獲得他人敬重和社會名望的基石，然而現代社會已不同於往昔，許多印尼年輕人的眼界比父母寬多了，衛星電視、網際網路、廉價機票、公費獎學金，讓他們看到更廣大的印尼和世界。

教育是邁向廣闊世界的重要途徑。塔榮村大祭司的看法或許是對的，他曾指出現代教育和傳統文化難以兼容並蓄。我在松巴島見過不少年輕人因為必須履行某些傳統義務而退學，試想：當你得牽著一頭牛去參加葬禮並割破牠的喉嚨，眼睜睜看著你的未來希望隨著滲入墳地的牛血而流逝，會是多大的煎熬？我曾經問那些年輕人，他們是否為此感到憤憤不平？他們只是聳聳肩說：「傳統就是傳統，你能怎麼辦？」

印尼政府認為，只要每個家庭的長輩不再花大錢辦喪事，這些年輕人就能實現個人抱負。早在一九八七年，蘇哈托政府曾限制松巴島每次舉辦喪事最多只能殺五頭牛，但松巴島地處偏遠，雅加達鞭長莫及，始終無法真正掌控當地居民。近來地方政治人士重施故技，再度為松巴島的宰牲數字設限，但收效也不大，因為居民會蒙騙當局。

❼譯註：該片於一九七二年發行，描寫紐約黑手黨家族勾心鬥角、血腥相殘的故事。

有一天，我騎著機車在松巴島南岸瓦諾卡卡海灘附近的沖積平原迷路時，遇見了農夫佩特魯斯爸爸。當時我需要別人指引方向，而他需要有人載他一程，雙方一拍即合。後來因為種種機緣，我在他們夫妻家裡住了幾天。佩特魯斯爸爸是社區長老之一，擁有十二公頃土地。某日晚上，佩特魯斯和幾位朋友坐在家中與我閒聊時，他想知道我賺多少薪水，因為他聽說我四處旅行，以為我是有錢人。我笑說：「有錢人？你上次參加葬禮殺了四頭牛，而我只要有一頭牛，就可以旅行半年了，你還認為我很有錢嗎？」

佩特魯斯和他朋友聽了都嚇一大跳。後來他每遇見一個熟人，就把此事複述一遍給對方聽，每次都引起熱烈討論，人人都覺得不可思議。

我跟西松巴島一名商人聊過之後，總算猜出佩特魯斯如此震驚的原因。我問那位商人，為什麼韋卡布巴克每家商店老闆幾乎全是華人？他說：「這跟資本有關，我們的宗族是以牛隻數量而不是現金數字來計算族人的資本，可是就算你有幾百頭牛，還是買不了一包水泥。」

政府推動「禁屠」措施背後的假設是：牛和水泥可以互換。只要村民少宰幾頭牛，再把剩下的幾頭賣了，就能買台曳引機或蓋間旅館，等賺了錢以後再買台曳引機，這樣肯定能富裕起來，一言以蔽之：這叫資本主義。

不過，上述邏輯在松巴島行不通。該島存在著兩類差異懸殊的資本：金融資本（金錢、水泥、商店）可以轉換為水牛、墓碑，或其他文化資本；文化資本卻不能變身為金融資本。文化資本是全宗族（包括活人和死人）的財產，你對它有所貢獻，它就保障你的社會地位。你也可以出售文化資本為子女籌措學費、為自家工廠添購發電機，或者買下印多超市加盟店，但松巴島人不會幹這種事。如果我暗示佩特魯斯爸爸可以賣掉一頭牛來換取六個月的旅費，就好比提議別人把空氣當私有財產拿去賣錢，再用這筆錢去買個鍍金抽水馬桶。

住在偏遠松巴島的居民選擇奉行傳統文化，而把滿足個人需求和欲望以及追求財富擺在其次。印尼其他地區也有類似的觀念，峇里島即為一例。該島兼具印尼最「現代」的經濟活動和黏稠性較高的文化，蘇門答臘和爪哇各地曾興建大量印度教廟宇，爾後逐漸式微，現在的峇里島則是印度教寺廟最後一座堡壘，並且承襲相關節慶傳統，幾乎天天舉行小型印度教儀式。居民會暫停工作梳妝打扮，敲著銅鑼趕去參加每一場迎神廟會、銼牙儀式[8]、火葬典禮。這些慶典成為峇里島一大吸引力，二〇一二年為該島帶來三百萬名外來觀光客，但也會影響觀光業者的生意，當地一位外國旅館老闆曾沮喪地告訴我：「有些俄國觀光客白天會興致勃勃地到街上拍照，專找身材姣好、古銅膚色、頭上頂著一堆水果的姑娘獵取鏡頭，可是如果你告訴他們，因為旅館工作人員得去參加廟會，所以他們的衣服還沒洗好，俄國佬肯定暴跳如雷。」

峇里島每年只在安寧日（Nyepi）[9]這天不工作，不舉行慶典。

✲

[8] 譯註：表示即將步入成年的儀式，接受銼牙者的年齡介於十六至十八歲之間。

[9] 譯註：峇里島一年當中最重要的日子，相當於過新年，日期在每年三、四月。

一個下雨天的午後，為了打發時間，我坐在波波媽媽家的長廊上研究我的印尼大地圖，沒多久就吸引了一群孩子，地圖上一下子伸出十幾顆小腦袋，還有一堆抓著地圖指指點點的髒手指。我問他們：「松巴島在哪兒？」「呃……」他們七嘴八舌地表示不同看法後，一位年紀較大的孩子指出了正確位置。「那雅加達在哪兒？」這問題再度考倒他們，這些小蘿蔔頭把「市」和「島」、「島」和「省」、「省」和「國」全搞混了，還有一個小傢伙竟把馬來西亞當成印尼的一省，我猜如果覬覦馬來西亞多年的印尼建國之父蘇卡諾還在世的話，肯定會為他感到驕傲。

孩子們問我下一站會去哪裡旅行，我立刻指著地圖上的小島薩武，它坐落在松巴島和帝汶島之間的浩瀚大海中。接著，我用手指大略劃過地圖上的一連串小黑點，然後告訴孩子們，這些小點點代表從帝汶島邊緣沿著澳洲北岸一路伸向印尼巴布亞省尖端的弧形群島。但我只說出其中一、兩個島名，舌頭就打結了，因為我從來沒去過那些地方，也不認識任何到過當地的人。接著，孩子們抓起地圖瞄著那些小黑點反問我：「說吧，聰明人，奇薩島旁邊是什麼島？」

我和他們約定：下次再來松巴島時，我要舉辦一場地理常識比賽。當天晚上，我特地跑去韋卡布巴克的大街上，四處搜尋能送給他們好好研究的地圖，結果發現，我能買到西松巴島、甚至NTT[10]區域圖，但跑遍整個市區，竟找不到一張全國地圖。

我向雜貨店的撲克臉華僑老闆求救，滿心期待他能拿出看家本領，把手伸進灰塵密布、堆積如山的貨品中抽出一張地圖來。可是，雜貨店沒有這種地圖，書店和文具店也不賣。

在松巴島，國家不存在。

❿印尼文Nusa Tenggara Timur的縮寫，即松巴島所在省分東努沙登加拉省（East Nusa Tengaara），島民挖苦地開玩笑說，這三個字母代表：永遠被忽視的島嶼（印尼文：Nusa Tertinggal Ternus，英文：The Perpetually Neglected Islands）。

Indonesia Etc.:
Exploring the Improbable Nation

Elizabeth Pisani

4 來自他鄉的居民

對外島居民來說，爪哇形同另一個神祕國度……她們住的地方離爪哇不算太遠，然而對她們來說，爪哇各方面都像外國，跟西方沒什麼兩樣，她們的腦海裡不存在「印尼人」的觀念……

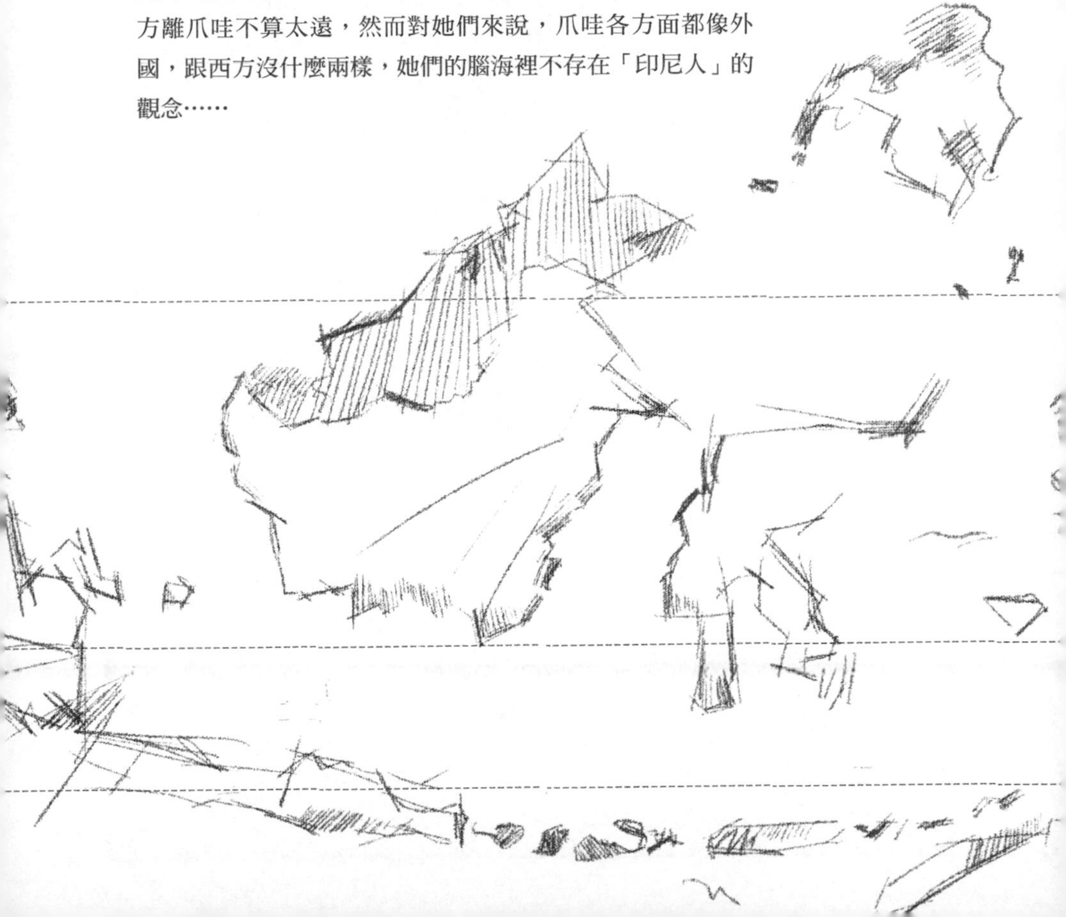

圖B：東努沙登加拉省，東弗洛勒斯島及周邊島嶼

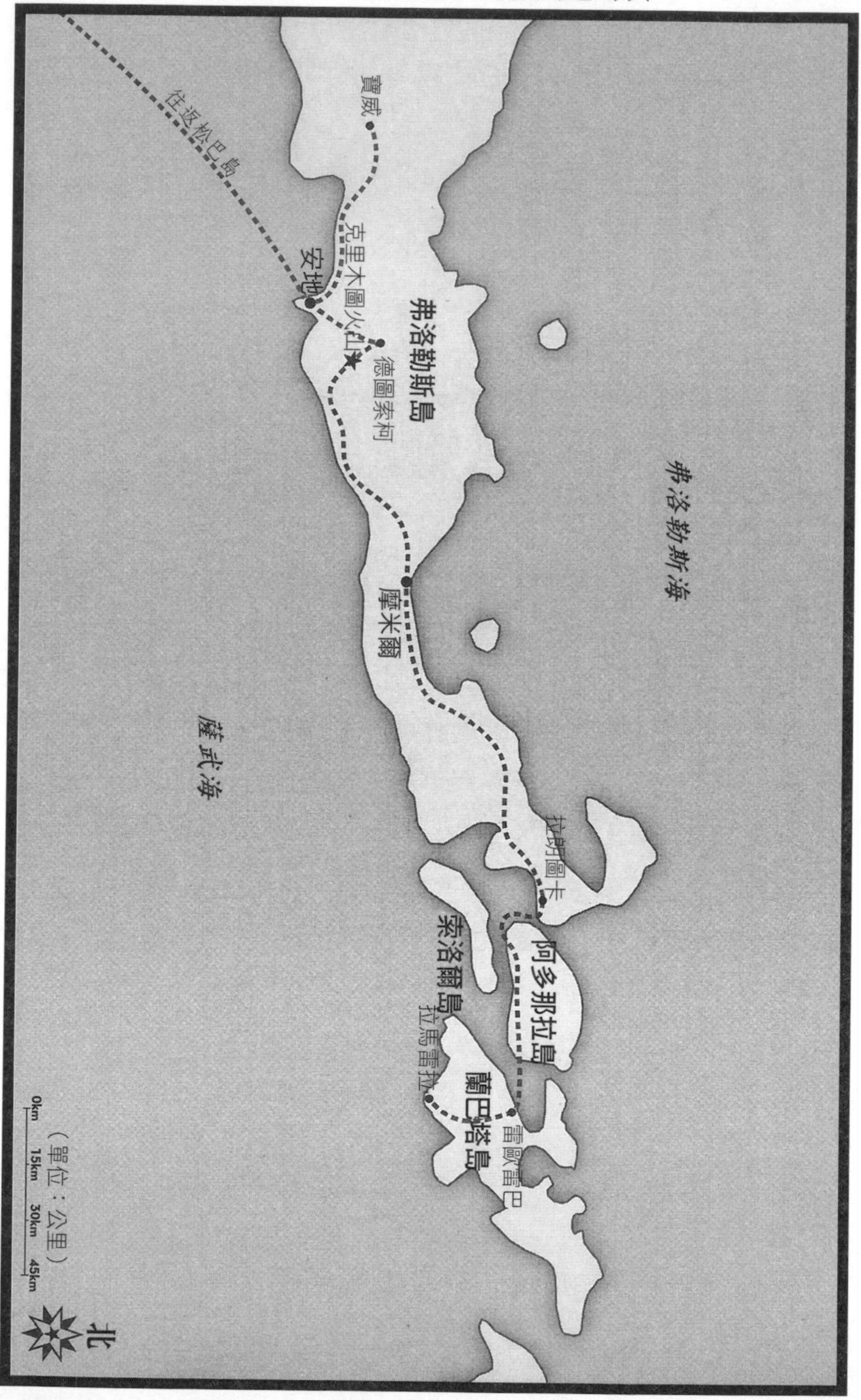

印尼東方列島的居民和船舶有著密不可分的關係，煤油、蛋、米、糖等民生物資悉數由大貨船運來，船班多寡可左右物價高低，渡輪則為島民提供接觸廣大外在世界的通路。島與島之間有二十四小時營運，或營業時間較短、可輸送車輛的平底渡輪，國營事業培尼公司（Pelni）經營的載客大渡輪，遵循昔日荷蘭蒸氣郵輪開闢的航線往返於各島。島上居民對每艘渡輪的名稱耳熟能詳，某些港市的居民還把船班時刻深印在腦海裡。

我計畫搭乘每個月從松巴島東部的威英嘉浦港開往薩武島的培尼渡輪。日軍占領松巴島時期，曾在島上鋪設一條橫貫公路，從韋卡布巴克沿此路前去威英嘉浦，需四小時車程。韋卡布巴克居民都知道渡輪開船時間，於是當地朋友幫我預約了一輛共乘計程車，好讓我準時上船。

我們抵達港口後，卻沒瞧見渡輪的影子。警衛客氣地說，渡輪停在船塢進行年度維修，「下個月就回來載客了。」我看見碼頭稍遠處有一群小馬被趕上一艘兼載車輛、即將前往松巴島東北方弗洛勒斯島的渡輪，便緊跟著牠們上了船，然後擠進兩台卡車的輪胎間，車上載著一堆發酸的海苔。除了那群小馬之外，同行乘客包括一幫賭徒，還有一頭眼神哀戚、倒臥在一堆乾草邊的白牛。

十七世紀葡萄牙傳教士在弗洛勒斯島定居後，原本崇拜多神教的島民從此改信天主教。該島沿海地區雖比潮溼的蘇門答臘和翠綠的爪哇來得乾旱，但島上有十幾座排列得像脊椎骨的活火山，土壤相當肥沃。火山群和東北岸曲折綿長的白沙灘，構成令人驚心動魄的絕世美景。每到黃昏時分，山上氤氳繚繞，籠罩著神祕氣氛。某個霧氣瀰漫的傍晚，我遇見一群坐在河裡沐浴的婦女。一位母親羞答答地將紗籠撩到胸部，讓女兒用抹了肥皂的石頭為她搓背。她向我揮手說道：「來洗澡啊！」我大聲回應：「我不想著涼！」旁邊一名少女立即笑呵呵地撈水潑我，我發現河水竟是熱的。此行上路以來，我尚未洗過熱水澡，於是索性連人帶衣踏入河裡，躺在吐著泡泡的溫泉中奢侈享受了一番。

我沒料到河水會是熱的，是因為先前並未瞧見河邊插著任何「觀光風景區」指標。印尼官員往往認為，只要立上這麼一塊牌子，即可促進觀光業，於是各地風景區就變成這副德性：詩情畫意的瀑布旁建造了仿松木紋水泥桌椅，平坦柔滑的海灘被粉紅色水泥牆阻隔，牆上只開一道迎賓拱門，寫著一排大字：「歡迎蒞臨落日海灘觀光風景區！」溫泉被引入鋪著俗氣磁磚的浴池中，掩蔽在搖搖欲墜的木棚裡，壯麗峽谷的道路兩旁設滿攤販、丟滿飲料盒。

弗洛勒斯島中部奇蹟似的避開了這些觀光建設，當地的克里木圖火山是印尼較為人知的原始自然景觀，最接近的城市德圖索柯距離它約莫三十公里。一九八九年我曾造訪這座火山，猶記巨大的火山口附近藏著三座湖泊：一是白色，一是綠色，一是血紅色。「現在那些湖的顏色都變了。」我在德圖索柯一所修道院過夜時，一名修女這麼說，我決定上山去瞧瞧。

我等在大馬路邊準備招手攔巴士之際，一名坐在咖啡攤前的小夥子提議用他的計程摩托車載我上山。這種交通工具印尼人稱之為「偶接客」（ojek），通常以本田或山葉小機車為主，但是在比較貧窮的省分看到的機車多半有點破舊，我心想：要我坐著它去市區逛逛還可以，可是叫我靠它爬三十公里山路去一座火山？謝謝，門兒都沒有。「那我請妳喝杯咖啡好了。」一名叫安東的小夥子又提議，這回我接受了他的好意，可是我咖啡還沒喝完，一輛巴士竟搖搖晃晃地從我眼前開過去，最後只得坐安東的摩托車上山。

那條九彎十八拐的山路底下是個深邃的谷地，大片沐浴在柔和晨光中的梯田一路迤邐到河邊。安東在路上告訴我，他其實最喜歡照顧動物，不太好意思拉客賺錢，「小姐，我既不笨也不懶，可是高中畢業以後就讀不起大學了，如果不做載客生意的話，在這裡除了種稻，還能幹嘛？這裡跟爪哇不一樣啊……。」

對外島居民來說，爪哇形同另一個神祕國度，蘇哈托卻老想把爪哇價值觀灌輸到全國。我問安東是否去過那裡，「什麼，去爪哇嗎？噢，沒有……。」他說話的口氣帶著點敬畏又顯得有點疑惑，彷彿我問他有沒有去過羅馬的聖彼得教堂似的。稍後安東提起他兩個哥哥都在爪哇工作，我問他怎麼不搬去跟哥哥住、去爪哇讀大學、去那邊開計程車賺學費？「可是小姐，那裡的情況跟這裡不一樣啊。」這時，山路上突然冒出一個之前坍方留下的大坑，安東趕緊扭轉車身避開後笑著說：「妳瞧，在爪哇絕對看不到那種東西！」他不去爪哇的另一個原因是：擔心自己進不了「那邊的」大學、怕自己看起來太像鄉巴佬，於是我勉勵他：「你不去嘗試永遠不知道結果，大不了再回來繼續做你現在的工作嘛。」

接下來幾個月，我們繼續保持聯絡，他偶爾會發簡訊問我近況，我也總是回他消息。約莫一年過後，我在等候飛往爪哇第二大城泗水的班機時，意外收到一則簡訊：「哈囉，小姐，妳在哪兒？我在泗水喲。」原來安東已進了大學，想成為獸醫，安東說：「我考慮過妳的話以後，覺得妳說得有道理，除非我去嘗試，否則不可能成功。」他發現爪哇一點也不像他曾經擔心的那麼陌生可怕，儘管他還是覺得自己有點像土包子，不過其他來自同鄉的同學都很樂意為他傳授生存要領，「留在爪哇總比坐在德圖索柯等乘客上門來得強。」

安東把我送到克里木圖火山後，我就歡天喜地的踏入早晨清新的空氣和美不勝收的景色中，獨自坐在世上最美的地方聽鳥兒鳴唱，看蝴蝶飛舞。山上較近的兩座湖泊被一道扭曲的石牆隔開，我記得從前其中一座是翠綠色，另一座是乳白色，而位於遠方的第三座湖是看起來黏黏的鐵鏽色，如今那兩座相鄰湖泊的顏色似乎混在一起，都變成藍綠色。天空飄來朵朵白雲，灰濛濛的雲影掠過湖面。我走向通往第三座湖的泥土路時，經過一位公園管理員的身旁，他竟拿著一把和瑞士小刀一般大的鐮刀，在占地數英畝的草地上除草。當地人認為那血紅色的湖泊是祖靈安息之處，如今湖水顏色變深，幾呈黑色。地質學家說，湖水變色是湖底火山口噴出來的礦物質湧入湖中的傑作。不過，根據克里木圖國家公園官方網站的說法，當地人認為那是湖中亡靈對某位軍旅出身的候選人當選印尼總統表示不滿的結果。

我在寧靜的湖畔稍坐了片刻，不時聽見鳥鳴和偶爾傳來的蟲唧。現在是旅遊淡季（十一月中旬），山上遊客本來就不多，但我依然為自己能在此地獨覽美景感到驚喜。這裡看不到從爪哇私立學校搭遊覽車過來探索國家奇景的富家子弟，也沒有迷戀火山、猛按相機的日本旅行團，連個背包客的影子都沒瞧見。能遺世獨立地在此飽覽山中美景固然令人興奮，但我不禁要為印尼的孤立處境打抱不平。

＊

印尼在世界舞台上的地位顯然並不突出，例如二〇一二年的倫敦奧運選手之中，僅二十二位來自印尼；換句話說，每一千萬名印尼人當中，只有不到一人參加奧運競賽。雖然曾任聯合國維和部隊的印尼軍隊一度廣受歡迎，但躋身國際組織高層的印尼人屈指可數，成為這類組織領導者的印尼人更是付之闕如，也沒有任何印尼人得過諾貝爾獎❶。

想當年，陽剛外向的蘇卡諾（能說九國語言）曾走訪各國抨擊殖民主義、拒絕鄰國干涉，在國際上贏得較高的知名度。陰柔內斂的蘇哈托只會講幾句英文，在國際場合總覺得不自在，但他依舊勇往直前與鄰邦展開談判，成為創立東南亞國協（由東南亞各國獨裁領袖成立的互助組織）的推手。不過，蘇哈托執政三十多年來，始終在國際上保持低姿態，日後印尼人也未曾努力提升國家地位。

雖說選擇在他國定居的印尼人少之又少，不過有些人會擔任外勞。二〇一二年，全國有四百萬人飄洋過海去幫別的國家（大部分去沙烏地阿拉伯和馬來西亞）掃廁所、除雜草、蓋旅館。這些外勞幾乎悉數參加「套裝行程」計畫，由政府核准的仲介機構整批送往國外，等到聘約期滿再送回國。這種有別於人口大遷徙的移民，可將祖國的影響力散播至海外。

若干年前，我和朋友魯裕討論過印尼人口大量外移這檔事。魯裕是一名法裔設計師，受過良好教育，出身上流中產階級，擁有一大票各國朋友和一本蓋滿戳記的護照，如果他是韓國

---

❶除非你把研究印尼腳氣病而榮獲一九二九年諾貝爾醫學獎的荷蘭人艾吉克曼（Christian Eijkman）也算在內，另外還有兩位東帝汶人曾因反對印尼統治而獲頒一九九六年諾貝爾和平獎，嚴格來說他們也算印尼人。世上與諾貝爾獎無緣的第二大（以人口計）國家是衣索比亞，該國人口名列全球第十四位。

人或柬埔寨人，說不定會選擇住在紐約或巴黎。某日清晨四點鐘，魯裕駕著他的藍色金龜車，漫無目的帶著我在雅加達市區兜風。我喋喋不休談到國家認同問題時，他忽然轉頭看著我說：「妳餓不餓？」我說餓，他說：「我也是。」接著就把車子停在一個臨時街頭攤販旁。幾分鐘過後，我們坐在人行道邊一張平滑的棕櫚蓆子上，各自享用剛做好的西式蛋捲餅和甜薑茶。我繼續談論國家認同問題：為什麼到海外定居的印尼人這麼少？我猜原因之一是：喝過洋墨水或去海外做過事的印尼人就像身上鍍了金一樣，歸國後可享有崇高社經地位，所以他們寧願待在印尼。不過，魯裕提出了另一個理由——他把一團辣蝦醬抹在蛋捲餅上，一邊吃消夜一邊揮手說：「如果沒有這些食物的話，印尼人怎麼活下去啊？」

有些印尼人就算不太滿足生活現況（例如安東這樣的年輕人），也沒必要跑去海外追求更好的生活，因為國內的就業機會跟外國差不了太多，何必為生計煩惱？他們只要搭船去另一座島，即可擺脫地域和宗親束縛，還能學習新舞技、嘗試新食物，而不須接觸沒學過的外語、不熟悉的貨幣、缺乏人情味的警察。

✲

印尼的食物擁有某些共通和相異的特色，雖說各地都有風味獨具的家鄉菜，但我在某些小島旅遊時，卻難得品嘗當地風味餐，只有被請進居民家中作客時，才能吃到擺在香蕉葉上的野菜泥、玉米泥或南瓜泥，而在全國各地的街頭攤販或小吃店料理食物的人，都是流動人口。我吃過最家喻戶曉的印尼菜，是西蘇門答臘省的米南加保族創造的平民食物巴東飯（nasi Padang），巴東為該省省會。

米南加保族的男性經常遠赴外地謀生，該族群直到近幾個世代，仍習慣群居在空間寬敞的木屋裡，那些屋牆微微向外傾斜、屋頂翹成牛角弧度的房子悉歸女性所有，因為米南加保族是母系社會，年幼男孩可與母親同住，長大後就得自立門戶，然而許多少年郎離開娘家以後往往居無定所，直到婚後才能搬進妻子家，為了解決居住問題，只好離開西蘇門答臘省到外地賺錢。

米南加保族就像麥當勞征服美國一樣攻克了印尼各地餐廳，不過並未成立某個大企業和一般家庭餐館搶利潤。他們經營的巴東飯館往往沒有牛角形屋頂，總是不搭調地擠在一排專賣手機和機車零件的店鋪之間。要是餐館屋頂沒有空間可加裝一塊狀似牛角的弧形鐵皮浪板，他們就拿油漆在窗戶上畫個象徵米南加保族的識別標誌，那些牛角標誌也跟速食迷一眼就能認出來的麥當勞黃金拱門一樣遍及全國。

巴東飯館自有一套相同的運作模式：店家大約從黎明開始洗手作羹湯，到了上午十點左右，一桶桶食物已沿著飯館窗戶下方的架子擺好，而且各家都供應忍當肉（rendang）。這道菜須將辣椒、椰奶和肉質堅韌的牛肉放在一起燉煮幾個鐘頭，待湯汁、佐料、牛肉融為一體，就變成一道嗆辣滑嫩的佳餚。另一種常備食物是以濃稠的椰漿熬煮出來的乾樹薯葉，或切塊菠蘿蜜。其他十多種菜色都分裝成小盤整齊地堆疊在架子上，包括：臭豆[2]煮蝦（吃過這道菜的人如廁以後，會留下刺鼻異味）、辣醬燒茄子、浮著薄薄一層灰色醬汁的豬腦、質地像脫水海綿的炸豬肺、淋上濃濃綜合香料醬的水煮蛋、白白的眼珠子瞪著天空的碳烤魚，以及滿滿堆在盤子裡的青辣椒。這些菜色未必都能令人食指大動，但總會有一樣合你胃口。

那些飯館的食物架後方，必定掛著一道阻擋餓蒼蠅飛進去的紗簾。較大的餐館會在顧客入座前，先將一碟碟小菜和一大碗體積如椰子殼的白飯端到桌上，餐費按碟計價，客人吃幾碟菜算多少錢，較小的館子則是請顧客自行走到食物架前面選菜。印尼各處都能買到外帶食物，比方說和西方三明治一樣普遍、用棕色蠟紙捲成圓錐狀的飯糰，大多數印尼人認為那些食物安全無虞，吃了不會瀉肚子。米南加保族是嚴守戒規的穆斯林，就算你在松巴島這種地方（當地食用豬肉）的巴東飯館用膳，他們供應的飯菜也絕對不會摻進任何非清真食材（穆斯林不吃豬）。

印尼不但隨處可見米南加保族經營的小吃店，路邊也有許多爪哇人開的炸豆腐攤，不過最深得我心的食物，是薩薩克族年輕人在全國各地市場角落販賣的冰椰子水，薩薩克族來自西努沙登加拉省的龍目島（緊鄰峇里島東邊）。

當你在街頭走得又熱又渴、差點七竅生煙時，最令人開心的一件事就是看到「ES KELAPA NTB」幾個字，意思是：西努沙登加拉風味冰椰子水。販賣這種飲料的路邊攤，會用醒目的橘色塑膠貼紙剪出這些字母。攤車的規格和一間流動廁所相仿，有個大約兩米長一米寬、漆著俗氣鮮綠色或粉紅色的木箱，箱上立著充當店面的玻璃層架，上面會貼著或是漆著所賣吃食的廣告，食物種類包含：冰椰子水、炸豆腐、烤沙嗲，甚至還有巴東飯。整座攤車架在兩個大大的腳踏車輪上，有把手的這一端頂著路邊，酷似獨輪手推車，另一端附有一根可支撐攤車的短木樁。印尼人稱這種流動攤車為kaki lima，相當於英文的five feet，意為「五隻腳」或「五英尺」。我認為應該是指「五隻腳」，代表攤車的兩個車輪、一根木樁，和小販的兩條腿，不過也有人認為是指「五英尺」，理由是：一八一一至一六年拿破崙掀起歐洲戰爭時期，英國人曾短期占領遭法軍攻入的爪哇島，時任爪哇代理總督的萊佛士（Stamford Raffles）❸下令，當地所有人行道寬度至少須達五英尺以上，而流動攤車都停靠在人行道上，因此就以「五英尺」為名。

為滿足生意上的需要，這些攤車都經過精心改造，附有抽屜、活動層板、嵌入式冰箱、帶有支架的碳火爐或瓦斯桶、折疊式長凳、伸縮帆布篷，以及撐開的大傘。每個流動小販無不絞盡腦汁節省勞力、增加空間、吸引顧客，只有賣冰椰子水的男孩例外，因為他們攜帶的東西太占地方，無法全部擺在攤車上，只能將大量椰子堆放在人行道上，或是某塊空地的破圍牆後。他們會拿大刀剖開一顆顆綠色的椰子球，將裡頭的汁液倒進加了冰塊的大啤酒杯，然後在這玻璃杯中放上又白又軟、削成寬條的椰肉（他們最常使用的削椰肉工具，是釘在一根竹棒上的鋸齒狀瓶蓋），接著澆上一小匙紅褐色的椰糖❹和一大勺煉乳，一份透心涼的飲料便大功告成。

---

❷ 譯註：一種具長形豆莢、形狀大小如杏仁的青綠色豆子，會發出比香菇濃厚的瓦斯味。

❸ 譯註：英國遠東殖民帝國奠基者，最大貢獻是將新加坡建設為歐、亞之間的國際港。

❹ 譯註：將椰子汁濃縮收乾後取得的粉狀糖，顏色和香味近似紅糖，通常壓成圓柱狀，有別於棕櫚糖，盛產於東南亞。

就我所知，這些賣冰椰子水的男孩最擅長四處搶生意，他們會從這座島漂流到那座島，遊走於小鎮和小鎮之間。一名薩薩克族小夥子曾說：「我一直覺得很奇怪，這裡明明到處都長椰子，為什麼本地人沒想過要拿椰子去賣錢？於是我們就跑來做生意，而且連續兩、三個月生意好得不得了。後來有三、四個本地人覺得他們也可以做同樣生意，結果市場就飽和了，所以我們又搬到別地方。」這麼一來，流動攤販的生意會不會愈來愈差？「一點也不會，幹這種工作很辛苦，每天得在太陽底下站十個鐘頭。本地人太懶，沒辦法久站，所以只挑涼快的清晨或傍晚賣飲料，可是這種時間誰會口渴到想喝冰椰子水？於是他們開始虧錢，最後只好收攤，而且在其他的薩薩克族搬來以前，市場裡再沒人賣冰椰子水了。」

印尼還有一些被其他部族獨占的行業，例如：馬杜拉族在全國各地開理髮店；爪哇族女子完全掌控佳木（jamu，一種用印尼草本植物熬煮的傳統藥材）銷路；南蘇拉威西省的布吉族精通造船，在歐洲人登陸印尼以前的貿易與海盜時代，他們打造的二桅帆船早已稱霸海上，後來仍是印尼人長期使用的水路交通工具；布吉族的近鄰望加錫族是貿易專家，權傾一時的布頓蘇丹國（蘇拉威西島東南部島國）的子民長期從事魚乾貿易。島與島之間的移民傳統為印尼各地創造了某種統一性：無論走到哪裡都能看到巴東飯、爪哇佳木、西努沙登加拉冰椰子水，還有馬杜拉理髮師。只要將這些不同種族的特色混合在一起，就可以形成印尼特質，實踐「多元而統一」。

✲

如果你想親身體驗「多元而統一」，順便觀察人生百態，不妨去搭一趟培尼渡輪。在印尼，即便是再小的渡輪也設有許多艙房，以及專供特等艙乘客使用的餐廳。大型渡輪經濟艙多達五層，以三夾板釘製的公用平台上有兩大排座位，中間隔著數公分厚的金屬欄杆，欄杆上方附有不甚牢固的行李架。乘客們大剌剌地在公用平台上攤開自己的紗籠和睡墊，但不會侵犯彼此的地盤。

我搭渡輪時最常見的乘客活動是睡覺和閒晃，有些人會聊天、玩牌、打扮、互相馬殺雞，孩子們老愛尖叫，其他人要麼用手機聽吵死人的音樂，要麼拚命吃東西。十九世紀中葉，英國博物學家華萊士（Alfred Wallace）曾經搭著荷蘭郵輪（現代培尼渡輪前身）前往印尼群島最荒僻的地區，花了十二年時間幫紅毛猩猩拍照、給昆蟲製作標本，並如此描述船上食物：

> 早晨六時供應一杯茶或咖啡予愛好之人；七至八時端出內含茶、蛋、沙丁魚之簡易式早點；十時為諸君送上白葡萄酒、杜松子酒、苦啤酒以促進食欲；十一時復推出未附湯之豐盛膳食；午後約三時，侍者連連奉上茶、咖啡、苦啤酒諸飲料；附啤酒之美食晚宴於午後五時開席；六時半再添以紅酒；待晚間八時諸君用過茶與咖啡，晚宴方告正式結束。嗣後復依乘客之所求，供以啤酒、汽水，諸君之味蕾遂於冗長乏味之旅程中頻受刺激。

現代印尼渡輪的經濟艙乘客，每日可去食物艙領取免費三餐，飯菜一律裝在保麗龍盒裡，且內容一成不變，只有一團硬邦邦的白米飯，配上幾片爛兮兮的高麗菜，偶爾再加一塊魚。雖然船上不再供應杜松子酒和苦啤酒，服務員仍不吝於提供其他「味蕾小刺激」。他們會在低層甲板四處走動，販賣麵條、肉丸湯，或是加了一堆螢光綠和螢粉色果凍的濃稠飲料。但這些東西仍無法滿足乘客諸君的味蕾，於是你會看到船艙這邊有個女人把私藏芒果拿出來剝皮，那邊有個家庭在大啖炸蝦餅，或把餅乾分給鄰座乘客吃。

船上也提供正式娛樂活動，震天價響的擴音器昭告眾人：「各位先生，各位女士，接下來我們要放映一部精彩浪漫諜報片，由中國豔星周玲玲主演。請注意：本片是描述打破禁忌勇於追愛的浪漫故事，僅供成人觀賞！敬請各位前往五號甲板左手邊的迷你電影院欣賞，票價只要一萬盧比（約台幣三十元）❺。」在大型渡輪上，每當頭等艙餐廳裡的貴賓酒足飯飽後，餐廳就搖身變成供普通乘客消遣的舞廳。擴音器一宣布：「限穿著整齊、正式服裝的男女伴侶入場。」樂隊便開始在拼花地板小舞池後方演奏搖擺樂，乘客們隨即繞著這座迪斯可舞廳盡情旋轉。

許多乘客雖然互不相識，卻能輕鬆交談，話題不外乎他們去過哪裡，或下一個目的地、在某些陌生島嶼見過的奇風異俗、家鄉的食物和溫馨，當然還有不可思議的物價——在峇里島買一公斤地瓜，竟然要價三萬盧比（約台幣九十元）！

每次交談的開場白幾乎總是：「你是哪裡人？」一旦確認彼此所屬的種族，便開始揶揄對方：「我本來想請你吃點魷魚乾的，可是我知道你們異他族只會啃樹葉啦！」，「噢，別生他的氣，反正你知道巴塔克族都那副德性，他們一向就是這——麼粗魯……」，「你是布吉族啊？那跟你做生意可得當心嘍，大家都知道你們有多奸詐呀！」

培尼渡輪大部分乘客在船上交談時都得說印尼話，因為他們分別來自擁有各種方言的地區，印尼話是全國唯一通用語言。馬魯古男士會和帝汶女士話家常、亞齊人會找西蘇門答臘人閒扯淡、來自巴布亞不同地區的居民會交換彼此對爪哇的感想。

印尼話是個有趣的語言，因為不講究文法，所以名詞沒有單、複數之分，如需表示複數，只要把某個名詞說兩遍就行，例如：anak是一個小孩、anak anak是兩個小孩（通常寫作anak 2）。印尼話也不講求時態❻，只要在句子中插入時間副詞，即可表示過去、現在、未來。例如：「我昨天付錢給你」、「我明天給你錢」。印尼話也是個語意模糊的語言，例如：besok（明天）可能指今天過後第二天，也可能指不久後的某個不確定時間。

在印尼獨立早期，民族黨官員曾選擇以馬來語作為全國共通語言，因馬來語易學且已廣泛使用，至少在商業界是這樣。另一個理由是：馬來語有別於爪哇語。

當時大多數教育水平較高的民族黨官員都說爪哇語，他們之所以未輕易採用其母語作為新「國語」，甚至為此感到慶幸，是因為爪哇語極其複雜，若成為國語，外島居民恐將長期居於劣勢。爪哇語也是階級分明的語言，對長幼尊卑所使用的詞彙截然不同。蘇卡諾及其同黨至少

---

❺二〇一一至一二年我在印尼旅遊期間，盧比兌美元的匯率是：九千至九千五百盧比換一美元，兌英鎊匯率則是：一萬四千至一萬五千盧比換一英鎊。到了本書寫作期間，盧比兌美元及英鎊匯率雙雙貶值，一美元相當於一萬一千五百盧比、一英鎊可換一萬八千盧比。本書提到的匯率皆以作者旅遊期間的匯率為準。

❻譯註：指英文動詞隨不同時間（過去、現在、未來）所做的變化，中文動詞也和印尼文一樣無時態變化。

在表面上主張人人平等，不希望把某個重視階級之分的語言散播到全國，以免讓早已深入爪哇文化的封建思想在各地生根，因此民族黨黨魁蘇卡諾愛聽別人稱他為「兄弟」，但崇拜父權的蘇哈托總統則希望人家喊他「父親」。

打從印尼獨立以來，學校一律用印尼話教學。經過一個世代後，全國人民幾乎都說國語。雖然他們仍會在家鄉和市場裡講土話，但我在公共場合很少聽到南腔北調。如今這情況已有轉變，可能原因是：印尼推行地方自治後，各地外來公務員人口減少，本地人自尊提高，說方言的人也就增加了。因此，二〇一一年我在擁有七十六種方言的東努沙登加拉省旅行時，發現人們在當地的住家走廊、咖啡攤、市場、村長辦公室、甚至某些校園有時會以某種方言溝通。

搭乘渡輪返鄉的乘客當中，有的飛黃騰達、趾高氣昂，有的壯志未酬、低頭不語。而即將迎接新生活的乘客，往往抱著憂喜參半的心情，雖然他們下船的時候，可能會有某位離鄉背井的伯伯或姊姊前來迎接，不愁沒有落腳的地方，但是對他們來說，踏上這段旅程畢竟是人生一大步，因為他們長年住在擁有明確階級制度和社會規範的村落，從未去過外地生活。他們踏出渡輪以後，勢必得拋開舊習氣，表現得更像印尼人，不過到了目的地之後，說不定會欣慰地發現，他們依舊能買到巴東飯。

✲

弗洛勒斯島東方的海面上，突出幾座土質乾燥、地形崎嶇的小島，居民大都靠捕魚維生。

我在一艘輪流停靠各島的小渡輪上，認識了身材結實渾圓的麗娜媽媽。她用電髮夾把一頭鬈髮燙得直直的，整個人看起來端莊慈祥。這天她剛結束弗洛勒斯島的一個教師訓練研習活動，正準備返回阿多那拉島上的家。

麗娜媽媽在船上問我：「妳跟我一起回家怎麼樣？」我一口就答應。起初她還興奮地拍手，接著卻愈來愈擔心：這個白種女人要吃什麼？睡哪裡？會不會用蹲式廁所？然後就開始揣摩我對她家的期望，甚至企圖讓我打退堂鼓，說她住的村子沒電也沒自來水。不過，我剛踏上渡輪時一直沒想好要去哪座島，現在總算有了新計畫，可不想半途而廢。

麗娜媽媽住在阿多那拉島最偏僻的一個村落，位於一座火山的斜坡高處，山邊有條可直通主要道路的水泥路。由於這條路十分陡峭，乘坐「偶接客」循此路上山的人，必須緊貼著司機才不會從後座滑出去。我們來到水泥路口時，只看見一輛「偶接客」停在附近，麗娜媽媽要我先坐這台機車上山，說她隨後就到。司機把車騎到水泥路盡頭之後，立即粗聲粗氣地趕我下車。一群坐在路邊閒嗑牙的婦人聊到一半，立刻瞪大了眼睛看著我。為表示禮貌，我趕緊用愉快的口氣跟她們打招呼，順便提起天上正在起烏雲，但她們始終瞪著牛眼，沒任何反應。接著，麗娜媽媽騎著另一台摩托車來了。她只丟下一句：「我朋友，她要在這兒住幾天。」就忙著把我帶開，沒再向那些婦人多做解釋。

麗娜媽媽加快腳步拉著我爬上一條小路，在一堆木屋之間繞來繞去，但天上烏雲跑得比我們還快。第一片烏雲降下斗大的雨滴後，我們趕緊躲到麗娜的弟媳家避雨。幾分鐘之內，大雨傾盆而下，我還沒來得及自我介紹，那位弟媳就跑去煮咖啡，我和麗娜忙著接雨水。雨水從鐵皮屋頂的缺口直沖下來，匯聚成好幾條小河，我們在每條小河下方擺個鍋子，要是雨水被風打歪了，或是小河水量變大了，便移動鍋子。這個缺乏水井的山村似乎就用這種方式集水。

雨停的時候，天色漸漸轉黑。我握著手電筒和麗娜媽媽一起穿過溼滑泥濘的道路走回她家時，她不斷反覆跟我說：「對不起，沒有燈。」

到家以後，我有點意外地看到她家院子裡的一棵香蕉樹旁，居然有碟形天線，屋裡還有電視，後來才知道村裡設有一台公用發電機。村民一致同意，每天晚上定時觀賞雅加達（與這裡相差一個時區）製作的電視節目，可增添一點生活情趣。因此，只要電燈會亮、電視能動，無所事事的鄰居們就陸續晃進麗娜媽媽的家，然後一屁股坐在棕櫚蓆子上，和她家人一塊兒欣賞連續劇。

印尼電視台從一九九〇年代初就有連續劇了，當時是從墨西哥進口，始作俑者為蘇哈托，他曾批准女兒經營的電視台引進這類可以殺時間的外國節目。如今印尼也出現不少本土製作的電視劇，而且競爭激烈，各家電視台無不卯足全力，從觀眾和廣告商的口袋裡撈錢。本土電視劇故事情節老套，卻格外吸引觀眾，他們最關心的是：瑞奇的DNA檢驗結果會證明他和英珠相愛是亂倫嗎？他媽媽是不是沒他想像的那麼正直？西蒂的老公是個混帳東西，他真的比較喜歡那個虛情假意的女學生、討厭聽話盡責的好老婆嗎？

許多電視劇總少不了忠厚老實的鄉下表弟遭到油嘴滑舌的城市親戚欺騙的戲碼，或是演員用力把車門一甩，然後衝進高樓林立、燈火通明的雅加達暗巷的場景。奇怪的是，電視螢幕裡的車子從來不會卡在雅加達一塞就是三、四個小時的車陣中，劇中人也沒有一個住在雅加達臭運河邊用三夾板七拼八湊搭建的茅草屋。

不用說，那些電視劇都穿插了一缸子廣告，不是宣傳各種美白霜和護髮霜，就是推銷網購藥品和曼谷假期。事實上，廣告裡的某些產品在阿多那拉島也買得到。雖然印多超市未必能攻下印尼每個角落，但是小路邊攤肯定無所不在。這些攤子通常搭有一座不太牢靠的木棚或竹棚，棚前開一扇小窗，窗頂綁一長條鐵絲，上頭掛滿一串串紅色和金色包裝的單人份咖啡粉，還有裝在五彩小袋裡的髮膠、洗髮乳、洗衣粉和花生，任何產品幾乎都能分裝成小份。攤子窗台上還會擺一小堆檳榔，外加一大落可能從自家院子採下的芒果，還有顧客一次可只買一支菸的罐裝丁香菸。在印尼零售市場上，這類能少量販賣的分裝產品最是吃香、銷路最好，因為老百姓身上帶的現金很少，買不起一整瓶洗髮精或一整罐咖啡粉。

我坐在麗娜媽媽家的地板上連吃了六頓白飯配魚乾後，不禁好奇她和她的女性朋友們看了那些電視廣告作何感想。她們是否認為只要使用廣告裡推銷的一小包洗髮精，就能把她們天生的滿頭鬈髮，變得像瀑布般又直又順？她們是否渴望自己能化作廣告中那些幸福洋溢的母親，把營多泡麵料理得像精緻西餐一樣，端給心愛的老公和乖巧的子女享用，而且大家都拿著叉子一起「坐在飯桌前」呢？

「坐在飯桌前！」這句話，是從某位對電視廣告不屑一顧的朋友嘴裡吐出來的。他最清楚印尼尋常百姓（非雅加達中產階級）都吃什麼樣的三餐：凶悍的一家之主往往優先用餐，而且大部分時候是「坐在地板上」吃。年紀較長和青春期的子女若想吃東西，多半捧著食物帶到他們可把玩手機的角落。除了年幼的孩子，人人都用雙手扒飯。這是個需要下點工夫學習的技巧：先用右手拇指和旁邊三指把米飯捏成勺狀，然後充當湯匙撈起一些醬汁、一點辣椒、一塊鹹魚。很多印尼人都說，用手吃東西，食物更美味。我學會這技巧後，也深表贊同。普通家庭的孩子在五、六歲以前，通常由女性親人拿湯匙餵他們吃東西，她們總是追著小傢伙在屋子或院子裡到處跑，努力把食物塞進他們嘴裡。成年婦女會等家人吃飽以後再來解決殘羹剩飯，還習慣邊吃邊盯著電視廣告，不過那些廣告所歌頌的「印尼」和她們現實生活中的印尼天差地遠。

阿多那拉島的村民常拿食物來比喻雅加達電視演員，形容他們不像「加糖黑咖啡」（指黑皮膚阿多那拉人），而是「牛奶咖啡」（印尼與歐洲混血種）。許多其他島嶼的居民則認為，電視裡那些膚色淺、沒禮貌、自私鬼有錢人，代表典型的爪哇都市人。蘇哈托當年發射的人造衛星，如今不斷為電視放送有錢人形象，讓只能做做發財夢的升斗小民滿足視覺享受。觀眾們也都露出心嚮往之的神情看得津津有味，彷彿衣衫襤褸、飢腸轆轆的窮酸小孩，踮著腳尖站在積雪大街上偷窺坐在熊熊烈火前享受大餐的富裕人家。麗娜媽媽家的鄰居們正如痴如醉地守在電視機前時，村中每日配給的公用發電機油料突然告罄，觀眾們只好點著油燈回家睡大覺。

從某個角度來看，電視劇裡呈現的印尼不符合現實生活中的印尼，恐怕會導致某種城鄉和貧富差距。從另一個角度來看，成千上萬的印尼老百姓正是因為看了這些電視劇，每天才能聽到幾小時的國語。況且，爪哇的電視台除了播出品質低劣的戲劇和遊戲節目之外，也會穿插一些新聞節目，報導全國和其他島嶼時事，於是對家鄉有強烈認同感的村民們發現，他們居住的地方和全國各地之間其實存在著不少共同點，例如：不只是他們的地方首長會因貪汙受審、蘇門答臘和巴布亞的校舍一樣會坍塌、其他地方的農民也會想知道他們該如何運用農產品漲價之後所增加的收入。

＊

雨季已經開始，該是播種的時候了。麗娜媽媽與我各拿著一根削尖的棍子，在地上找到土壤最鬆軟之處，然後用木棍在泥土表面戳一個洞，並撒下兩粒晒乾的玉米種子，接著用雙腳踩踏一番，將土壤覆蓋上去，再持續依同樣模式撒種。我原本以為幹這麼輕鬆的活，恐怕種不出什麼能吃的東西，沒想到兩個月後，麗娜媽媽發簡訊向我報告，我先前種的玉米已經成熟，她正下鍋煮著呢。

播完玉米種子以後，我該幹的農活尚未結束，「妳跟我去kebun採餵豬菜。」麗娜媽媽的阿姨蘇珊娜宣布。這位舉止優雅的老阿婆白髮蒼蒼、缺了門牙，她平日大概很少說印尼話，每次開口總是小心地咬字發音。她似乎也摸不清自己的歲數，只說「應該有兩百歲了吧」。我們去採豬食的時候，麗娜的么兒想當跟屁蟲，卻硬是不肯自己走，蘇珊娜只好用背帶把這三歲小壯丁綁在腰上，然後四平八穩地頂著一把沒有刀鞘的大刀，往山邊一條近乎垂直的上坡路走去。印尼話kebun有好幾種含意，可能指菜園、花園、農場或後院，所以我壓根兒不知道我們將要前往何處，直到走完兩公里山路後，才發現蘇珊娜說的kebun是一片雜草叢，裡頭雖長滿了好料，但一瞧便知無人栽種或照顧。

麗娜媽媽的兩個女兒也來了，另外一個開朗愛笑、喜愛地理的兒子爬到一棵樹上摘下一粒芒果，但只啃了一半就把芒果扔到地上，因為他得空出兩隻手來幹活，如果他肚子又餓了，就再爬到另一棵樹上摘果子吃。大女兒每晚與我同睡一張床，正處於愛當悶葫蘆的後青春期，她跟大夥兒一起上山的目的，只是想到高處接收手機信號、查看臉書訊息。

蘇珊娜雖然走了一大段路，卻絲毫未露疲態，其他人一走到摘菜處，就休息個老半天。我們每採完一些樹薯葉，便坐下來稍事喘息，然後吃顆芒果或幾粒蒲桃。蒲桃長得像蓮霧，咬起來脆脆的，我們頭頂的樹上掛滿了幾大串這種水果。蘇珊娜每隔幾分鐘總會提醒大家：「先歇會兒吧。」大家採摘的樹薯葉原本是要拿來餵豬的，但我問蘇珊娜：「我們能不能也吃一些？」因為我已經兩天，不，應該說已經一連幾個星期沒嘗過新鮮的綠色蔬菜了。雖然這裡的植物好像完全不用照顧，就會自動從土裡冒出來，但許多印尼人（尤其是東部諸島居民）似乎認為綠色蔬菜算不得真正的食物，於是就出現這種後遺症：印尼雖擁有肥沃的土壤，大多數人卻營養不良。據衛生部統計，五歲以下印尼兒童當中有四分之一以上患有貧血，身高未達同齡者應有水準的印尼孩童多達一千一百五十萬人，超過全國兒童總人口三分之一。我表達想吃「豬食」的意願後，蘇珊娜立刻教我怎麼摘取適合人吃的樹薯嫩葉。

我們完成任務以後，「兩百歲」的蘇珊娜先把一截粗得像成年男人大腿的樹薯根穩穩地擺在頭頂，再舉起一袋給豬吃的葉子擱到最上面，準備下山回家。我背著一袋體積較小、給人吃的葉子，還有依然不肯自己走路的三歲小壯丁，讓那小子負責扛大刀。三人再度踏上兩公里山路返回村子，途中我悟出一個道理：休息是為了走更長遠的路，蘇珊娜每隔幾分鐘就讓大家歇會兒，是為了讓我們養精蓄銳走完回家的路。

我在路上還想到一個問題：假如麗娜媽媽種玉米的時候，能採取更好的方法、選用更好的種子、更有系統地分隔植株、更小心地挖洞填土，收成是否會更好？或許會吧。話說回來，假設她和家人每次只須花十五分鐘重複挖洞、撒種、踢土的動作，就能種出好吃的玉米，那麼幹再多的活又有什麼意義？

麗娜媽媽並非沒有抱負。她曾在馬來西亞當過四年女傭，她表姊也做了八年。兩人每天清晨四點就起床，一直工作到上午十點，接著休息到下午三點以後，又得煮飯、侍候晚餐，由於雇主包吃包住，每個月可實拿九十美元工資（台幣近三千元）。不過，麗娜媽媽現在轉任兼課老師，薪資是女傭的六倍（約台幣一萬六千元）。她和表姊已經「在工作與生活之間找到了平衡」，表姊說：「雖然這裡沒薪水可領，但菜園裡有免費食物，我想工作就工作，想睡覺就睡覺，生活好極了。」

✲

蘇哈托下台以後，印尼人遠赴馬來西亞做苦工這件事，曾在全國助長了民族意識。幅員廣袤的印尼和北方小鄰國馬來西亞之間的長期敵對關係，一部分是蘇哈托在執政時期採取反馬立場留下的餘孽，一部分是印尼對馬來西亞抱持既羨又妒的心態所致。

馬來西亞在一九五七年脫離英國統治時，經濟水平已和獨立了十多年的印尼等量齊觀，二〇一一年每人國民所得更是達到印尼的三倍有餘，因此產生了某種優越感，連住在印尼最偏遠地區的居民都能感受到。接著，多金的馬來西亞人開始從印尼偏鄉輸入像麗娜媽媽這樣的外勞，替他們掃地板、取橡膠。二〇〇六至二〇一二年，每年平均有十五萬印尼人前往馬國擔任合法正式雇員，還有成千上萬的印尼人在馬國非法打工。我不只一次聽印尼人說：「這種事真丟臉。」不過說出這句話的人，有時還得依靠在馬國打工的親戚接濟。

印尼擁有數千萬名臉書用戶，最能即時引起網友們熱烈討論的話題，莫過於有人試圖（無論真假）宣稱蠟染布、忍當肉，甚至某種名不見經傳的民族舞蹈發源地，是位於麻六甲海峽右岸的馬來半島（舊名麻六甲），而不是在海峽左岸的印尼領土蘇門答臘。這些網民會為這種事感到憤怒，在外人眼裡看來很諷刺，因為當年蘇卡諾也曾異想天開地宣稱，馬來西亞應歸印尼所有，理由是兩地文化不可分割。我漫遊印尼諸島期間，推特網站上的反馬言論至少激增了三倍，印尼年輕人主張，他們應該焚燒馬來西亞國旗、去馬來西亞大使館丟石頭，或者在網路論壇上廣發「我恨馬來西亞」的訊息，因為他們看不慣馬來西亞暴發戶宣稱，某些代表印尼的文物風俗應該歸屬於馬來西亞。

✲

星期一大清早（我不是早起的鳥兒，但印尼人都習慣天未亮就起床，對我來說很不方便），麗娜媽媽穿好淺褐色的教師制服後，便騎著機車載我往山下衝去。她一路猛踩剎車，把我安全送到一個小漁村碼頭時，還不到早上六點。我們互相擁別後，她就匆匆離開了。

碼頭上有一群包著頭巾的婦人，正在等候開往隔壁蘭巴塔島的木船，船班每週只發一次。她們身旁擺了幾個大簍子，裡頭裝著鹹魚乾和魷魚乾，麗娜媽媽稱她們「鹹魚婦」。

我隨意向她們道了聲早安，就安靜坐著看書。那些鹹魚婦倒是聒噪得很，雖然不是說印尼話，但聽得出來在談論我，而且愈聊愈起勁兒。稍後其中一人走過來戳了戳我的鼻子，我抬起頭看著她問：「什麼事啊，媽媽？」「哎呀，我們分不清妳是西方人，還是爪哇人哪。」

我忍不住捧腹大笑，接著便問她會選哪個答案，「因為妳鼻子長嘛，所以我想妳肯定是西方人，可是她們看妳講話的樣子和動作，都以為妳一定是從爪哇來的。」

這些鹹魚婦來自布頓島，該島曾是蘇拉威西島東南端的一個蘇丹國，印尼全國絕大部分魚商都出自那裡，後來當地穆斯林在信奉天主教的阿多那拉島落地生根，經過幾個世代後，陸續在這座島上建村、投資。雖然他們住在阿多那拉島，但並不真正屬於這裡，麗娜媽媽曾笑著說：「他們會賣食物給我們，但從來不跟我們一起用餐，就怕我們給他們吃豬肉。」

鹹魚婦在家鄉只說布頓語，當她們裹著頭巾出門，把鹹魚和奶油餅賣給阿多那拉島的居民時，則改說印尼話。她們的言談舉止和許多印尼人很接近，但一看到我的鼻子，卻分不清我是西方人，還是爪哇人。她們住的地方離爪哇不算太遠，然而對她們來說，爪哇各方面都像外國，跟西方沒什麼兩樣，她們的腦海裡不存在「印尼人」的觀念。

我跟著鹹魚婦和她們的魷魚乾一起搭上了開往蘭巴塔島的船班後，便在搖搖晃晃的船上尋思：我是否該寫一本書來描述這個看似不存在的國家？

Indonesia Etc.:
Exploring the Improbable Nation

Elizabeth Pisani

5 天高皇帝遠

在具有致富潛能的地方，覬覦權力的當地政客會設法爭取在盛產天然資源的地區附近成立新縣。他們對人民說，如果我們擁有自治縣，就能保留更多財富，不用上繳給其他的縣、省和中央⋯⋯

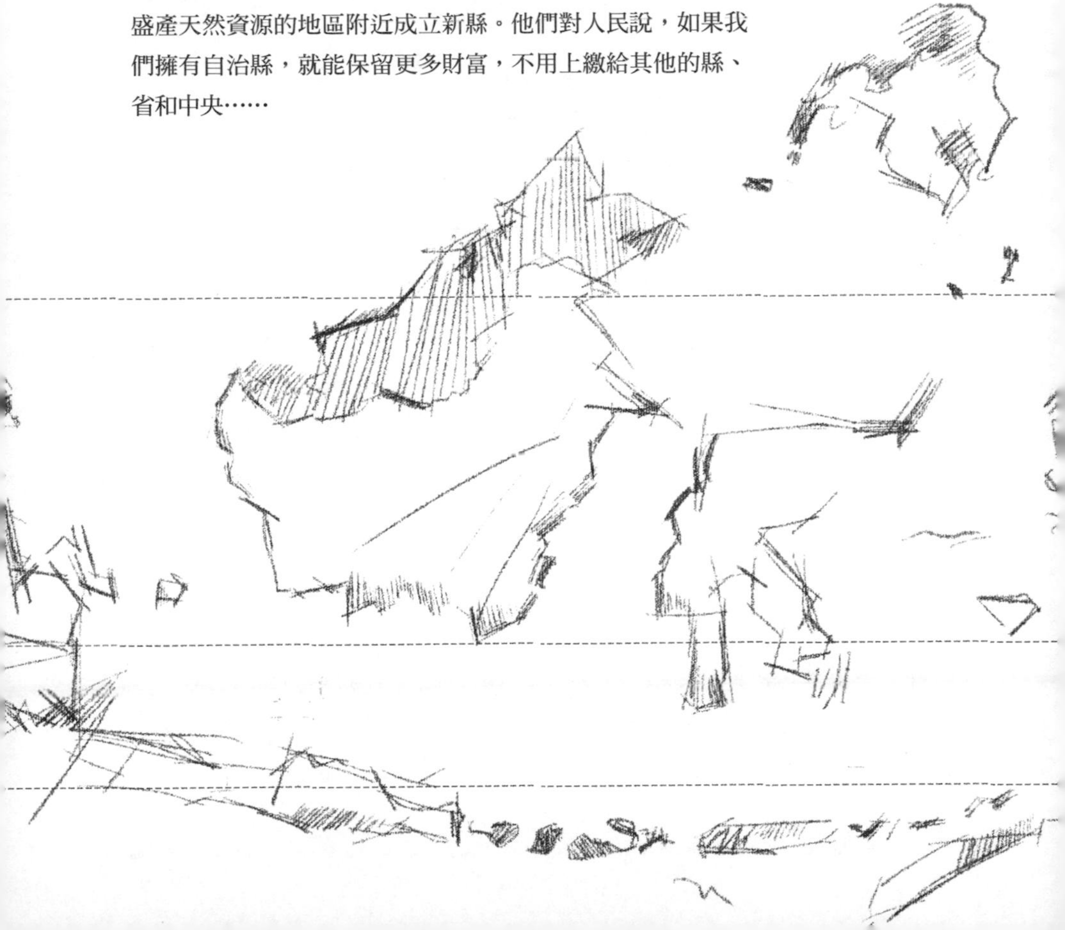

圖C：東努沙登加拉省，以及馬魯古省東南諸島

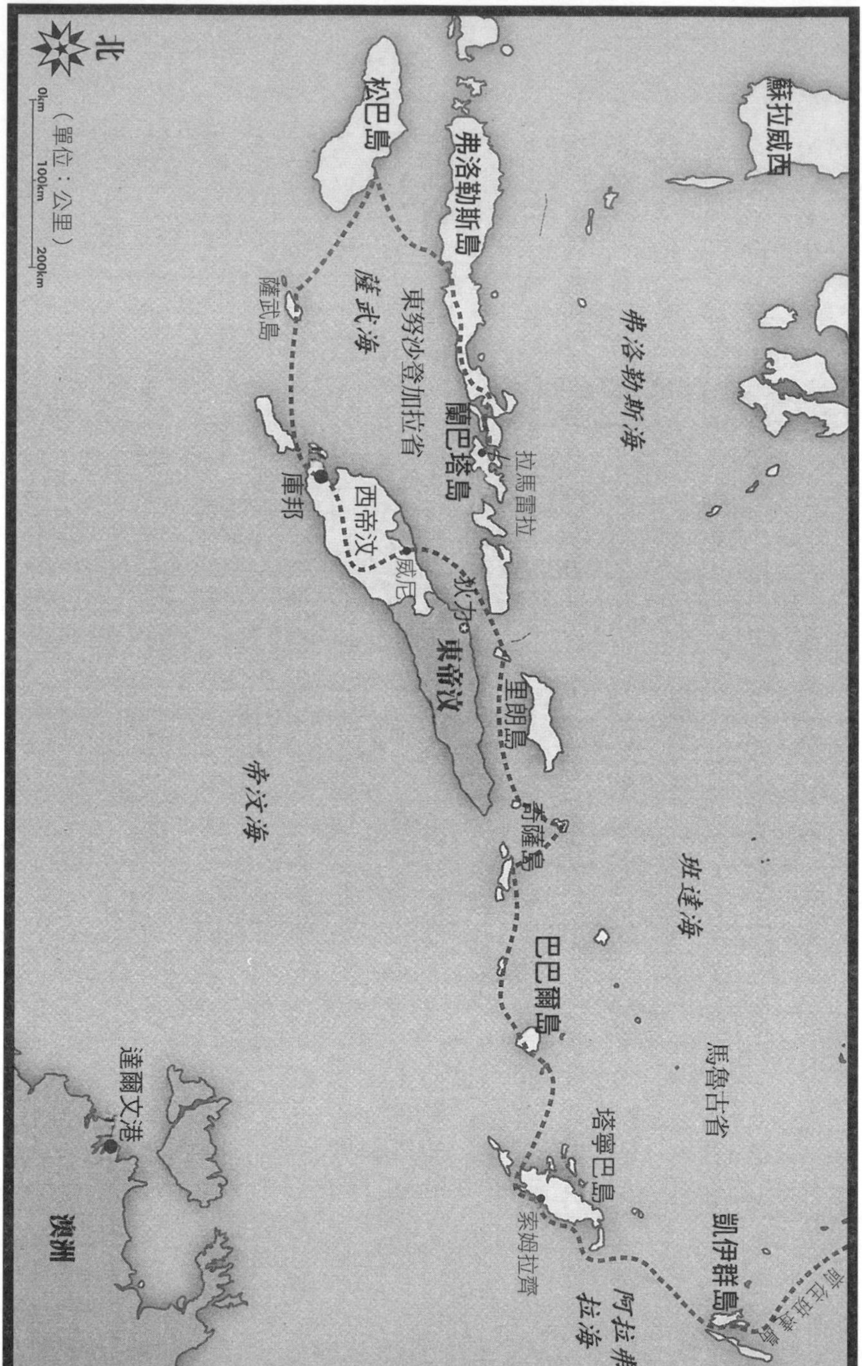

我在蘭巴塔島唯一的巴士總站，看見幾名像鱷魚般虎視眈眈等著生意上門的拉客司機（我給他們取了個渾名叫「鱷仔」）。這些經常聚集在印尼各地客車轉運中心的年輕人，不是在車站附近閒晃，就是衝去剛到站的乘客面前，提議用「偶接客」載他們一程，順便推薦住宿的地方，或是初抵大城的鄉親會需要的東西。蘭巴塔島的拉客司機看起來像見習生，只會一味模仿在省會庫邦討生活的鱷仔，為自己的小巴士頻頻放送饒舌歌，而且每個人的裝扮都很前衛。我在蘭巴塔島看到的鱷仔有：一名穿著「龐克未死」T恤的檳榔族、一位不斷批評時政的無政府主義者，還有一個套著Liverpool❶運動衫的年輕人——這傢伙把衣服下半截和低腰牛仔褲的褲管全剪掉，露出了結實的棕色腹肌。他們的時尚觀明顯來自紐約布朗克斯區，當地的黑人曾流行用一條大鍊把碩大的鏤花十字架掛在臀部，由於蘭巴塔島主要信奉基督教，這類飾品也深受當地年輕人喜愛，取代了他們從基督教商店買來的一堆塑膠念珠。

印尼各地的鱷仔普遍留著一種前衛髮型——前短後長，中間一排尖尖翹翹的頭髮，兩鬢剃得精光（通常修剪成某種紋路或圖樣），脖子後面的長髮編成一撮豬尾巴似的小辮子。此種打扮之所以特別吸引他們，是因為住在東努沙登加拉省、帝汶島、蘭巴塔島等地的年輕人屬美拉尼西亞族，都有一頭鬈髮。換句話說，不管他們抹上多少髮膠，中間那排頭髮還是會扭成難看的一團，朝腦袋兩邊垂下，只有脖子後頭的小辮子可保持令人滿意的豬尾巴狀。為賞心悅目起

❶ 譯註：愛迪達（Adidas）旗下運動衫品牌。

見，他們常把中間頭髮染成金黃色，以便遮住看起來營養不良的橙褐髮色。

一台加裝長凳的工程卡車靠站了，有名皭仔立即朝那輛卡車點了個頭，暗示我它就是即將開往拉馬雷拉村的巴士，車上正播放著震耳欲聾、內容不雅的饒舌歌。我上車之後立刻緊抓著車尾一根桿子，因為這位置離車上音響最遠，而且沒有任何遮攔，可以吹風賞景。為了尋找乘客，卡車在市區繞了一、兩個鐘頭。車上長凳座無虛席，乘客之間的地板上，胡亂堆放著大量行李，外加一堆盆栽、一頭小豬和一大疊塑膠椅。塑膠椅上還擺了兩大盤緊挨著音響喇叭的雞蛋，看來岌岌可危，因為音響每傳出一陣低音節奏，雞蛋就跟著頻頻抖動。

卡車離開了市區和柏油路，一路顛簸地朝山上開去，路邊的竹子和高草不斷從沒有車篷的車體兩側掃過乘客的背部。對面的長凳上擠了十一個人，我這邊的人數也不遑多讓，大家的手腳都以奇怪角度頂在堆得像座小山的行李上。中午的空氣變得沉悶滯濁，乘客們紛紛展開印尼的全民休閒活動：睡覺。須臾之間，人人都張著大嘴、垂著腦袋昏昏進入夢鄉，身體則如骨牌似的一齊倒向坐在末位者，最後全壓在那人背上（我就是被壓的人之一）。

三、四小時過後，卡車來到一座枯黃的山頂，我看見拉馬雷拉村依傍在海邊，景觀酷似地中海。山頂的神龕裡，有一尊站在石膏鯨魚背上的聖母瑪利亞雕像。拉馬雷拉村素以捕捉鯨魚和海豚見長（我正是為此而來），村裡瀰漫著一股魚味。兩天前，村民一口氣捕獲了六頭抹香鯨，魚肉總重約達三十六噸，是今年漁獲量最多的一次。村子裡每一根沒人用的晒衣繩、竹架子、金屬管，全都掛滿一條條的鯨魚肉，許多烏龜殼吊在竹籬上，露出尖牙的海豚顎骨則被隨意堆置在井邊。那些四處晾晒的鯨魚肉又厚又黃，村民們利用波浪狀鋅管將魚油引入已去掉上半部的水瓶。

我在海邊漫步時，看見海水來回輕拍著躺在海灘上的一排巨大鯨魚龍骨，一具覆蓋著發黑魚肉的鯨魚頭骨猛烈撞上礁石之後便隨波漂蕩，一具比我人還高的鯨魚肋骨聳立在幽暗的沙灘上。全村散發著一股腥臭，接下來四天，我每頓晚餐都吃鯨魚肉。

收留我的人是當地一名男老師的遺孀，她家牆上掛著一張鯨魚分解圖，就像肉鋪裡的那種牛肉部位示意圖。每當村中捕獲鯨魚，村民便依此圖分配魚肉，幾乎家家戶戶都能獲得賞賜：這塊肉給捕到鯨魚那家人的長輩，那塊肉給出動捕鯨船的宗親，有些肉給村中第一氏族的後代，有些肉給負責維修、照料捕鯨船的漁夫，剩下的就平分給全村居民。

當鯨魚群出現時，第一個發現牠們的村民會大喊一聲：「Baleo！」這是十六世紀在附近殖民地傳播天主教、繁衍子孫、擾亂商業的葡萄牙人留下的習俗。村子裡每個壯丁一聽到這聲音，便立刻衝向長時間停放在海邊茅屋下的捕鯨船。

捕鯨船以厚重木板拼接而成，長度介於十五到二十公尺間，光是要把它們從布滿木屑的停船處推到沙灘上，就是件苦差事。拉馬雷拉村的男人最愛的休閒活動，是捧著裝在汽油罐裡的棕櫚酒豪飲一番，如果村裡的壯丁都把時間耗在這上頭，可就沒力氣把船推下水了。每艘捕鯨船能容納八到十名壯丁，他們每次出海總是大呼小叫、氣喘吁吁地快速划動船槳衝向獵物。倫敦《每日郵報》（*Daily Mail*）曾在二〇〇七年刊登的一篇特別報導〈徒手殺鯨的石器時代捕鯨人〉當中指出，古代捕鯨人是以蒲葵葉編製風帆，「每艘船皆以手工打造，沒有一根釘子或任何金屬零件。」現代印尼捕鯨船則是以釘子建造，一旦生鏽海水就大量湧入船內，捕鯨人得耗費不少時間操控使用過度、動力不足、裝在舷外的馬達。

我在拉馬雷拉村的海邊遇見一群捕鯨人，並接受邀請隨他們出海。濃厚的雲層籠罩在白浪滔滔的海面上，由於捕鯨船實在太重，這群壯丁徵召了附近幾名醉漢幫忙，才勉強把船推進海裡。船上總共裝載了十個人和六支魚叉，外加一具二十五馬力的生鏽引擎。

一行人上船後，最年輕的壯丁和我負責把滲入船裡的海水舀出去。我拿起一個只剩半截的汽油罐充當水瓢，可是那罐子裂了條大縫，不管舀多少水出去，海水還是一直滲進來，令人疲於奔命。

捕鯨船的一側豎立著兩根裂開的長棍，棍子的裂縫中插上數支四、五公尺長的竹竿。獵鯨行動展開後，船上的壯丁把一根形狀像阿拉伯數字7的金屬箭頭，連同一條長長的繩子固定在每根竹竿末端，然後將這些帶鉤的繩子捲在船底。接下來，魚叉手獨自站在船頭平台上，其他人則站在後方不遠處專心掃視海平面，以便搜尋可洩露鯨魚行蹤的噴水柱。我們始終沒瞧見鯨魚的蹤影，只看到一群海豚以優雅的弧度躍出水面。剛才大夥兒還有說有笑，海豚一出現，每個人都噤聲不語，僅靠手勢溝通。船外的馬達依然轟隆作響，持續載著整船人通過波濤洶湧的海面。

魚叉手擺出擲標槍的動作，將握著魚叉的手臂從一條彎起的前腿上方平伸出去，準備隨時拋出魚叉。此時天上烏雲密布，海水顏色變深，連個海豚影子都很難看出來，就算海豚現身，也無助於搜尋鯨魚。我們先前遇見的那群海豚本可遠離我們的視線，然而牠們非但不打算離開，還縱橫交錯地在魚叉手面前跳來跳去，迅速分散了他的注意力，害他不知道應該看左、看右，還是看中間，只能心灰意懶地舉著魚叉指向天。

捕鯨活動持續在搜尋、追逐、放棄的情況下進行，不僅過程十分辛苦，我也愈來愈感到乏味，而且不禁擔心萬一船上夥伴真的捕了幾隻海豚丟在我腳邊現殺現宰，我還得負責把海豚血舀到船外。

當海上捲起狂風，船上的壯丁們決定休息一下。他們關掉引擎，取出用棕櫚葉包裹的菸草，一邊吸菸，一邊大聲啃著香蕉，絲毫不擔心我們的船正漂向一塊明顯的礁岩。起先我也老神在在，因為我早就把相機裝進了「防潮袋」（是個以棕櫚葉密封的竹筒）。接著，我發現海水逐漸漫過船底，於是連忙向大家提議：「我們要不要趕快下錨，免得撞上礁石啊？」得到的回應是：「錨？我們船上沒有錨啊。」大夥兒又在海面上隨波逐流、漫無目的地兜了幾個小時的圈圈，最後依然是全身溼透地空手而歸。

後來我一邊和兩名捕鯨人閒聊，一邊秀了幾張紅色塑膠獨木舟的照片給他們看，同時告訴他們我喜歡在愛爾蘭西岸的大西洋上划這種小船，而且常看到海豚，有時甚至能遇見鯨魚，但無法捕捉牠們，其中一個捕鯨人問：「為什麼？是因為船上只有妳一個女人、沒其他幫手嗎？」我答道：「不，是因為西方人禁止獵捕這些動物。」

另一名捕鯨人說：「哦，對呀，我知道那個啦，別人是怎麼說來著？它叫什麼？」他朋友接腔：「保育。」「沒錯，沒錯，就是保育啦！」

我個人認為，印尼小漁村的捕鯨活動，還不至於造成這類海洋哺乳動物數量銳減。帶我出海的那群拉馬雷拉村捕鯨人在喝得醉茫茫的情況下，駕著沒有船錨還會漏水的捕鯨船出海，結果奮鬥了六小時後仍一無所獲。我猜大概是因為前兩天村子裡有過大豐收，所以他們這次出海不如平日工作得那麼帶勁。事實上，當地村民平均每年只能捕獲八到十二條鯨魚。不過近十年來，他們曾經駕著馬達船捉到不少海豚——我隨捕鯨人出海的第二天，與我同船的那批醉漢就帶了七隻血淋淋的海豚上岸。

某些西方非政府組織對這些捕鯨活動很不爽，還製作聳人聽聞的YouTube影片揭露蘭巴塔島等地屠殺鯨魚和海豚的行為。他們呼籲世人拒吃印尼製造的鮪魚罐頭，因為這個國家對海豚不友善[2]，結果冒犯了印尼中央政府。我造訪蘭巴塔島之前的幾個月，YouTube曾公布一段相關影片，雅加達的海事暨漁業部隨後便召開一場記者會作回應，並譴責那些愛護海豚人士在暗中操縱貿易保護主義，不讓印尼製造的鮪魚罐頭進入歐美超市。

「這不是事實（指海豚和鯨魚在印尼遭到獵捕），那種事怎麼可能發生？我以前從沒聽說過海豚遭到獵捕。」漁業資源局長告訴記者：「當地人都認為海豚是人類最好的朋友，怎麼會去追捕牠們？更別說是吃牠們的肉，或者拿牠們的肉當餌了。」

✲

坐鎮在雅加達辦公室的漁業資源局長，很可能完全不清楚那些「當地人」在做什麼，更遑論了解蘭巴塔島的居民生活。在這座偏僻的小島上，你得爬到最高的腰果樹頂端，把樹幹當自然天線才能打通手機。

蘇哈托時代曾透過政治改革和精心擘畫的指揮系統，將首都官員的意志貫徹到全國村落，並汲取各地資源和訊息回報給中央政府，如今這套系統已遭瓦解，主謀則是一九九八年繼蘇哈托出任總統的哈比比。當印尼失去東帝汶之後，政府採取的因應之道是：去中央化。

東帝汶獨立讓雅加達備受重創，哈比比總統必須思考此事對其他地區可能造成何種影響。當時許多地區認為他們長期遭到獨裁統治者蘇哈托的冷落，而盛產鎳礦與銅礦、坐落在石油田和瓦斯田上方、曾經布滿珍貴硬木的島嶼也普遍認為，雅加達不斷榨取他們的財富，利用當地寶貴物產來建設爪哇。雖說全國近六〇%的人口都擠在爪哇島上，必須注入大量資源，但其他島嶼還住著一億個國民，政府不該坐視不管。雪上加霜的是，雅加達竟長期指派爪哇官員和軍隊剷除各島異議分子。

出身於蘇拉威西東方小島的哈比比心知肚明，爪哇必須停止對其他一萬三千四百六十五座島嶼的掌控，印尼才可望進一步走向民主，這意味著必須將更多權力下放給各省。

不過，某些群情激昂的省分（包括油藏豐富、位於最西邊的亞齊省，以及礦產豐富、位於最東邊的巴布亞省）可能試圖仿效東帝汶先例，完全擺脫印尼掌控。哈比比認為，上上之策是削減諸省權力，將部分政權移交給各縣，讓他們繼續接受印尼統轄。

令人驚訝的是，哈比比說到做到，在短短十八個月內便達成地方自治目標。中央政府依然

❷ 譯註：印尼遠洋漁船以流刺網捕捉鮪魚時，海豚往往因誤觸漁網而成犧牲品。

掌管國防、財政、外交關係、宗教事務、司法和國家計畫，而醫療、教育、投資政策、漁業以及其他諸多事務，則轉交到近三百個縣政府手裡。在此之前，地方政府只能服從雅加達命令，欠缺自我管理經驗。

地方顯要了解到此事代表的意義後，紛紛向中央遊說增設縣政府，印尼人甚至以「遍地開花」來形容政治分權，將之比喻為綻放出巨大花朵並朝四面八方灑下串串金雨的燦爛煙火。自蘇哈托交出政權以來，全國多出了十個省分。二〇一二年歲末，縣政府更是增加了七〇%，多達五百零九個。

二〇〇一年這場政治煙火秀剛上演不久，我便進入雅加達衛生部供職。剛開始，這個單位裡的每個人照常辦公，不是忙著撰寫工作綱要、訓練各省幕僚，就是跟企畫部討論事情、前往國會遊說。大家幸福地坐在設有空調的辦公室裡，與早就熟識的各省幕僚合作共事，似乎和地方自治扯不上關係。事實上，在縣政府被迫承擔某些政治責任以前，地方政府與中央政府的運作方式並無太大差異。

二〇〇四年以後，事情出現重大轉折。全國公民從這年開始直選縣長，地方政治人物也開始拿出魄力，推動可能不符雅加達期望、但可以討好選民的大膽措施。雅加達中央部會依然擺出大權在握的姿態，但民眾對中央運用經費的方式和地方政府的所作所為日益感到不滿。

漁業資源局長震驚地聽說遙遠的印尼外島屠殺海豚這件事以後，雅加達的因應之道是發布新的禁令遏阻居民捕殺這類動物，同時將禁令下達各級政府，並加強一九七五、一九九〇、一九九五年通過的相關法律。由於YouTube影片中提到蘭巴塔島，雅加達遂特別關照地方官員留意此事。不過，當地方官員在該島縣府雷歐雷巴討論這些國家法令時，捕鯨村居民卻要他們閉嘴。

一位捕鯨人說：「他們從幾個月前就想解決保育問題，可是全村的人都跑去雷歐雷巴示威，地方政府不敢強制執行（新規定），這件事也就不了了之。」

如今電視觀眾每天在欣賞連續劇以前，也會看到全國性新聞節目播出憤怒的印尼群眾，聚集在某個政府辦公室前舉著標語吶喊的畫面，上街示威似乎成為印尼選民表達需求、反抗權威的手段。這些活動甚至演變成一種行業，聯絡人會召集聽候差遣的群眾、供應現成的抗議布條、指揮抗議者在示威當天呼口號。示威活動有時長達數日，場面往往還會失控，不是車子被推翻，就是房子被燒毀，有時必須出動警察，導致民眾遭到毆打甚至槍擊。

一位國營事業退休董事告訴我：「這是暴民當道的民主。」不過，大多數印尼人似乎認為，以這種粗暴行為來表達需求和異議，可以破除人民必須服從政府的緊箍咒。

✵

我進入下一段旅程時，發現了某個新縣城的若干地標。從船上望過去，首先看到的是一座隱約浮現在海面的小島，一會兒又看到幾座電信基地台矗立在島上最高點。當渡輪吐著蒸氣駛向陸地時，又瞧見一片白茫茫的影子出現在港口後方的山巔，隨著渡輪逐漸靠岸，才看出那是一棟富麗堂皇的大樓，旁邊還有一座類似王宮的建築。聽當地人說，那兩座建築分別是縣長辦公室和縣議會，不過以當地人口規模來看，它們簡直大得離譜。而且，這只是民選縣長的個人辦公處，並非縣政廳——縣政府每個部門也都各自擁有占地寬廣的辦公大樓。

我走向坐落在山上的縣長辦公大樓時，發現它前方那兩條漂亮平整的柏油路是城裡唯一的雙線道公路。這使我想起印尼諸島的某些城市裡，往往就只有一條這樣的柏油路，偶爾才會再多鋪一、兩條。松巴島的縣政府所在地安納卡朗，也有一條平滑無比的雙線公路支線穿越各個村落，直達現任縣長兒時的家門口。有些破落的小島，必須經歷一番周折才能升格為縣，例如目前我所在的薩武島（位於松巴島和帝汶島之間），但是礙於缺乏建設經費，當地依然像個衣衫襤褸的灰姑娘，無法和其他縣城一樣披上華麗的外衣。「這是工程包商送的大禮。」一位穿著制服的副官說，他正在清洗一部停在縣長辦公大樓門外的休旅車。

我在縣立醫院外頭和一群公務員聊天時，一輛黑色休旅車快速通過了大門，身穿淺褐色制服的警衛們一見車子進門，便立正站好、踩熄香菸、藏起咖啡杯。其中一人趕忙拉著我離開座位，然後自顧自地走進儀仗隊。休旅車在我眼前不遠處熄火停妥後，一位穿著筆挺黑制服的帥哥，立即從副駕駛座跳出來迅速打開後車門，薩武縣長像電影裡的黑幫老大似的跨出冷氣休旅車，鼻梁上的眼鏡蒙著一層霧氣。儀仗隊匆忙集合，一邊蹬著腳跟向縣長敬禮，一邊喊著某種軍中口號。身上穿著華麗絲質依卡布襯衫、胸前別著一枚閃亮金徽章的縣長，也蹬著腳跟回禮。他默默看了我一眼並和我握手之後，就快步走進冷氣開放的辦公室。

我從渡輪上的一份報紙得知，二〇〇八年升格為縣的薩武島是印尼最窮的縣[3]，島上三分之二家庭的生活水平甚至未達「一級小康」標準，是印尼四個財富等級中最低的。所謂「一級小康」其實是政府美化的說法，意指「即將步入小康階段」。

幾個月前我曾來過薩武島，當時的印象是：這裡既乾燥又荒涼，本地女子會編織美麗的依卡布，男子會哼著歌爬上頻頻搖晃的糖棕櫚樹採集樹液。「依卡布」常被稱為「紮染布」，不過印尼依卡布和跑去紐約參加胡士托音樂節（Woodstock）❹的嬉皮們愛穿的蠟染T恤布料完全不同。依卡布的製作法，是將棉線或絲線分段染好不同顏色再織成布，織布女一旦在腦海裡想好某個圖樣，就將許多根線紮成幾束先染一個顏色，接著再紮幾束線染上另一種顏色，如此周而復始，之後再用手工織布機把所有彩線織在一起，就能變化出美麗的圖樣。因此，要完成一匹紋樣精美繁複的依卡布，可能得投入數個月的時間。

每年當玉米收成以前，薩武島的糧食往往會短缺數個月，這些織布人只能靠棕櫚糖水果腹。上回我來薩武島時，許多島民每日三餐之中就有兩頓是以這種糖水打發。不過，該島主要城市西壩升格為縣城以後，當地生活情況似有改善，一位咖啡攤老闆告訴我：「現在這裡很繁忙。」他曾經擁有六輛小巴士，幾乎包辦島上所有的交通工具，後來因生意太差而離開家鄉。

二〇一一年，也就是薩武島升格為縣的三年後，島上出現大量嶄新摩托車、一支黃色卡車

❸ 事實上，印尼有幾個縣也稱得上「最窮」，就看你拿什麼標準來衡量。雖然在東努沙登加拉省採用的各個評量項目中，薩武縣的得分都是最低，不過在礦產豐富的巴布亞省和馬魯古省，也有一些財庫空虛的地方政府。

❹ 譯註：一九六九年由一群年輕人在紐約小鎮胡士托發起、標榜「愛與和平」的反戰音樂活動，盛會一連舉行三天，聚集了五十萬名聽眾。

大隊（因當地取得政府出資的工程合約）、各種新潮休旅車，而且幾乎所有車種都掛著紅色公家牌照。薩武縣是從省會庫邦分出來的行政區，因此郵局依然採用庫邦郵遞區號。西壩市只有兩個街區，路邊佇立著幾家店面開放的商店，道路末端是碼頭。

二十年前，我曾在這座碼頭枯候一艘誤點了很久都沒出現的渡輪，後來只能拜託一位載貨帆船的船長把我送到弗洛勒斯島。當天晚上，我睡在那艘大船的甲板上，每隔一段時間，身上就被打到船上的浪花噴個幾滴海水，偶爾還會被跳到甲板上翻來覆去的魚兒驚醒，不過只要看到船員們叼在嘴裡的菸火又能安然入睡。我們將抵岸邊時，船長說他沒有停船許可證，我只好縱身跳入海裡往岸邊游去（幸虧從前上過救生課，沒讓隨身包碰到水）。游上岸以後，衣服還黏著一堆海草的我，立即招到一輛恰巧從旁經過的小巴士。如今西壩市幾乎每星期都有渡輪進港，碼頭邊還新蓋了一座屋頂鋪有藍瓦的渡輪站，這類象徵「進步」的建設在其他外島也很常見。

現在的薩武島「很繁忙」嗎？還差得遠。

一九九一年，我曾在島上一位退休校長開的民宿過夜。當時老闆娘態度堅決地要我在一本畫了整齊欄位的登記簿裡，寫下住宿日期、姓名、國籍、護照號碼、宗教信仰。我填寫資料時，她緊張又期待地從我肩膀側邊探頭探腦的，直到我在最後一欄寫下「天主教」，才聽見她放心地大大吁了口氣，因為她用不著四處張羅清真食物給我吃了。時隔二十年後的現在，我再度回到這家民宿，老闆娘的態度看起來比以前放鬆許多，因為她有了固定的穆斯林客源（來自爪哇和其他地方），而且都是中央政府派來協助處理基層工作的公務員，直到薩武縣政府為新成立的各部門找到幕僚才會離開。

薩武島正在經歷某種巨變。若干年前，地方政府幾乎一無所有，現在每年握有三千萬美元以上的預算。不過，二〇一二年縣政府歲入和自然資源稅收加總以後，只有兩萬九千美元，九六%的經費直接來自雅加達的「平衡基金」，這意味著印尼若想達到均富，還有一段長路要走。東加里曼丹省古泰卡塔尼加拉縣的財富水平，和薩武縣形成極端對比，前者盛產煤礦，歲入高達四億兩千九百萬美元，超過薩武縣年所得一萬四千倍。因此，雅加達撥給古泰卡塔尼加拉縣的經費，在該縣歲入的占比不到二%。

薩武縣政府獲得中央補助的平衡基金後，挪出四百一十萬美元建造坐落在山上的豪華縣長辦公室。工程進行期間，縣長（他的「願景或使命」包括改善所有市民的健康）徵用薩武島僅有的一所醫院半數的房間，其中一個房間被劃為縣議會二十位議員的討論室，並指派一群助理看守醫院大門。我遇到縣長當天，就是在跟這批公務員聊天。他們雖是薩武島人，但有生以來大部分時間都在庫邦、甚至在爪哇生活與工作。我問其中最健談的一位先生，他為什麼選擇回來？他用令人慚愧的口氣說：「選擇？如果妳的長官要妳回來協助地方建設，妳會怎麼做？」

我騎著機車在薩武島兜了一圈，打算探究縣長可能利用何種資源達成他的「願景或任務」，他主張「將薩武島建設成一個創新、進步、有尊嚴的行政區」，但我看不出太多成果。

接著，我將機車彎進一條布滿碎珊瑚的小路，前方有幾座沙丘，上頭遍布巨大的蚌殼，大約有數百個之多，有些寬達一公尺，而且所有的蚌殼都張開了，儼然對著天空露齒而笑，每個蚌殼裡還積滿灰色的海水，海水逐漸蒸發後會形成細細的砂粒，這就是薩武島製鹽法。我把手指伸進一個蚌殼，沾了點海水，以為能嘗到英國馬爾頓牌（Maldon）天然海鹽的甘味，卻發現那鹽水嘗起來又黏又油，還帶苦味。

這片長長的海灘呈弧形，四下沒有半個人影，只隱約看得出人類在此活動過的痕跡。一艘掛著浮筒的獨木舟側躺在海灘邊的灌木叢裡，一間東倒西歪的棕櫚小屋旁邊橫陳著一根樹幹。我心想：能夠靜靜待在這個只聞海浪輕吟的地方不失為一種享受，於是就坐在那根倒下的樹幹上看書。

「對不起啊，我要砍樹幹了。」我嚇得跳起來，發現一個結實黝黑、汗流浹背的男人揮著一根斧頭站在我面前。他有一把濃密的鬍子、滿口的黑牙、紅紅的眼睛，和鬢角泛白的鬈髮。我們互相打量一番之後，他笑著說：「過來見見我老婆吧。」然後把老婆從我旁邊那間歪歪斜斜的小屋叫出來。

這男人是個漁夫，雨季來臨期間海相惡劣，他和老婆就改行煮鹽。他得把我方才坐的那根樹幹砍成木柴，扔進一個汽油桶底下的火堆，將桶裡的海水煮成純淨的白鹽。

這位煮鹽人沒問我任何問題（比方說「妳從哪裡來？」），就開始批評那些霸占醫院的官員。「妳瞧瞧四周吧，薩武島就只有這些東西。」他揮手指著荒涼的海灘、廢棄的船隻，以及在桶裡冒泡的鹽水說：「可是大家卻以為我們有了自己的政府、幫議員蓋辦公室、進口高級汽車，就會有好日子過。」

他形容縣長及其政敵都是「薩武島庫邦人」，意思是他們雖然生在薩武島，但成年後一直住在海對岸的省會庫邦，蘇哈托實施地方自治以後，這些官派移民才返鄉大力支持新縣，期盼自己也能官運亨通。

煮鹽人說：「縣長和他的同黨不斷告訴我們，只要我們繼續依賴庫邦，就永遠無法發揮真正的潛力，而且他們老提起『尊嚴』這檔事，可是新的縣政府只想維護他們的尊嚴，想得到國王的待遇，想開車到處巡視，想要人民向他們敬禮，想被雅加達當大人物對待。」

他老婆一直拿著椰殼湯匙耐心地驅趕在一大桶鹽滷上亂飛的小蟲，這會兒也發表意見了：「那些人都想成立新的縣政府，想來管我們這些老百姓。可笑的是，以前他們還覺得在庫邦做大官很值得驕傲呢，現在怎麼就忽然都變成『我們的同類』了。」

雖然製作手工鹽是件苦差事（得把棕櫚樹拖到空地砍成煮鹽的柴薪），但這對夫妻表示，優質手工鹽市場行情相當好。上個星期，他們以二十萬盧比（一．十二美元）的價錢，把一袋鹽賣給醫院對面的小吃店。煮鹽人神采奕奕地說：「所有縣府官員都會去那家小館吃午餐哦，搞不好縣長還吃到了我的汗水哩。」

那些貪圖權勢的地方官有時必須遊說多年，雅加達國會才會批准他們成立某個新縣。地方政要會邀請雅加達決策者前往他們的行政區，並安排大型集會，讓這些決策者親自了解「人民的意願」，讓上層知道當地居民有多麼渴望由家鄉人來領導。這些政客向居民推銷的觀念是：他們遭到中央政府漠視的時代就要結束，地方繁榮發展的新時代即將來臨。

在具有致富潛能的地方，覬覦權力的當地政客會設法爭取在盛產天然資源（如鎳礦或煤礦）的地區附近成立新縣。他們對人民說，如果我們擁有自治縣，就能保留更多財富，不用上繳給其他的縣、省和中央。

窮鄉僻壤（如薩武島）的地方顯要則認為，雅加達提供的經費可增加人民財富，因為這些錢不會交給某個省會，被其他宗族侵吞。那些高官還說，中央提撥的經費可用來帶動地方經濟，因此新設置的縣很快就能自力更生。

以上兩種論調，其實都不可能成立。假設中央政府打算把經費撥給比較窮的縣，勢必得從比較富的縣挪出一些經費。雅加達的平衡基金已占國家歲入二六％，不可能為了扶助較貧弱的縣提高占比。除非新成立的縣能增加印尼生產總值，否則增設新縣就必須減少各縣經費。

我繼續在薩武島閒逛，期盼能找到幾個織布人。前次來的時候，只看到一位太太在織一塊帶有薩武島傳統花朵圖案的依卡布。當時我曾停下來問她，那塊布是不是織了給她自己用？不過她已喪失聽力，我就轉向她女兒請教依卡布的紡織法，她卻意興闌珊地說：「什麼？妳是說把一堆線綁起來，然後一遍遍丟進不同顏色的染料，最後變出一朵花或一隻鳥的玩意兒嗎？現在誰還有耐心搞那種東西呀？」

雖然我沒找到織布女，倒是遇見幾位忙於其他活計的婦女。她們一字排開地坐在小小的棕櫚棚下，拿著鐵鎚將幾堆和葡萄柚一般大小、用籃子從海邊拖回來的石頭敲碎，好給建築工人使用。附近有幾名男子不停地攀爬二十公尺高的棕櫚樹，從樹幹上汲取可煮成糖漿或用來釀酒的汁液。還有一些人在養海菜，他們把空水瓶依間隔綁在數條長繩上，然後將海菜分成幾小把固定在繩子上，每兩把海菜之間相隔一個手掌的距離，海菜綁好之後，就任憑繩子漂浮在靠近岸邊的海水裡，等到它們長成大把大把的再去採收。

這些工作的所得，當然無法取代雅加達撥給薩武島的經費（占該島歲入九六％），也無法讓這座小島變成「一個創新、進步、有尊嚴的行政區」。

✲

遇到薩武縣長的次日，我騎著機車沿海岸公路去了一趟西壩市，接著又從薩武島的山上繞了一圈返回原地。那片土壤乾燥的丘陵地一路滑向蔚藍的大海，山上長著高達四層樓的糖棕櫚樹，風景十分秀麗，可惜路況很糟。

在這種道路騎車當然毫無樂趣可言。我的脊椎因車子上下顛簸而被擠壓得縮在一塊兒，然後又以怪異角度恢復原狀。右手因緊扣把手而變僵硬，左手因猛催油門而變麻木。只要路上突然冒出幾個坑洞和碎石，我就被車子震得牙齒格格打戰，眼珠頻頻抖動。我的大腿死命夾緊車座，小腿也處於緊繃狀態，左腳不斷來回換檔，右腳始終不敢大意地斜靠在煞車墊上，還得隨時準備雙腳踩地以防翻車。我想起若干年前騎機車載巴黎朋友娜塔莉去松巴島兜風時，她的感想是：「這種地方會讓屁股開花。」那正是我此刻的心情寫照。

太陽漸漸下山、氣溫慢慢轉涼，我愈來愈後悔走上了這條「捷徑」。正感到懊惱時，就突然遇見奇蹟，在一座小山頭上看到一條平滑得宛如黑絲絨的柏油路，於是我把車速加快四倍往前衝去，開始放鬆戒備、左顧右盼地欣賞馬路周邊那些被橘紅色的天空襯出剪影的高大棕櫚樹。

即將爬上另一座山頭時，出乎意料地看到有個人招手要我停下來。這位衣著考究的男士正在扯著嗓門講手機，我等他吼完了才提議讓他搭便車，沒想到他卻說：「謝謝，不用了，我也有機車。我只是想警告妳注意路況。」

從這座山頭再前進五公里左右之後，那條馬路果真突然彎到左邊就不見了，機車騎士只要一個不留神，肯定會直接衝進前方的石子路。

事後我才得知那位先生是縣議會最年輕的議員，也是公共工程委員會的委員之一。他在公共工程部收到這個路段的完工報告便出來視察，竟發現包商不想繼續挖排水溝，於是這條路短少了一百公尺，既沒鋪柏油也沒收邊。換句話說，萬一突然來場大雨，這個路段必然出現坍方。我遇到那位議員當天，他氣急敗壞地對我說：「我看他們八成是只把地上的泥土漆成黑色就交差了。」接著又撥了一次手機，但包商拒絕回應。

我想起曾經在西壩市區的布告板上看過一則訊息：這條再度施工的二十五公里道路，工程費高達二十二億盧比，等於是每公里花了將近一萬美元。於是我問那位議員，為什麼這條路不是採漸進方式從市區一路鋪過來，而是只在一條破爛的道路中間鋪一小段？

那位議員解釋，因為鋪設道路這類大型工程合約是由公共工程部提供經費，而且通常會分成若干子工程，再轉包給不同的包商。

這些「子工程」支撐了印尼現階段的龐大建設計畫。上述案例耐人尋味之處，在於那位縣議員居然願意監督地方首長及其團隊實施的「工程」，大多數印尼人都不敢指望地方議員會一板一眼地要求首長負起責任。民眾常開玩笑說，那些議員只要做到「四S」[5]——露臉、坐下、閉嘴、拿錢——就算盡責了。

我問這位縣議員，他的工程委員會如何決定道路的技術規格和維修經費？「老實說，我不清楚。我們都是新手，沒有人真正知道預算該怎麼拿捏，所以到頭來只能信任主管。」他表示，這麼做也有問題，因為公共工程部缺乏訓練有素的工程人員為他們提供意見，「就像瞎子給瞎子帶路。」

地方自治煙火秀每綻放一次新的花朵，印尼勢必得物色更多有能力掌管衛生部門、規畫基礎建設、審核財政預算、設計教學課程的人才。理想情況是，各縣願意在本地人口當中覓才，但由於某些新縣過去不受省政府重視，因此並未培養出相關人才。

「我不知道（公共工程）部裡面有誰看得懂電腦試算表，但又不能向庫邦求救，因為當初是我們主動想脫離他們自治的。」那位議員站在甫竣工的馬路上踢著一團鬆散的柏油說。

❋

我從薩武島搭上了開往庫邦（在帝汶島西岸）的培尼渡輪。原先的計畫是去印尼最新成立的西南馬魯古縣，但培尼渡輪每月只有一個船班前往當地，我正好錯過了。

經我多方試探，庫邦的港務長終於鬆口告訴我，有一種「先鋒」船每兩星期會開去西南馬

❺ 英文是：Show up, Sit down, Shut up, Salary. 印尼文稱為「四D」：Datang, Duduk, Diam, Duit.

魯古縣。用「先鋒」形容這種船算是比較客氣的說法，意思是它可以提供其他交通工具拒絕提供的載客服務。港務長用狐疑眼神上下打量著我說：「妳知道它是一種貨船嗎？」我從他的口氣聽得出來，他認為我看起來不像是能搭那種船的貨色，「我們是為了服務一些小島的居民才答應載客，不過⋯⋯。」

我向他打聽了先鋒船的行駛路線後，就宣布我決定在東帝汶邊界的小港威尼登船，他更加狐疑地又看了我一眼，但還是給了我發船日期和時刻：九號早上十點。九號早上九點半左右，我從威尼港僅有的一條街慢慢晃到港口前，可是港邊一艘船都沒有，海面上也看不到任何船影。

自稱「運輸部辦公室」的小樓空蕩蕩，四周沒半個人，於是我發了通簡訊給庫邦港務長詢問是怎麼回事，他的回覆是：「耐心等。」我接受他的提議，找了一棵樹坐下來看書。約莫一小時過後，有個年輕人搖搖擺擺地走過來，樣子不像當地人。我問他是不是在等船，「這裡有船？我已經在這兒待了兩星期，可從來沒在碼頭上看過船喲。」

他是從泗水被派來此地監督這座碼頭擴建工程的工程師。我問他，如果這碼頭從來沒人使用，為何要擴建？「這是『子工程』，懂嗎？」他回答。

我從中午等到下午兩點，先鋒船始終沒來，不得不開始思考應變計畫。就在這當兒，乍然看見遠方海面出現一縷煙，然後變成一團雲。一小時過後，一艘覆蓋著藍綠條紋防水布的龐大平板貨輪終於靠港。沒有人下船，我是唯一從凹凸不平的步橋走上甲板的新乘客。

我環顧了一下同行乘客，原本以為只會瞧見十來個苦力，哪知道甲板上居然擠滿了男女老少，加起來大概有三百人，每一小塊空間都被占據了。大家各自蹲在電器紙箱、米袋、方形雞蛋盒堆疊起來的堡壘中，誰也不看誰，充滿敵意。我設法在一袋大蒜後方給自己弄了個大約兩呎寬三呎長、小如老鼠洞的棲身處，卻立刻遭到一名大聲咆哮的鄰居驅趕。甲板上僅有的空位似乎只剩下一台嗡嗡作響、散著熱氣的冷凍機頂端，我剛在那兒攤開睡墊，一位大媽就拿著一根大木匙靠過來要脅我。一名船員當下命令我回到先前的老鼠洞，而那位大聲咆哮的鄰居依然餘怒未消。

我得在這船上待五天，才能抵達目的地索姆拉齊。

恐怖的是，我發現每次停船，船上似乎總免不了再度爆發地盤爭奪戰。庫邦港務長果然沒騙我，先鋒船真的是一艘貨輪，貨物都擺在甲板下面。每當我們停在港邊，不管是遇到烈日當空的正午，還是萬籟俱寂的夜晚，覆蓋在我們頭頂上的防水布就被掀開，甲板上的紙箱堡壘被拆除，睡墊也被捲起來，乘客從步橋走向碼頭，整艘船的甲板則被吊得老高以便卸貨。

停船卸貨的時間從兩小時到一整天不等，然而從第一塊甲板降下來的那一刻起，地盤爭奪戰就開始了。這時新、舊乘客會一起湧入船上攻城掠地，誰都不會留意還有幾塊甲板，依然被吊在與他們脖子等高的半空中。船上一片喧騰，船員們吆喝乘客遠離吊在空中的甲板，以免有斷頭之虞，在船上待了兩天的老乘客對打算建立地盤的新乘客大呼小叫，不達目的絕不終止的新乘客也不甘示弱地嚷回去，有些家庭扯開嗓門指揮家人兩面包抄入侵者，這個家屬負責攤開睡墊，那個家屬堆起紙箱。

我已掌握了挑選地盤、建立主權的竅門，知道如何遠離全天不打烊的卡拉ＯＫ、避開臭氣

帶著棕櫚酒罐、手提音響和吉他上船的野男人附近。和人丁興旺的家庭做鄰居也要當心，因為印尼孩子多半教養差、愛尖叫。還有，絕對不能坐在過萬一被雨水潑到就很掃興，況且落在防水布上的雨滴可能積成水潭，不得不隨時提高警覺。沖天的廁所。雖然待在某個「門口」（防水布旁邊空隙）附近還不錯，既可吹風又能賞景，不

待在甲板旁邊的空間固然讓我較能輕鬆自如地四處走動，但也意味著別人會不斷在我面前踏來踏去。上船第二天，我在廁所邊找了個頗為清靜的角落安頓下來，這裡是死路，隔壁是大貨艙，兩邊都能受到保護。為了守住這塊地盤，我跟一位不動如山的老婦和她女兒結為盟友。

這對母女是在里朗島上船的，當地連個碼頭也沒有。一艘狹長的漁船停靠在我們貨輪邊上後，那位女兒就站在不停擺盪的漁船上把老婦抬起來，貨輪甲板的一名水手從上方抓住老婦的手用力一拉，她整個人就順勢翻身上船。她女兒尾隨其後爬上船之後，我立刻把她們拉進我的地盤，後來還把幾位意圖鳩占鵲巢的乘客數落了一頓，要他們尊重長輩，這方法還挺管用的。

行船的日子逐漸形成某種節奏。迎向藍天的船頭，是大家進行晨間冥想的好地方。早上九點，無情的太陽會將乘客逼回空氣汙濁的防水布下方，任你再怎麼揮動權充扇子的紙板仍無法驅散那臭氣。落日西沉的黃昏，是一天當中最令人心曠神怡的時光。

火焰般的彩霞輕吻著海水，海豚紛紛出動盡情玩耍，時而在貨船旁邊飛躍潛水，時而頑皮地挺起弧形身軀騰空旋轉，連船上醉漢都看得如痴如迷，還興奮地朝著成雙成對的海豚母子指指點點，或是看著某隻海豚跳到離船身最近的地方。豔紅的霞光漸漸褪去，七彩的落日美景正式登場，朦朧的粉霓擁抱著灰雲，一團火球高掛在海平面上方，幽暗的海水在船頭激起白浪。

船頭寂靜無聲，甲板內的卡拉OK歌唱會則在閃閃發亮的霓虹燈下展開。

五天的航程著實漫長，船上卻沒有能夠轉移注意力的電影可欣賞，我原本打算寫一堆信、讀一堆報告、找一堆事做，結果卻無所事事，大部分時候只是瞪著天空，看著水面浮光，慵懶地思忖著，該向揮著木杓在船上四處走動的船員買一盤飯，還是等抵達下一個停靠點再說。

每當貨船靠岸，我就有探索機會。在一個海邊小村，某個退伍軍人請我喝了杯濃濃的咖啡、吃了塊厚實的家庭式蛋糕。他告訴我，軍隊裡的基層素質愈來愈好，高層素質卻每下愈況，「以前我們有聰明將帥和傻瓜士兵，現在情況倒過來了，大多數軍人都受過良好教育，可惜最聰明的畢業生再也不想待在軍中了。」

貨船在奇薩島停靠了一整天，同船乘客哈利是當地人，並提議做我的嚮導，於是我們騎著他的機車走到小島盡頭，眺望已成為獨立國家的東帝汶，接著又去看飛機跑道，哈利徐徐騎車經過一座軍營前方的「減速慢行」指標時說：「這些阿兵哥只會惹事生非。」後來我們又去拜訪赫馬努斯爸爸，這位鷹勾鼻老紳士只會講歐依拉塔語，據傳這是「消失的以色列部落」[6]當中的一種語言，就算在奇薩島也沒有幾個人會說。去年有個好事的雅加達基督徒為了趕快迎接「基督再臨」[7]，於是忙著把赫馬努斯爸爸帶去耶路撒冷朝聖。後來赫馬努斯家的棕櫚屋外

[6] 譯註：組成以色列古王國的十個部落，西元前七二二年，被亞述帝國擄走當奴隸。

[7] 譯註：《聖經》〈啟示錄〉記載，耶穌被釘上十字架升天以後，還會再降臨世上。第一次降臨是指耶穌在馬槽出生。

頭，擺著十顆用水泥砌得像一座大糞堆的石頭，成了以色列十大消失部落的紀念碑。在印尼旅遊最有趣的一點，就是偶爾會碰到一、兩件荒唐事。更妙的是，西南馬魯古縣現任縣長最近表示，他想把奇薩島變成宗教旅遊勝地，因為這個總面積只有一百平方公里的小島讓他想起了以色列，理由是奇薩島和以色列都乾燥多山，且盛產綿羊和山羊。

有些小鎮居民一看到我們的船靠岸，會主動請我進門使用他們家浴室，讓我洗去塵埃，還送我蛋糕、陪我聊天。每當我向他們致謝，他們總是揮著手說：「別客氣，別客氣，如果哪天我去妳家，妳一定也會這麼招待我的呀！」我漸漸發現搭貨船旅行這五天以來，我的日子過得挺不錯。

在船上，當然有很多聊天機會，每到一個停靠站，也總會遇到問我一堆問題的新乘客，有些老乘客還會代我作答。在聊天過程中，我也慢慢了解到他們踏上這段漫長旅程的目的。

許多乘客之所以往返奇薩島，是為了遞交工程提案，例如一位鄉長的弟弟不久前剛利用一堆回收瓶子幫縣長辦公室架設了一株聖誕樹，現在又得為明年復活節的裝飾工程交一份提案出去。二十年前，我很少聽印尼人提起「遞交提案」這種事，現在不但常聽到非政府組織提起它，連牧師、學生、農民、老師、鄉村婦女團體、警察和其他人也經常掛在嘴上。如今每個印尼人似乎都在絞盡腦汁想提案，以便從經費充裕的地方政府身上擠出一點（有時金額還不小）油水來。

在船上與我共享地盤的老婦沒打算遞交任何提案，而是要去醫院，因為她雙腿腫脹，不良於行，但里朗島沒有醫院，只有一個居民約八百人的小村，村裡除了一所小學和中學之外，還有一個保健所，但僅有一名女性工作人員，而且只受過接生訓練，「她能做的事就是拿藥給你，那些藥在路邊小店也能買到。」西南馬魯古縣的其他小島也沒有醫院，不過聽說六個月後，新設的縣城就可以分配到一所造價低廉的地方醫院了。

以交通時間來說，距里朗島最近的醫院位於東努沙登加拉省的省會庫邦，搭船過去要一天半才能到，可是這位身體孱弱的老婦無法去那裡就醫，因為里朗島屬於馬魯古省，庫邦不接受她的健保卡，她也無法享受較便宜的醫療費。因此，為了前往設在索姆拉齊的醫院，她只能一動也不動地坐在船上三天三夜。就算到了那所醫院，也得塞個紅包才能見著醫生，因為西南馬魯古縣已是自治縣，索姆拉齊的醫院不再接受里朗島的健保卡。

假設這位年逾古稀、抱病在身的老婦照章行事，又得再搭三天的船前往馬魯古省的省會安汶，「不過，要是你認識一些老熟人的話，事情大概都能搞定。」老婦說。

Indonesia Etc.:
Exploring the Improbable Nation

Elizabeth Pisani

6 幸福大家族

丘畢爸爸拿出一張乾淨的紙，讓我畫上我的家譜。我寫上祖父母的名字，下面只列出三位成員：父親、哥哥與我。他看了人丁這麼單薄的家譜後，立刻露出不知所措的表情，儼然把我當成了吸狼奶長大的棄養兒……

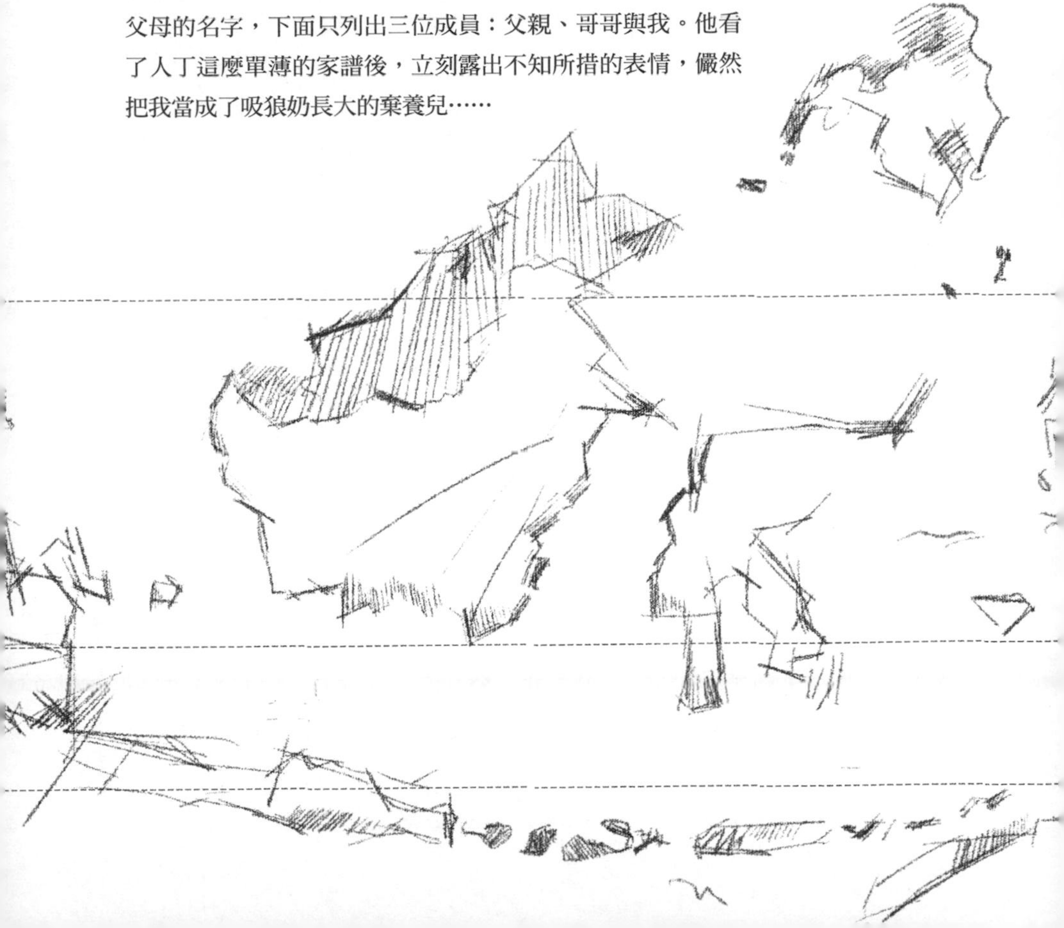

圖D：中蘇拉威西省，班蓋群島

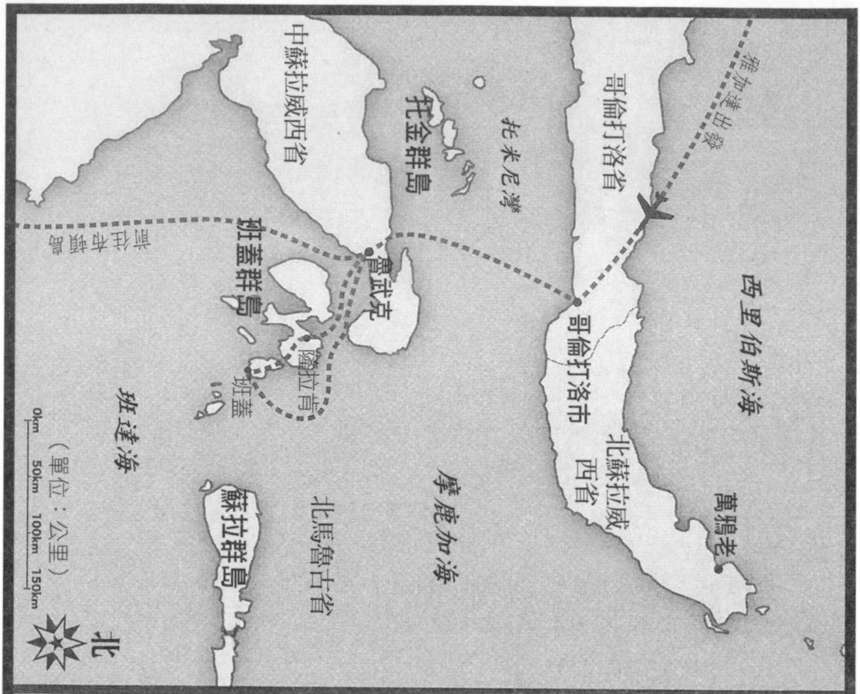

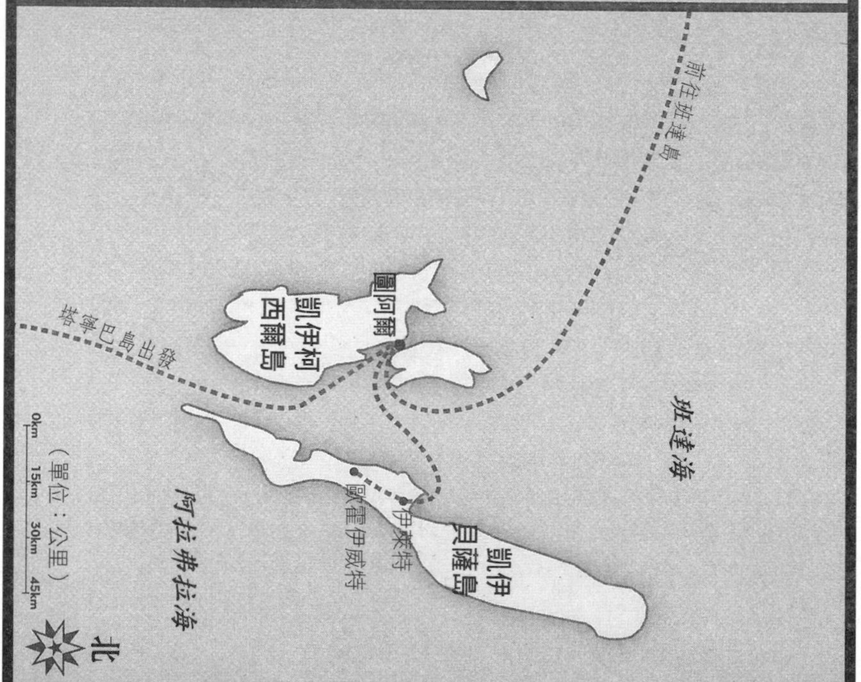

圖E：馬魯古省，凱伊群島

二〇一一年聖誕節來臨前，我在馬魯古省東南海域的幾座小島上漫遊，身邊只有十九世紀英國探險家華萊士的著作陪伴我。一八五七年聖誕節，華萊士也曾在這附近的一艘船上度過，可是並不開心，他在書中抱怨：「船長忝為新教徒，殊不知當為聖誕節設宴歡慶。晚餐悉如平日以米飯佐咖哩，我只能再進美酒一杯以聊表慶賀。」

華萊士其實不愛發牢騷，他曾以輕鬆筆調描述印尼東方小島，尤愛活潑好客、不請自來的凱伊島居民：

凱伊島民唱唱叫叫湧上前，既搖槳來又打水……快樂逍遙賽神仙……教我思想起嬌羞矜持、循規蹈矩之稚子與放浪不羈、嬉鬧歡騰之頑童驀然相見之妙趣。

華萊士所言不假，凱伊島居民的確熱情好客。二〇〇四年的聖誕節和新年假期，我曾造訪凱伊群島首府圖阿爾市，在美景如畫的海灘連待了幾天，某日去港口閒逛時，看到有艘滿載乘客的廣體木船正要收起步橋，於是趕緊跳上去坐到長凳上。收票員過來問我要去哪裡，我反問：「我可以去哪裡？」

旁邊有位身材魁梧的光頭男士，一聽我連自己要去哪兒都不知道就上了船，便自告奮勇向收票員宣布：「她是跟我們一起的。」

這位住在圖阿爾的男士名叫布蘭姆，正準備攜家帶眷返回出生地歐霍伊威特村。那村子位於人口稀疏的凱伊貝薩島，從圖阿爾搭船過去兩小時就到。全家人將去探望他母親和一大家子的手足和親戚。

碼頭上已有吉普車在等候他們。大夥兒一擁而上之後，就把返鄉禮物塞進各角落，袋裝白米和水泥綁在車頂，蛋糕推到座位底下，盒裝雞蛋擱在大腿上。吉普車爬上一條未鋪柏油的山路，穿過一片樹林、村落和農地，再順著漫長的下坡路往海邊開去，終於抵達了歐霍伊威特村。

村子地勢較高的部分坐落在懸崖頂端，村中有條鋪著晶亮珊瑚石的大路通向崖邊的教堂。造型簡單、精心維護的教堂以木頭打造，門窗漆著對比色，潔淨的棉質窗簾隨著鹹鹹海風輕輕飄動。大路盡頭是一百二十級的陡峭階梯，可直達地勢較為低緩、似乎無人管理的海邊。色彩斑爛的魚群悠游於美麗的海岸珊瑚礁附近，當地人認為珊瑚礁不稀奇，都說它們不過是一堆「彩色石頭」罷了。

布蘭姆有十三名兄弟姊妹，在家排行老么。他一返抵家門便直接帶我去拜見母親，家中每個人無論長幼都喊她「歐媽」，這是荷蘭人對祖母的稱呼，她沒問我來歷就把我當一家人看。當天歐媽家的地板全被家人的睡墊占滿了，我被安頓到一名親戚家過夜。接下來幾天，三餐都在他們家解決，並且和村民共度愉快的聖誕佳節。

那年聖誕節過後，我每隔一、兩年總會再和布蘭姆聯絡，後來他換了電話號碼，雙方就失聯了。二〇一一年聖誕節來臨前，我再度想起七年前在歐霍伊威特過節的情景，雖然一直聯絡不上布蘭姆，還是決定不管三七二十一，非去歐霍伊威特走一遭不可。

我在圖阿爾加洗了幾張上次在歐媽家拍的人物照，便朝著歐霍伊威特出發。前往凱伊貝薩島的快艇形似棺材，船上兩百個座位擠了大約三百名乘客，有位婆婆虛弱得像隻被拔光毛的鵪鶉，弓著身體占去我半個位子。船身劇烈搖晃、忽高忽低，每晃動一次婆婆就尖叫，還死命抓著我的手，把我的指關節都掐白了，最後竟然將胃裡的東西吐在我腳上。

從碼頭通往歐霍伊威特的山路依舊未鋪柏油，我乘著載客摩托車穿越一片又一片綻放著野蘭花的樹林，在路上不禁自問：我已經七年沒見過布蘭姆的家人，甚至記不清他們的名字了，現在就這麼出現，是否太過唐突、不受歡迎？

印尼人的慷慨熱情從沒讓我失望過。抵達歐霍伊威特之後，我人還沒跨下車，布蘭姆的弟媳歐娜已認出我來，馬上拉著我去歐媽家。高齡九十的歐媽已在去年仙逝，家裡現在住著歐娜、英茄（我喊她「廚娘」，因為上次來的時候全靠她打理三餐）和她們的丈夫，還有一個小寶寶。

我請歐娜欣賞我帶來的相片時，英茄從屋裡走了出來，她一見照片就說：「那些照片是伊莉莎白在這裡拍的！」我立刻向她點頭致意，以為她會跟我打個招呼，沒想到她居然不認得我，還等著我向她解釋這些照片是怎麼來的。歐娜尷尬地低下頭咕噥道：「她就是伊莉莎白啦。」英茄這才高興地振臂歡呼：「哇！妳就是伊莉莎白呀！可是妳變得好老喔！」

兩小時過後，我們三人去屋後摘了些蔬菜，然後一起蹲在廚房剁菜葉，大家有說有笑，彷彿這七年來我從未離開過，她們也知道我一定會回來。英茄媽媽宣布：「妳留下來過聖誕節。」真是深得我心。

接下來，她哇啦哇啦地說出一大串我在過節期間應盡的社會義務，很多都跟教堂活動有關，因為大多數的歐霍伊威特村民是基督徒。不過，我發現村子下面多了一座沒見過的清真寺，還看到幾名穆斯林女孩跟在其他慶祝聖誕節的孩子後面，一起挨家挨戶唱歌、拍手、搖著用可樂罐和乾玉米做的沙鈴。他們為了讓大人們掏出糖果和零錢，還念了幾首自編的兒歌，像過感恩節似的，我也拿出皮夾發了些一千盧比的小鈔給他們。我跟英茄媽媽提起這些孩子把聖誕節和「不給糖就搗蛋」的感恩節習俗搞混了的時候，她說村裡有些穆斯林的親戚是基督徒，所以會在聖誕節前來拜訪；在他們的宗族社會裡，大家族的親情超越了信仰上的差異。

我的第一項義務，是和一群紳士淑女一起參加禮拜儀式。村子裡的成人都盛裝出席，女士們套上高貴的格巴雅（kebaya）[1]和蠟染紗籠，男士們身著蠟染服或依卡布襯衫。英茄媽媽和其他女執事披著不同的黑色絲質綬帶，男執事們都圍著白領巾。教堂裡的長凳經過重新排列，每個人可以隔著中間走道面對面，淑女們坐左邊，紳士們坐右邊。

無宗教信仰的我原本打算在教堂裡神遊太虛，卻被趕到最前排座位，只好假裝禱告、唱歌、聆聽女牧師（馬魯古省喀爾文教會的神職人員女多於男）慷慨激昂的布道。一個多小時後，我們才進入點蠟燭儀式。第一位上前的人是村書記，他緩緩步向走道，莊嚴地點燃一根蠟燭，又慢慢走回座位。我心想：天哪，接下來還有老師、助產士、家庭福利公會會長、擔任各種職位的每個村民都要上前點蠟燭，如果整個儀式都照這種龜速進行，不拖到半夜才怪，於是我又心不在焉地想起當地人出席這類場合的儀容：膚色深的女士們在臉部塗上白米磨成的撲面粉，然後將檳榔汁當唇膏抹在嘴上，看來頗具驚悚效果。

忽然，歐娜媽媽戳了我一下。「現在，我們有請伊莉莎白。她的來訪提醒我們要愛印尼這個國家，也要愛歐霍伊威特這個村莊。」儀式主持人以莊重平和的語氣說，我立時回過神來，也像每個人一樣緩緩步向走道，並莊嚴地點起一根蠟燭，再慢慢走回座位。

接下來，教會執事宣讀政令通告，並公布新的「禁忌」：從今天起，村民不能抓海參，但歐克托爸爸家的芒果樹禁採令取消。實施禁忌是當地的傳統資源管理方式，通常由村中長老宣布，以防村民在魚類繁殖季節濫捕，或者是督促村民節約共同資源。

有些不希望作物遭竊的村民偶爾會塞點小錢給長老，請他們向村民宣布不得採摘作物的禁忌。歐克托爸爸家的芒果樹就長在村子裡的珊瑚路邊，若不頒布禁忌，每天經過那條路的小男生肯定會把結實纍纍的芒果摘掉一大半。現在禁令一解除，歐克托爸爸從教堂回家以後，就可以採收自家水果了。當天下午，他和全族人都聚在走廊上大啖芒果。

一百五十年前，華萊士曾在帝汶島為文指出，這種禁忌的威力不容小覷：

> 此地遍存「禁忌」之俗，習稱pomali，瓜果、樹木、住居、莊稼及諸般財貨皆得其庇佑而免於招損，百姓亦深感敬畏。橫插一枝棕櫚於住居門前，即可昭示眾人此乃禁忌之地，其防盜之效，更甚於以重鎖柵欄加身。

❶ 譯註：印尼及馬來西亞等地傳統服裝，以薄紗或薄棉縫製成合身的開襟上衣或連身裙，下襬、領口與袖口處有精緻繁複的刺繡或花紋，通常套在蠟染衫外面。

如今，某些禁忌甚至被政治人物利用。例如二〇〇三年，圖阿爾市的地方選舉引起爭議，某政黨打算向當權者示威，遂在該市河口唯一的一座橋梁設下禁忌，堵住陸地交通。由於這條河將市區隔成兩半，住在橋兩邊的居民必須搭船才能去到對岸，許多臨時渡船因此應運而生，而且收費昂貴。有些學生如果正好住在學校對岸，就得提早一小時起床上學，政府官員也無法順利抵達辦公室。汽油、煤油、稻米等各種民生必需品，連續數星期不得不在河口這邊卸貨，然後用舢舨運到另一邊，物價隨之飛漲，人人叫苦連天，但誰也不敢違反禁忌，直到馬魯古省長介入才告解除。

✲

聖誕節期間天氣糟透了，每天一到下午（上午往往也一樣），海上就捲起陣陣狂風掃向懸崖，侵襲歐霍伊威特村的小木屋。椰子樹梢像德國現代舞大師碧娜・鮑許（Pina Bausch）跳空中芭蕾似的瘋狂亂舞，一波波雨水沖刷著鐵皮浪板屋頂，掃進毫無遮攔的前廊缺口，村民緊閉百葉窗躲在屋裡不敢外出。我抵達村子當天就停電了，直到離開時尚未恢復供電，只有教堂裡的發電機照常運轉。

整座村子與外界斷了聯繫，看不到電視劇，也接不到電話，對外通路完全被洪水和怒海淹沒，只有收音機可聽。記得上次來這兒的時候，我曾經和村長坐在一起聽廣播，那時中央政府常透過各省和各縣廣播網將政令傳達給各村落，我們聽到的內容包括：政府對電魚行為提出新禁令、申請某村落助產士培訓計畫的候選人名單。那時村長每日必聽廣播、必做筆記，還會出門將廣播消息昭告村民。

現在，英茄媽媽每天晚上也會打開收音機了解外地最新消息。聖誕節期間，我們在廣播中聽到一堆政府高官祝賀詞，以及培尼公司宣布：「奇拉麥號」渡輪將在十二月三十日抵達圖阿爾，比預定船期晚兩天。還有一則消息是：一月二日星期一，政府不辦公。接下來是家族點播節目：住在圖阿爾的詹氏家族想通知住在班達艾里的布吉族親戚，他們因天候不佳無法前去探望；住在圖阿爾的馬圖圖家族呼叫住在瓦爾的賈發爸爸馬上進城處理要事。

幾乎所有點播節目都會提到某個「大家族」或「宗族」。有天下午，我問歐娜媽媽的丈夫丘畢，他們這個大家族裡到底有哪些人，他拿出一張紙畫了一幅宗族圖，第一位成員就是去年與世長辭的女家長歐媽。

宗族圖裡除了歐媽和夫婿，還包括十三名子女、四十三個孫輩、二十八位曾孫，加上一個甫出世的第五代嬰兒，整個算下來，歐媽共有八十五個直系後代。不過，這個宗族圖沒有把配偶、姻親和堂親表親畫進去，丘畢說：「要是把夫妻啦、姻親啦、甚至把我爺爺奶奶那一輩都算進來的話，整個宗族就有幾千幾百人囉。」他說完又拿出一張乾淨的紙，讓我畫上我的家譜。

我寫上祖父母的名字，下面只列出三位成員：父親、哥哥與我。丘畢爸爸看了人丁這麼單薄的家譜後，立刻露出不知所措的表情，儼然把我當成了吸狼奶長大的棄養兒。

「宗族」是將具有真正血緣關係的人牢繫在一起的群體，在實施地方自治的民主時代，宗族的地位顯得特別重要，因為某些「大家族」所提供的選票，足以在地方議會取得相當多的席次。另一個與宗族類似、但和血緣無關的群體是「門閥」或「派系」，例如因地域、同窗、幫派、職業關係而結合的一群人，蘇哈托則是靠兩者（軍隊和家屬）替他打下了江山。

宗族和派系是利益輸送的循環系統，利益輸送則是印尼政治與經濟的命脈。派系領導者通常是某位大人物（有時為女性），某個派系會透過層層關係幫這位大人物注入選票和基層幹部，讓他保住權位並順利獲得各種財源、計畫和工作，日後他再將這些財源、計畫和工作回饋給派系。

一名縣長可能代表某個家族領導另一個家族、替家鄉爭取比其他地方更多的利益、滿足全縣甚至全省選民的要求，也會為真正的血緣宗族奉獻全力。

一天晚上，丘畢和歐娜與我聊起他們的女兒剛通過公務人員考試不久，便得到一份令人稱羨的教職這檔事。不過，某天早上，丘畢爸爸聽說稍晚才會發布的教職分發地點公告函顯示，他女兒是被派到離歐霍伊威特不遠的天主教小鎮瓦爾任教。

這可不是好消息，因為凱伊貝薩是個相當封閉的小島，如果年輕人因工作緣故被困在島上某個村落，將來要獲得升遷或拓展職涯就難了。於是，丘畢爸爸直接跑去教育部申訴，但主管官員聳著肩表示：大家都知道那封公函已經簽字，而且再過兩小時就要公布，現在想改也來不及了。

「幸好我們在雅加達有名親戚是議員，我跟他提了這檔事，他馬上轉告縣政府的人，事情就解決啦。」後來公告時間改期，分發名單也改寫，丘畢的女兒目前在圖阿爾市某所學校教書，「很酷吧？」這名父親得意地說。

稍後我講了一個如何收買警察讓我通關的故事，並且下了個結論：「所以我是個墮落的人。」丘畢和歐娜聽了大笑，我接著說：「這件事其實跟令嫒的故事有點像，有些英國人會認為你們這麼做也是一種墮落行為。」

屋裡突然安靜得嚇人，氣氛愈來愈凝重。雙方沉默了許久，歐娜媽媽才站起來邊收盤子邊說：「我們要不要去教堂？」

事後回想起來，我很後悔當時說了那句話，並非因為我讓兩位用心待客的主人沒面子，而是因為我慢慢了解到「利益輸送」和「貪汙營私」之間的差異，印尼人在日常生活和投票期間，一向把這兩件事分得清清楚楚，但不會刻意討論二者的區別。

雖然如此，一般人倒是很愛拿「貪汙」——通常簡稱KKN[2]——當聊天話題。有一回，我跟一群小夥子坐在一起觀賞電視足球轉播賽，印尼在一場東南亞賽事中，遭到主要對手馬來西亞痛擊，馬來西亞再度得分後，我旁邊的小夥子一臉嫌惡地搖著頭說：「我真希望有人舉辦貪汙世界盃，那樣我們起碼能知道我方贏定了。」

不過，很多人嘴裡提到的KKN，其實是指印尼在建立民主制度和官僚體系過程中無可避免的「利益輸送」。

---

[2] 譯註：Korupsi, Kolusi, Nepotism的縮寫，意思是「貪贓枉法、互相勾結、裙帶關係」。

「民主」在印尼還是個相當新的概念，許多人以為只要選出全國和地方領導者及立法者就是在實踐民主，因此印尼的選舉活動多得驚人。老百姓可直接選舉總統、國會議員、省長、省議員、縣市長、縣市議員和村長，每五年都得參加七項不同的選舉，所以選民非常了解印尼的民主運作模式，而且人人同意一件事：在全國如火如荼推展的地方自治和民主制度，已將利益輸送／貪汙營私變成更必要、更普遍的行為。

如果你想當選縣長，就得砸下大把鈔票，不但要收買某個政黨支持你，還得承擔造勢活動所有成本。雖然開銷大得令人咋舌，但你只要去某個競選辦事處待上幾星期就不會大驚小怪。除非你有萬貫家產，否則必得靠借貸來支應所有選舉活動費，日後還得償還債務，敗選者勢必陷入財務困境。據稱印尼每次選舉過後，精神科的病患必增無疑，嚴重負債者還會自殺。

勝選縣長（幾乎清一色是男性——根據最近統計，印尼五百多位縣市長當中，僅八位是女性）月薪只有六百美元（約台幣一萬八），根本無法拿來還債，於是就以安插職位、提供採礦許可，或是簽定新醫院、新車站工程合約來抵債，民眾還會再三替他們開脫：「他們當選以後都背了一屁股債，當然只好貪汙囉。」❸

這些償債方式其實稱不上違法，相較於一位美國國會議員❹在某大石油公司為政治行動委員會（Political Action Commitee）❺慷慨解囊協助她籌募競選經費之後，該議員便提議支持該公司以油壓裂解法開採天然氣的作法，印尼縣長違法程度並不為過。他們為親戚安插職位的作法，其實跟英國下議院議員為某位朋友的女兒安排實習工作沒兩樣。不過，縱然是合法利益輸送，往往也會因使用不當而產生不良的政策、職務和道路。

有時候，我不禁要為這些大人物感到唏噓，他們即使未曾直接獲得宗親的支持，一旦身居要職，宗親們還是會不斷要求他們給予「回報」。

✲

我剛抵達歐霍伊威特時，便聽說雅各爸爸是個大人物。他在這個小村土生土長，二十多年前離開家鄉尋求財富，現任查亞普拉市議會議長，並曾數度連任議員。查亞普拉是巴布亞省會，而巴布亞省堪稱印尼最富的一省，為當地政治人物提供絕佳從政機會。

我還聽說雅各爸爸將於次日蒞臨歐霍伊威特，這是他離家多年來首度返鄉，而且即將參加一場隆重的「霍克霍克威特」儀式——專為迎接初來乍到的新娘而舉行。雖然她是雅各迎娶的第四任新娘，村民仍是興奮雀躍地翹首企盼。

---

❸ 西方學術界做過某些複雜的研究，可證實縣官貪汙的說法。一項林木盜伐研究運用衛星影像顯示，在蘇門答臘、加里曼丹、巴布亞等森林茂密的省分每成立一個鄉，盜伐率平均上升八％。即使是國法禁止伐木的地區也不例外。另外，當預算交到縣府手中後，地方道路支出年年倍增，並且在首屆縣長直選結束後的同一年再度翻倍。政府稽查結果顯示，從二〇〇一至二〇一〇這十年當中，地方道路支出增加七倍，道路品質卻下降。

❹ 譯註：該議員應是指曾任國會發言人的現任美國眾議院女議長裴洛西（Nancy Pelosi）。

❺ 譯註：可合法向企業、團體及個人進行不限金額的募款，並分配給美國角逐公職候選人的政治組織。一九七一年《聯邦選舉法》通過以後，開始嚴格限制特殊公司、協會及私人捐款數額。

隔天早上，我看到村中婦女都盛裝打扮，準備恭迎這位大人物。這下我可有點心慌了，因為我手邊沒有幾件像樣的衣裳，每次參加村裡的社交活動，只能輪流圍上兩條尚可見人的紗籠，兩者還兼作我的床單，不過現在沒時間想太多了，我趕緊撫平昨晚被我睡過的那條紗籠圍在身上，加入其他婦女的行列前往舉行迎娶儀式的地點。

我們沿著道路走向河邊一座湧泉時，大人物雅各已事先送來必備食品。當小巴士的幾名車夫卸下一打打可樂和雪碧汽水、一箱箱餅乾、一盒盒雞蛋，我發現那些車夫也留著龐克頭加豬尾巴的髮型。接著，小巴士開去接大人物，我們留在現場恭候大駕。村中的婦女都撩起粉紅和紫色的絲裙蹲在河中平坦的石頭上，然後抓起河沙用力磨擦被檳榔汁染黑的牙齒，幾名一絲不掛的男孩從高高的河對岸躍進水裡。

大家一聽見路上傳來汽車喇叭聲，便各就各位，鼓手開始敲打某種節奏，幾位年長婦女將一塊紅綢布舉起來。巴士停下後，在場所有人一齊湧向來自爪哇的小新娘，這名未成年少女滿臉驚慌，顯然無人事先告知她會遇到什麼場面。有人立刻將那紅綢布圍住她脖子並蓋住她全身，以便遮掩她穿的那件淺棕色舊家居服。「嘖，嘖，嘖，」女士們說：「讓新娘子穿抹布裝進村成何體統啊！」她們以「抹布裝」形容一種寬鬆家居長袍，一般女子只會在家裡偷閒或打掃的時候穿在身上，不會披著它去叩見婆家。

少女被帶往河邊進行受孕儀式，由於她已懷胎八個月，此舉似嫌多餘。接著就展開過門儀式：一名婦人撐著一把粉紅陽傘在新娘頭上旋轉，我們唱著詩歌排成一列在她身後擺動雙手徐徐前進，每走一段距離，某位女親戚就迎上前來和緊張得臉色發白的新娘搭訕，有些親戚還會塞幾張小鈔給她，或送上幾顆水果。水果只有兩樣：檳榔和檸檬，雖然它們象徵「榮譽」，可是會讓吃不慣的人倒胃口。

我們手舞足蹈地沿著海邊走去，然後爬上一百二十級的陡峭階梯前往村子高處，那兒擺了幾塊聖石和數尊荷蘭大砲。連日來太陽頭一次露臉，新娘卻哭喪著臉搖搖晃晃地踏上懸崖，後面跟了一大群嘻嘻哈哈、唱唱跳跳的熱鬧群眾。新娘得到村裡一位長老的祝福後，又搖搖晃晃地步下懸崖。

新郎倌雅各比新嫁娘年長二十多歲，和她一樣挺著又圓又大的肚子，在整個迎娶儀式中始終板著一張臉，看樣子不是個健談的丈夫。事實上，這對新婚夫妻在村裡公開露面了二次，卻沒跟對方說過半句話。祈福儀式結束後，我只跟新郎握了個手，也未和他交談。

新婚夫妻沿著山坡爬上爬下地折騰了好一會兒，就背對著雅各母親家發霉的牆壁坐在地板上。這位高堂立刻撲向兒子大腿嚎啕大哭，見他面無表情、文風不動地坐著，只好把哀傷情緒轉移到新媳婦身上，將腦袋埋進她的長髮哭得沒完沒了。新娘神色慌張地安撫了一下婆婆，然後十分難得地擠出笑容看著兩位臉色泛白、年紀小她六、七歲的繼女，兩名繼女是雅各另一位爪哇妻子所生。

哭聲在驟然間結束，喜宴隨之展開，大家立即把新郎新娘晾在一邊，開始大吃大喝起來。宴會上提供的大量罐裝汽水，還有從商店買來的各種甜點，是村裡罕見的食物，每個人都理所當然、毫不節制地把它們打包藏好準備帶回家。

接下來，舞會開始了。女士們排著隊伍搖擺旋轉，男士們敲著規律鼓聲，長輩們唱著傳統歌謠，大家都樂在其中、無比盡興。大人物雅各用白信封包了兩百五十萬盧比（兩百七十美元）的賞錢給每位跳舞女士，她們立即揮著信封高聲歡呼。

聖誕夜當天，雅各的兩位女兒曾經打扮得花枝招展出現在教堂，一個穿粉紅緞面佛朗明哥舞裙，另一個穿粉紅蕾絲蓬蓬紗裙，兩人頭上都戴著粉紅羽毛飾品，腳上都踩著迷你高跟鞋，儼然是去參加朋友的婚禮。她們不但姍姍來遲，還一面走向前排座位，一面擺出炫耀姿態，村裡的女孩們個個像飛蛾撲火似的繞著她們打轉，她們的父親照舊冷若冰霜地尾隨在後。當教會執事宣讀「歐霍伊威特大家族」奉獻給教堂的捐款名單時，他依然擺著一副撲克臉。

布蘭姆爸爸從圖阿爾市寄來一份捐款，歐媽家族另一位成員阿育布爸爸（現任中馬魯古縣社會事務暨就業部主管）也捐了錢，還有很多村民為家鄉提供聖誕節捐款：這裡給十五萬盧比，那裡送三十萬盧比。雅各（議員兼新郎）捐獻的金額占所有捐款十分之一。

我很好奇雅各回到既沒有冷氣設備和豐盛晚餐，也沒有接送專車、奉承幕僚和電視採訪，甚至收不到手機訊號的家鄉是什麼感受。後來聽說他是因為父親於不久前辭世而返鄉（難怪他母親一見他就嚎啕大哭），所以他成了真正的一家之主，但他回到出生地之後並未流露半分喜色。

村民一開始可能是對那位小新娘感到好奇，而不是基於尊敬雅各的地位才感到興奮，一旦熱情冷卻便懶得巴結他了。雖說村子裡出了這麼一位大人物，的確給歐霍伊威特增添了不少光彩，不過村民並未因此而高興，因為過去二十年來，雅各一直在照顧外地人，包括查亞普拉市（與歐霍伊威特相隔一千公里）的政黨基層、教會信眾和政府員工，婚禮中的一位跳舞女士嗤之以鼻地說：「他好像覺得我們上不了檯面似的。」

連小學生都期望他們的大人物能回饋鄉里，我曾在某個小島舉辦的小學生作文展中看到一封內容如下的信：

給縣長爸爸的一封信，桑吉赫島縣

哈囉，縣長爸爸，你好嗎？我很高興認識你，縣長爸爸，因為我想求你一件事，可是我要先想好怎麼讓縣長爸爸幫助我們。我們想要有電，也想要足球場，還想要修理壞掉的馬達船，可是怎樣才能把船修好？現在誰都沒辦法再讓船動起來，連船老闆也修不好。希望縣長爸爸你能幫幫我們卡拉馬柯拉村的忙，這就是我們對縣長爸爸的請求。祝你身體健康，縣長爸爸。哦，對了，祝桑吉赫島縣生日快樂。

誠心許願的阿達米

這封信的每一行字皆以不同顏色書寫，口氣有點像在跟聖誕老人討禮物。某些地方報也會刊登性質類似的每日讀者來函（或手機簡訊），例如一位讀者寫道：「親愛的南布魯縣縣長，七月到十二月的合格教師薪水怎麼還沒發下來？我們何時才能拿到錢？麻煩盡早發餉，因為按時領薪是我們合格教師的權益。若有可能，敬請馬上支薪，別再拖延。+6285249 34某某某。」

現在的印尼人可不像過去那麼能夠容忍營私舞弊的行為，例如：縣長為了金屋藏嬌而興建私人豪宅，或是利用前往雅加達洽公期間，躲在五星級飯店裡陪年輕女藝人嗑藥，印尼選民會把這類貪官汙吏趕下台。

雖然民眾對其他類型的「貪汙」（未履行約定、不好好鋪路）屢生怨言，卻沒有人因利益輸送而丟官[6]，原因在於選民依然期待他們的大人物能夠繼續照顧他們的宗族。如今印尼各地都在力行民主，幾乎人人皆有辦法在該體制中找到某個層級的大人物為他們輸送利益。

✲

我在距離歐霍伊威特兩小時航程的凱伊群島首府圖阿爾，認識了一位擁有行銷學位的年輕人。他在泗水證券交易所（已停止營運）幹了十三年經紀人之後，厭倦了替人賣命的工作，於是回到凱伊島尋找經商機會，後來成立一家香水專賣店。開店以來，日子過得很辛苦，但並非生意不佳，而是受父母刁難，因為雙親堅持他應該再謀個公職。他離開爪哇後生意其實做得不錯，可是父母認為他不幹公務員讓他們臉上無光，而且再也不能享受公職帶來的好處，「這裡的父母都教育子女要當公務員，別做生意人。」他說。

嘲諷官僚體系是印尼全民運動，大家一致認為公務員都是既懶惰又自私的蠢蛋，滿腦子只想填滿自己的口袋，處處為難誠實老百姓，可是他們卻依然希望子女當公務員，爪哇以外地區更是如此，因為那些地方民營企業的就業機會不多。

這又是荷蘭時代留下的遺風。在荷蘭東印度公司被荷蘭政府接收整整一百年後的

十九、二十世紀之交，印尼全國中學總共只有二十五名「本地人」，當時官僚體系日益膨脹，需要增聘人手，遠道而來的荷蘭人根本趕不及補充員額。往後的三十年間，殖民政府刻意培植在地人才，讓六千五百名印尼人接受中等教育，他們畢業後幾乎全數獲得任用。從過去的歷史來看，香水商的父母判斷得沒錯，受教育確實可獲任公職，但公務員過多其實也有反作用：可能損害教育品質。

印尼雖是領土分散、地理受限的國家，但每年順利讀完小學的畢業生可達五千五百萬人，堪稱一項奇蹟。每十名學生中有九人從國中畢業，十五至二十四歲的國民幾乎都能識字。更令人印象深刻的是，全國各地師生比例極低，每位老師帶的學生很少。不過，某些國際排行榜顯示，印尼學校的班級規模雖比美國或英國來得小，但學生閱讀和數理能力在國際測驗中的成績，始終接近倒數第一。在國際數學與科學教育成就趨勢調查（TIMSS）的標準數學測驗中，十五歲的印尼學生只有〇・四％拿到「高標」分數，表示他們懂得整理、分析資訊，並做成結論。半數以上同齡學生連「低標」都達不到，意味著他們「只有一些整數與分數、運算和基本幾何圖形知識」。在二〇一二年的國際學生能力評量計畫（PISA）中，共有六十五國的十五歲學生參加國際測驗，印尼學生閱讀能力排名六十，數學和科學能力排名六十四，成績比三年前還差，而參加PISA數學測驗的印尼學生當中，通過高標者僅占〇・三％。另外，這個全球

❻ 二〇〇四年南蘇拉威西省辦理選舉時，十三位省議員當中，有十一名議員雖曾犯下貪汙罪，但照樣獲選連任。

人口第四多的國家沒有一間大學躋身亞洲最優秀一百所大學。

如此難看的成績單係教學不良所致，教學水準低落則是利益輸送的結果。擔任教職最容易擠進令人垂涎的公務員行列，地方政治人物也總是為其支持者提供教職，於是學校裡被安插了一堆立志當公務員、無意作育英才的人。這些教師的心態與印尼官僚如出一轍，認為他們可以彈性上班、隨意休假。

幾個月前，我和改行賣香水的股票經紀人聊過之後，曾經去了一趟班蓋群島。這片島嶼坐落在蘇拉威西島（整座島的形狀像英文字母K）大海灣的右下角，景觀乏善可陳，連印尼人都不敢恭維，其中巴柏島上的漁村居民直到最近仍習慣住高腳屋，那些房子與海岸有段距離，設有高出海面的棧道，猶如擠在一塊兒的長腳蜘蛛。薩拉肯是班蓋群島縣的新首府，我在那兒的一家民宿認識了巴柏島漁夫朱奈迪爸爸，他邀我去他家過夜。朱奈迪爸爸住在波比西村，為了替該村爭取新碼頭，特地跑去薩拉肯遞交請願書，當時正準備打道回府。

巴柏島的高腳屋居民被地方政府視為「海上吉普賽人」，二〇〇〇年的一場海嘯，沖走了該島大部分的離岸漁民社區，於是政府強迫居民搬到岸上。朱奈迪爸爸的海上高腳屋，設有一條與陸地相連的寬闊木棧道，房子後面是兼作廚房的走廊，遠處地板有個長方形的洞，前面遮著一塊舊竹蓆充當茅廁，蹲在那兒可以欣賞美得令人屏息的藍綠色海灣，以及搜尋蝦蟹的小孩划著獨木舟在海灣內來來去去的景象。

我和朱奈迪爸爸坐在廚房的長凳上眺望大海時，一名青年操著一艘破舊的獨木舟朝我們前方的一座海上茅屋划過去，接著就爬上階梯開始拆房子。我問朱奈迪爸爸那傢伙想幹什麼，朱奈迪爸爸說：「搬家呀。」這位青年是那間房子的屋主，當他拆除所有組件後，會把整間屋子從高腳木樁上抬起來，然後用獨木舟拖到新居住地。

傍晚我幫忙朱奈迪的老婆谷茹媽媽準備晚餐的時候，她指派我坐到椰子刨絲器前面。那工具裝在一個離地板僅五公分高的長方形小凳子上，前端有根向上彎的金屬桿，末端是個布滿鋸齒的圓球。我的工作是跨開大腿蹲在小凳子上，然後用雙腿夾住上方的圓球，將半顆椰子刨成絲，直到香噴噴的椰肉一絲絲地落在我的雙腳間疊成一落為止。接下來，谷茹媽媽剝洋蔥、剝大蒜，我把洋蔥、大蒜、辣椒和萊姆汁搗在一塊兒，做成烤魚用的參巴醬（sambal）❼。印尼人常使用一種帶鉤的研磨棒，順著石缽的凹面把醬料搗勻，但我一向不太擅長拿這種工具，搗出來的參巴醬總有一堆看相不佳的疙瘩，於是我提議跟谷茹媽媽交換位置，改由她來磨醬料，但她立刻露出驚嚇表情，因為當地人迷信誰要是吃了中途換手製作的參巴醬，就會有莫名其妙的災禍上身。

晚餐過後，擔任教師的谷茹媽媽為了向我證明她是正式而非掛名公務員，便拿出教師公會卡給我看。所謂「掛名」者是指通常不具老師資格、由地方指派的約聘教師，雖然他們占教員總額三分之一左右，但在印尼人的觀點中不算正牌老師，由於他們不是公務員，因此無法享有終生教職和保障津貼。在波比西村任職的女校長和四位主要教師皆為正式公務員，其他五位老

❼譯註：印度、馬來西亞、新加坡、印尼等地常用調味品，類似辣椒醬，有時摻入小魚乾和蝦米。

師則屬掛名公務員。印尼每所擁有一百二十名學生的學校，平均聘用十位老師。

翌日清晨六點半左右，谷茹媽媽站在一大鍋熱油前面做早餐，一見么兒穿著校服走進來，便交代他不要遲到（印尼全國小學規定早上七點開始上課）。接著，一位鄰居走進來話家常，谷茹媽媽在油鍋裡多放了幾片香蕉葉，並端出另一杯咖啡待客。這時已經六點五十分，她尚未梳洗著裝。到了七點十五分左右，我問她波比西村的學校究竟是幾點開始上課，她不好意思地用手指了指我、那位鄰居，還有那些油炸香蕉葉說：「沒關係啦，大家都知道我有客人。」

言下之意是我害她沒去上班吧。我問她，我能不能跟她去學校，說不定還能幫她上上英文課？她當下如釋重負地匆匆梳洗一番就出門。我們到校的時間是七點半。

校園裡一片混亂，全校一百二十名學生到處跑來跑去，開心地放聲尖叫。學校每日授課五小時，剛開始半個鐘頭，一個老師也沒出現。谷茹媽媽去辦公室拿了根棒子交給一名學童，他神氣活現地握著棒子敲響一只鈴鐺。孩子們聽從老師指令在瞬間依班級排好隊伍，一位小朋友跨步向前喊口令，每位同學立即抬頭挺胸。谷茹媽媽向他們道了聲早安，學生們有禮貌地齊聲回應，一名女生帶領全校合唱了一首頌揚國旗的愛國歌。

我幫忙教四班和六班的英文課，谷茹媽媽親自帶一班的課，並指示二、三、五班（學生年齡分別是七歲、八歲、十歲）進他們的教室溫習課本，「直到你們的老師來為止」。那些孩子乖乖走進教室，可老師們始終沒來。

由於校舍不足，無法容納全校六個班級，校方就用三夾板把每間教室隔成兩半。我面對著三十來個年紀不滿十二歲、全數擠在半間教室裡的小毛頭說：「大家早！」孩子們中氣十足地回答：「老師早！」我指著坐我附近的一個年齡較大的男生，用英文問他：「我是伊莉莎白，你叫什麼名字？」他已經學了三年英文，卻答不出這個簡單的問題。其他孩子趕快轉移目光，生怕我叫到他們，不過我很高興看到一個女生舉手，然後故意指著前排一個男生問這小女生：「他叫什麼名字？」她自鳴得意地宣布：「我叫菲菲。」

谷茹媽媽已打電話通知校長學校有訪客，校長在早上九點半現身後，就請我去她辦公室坐。辦公室裡光線陰暗，一座書架頂端（好奇心重的孩子絕對搆不著那兒）擺著三顆大地球儀，每顆都小心仔細地包在塑膠袋裡。架上還有一男一女兩具人體解剖模型（也都包在泡泡塑膠紙裡），和一堆用卷軸捲起來從未展開過的地圖掛圖。女校長解釋，她的職責不在教書，只管行政，「不過有時候我還是得授課，我們的教員實在太少了，你能怎麼辦？」她嘆息道。

✲

印尼人之所以迷戀公職，或許是一九六〇年代中期經濟動盪與惡性通膨引起的後遺症。不過，那時公務員薪水雖低，至少不缺生活必需品，例如政府配給的米、油、糖。當印尼貧民只能穿著粗麻衣上市場時，政府照樣能為公務員供應制服，這或許就是印尼人迄今仍對制服抱有狂熱的原因。

印尼人的確酷愛各種制服，公務員甚至部長和縣長每日必著制服，大多數中央政府機構容許員工在星期五穿正式蠟染襯衫，有些地方政府還會要求員工每週穿一次傳統服亮相。全國公務員一律佩戴黑底白字、刻著姓名的塑膠工作證，外加一小枚代表工作單位的金色徽章。

有頭有臉的大人物會依場合更換制服，我和鑽研東南亞政治的英國學者卜埃勒（Michael Buehler）聊起印尼的制服狂熱時，他說：「在系列競選活動中，地方政客換衣服的頻率，比美國流行樂壇天后瑪丹娜（Madonna）開演唱會的更衣次數還高。南蘇拉威西省長早上是大官，中午是童軍，下午是虔誠穆斯林，晚上又變成商人。」

印尼公務員制服大都是死氣沉沉的淺褐色、橄欖綠或藍色，衣服上會繡著兩個顏色醒目的標誌，一個代表政府單位，一個代表任職部門。這些標誌已成為印尼一大特色，並且被國內諸多政黨、企業、偉士牌❽機車騎士俱樂部複製。連某些登記有案的恐怖分子集團，也會繡上強調其身分的醒目徽章。相偕前往麥加朝聖的同村居民會穿同樣的服裝，參加婚禮的家庭也會做相同的裝扮，不只伴娘如此，新郎新娘雙方家長與手足，以及兄弟姊妹的配偶和子女，也就是整個宗族都不例外。

一九六〇年代的印尼，形同大批公務員組成的福利國家，那時公務員薪水寒酸，也無心認真工作，只要能利用職務之便從別人身上撈一些油水就心滿意足。如今的印尼人雖然較容易透過合法手段提高收入，不過揩油心態未曾改變。某位任職於農業部的官員曾告訴我：「我每個月底薪是五百萬盧比（約五百美元）。」當時他正好下榻我住的賓館，而他前來當地開一小時的會議，起碼要花掉五天的差旅費，「連同所有津貼算下來，我每個月至少可以拿一千萬盧比（約台幣三萬元）回家，這裡面還不包括我能撈到的一點『額外收入』。」他並未具體說明「額外收入」有哪些，但根據我在衛生部的觀察，這部分收入可能包括採購電腦的回扣、巧立名目的訓練講習會支出等。

印尼公務員所有的額外收入，都是長官賜予的禮物。換言之，政府部門猶若一個龐大的宗族，或者有如一座上下共蒙其利的利益輸送金字塔。那些長官往往以家長自居，把部屬當子女看待。

我在印尼衛生部任職時，總是訝異地看到與我共事的中階主管精打細算地搜刮同僚或部屬合法取得的額外收入，來源包括：出席專家座談會、海外出差、籌辦多項會議等。他們殫精竭慮地確保每個「子女」（即部屬）都有取得額外收入的公平機會，因此某些訓練課程之所以無人缺席，是因為輪到某些部屬參加，並非課程主題與他們的工作相關。從另一方面來看，這麼做也符合平等原則，是傳統慶典禮物分配法——給這人一塊豬肝、給那人一個豬鼻——的現代範例。長官決定分給部屬哪些好處後，受惠者從來不會察覺長官自己口袋裡的鈔票是否塞太滿。

印尼只有小部分公職是依考試結果錄用，大部分的非酬庸性公職則是可以買賣，官價最高的職位都在公共工程部之類的「溼」部會，以及每年主掌穆斯林麥加朝聖活動的宗教部，這些單位可從各種計畫或服務中抽取大量油水，即使像衛生部這種「乾」部會，也有辦法暗中向低層員工搜刮兩年的底薪，其結果是製造了一堆昏庸無能的官僚。某位掌管「國家機制」的部長

❽ 譯註：Vespa為義大利知名摩托車廠牌，一九四六年開始生產小巧輕便、外型簡單的踏板式機車，印尼因其價格實惠而大量進口，深受民眾喜愛。

最近表示，印尼全國四百七十萬名公務員當中，九五％欠缺必備工作技能。[9]

官僚體制導致人民怨聲載道，許多新縣市的居民卻無能為力，因為既得利益者太多。我在印尼待過的每個家庭二等親以內的成員，都跟官僚體系有所牽連。那些成員包括：敲著鐵罐驅趕野鳥的西蘇門答臘稻農、每天工作九小時還得趕回家做飯的爪哇養老院雜工、住在高腳屋的朱奈迪爸爸，當然還有歐霍伊威特村的丘畢爸爸及其家人。

✲

歐霍伊威特是個歡度聖誕節的好地方，村民親切好客，整個村子瀰漫著濃厚的溫暖氣息。不過，慶祝聖誕節也挺累人的，必須出席各種教會儀式和典禮，於是我決定善待一下自己，去班達島過新年。班達島是個小型觀光勝地，海上有迷人的珊瑚礁，島上有幾座碉堡和大砲，還有一座火山。在這裡會遇到其他外國人，可以用英文聊天，而且民宿主人不會一大早六點鐘就把其他村民喊過來，看我喝不加糖的咖啡（他們說那是「空咖啡」）。

從圖阿爾北岸啟程的培尼渡輪非但誤點十八小時，還比預定航行時間（四十四小時）多花了幾個鐘點才開到班達。下船地點離我住的民宿不遠，走路就可以到。民宿有個正對著阿比火山的舒適露台，第一天傍晚只有我一名房客。我獨自坐在露台欣賞這座朦朧地矗立於海面的火山，在落日餘暉照拂下，林木蓊鬱的山坡漸次變成透明的綠色。一抹山嵐慵懶地掛在山前，一名漁夫划著橄欖樹幹雕鑿而成的獨木舟悄悄從我眼前漂過去，在倒映著火山的平靜水面盪起小小的漣漪。值此風平浪靜的時刻，我卻想起眼前這座火山曾為當地帶來嚴重破壞。

阿比火山最近一次災情慘重的噴發活動，發生於一九八八年。第二年我去了一趟班達島，猶記得我在火山下方的小海灣游泳時，水溫愈來愈熱，自海底火山口湧上來的氣體，將海水變成一大缸熱呼呼的鹽水。每次地牛發威，就給當地帶來地震、海嘯和岩漿。一百五十年前，英國博物學家華萊士曾撰文敘述更嚴重的火山爆發活動，並且提到班達島幾乎每年總會出現一次地震，每隔幾個寒暑又會發生更嚴重的災難將房子震垮，把停在港口的所有船隻甩到街上。

我住的民宿靠近市區碼頭，那兒停放了許多開往周邊各島的小型水上巴士。我打算渡海前往能看到大面積肉豆蔻園的隆瑟島，於是對著船夫們隔空喊話：「有沒有去隆瑟島的船班？」他們扯著嗓門回應：「當然有！」我又喊道：「你們什麼時候開船？」他們回答：「客滿就開！」

兩小時過後，我漫步在一片橄欖樹林中，那些大樹的支柱根個個長得比我頭頂還高，下方是一層比較低矮的灌木，樹上垂掛著一種形似黃色小桃、硬如撞球的果實。有些果實裂了一道開口，露出深紅色的網狀豆蔻碎殼和肉豆蔻皮，摘一顆果實可取得兩種香料[10]。新鮮肉豆蔻的果皮光滑柔韌，乾燥後可碾壓成深橘色的碎屑，是製作濃湯、咖哩、聖誕餅乾的上好調味料。果皮包覆著薄薄一層易碎的內殼，裡頭就是帶有皺褶的肉豆蔻果仁，目前主要用途是當作可口

---

[9] 數字不包括全國四十六萬五千名軍人，以及四十一萬二千名警察。

[10] 譯註：肉豆蔻的果仁叫nutmag，果皮叫mace，兩者皆可做香料。

可樂神奇配方的原料。當地居民光腳走在林間，一見掉落在地上的橄欖果實，就用岔裂的棍子戳起來放進他們背在身後的藤籃。林中靜謐祥和，不過老是有一群嗡嗡亂叫的蚊子進攻我的腳踝，我趕緊逃到一塊空地，在炙熱的正午陽光照射下，來到一堵舊石牆前。

「喝水呀！」一名個頭矮小的男人笑容可掬地對我說。他挑著一根竹扁擔顛呀顛地穿過豆蔻園的窄路走過來，擔子上晃著兩大籃肉豆蔻。我問：「井裡的水好喝嗎？」小個兒男說：「當然好喝啊，這可是一口聖井喲！井水只有在快要乾掉的時候才不好喝。」我發現井內蓄滿透澈的清水，於是喝下了幾口甘泉。

我們站在半山腰眺望著看似虛無飄渺、坐落在小島中央、激烈撼動過周遭世界的阿比火山之際，我對小個兒男提起二十三年前我曾到過班達島，那時這座火山剛爆發沒多久。「對啊，這口聖井的水在一九八八年乾過一次。」他解釋井水乾涸是災難將臨的警訊，過了一會兒又說：「其實，一九九八年井水也乾過一次，緊接著衝突就發生了。」他提到的「衝突」，是指一場造成數千人喪命的班達群島宗教代理戰爭[11]。換言之，聖井能預告天災人禍。

接著，小個兒男邀請我去看他的kebun，這個字有幾個含意，我以為他可能是指某個院子或農場，結果發現是他在樹林中圍出來、面積接近足球場的一塊農地，裡面有座肉豆蔻苗圃、幾株結實纍纍的成樹，還有一棵樹幹連遭劈砍、幾乎不見果子的大樹。小個兒男笑著說：「那棵樹是公的，結的果實不多，但可以讓母樹多生些果子出來，就跟人一樣。」他拿起長刀砍進公樹的樹幹，一見樹幹流出深紅色的汁液又說了一遍：「就跟人一樣。」

那天傍晚我回到民宿時，露台寶座已被某位帶著一罐冰啤酒在看書的白種男人占用。我戰戰戰兢兢靠過去用搭訕口氣問對方：「你在讀什麼書啊？」

他把書翻過來讓我瞧了瞧封面，書名叫《妓女的智慧》。他大概是見我一臉震驚的表情，於是趕忙聲明：「不是妳想的那樣啦。」過了半晌我又問他：「你喜歡這本書嗎？」聽到他說：「這本書其實很精彩。」我才鬆了口氣向他承認我就是作者。他看看我，看看作者照片，又看看我，震驚程度似乎不亞於我乍見他那一刻。

這家民宿有如小型聯合國：讀我那本書的人名叫約翰，是雅加達一所韓僑學校的英文老師。除了他之外，民宿裡還住了一對提前退休、精通潛水的加拿大夫妻，一名認為殖民行為是人類天性的瑞典人，兩名老在談錢的庸俗芬蘭背包客，一對性格開朗、驚訝地發現班達島歷史故事有別於他們童年所學的荷蘭情侶，還有一個幾杯啤酒下肚就胡言亂語的德國人。跨年夜當天，小聯合國出現最後兩名成員：一位看起來傻呼呼、說話帶上流社會英國腔的富二代金髮妞和她的猛男情人。金髮妞穿著一件胸口極低的細肩帶白色超短緊身洋裝，打算去參加在艾比薩島舉行的海灘舞會，那裝扮很適合她在黃昏時分貼著男友坐在民宿露台上，不過當她在午夜街頭派對裡多喝了幾杯而趴在警察身上時，那身打扮可就不堪入目了。

一月二日這一天，民宿的房客陷入一片驚慌，因為大家聽說預計飛離班達群島的所有航班統統被取消，他們必須等候下一班培尼渡輪靠岸，才能耗費十個小時返回省會安汶。

⓫ 譯註：代理戰爭是利用第三方（如其他國家的軍隊、民兵或傭兵）代替己方出征，以不引起全面戰爭為前提打擊對手。

其實，那些航班並非真被取消，只是誤點而已。所有飛往班達的航班一律由當地省政府補貼、包租，希望藉提供廉價交通來討好選民。省政府每六個月更新一次包機招標作業，而且上個租約到期以前，拒不受理新申請案，因此班達群島每年總會遇到兩次連續數週無機可搭的情況，這段青黃不接的時期，正巧碰上旅遊旺季來臨的十二月和一月初。

有些島民認為，這是省會安汶破壞班達觀光業的陰謀，一位擁有數家觀光民宿的女主人說：「安汶政府忌妒我們，他們討厭觀光客只在安汶待幾天，就跑來班達度假一星期。」

我問一位機票代理商，他是否認為有人故意打斷飛航服務？他一笑置之地說：「事情沒那麼複雜啦。」我又問，那省政府為何不提早六個星期展開招標作業？「這就是我們親愛的國家的官僚作風嘛。」原來如此。

Indonesia Etc.:
Exploring the Improbable Nation

Elizabeth Pisani

7 大地之母的寵兒

已開發世界居民或許是為了彌補其先人對他國子民犯下的罪愆，才開始珍惜地球資源。他們提出「土地富饒會把人民變懶」的論點，多少帶有種族歧視、以偏概全的意味。不過，我也常聽印尼人說：「大地之母把我們寵壞了……」

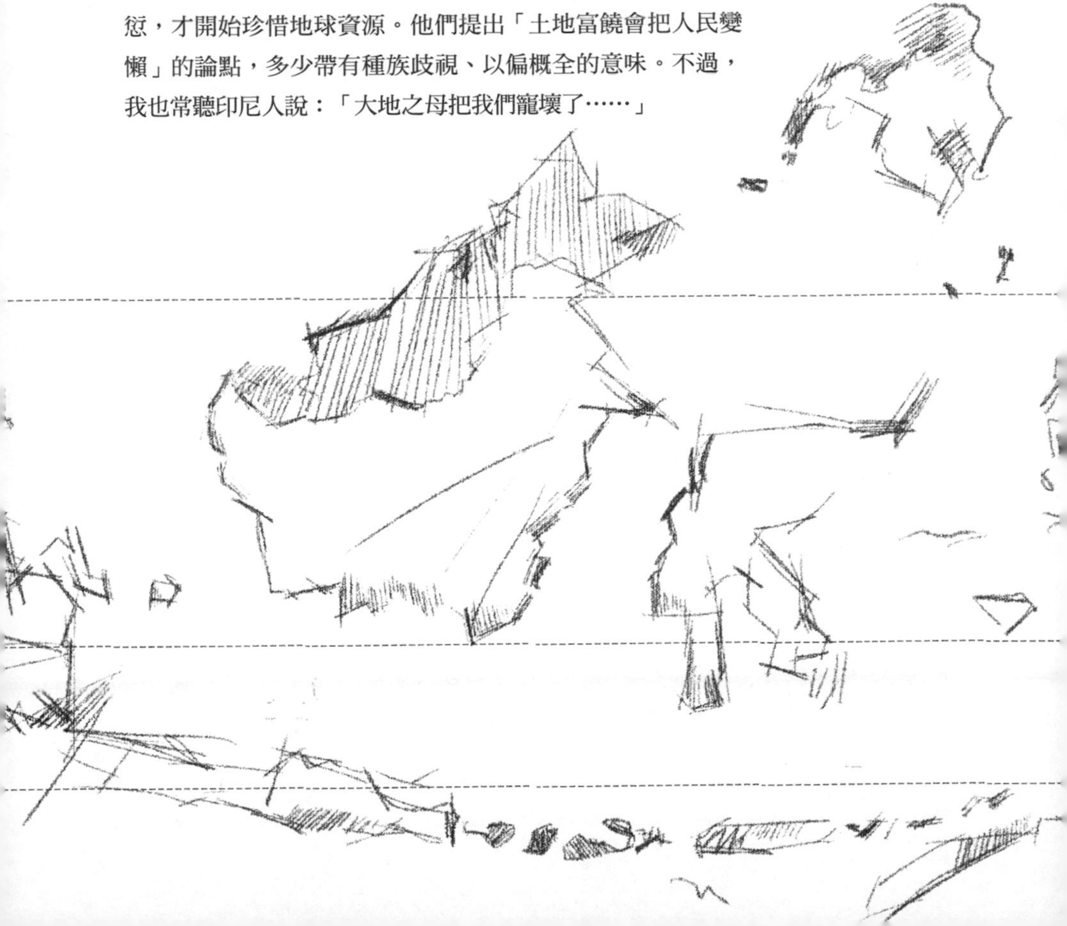

圖F：南蘇拉威西省，以及布頓島

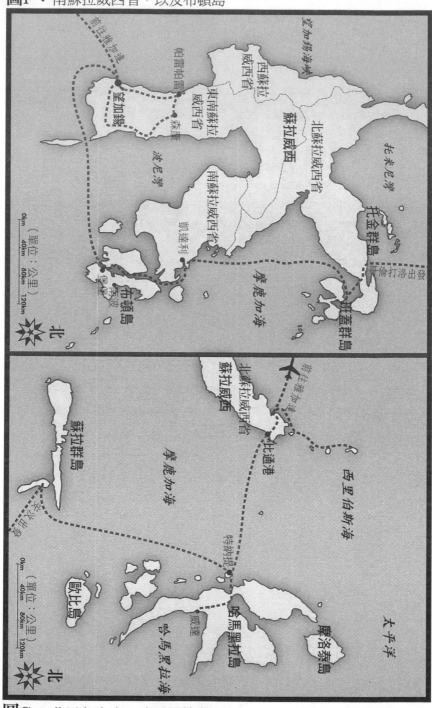

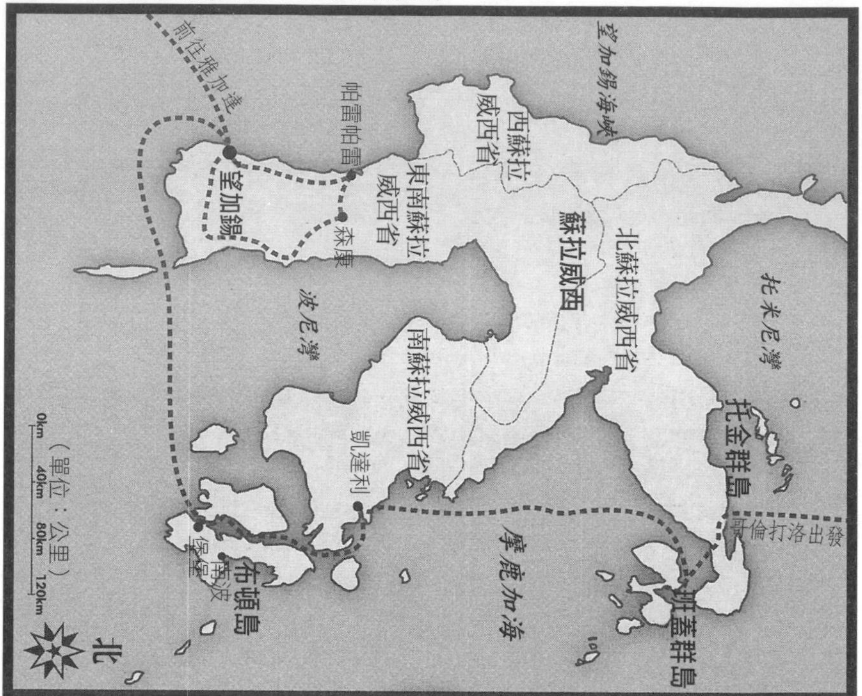

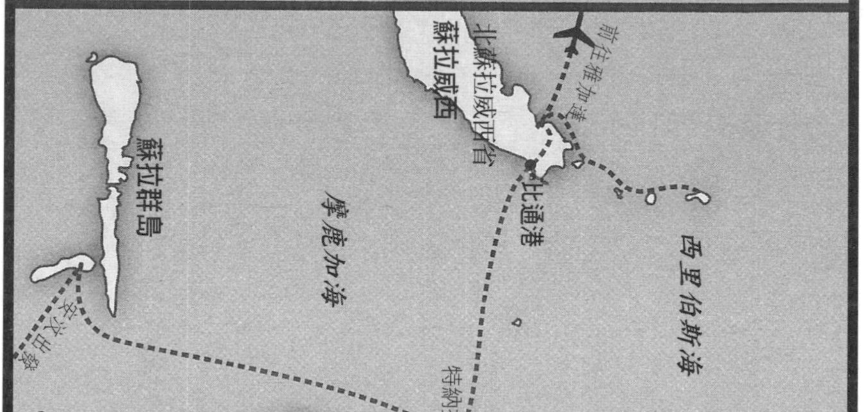

圖G：北馬魯古省，哈馬黑拉島

我在破曉前抵達北馬魯古省的省會特納提市後，便坐在一個路邊攤前喝杯研磨咖啡等天亮。晨光漸次灑向這個熱帶島嶼，加馬拉馬山呈現灰濛濛的輪廓。這座火山組成特納提島大部分的地形，再過片刻就會展露清晰翠綠的面貌。耀眼的太陽自火山後方跳了出來，坐落在火山東南方的特納提市霎時充滿朝氣。

加馬拉馬火山為特納提島創造財富（盛產丁香），也帶來破壞。二〇一一年十二月（我抵達當地前一個月），山頂噴發大量火山灰，數星期後的幾場豪雨，把山坡上厚厚一層火山灰變成一條黑泥河，冷卻的岩漿不斷聚集能量形成土石流，夾帶的岩石有些寬達四米，推倒所經的一切，摧毀了八十棟民宅和三條人命。

我前往受創最重的災區一探究竟，看見一名男子正在住家前剷泥巴，讓遭到掩埋的窗戶重見天日。她老婆請我進門後，我發現土石流沖垮了屋後的石膏牆，還剩三面牆的破屋看起來像是抹上泥漿的建築模型。

特納提島的山坡地屬高風險禁建區，奇貨可居的平地則是拚命蓋房子，請我進門的女士希望政府把她家遷往較安全的地點。

等待新建案期間，這家人暫時在技術訓練中心棲身。土石流災情爆發之初，這裡曾湧入四千位難民；危機逐漸解除後，軍隊陸續剷除了殘餘住家的泥巴。如今訓練中心還滯留了三百人左右，他們一起住在會議廳，用疊高的硬紙箱、小孩的腳踏車、晾著校服的麻繩，以及泥流侵襲後僅存的生活物品區隔地盤，大家似乎只能逆來順受。愛冒險的孩子們最開心，因為可以使用隔壁幼兒園的鞦韆和蹺蹺板。

訓練中心似乎在舉辦小型派對，我循著樂聲走過去，發現一座充當廚房的軍用帆布篷，裡面有位救災志工拿著一柄不鏽鋼園藝鏟，將一大鍋米飯分別盛進各家人的飯碗，其他志工則從一個塑膠盆裡夾出炸魚塊，又從一口大缸裡舀一匙蔬菜湯，澆在每個人的米飯上。

用餐結束後，廚房變成臨時舞廳，居民（大多為男性）隨著響亮的噹嘟樂（dangdut）節奏跳起屈膝、翹臀、扭腕的舞蹈。噹嘟樂是印尼的一種流行音樂，結合一點印度曲風，並以傳統樂器甘丹鼓（gendang）❶敲出噹—嘟、噹—嘟的節奏，堪稱寶萊塢與家庭音樂大雜燴。

接著，有人帶著一堆形似超大手榴彈的榴槤抵達現場，大家隨即清空地板，開始扒開果皮吃將起來。印尼的飛機或高檔旅館一律禁帶榴槤，因為那臭味會透過空調系統飄散至各角落。我始終無法接受榴槤味，主要因為它會停留在口腔上方，讓人揮不去又滑又油又膩的感覺。此時此刻，居民們卻搶著請我品嘗他們視為人間美味的水果，還一語雙關地說：「這裡，這裡，吃我的啦！我的比他的甜哦！」

我搭乘志工組長的便車返回民宿的路上，他抬頭望了望籠罩在火山頂的烏雲層，憂心地搖著頭說：「那裡會下一場大暴雨，明天我們就得提供飯菜給更多難民了。」

火山的確常給這些島嶼帶來災害，不過大量噴發的火山灰，卻形成最富饒的土壤。印尼群島總計有一百二十七座活火山，從蘇門答臘延伸至爪哇島的一系列火山，為當地孕育了產量甚豐的稻田，許多農民每年可種三期稻作（土壤較不肥沃的地區只有一穫），還能生產大量蔬菜水果。火山群繞過婆羅洲，從南邊畫出一個大弧形之後，便通過馬魯古省數百座小島，然後分布至蘇拉威西島北端。印尼東方海域諸多小島（尤其是班達島和特納提島）的火山灰在海風經年累月吹拂之下，不斷飄落在山坡上，累積成適合種植香料的沃土。

全球火山監測系統可監測到超過半數的活火山現況，某一座火山的大噴發活動，有時會驚醒其他沉睡中的同伴，例如蘇門答臘的西納彭火山自一八八一年以來長期處於休眠狀態，二〇一〇年又突然甦醒過來，這個睡美人效應可能是六年前的海底火山噴發引起的慢速反應。那一次的噴發活動鑄成二〇〇四年十二月二十六日的南亞海嘯，導致十七萬名印尼人罹難，大多數死者為亞齊省居民，迄今仍影響著當地人的生活與行為。

二〇一二年四月，我在亞齊省高地旅遊之際，不斷接獲來自雅加達、松巴島，甚至遠從巴布亞省而來的手機簡訊，朋友們頻頻問道：「妳在哪兒？」、「妳還好嗎？」當時我正搭乘小巴士沿著一條顛簸的山路前往塔肯岡，不明白為什麼每個人都站在街上，一則來自新加坡的簡訊為我揭曉了答案：「亞齊省發生大地震，預估二十分鐘內會有海嘯。」

我在二十分鐘內來到塔肯岡一家相當豪華的旅館，旅館裡的房客、員工，還有從街上走進來的路人，全都黏在電視機前觀看災情轉播，記者報導地震規模達芮氏八・六級。位於海邊的亞齊省會班達亞齊，最近甫自二〇〇四年的震災中重新站起來，我們卻從電視畫面上看到當地居民有的尖叫逃跑，有的跨上機車或開著汽車慌忙衝向地勢較高處。大夥兒正看得聚精會神，頭頂上的大吊燈突然顫抖了幾下便劇烈搖晃起來。人人都不敢作聲，面面相覷了好一會兒，接

❶ 譯註：一種桶狀雙面鼓，有大小尺寸，擊鼓時須將鼓身橫置或斜放，為甘美朗樂團主要樂器之一，常見於印度和東南亞。

著有人說：「地震又來了！」眾人趕緊三步併作兩步地衝出旅館，外頭正下著大雨。

第二波地震的震幅比半小時前來得大，我的牙齒跟著抖動的窗戶一起格格打戰，胸口開始碰碰亂跳。旅館一名女接待員緊抓著我的手臂，捏得我整條胳臂都麻木了。地震停止的時候，我們已被冷颼颼的山雨淋得全身溼透。我餘悸猶存，但手臂依然被牢牢抓著。那接待員雖然嚇得面無血色、膝蓋發軟，卻始終不肯坐下來，也不想回室內避雨，只是不停地在嘴裡低聲叨念著「創傷症候群」幾個字。後來她告訴我，她的母親、一個弟弟和兩個妹妹，全被二〇〇四年的海嘯捲走了，那次災難過後，她就搬到這座高地，為的是趕走傷心回憶，不再觸景生情。

地震來臨後，可能會在瞬間奪走你現有的一切、改變你未來的命運。有能力的人可以往城市搬遷，住在不會漏水又有空調的房子，避開地理災害威脅，但是印尼還有數百萬人口只能住在地震活動頻繁的地區，過一天算一天。

✲

印尼大地之母的破壞力不小，但也十分多產。馬魯古省會安汶市的數學教授艾迪斯曾告訴我：「馬魯古省的居民被大地寵壞了，因為這裡盛產香料，讓居民輕鬆致富，而且有很多土地，海裡也有捉不完的魚。」

我無從得知當印尼人看到今日的人類面對氣候變遷與海陸資源的態度後，是否會明白他們的行為（懶散、浪費、不懂得未雨綢繆）有多麼跟不上時代。換個角度來看，已開發世界居民的行為恐怕才是不合時宜，那些高所得者（多半是住在寒帶的白種人）或許是為了彌補其先人對他國子民（大都是住在熱帶的黃種人）犯下的罪愆，才開始珍惜地球資源。他們提出「土地富饒會把人民變懶」的論點，多少帶有種族歧視、以偏概全的意味。不過，我也常聽印尼人說：「大地之母把我們寵壞了。」

馬魯古省和巴布亞省的主食是西米，這是將某種棕櫚樹的樹心（木髓部）刮下來之後加工而成的澱粉粒，可以烤成煎餅，或者做成醬料。我覺得那種煎餅嘗起來很像乾紙板，一五七九年來過馬魯古群島的英國探險家德瑞克，則形容西米露的味道像酸奶。不過西米是當地居民主要熱量來源，一個家庭大約花四天的工夫完成砍樹、刮心、洗滌、晒乾等工作，即可獲得足以餵飽全家一整年的西米。「這裡的居民從來不懂得深謀遠慮，大家都很懶惰。」艾迪斯說。

雖然印尼的土地面積在世界排名中僅占第十五位，其棕櫚油、橡膠、稻米、咖啡、可可、椰子、樹薯、四季豆、木瓜，以及肉桂、丁香、肉豆蔻、胡椒、香草的產量卻名列全球第三，茶葉、菸草、玉米、花生、酪梨、香蕉、高麗菜、腰果、辣椒、黃瓜、生薑、鳳梨、芒果、地瓜和南瓜的產量則是排在前十名，同時也是全球第十大林木生產國，海洋與河川漁獲量僅次於中國。

印尼的地殼底下還蘊藏著其他財富，除了坐擁大量天然氣，巴布亞省的格拉斯堡礦場還有全球最大金礦，而且每天生產銅礦。印尼也是世界第二大（排在中國之後）的錫、煤生產國，以及這兩種礦產最大出口國。此外還盛產鋁礬土（可提煉鋁）和鎳，產量排名世界第二（僅次於俄羅斯），出口量依然為世界之最。這個國家甚至能直接從地上挖出瀝青來。

我住在巴柏島漁夫朱奈迪爸爸家的時候，認識了一位龍蝦養殖人，他向我透露，他哥哥多達在蘇拉威西島附近的布頓島經營一座瀝青礦場。嗄？我一直以為瀝青是從石油提煉出來的副產品（即人造瀝青）！「不，不，瀝青是從地上挖出來的，我哥會帶妳去礦場瞧瞧。」後來我從相關資料得知，印尼是天然瀝青最大生產國之一，布頓島則是印尼最大瀝青產地，我還看到印尼布頓瀝青公司（Buton Asphalt Indonesia）得意地在網站上張貼了幾張公路照片，那些平滑得像一級方程式賽車跑道的公路一看便知是在中國，但依然令人印象深刻。

我查閱地圖時發現，多達的礦場所在地並未被標示出來，不過大約抓出了它的位置是在七十五公里外之處，儘管距離相當遠，我還是打算騎著我在堡堡市租來的小機車前去一日遊。

「妳不能騎車過來，路況太糟了！」多達在電話上告訴我。以前住在道路平整的爪哇時，我從來不把這種勸告當一回事，也不用擔心會遇到泥巴路。不過在印尼東部諸島閒晃了幾個月後，我已經非常了解「路況很糟」代表什麼意思：道路不是無法通行，就是根本不存在。於是我前往巴士站詢問是否有班車開往南波（是最靠近瀝青礦場的城市），但每個人都搖頭說：「現在已經沒人想跑那條路線，路況糟透了。」最後我只好租了一輛汽車（在印尼旅遊期間，我只租過這麼一次車），還僱了一位司機。

司機是個留著龐克頭的二十歲小夥子，他負責握方向盤，我只管看風景。車子經過一個擁有棋盤格稻田和幾座印度廟的美麗村落時，龐克小子形容那是個「血統純正的峇里村」，自一九六〇年代起便成為越區移民據點之一。那些印度廟完全仿照峇里島紅磚廟的形制，以煤渣磚砌成，村落周邊的房子都是五顏六色的高腳木屋，村子裡的住家則是蓋在地面的水泥屋，前方的道路張貼著布頓縣長候選人競選海報，還有頭上頂著高高一落水果的峇里島美少女圖。

我們從堡堡行駛了十公里後，柏油路面突然裂成令人膽顫心驚的幾大塊。再往前開去，馬路竟變成了小溪。車子涉水穿過一片幽暗的森林時，龐克小子掏出一支丁香菸，看了我一眼，又把菸塞回口袋。遊走印尼這幾個月來，我早已習慣別人不徵求我同意就在我面前點菸（巴士乘客都這樣），於是請他自便。他立刻抓起一根菸迫不急待點起來，我笑著說：「哇，你真是不來一根不行了啊！」「小姐，不是這樣啦。我拿菸出來是因為這附近有惡鬼，菸味能把它們趕跑。」說時遲那時快，一頭野豬突然衝到我們前面，龐克小子險些把車撞進樹叢。

路上的小溪終於乾了，但泥巴還未乾，車子開始打滑。我們起先覺得很好玩，但還是不敢掉以輕心，龐克小子始終緊握著方向盤。快到目的地時，眼前的道路突然變平坦了，路面既沒有柏油，也沒有泥巴。我下車察看了一下，發現腳下的路面踩起來軟綿綿的，感覺像是兒童遊樂場裡的橡膠防滑墊。原來我們已經把車子開到天然瀝青上面，這些地表上的瀝青被不斷從礦場開出來的重型卡車壓成了馬路。

礦場經理多達曾在盧武克（位於中蘇拉威西省）的一所伊斯蘭大學攻讀政治溝通學，畢業後因運氣不佳，未能謀得夢寐以求的公職，但也不想無所事事，於是在老家的瀝青礦場接下一份工作。多達帶我前往山坡上的礦場參觀，礦場的地面看起來像一大塊破碎的花崗岩，但踩起來也是軟綿綿的。我撿起一塊灰色的礦物把它撕開後，它流出又黑又黏的液體，還散發出施工道路的味道，果真是如假包換的瀝青。

我對一般礦場的印象是，內部有許多坑道、支柱、熔爐、鐵軌，還有全身髒兮兮的礦工，那些礦工彷彿在蟻丘內爬行的螞蟻，不斷在腸子一般的地下坑道進進出出。布頓島的礦場景象和一般礦場相差無幾，我看見三名礦工坐在一塊可遮陽避雨的藍色防水布下抽菸，兩台黃色怪手閒置在一大片瀝青上，礦工們只要發動機器，將怪手定位，挖起地上瀝青，然後倒進卡車，就完成該做的工作了，可是他們卻閒閒沒事幹。

我用調侃的口氣問多達：「他們在休息嗎？」不，是怪手的柴油用光了，沒辦法發動。我乍然想起昨天在一個漁船加油站，聽到大家都在討論效率不彰的燃油運輸制度，不過這些礦工沒事幹，並非因為柴油遲遲沒運到，多達笑著說：「他們只是忘了叫貨，大家得再等十天，柴油才會送來。這種情況常發生，我們印尼人不太擅長先把事情規畫好。」

忘記叫貨其實沒什麼大不了，麻煩事還在後頭。我參觀布頓礦場時，當地的瀝青採礦活動已逐漸陷入停擺狀態，因為政府可能明令禁止出口未加工礦砂及礦物。按法律規定，該禁令必須等到二〇一四年一月才生效，後來雅加達的礦產與能源部改變初衷，忽然在二〇一二年二月宣布，採礦公司須在三個月內提交完整礦物及礦砂加工計畫，若是未能如期交出，就得不到出口許可。

我參觀布頓礦場那天，該消息已經發布。當時大家都不知道礦場是否能取得出口許可，也沒有人清楚相關規定是否涵蓋瀝青，以及處理程序有哪些。多達經營的礦業公司要求礦工把他們從地面挖起來的大塊瀝青敲碎，然後將小塊瀝青裝進麻袋，「我們認為那樣就是半加工成品了，應該可以過關。」但他們既不確定，也很難查證，因為礦產與能源部曾經將新規定張貼於網站，卻又在同一天緊急撤下。照理說，「增設加工處理機」可提高出口礦物附加價值、為印尼人創造就業，不過多達已把按日計酬的礦場零工全數解聘，少數正式礦工則被調去縫麻袋，「可是這段期間我們照樣得繼續付他們工錢，所以必須及早知道接下來會有什麼狀況。」

六個月後，最高法院廢除了這條差點生效的出口禁令。又過一個月後，憲法法庭也做出裁決，將礦產與能源部試圖為中央政府奪回的若干權利，交還給縣市政府。而礦產與能源部在兩天前又頒布一道令人霧煞煞的規定，要求外商採礦公司將他們在印尼創投事業一半的股份賣給印尼企業。

這條規定宣布後，引起幾家最大的外商投資公司不滿，印尼兩大部會立即出面澄清事實。能源與礦物資源部長說，我們已決定暫緩實施該規定。經濟行政部長則在同一天表示，我們並未做出該項決定。

瀝青可創造大量稅收和權利金，未來收益可能十分龐大——布頓礦場的儲藏量估計達三十六億噸，依黑市現價計算，值三千六百億美元。從我們抵達礦場那條路的路況來判斷，這筆錢用於地方基礎建設的部分顯然不多。

多達和我往海邊走去，我看到岸邊堆著一座重達五萬噸、等著送出港的未加工瀝青山，後方有十來個穿著毛邊牛仔褲和破T恤的年輕人，不斷把從河裡撈來的石頭倒進許多小木槽，並攪動石頭，將它們壓進生鏽的鋼筋和板模中間，他們正在給未來的新碼頭起造骨架，碼頭是為了促進出口而增建。

瀝青山的前方，有塊布告板上貼了張加拿大班夫湖松林密布的湖畔風景照，並且用中文（每個字有一英尺高）寫道：「歡迎參觀瀝青礦場」，還提供了一個手機號碼。無論印尼是否禁止出口礦物，一艘貨輪已預定在當天晚上將海邊那堆瀝青輪往中國。一名蹲在瀝青山上的小夥子解釋：「他們在禁令宣布以前就拿到出口許可了，只是因為其他行政問題才耽擱了一點出航時間，他們一直巴不得碼頭能早日完工。」

當地人似乎有點異想天開，以為在這個偏僻角落建一座專用港就可以繁榮地方經濟。不過我在旅途中也遇過其他類似情況，北馬魯古省的哈馬黑拉島即為一例。

✲

我常和印尼渡輪的同船乘客交換手機號碼，各奔東西後仍會約在某個港口見面。例如我造訪特納提島時，就有一位在船上認識的工程師曾邀我去海邊享用烤魚大餐，當時隔壁坐著一名顴骨很高、臉頰寬闊、長得像鳥的男士，那是哈馬黑拉島少數原住民的五官特徵。當我們聊到附近島嶼不同的優點時，這位名叫皮特的男士就直接插話，說起哈馬黑拉島、雷里雷夫村（皮特的故鄉），以及該村附近小鎮威達的故事。

威達鎮位於馬魯古省邊陲地帶，我對當地所知有限，僅在某個旅遊網站上看到一行文字形容當地「是個只有泥巴路的破村子」。不過皮特爸爸說，威達鎮是中哈馬黑拉縣的縣政府所在地：「非常繁榮。」現在最適合去當地瞧瞧，因為縣長的雙胞胎女兒要出嫁了，「每個大人物都會去那兒。」

哈馬黑拉島緊臨特納提島。就地理位置而言，是北馬魯古省主要島嶼，形狀像隻趴在海上的胖蜘蛛。但以政治地位而論，則是長期備受忽視，與小小的特納提島相形見絀。一九八九年我初訪哈馬黑拉島時，當地仍屬印尼開發最少的地區。我曾在夜晚攔下一輛軍用吉普車（當地除牛車之外，似乎沒有別種交通工具），搭著它穿越島上一座茂密的森林，看到林中有一棵樹被數百隻閃著淡綠光芒的螢火蟲照得晶亮耀眼。四百多年前，這番奇景也曾讓英國探險家德瑞克留下深刻印象，做了以下描述：

> 夜來漫步於林間，但見無數恍若仙子之小蟲飛舞於空中，其身如蠅，通體有光。林內枝枒酷似明燭，流螢飛處宛若燦星。

那片夜間森林確實有如燦爛星球般令人嘆為觀止，不過當白天降臨後，島上景觀便不再引人入勝，你會看到二次大戰留下的生鏽坦克車被棄置在哈馬黑拉島美麗的海灘上。日本曾派大軍駐守此島，美國麥克阿瑟將軍決定以隔壁的摩洛泰島作為太平洋戰爭的作戰基地後，日軍曾於一九四四年年底採取反攻行動。

一九八九年我造訪哈馬黑拉島時，只對當地的螢火蟲、坦克車和牛車留有印象。二十三年後的今天，該島已被分割成幾個縣，因發現鎳礦而發跡。皮特爸爸敘述了雷里雷夫村的轉型過程：那裡原本是個環境髒亂的小村，只有一堆棕櫚屋和中輟生，後來因規模龐大的外資企業威達灣鎳公司（Weda Bay Nickel）在當地採礦而繁榮起來。皮特爸爸說，如今威達鎮已經搖身變成蓋滿兩層樓房的市鎮，路上車水馬龍，年輕人都去爪哇讀大學。我決定先參觀縣長女兒的婚禮再拜訪礦場。

我抵達哈馬黑拉島的港口之後，沒瞧見任何牛車或軍用吉普車，只看到各式新潮休旅車，就像停放在倫敦或墨爾本高級住宅區某個昂貴有機食品超市停車場的那些車種，不過哈馬黑拉島的休旅車多為營業用共乘計程車，它們都停在港邊，等著以最快速度將乘客送往全島各角落。此地變化幅度之大，實在出乎我意料。

我挑了一輛開往威達鎮的計程車坐上去，車子行經幾條剛鋪柏油的馬路穿越山林，又繞著數座未完工的橋梁涉水通過幾條河，最後進入處處展現新氣象的威達鎮。縣長辦公室高踞在山上，鎮上有一條多線道公路、一家玻璃帷幕新酒店（我猜它的地毯和牆壁很快就會發霉），還有幾排蓋得像樂高積木、連白天都點著燈的住宅。

縣長女兒的婚禮已在昨日舉行，我正好錯過一天。那家玻璃帷幕酒店後方依然可見婚宴遺留的痕跡。一頂白色尼龍帆布篷下方，鋪著面積相當於兩個足球場的大紅毯，來自特納提島的外燴人員，正忙著收拾數百盤沒人動過的菜餚，不知該如何處置被扔在幾座大垃圾箱的剩飯。

宴客中心被加上圍籬，外頭是田野與建築工地，裡面展示了幾張比真人還大的電腦合成照，其中一張是雙胞胎一號小時候站在美國南方某座老豪宅前方的留影，另一張是雙胞胎二號穿著花俏緞面長裙俯瞰某個現代城市的影像。兩張獨照中間穿插了縣長和夫人在海外的合影（非電腦合成照），以及縣長穿著制服英姿煥發的巨幅肖像，旁邊羅列著他在第一任內的政績。

首宗成就是：「為各級政府興建基礎設施。」另一項功業是：「釋出吉比島保護林地供採礦部門使用。」

「啊，妳應該昨天就來的。」我的民宿主人薇拉說：「婚禮熱鬧極了，我們整晚都在跳舞，真不敢想像這排場花了多少錢哪！」

事實上，其中大部分花費（三萬五千美元左右）是以公帑支付，但縣長毫不愧咎。我聽說兩對可愛的新人在婚禮中跨過了一排堆滿白米的托盤，是地方傳統習俗之一，象徵天長地久、不愁吃喝的婚姻。縣長告訴記者，縣政府有志於提倡地方傳統婚禮，因此文化與觀光部門擬定的相關預算，理當用來支持該年度最盛大的婚禮，好讓當地人牢記傳統。

這場盛大婚禮對縣長的聲譽有加持作用，來賓都把他當作地方文化守護者。出席賓客多達七千人，包括：一位省長、一位省警局局長、一名軍事指揮官、三位鄰縣縣長，以及海灣地區鎳礦場的幾位大老闆。

為了討好這些大人物，縣長又多辦了幾場宴會。第三天的重頭戲是慶祝印尼民主奮鬥黨生日，該政黨有意支持縣長參加該年選舉。慶祝會當天，紅色的黨旗（上面有個黑色水牛頭）在酒店門前隨風飄揚，每棟政府辦公大樓和政黨辦事處的外面也都插滿黨旗。跨性人組成的地方代表團穿著印有縣長肖像的T恤，在一台平板卡車上隨著噹嘟樂迴旋起舞。那些隆過乳的跨性人為了展露性感，還故意將T恤剪開再別上安全別針，不過沒敢破壞胸前的縣長肖像。跨性人已成印尼各大城市觀光特色之一，主要從事美容業、娛樂業、性行業，民眾對他們的接受度很高。我去過印尼某些偏遠鄉鎮後，發現每個縣城也都看得到跨性人。他們常應聘前往小型村落擔任婚禮化妝師，或者為選舉集會跳舞，而我在捕鯨村拉馬雷拉遇過的兩名跨性人，則是受僱協助當地教堂布置啟用典禮會場。

縣長在街上舉辦了一場遊行，打頭陣的樂隊成員約有一百名，那些年輕人一律穿著高級polo衫，衣服上也印有縣長肖像，外圍還寫了一圈標語：「我的縣長，你的縣長，加油加油！」民宿主人薇拉騎車經過遊行隊伍時，穿了一件宣稱「我是阿巴阿西姆（縣長別名）大粉絲」的T恤，她指了指我，又扯了扯她的T恤問：「妳的T恤呢？」我沒拿到這種免費贈品。

群眾夾道歡呼「再做五年！」時，我正巧經過縣長前面，發現這位高官長得實在不像大人物，而是個禿頭矮胖子。他在幾位忠僕左右護駕之下站在官邸外，像打著節拍似的對路過群眾頻頻舉手致意，豐腴的圓臉掛著愉悅的笑容，群眾看到縣長舉手也很開心，顯見他極受鎮民歡迎。阿巴阿西姆出生於威達鎮，二〇〇七年（縣政府成立十八年後）當上縣長，甫上任便遷都威達鎮，並且為這個「只有泥巴路的破村子」蓋了一堆藍瓦屋和一家高級酒店。

第二天是中哈馬黑拉縣的生日，也是縣城遷至威達鎮的四週年紀念日。鎮民和大批公務員、學生、童子軍、警察，以及家庭福利聯盟成員幾乎都得穿上團體制服，參加上午八點舉行的慶典。群眾密密麻麻地排著整齊隊伍聚集在縣政廣場周邊，這是縣長的舞台，台下坐滿演員、工作人員和聽眾。一座高聳的摩天輪矗立於遠方，彷彿在提醒大家：當天各項慶典結束後，將有一場狂歡派對。

來賓得到的待遇明顯有階級之分，學生和基層公務員站在沒有遮陽篷的廣場遠處，我和家庭福利聯盟的女士們坐在社區中心外的紅色絨毛椅上，頭上架著帆布篷。慶祝儀式假社區中心舉行，內部座椅都鋪上白緞，坐著一群公務員眷屬。主辦單位沒有為學生提供吃食，我和福利聯盟的女士們每人拿到一盒黏不拉幾的蛋糕，公務員眷屬們得到炸雞午餐。社區中心前排扶手椅保留給頭號大人物，他們可享用罐裝可樂和芬達汽水，我們只有裝在塑膠杯裡的白開水可飲用。

慶祝儀式完全比照軍隊操練形式，某位「總司令」不斷對著擴音系統喊口令：「高中生向右跨兩步，舉起手臂，預備起：一！二！」現場的高中生馬上跨步向前，舉起一隻胳臂量好彼此距離，另一隻手臂伸向右側，同時踏出兩步各就各位。「太陽眼鏡，摘下！」大家乖乖把眼鏡塞進口袋。「手機，收好！」沒任何動靜。幾分鐘後，學生們剛剛排好的隊形又亂成一團，總司令再度發號施令。

九點十五分左右，社區中心禮堂出現一陣吵雜的對講機聲音，廣場上的指揮口令也變得愈發急切。縣長的雙胞胎女兒抵達了現場，兩人的長相和衣著看似雷同但小有區別，都穿了一襲上半身綴著紫紅亮片的淺藍緞面長禮服，兩位新郎倌穿著藍襯衫、打著亮紫色領結。廣場上鬧哄哄的，不時傳來幾聲嚎叫，接著就湧入一批舞者，後面跟著一群身穿白衣、臉戴尖鼻子高筒面具、腦袋頂著形似摺疊餐巾頭飾的男子。我問薇拉那種裝扮象徵什麼，她也不明就裡，只是笑一笑說：「我想是代表某種新傳統吧。」

那些打扮得像幽靈的男子身後出現一艘巨大的無底「船」，由一群裝扮成戰士的警察扛著，由於遊行場所離海邊甚遠，他們無法依傳統儀式扛著真正的柯拉柯拉戰船（kora-kora）❷進場。縣長及夫人在假船護送之下緩緩朝社區中心行進，慶祝典禮在縣長就位後正式展開。來賓致詞完畢，緊接著是一場令人眼花撩亂的表演，表演者在三位身披金線斗篷、腳踩亮片長筒靴的高大樂隊女指揮帶領下，整齊劃一地做出踏步、打鼓、揮舞彩虹旗的動作。

印尼全國的地方領袖，為了名正言順地成立新的縣政府或鞏固個人權力，往往熱中舉辦他們一度視為落後農村習俗而避之唯恐不及的傳統慶典，如果無法翻出舊傳統，就創造新花樣。地方政要一同前往縣城參加歷時長達一週的傳統慶典之際，許多鄉公所也得暫停工作，配合主管們參加每次慶典附帶舉行的大型園遊會，在現場擺滿代表政府各單位的精緻攤位。一名曾在亞齊辛其爾縣看管衛生部攤位的護士抱怨：「這種事誰都逃不掉，我們已經在醫院裡超時工作了，卻還得花一整個星期來這裡掛彩旗、發傳單、想辦法比其他攤位爭取更多來賓在我們的訪客簿上簽名。」各鄉公所也設有獨立攤位，並自製特殊點心招待客人，我在某個攤位拿到一杯冰鎮海菜湯，在另一個攤位嘗到土產蠶絲，招待者說：「我們的蠶蛾可是舉世聞名哦！」

這些園遊會有如爭取地方認同的狂歡派對，當我和鑽研印尼政治的澳洲學者艾斯皮納爾（Ed Aspinall）提起印尼打算恢復地方傳統時，他的反應是：印尼全國各地的傳統慶典一概遵循相同模式，「我認為那種地方文化傳統看起來既低俗又虛假，只能說那些官僚非常衝動、做做樣子罷了，是非常典型的印尼作風。」

✲

皮特爸爸津津樂道的那座大型鎳礦場，從威達鎮搭快艇過去不到兩小時即可抵達。哈馬黑拉礦場占地約五百五十平方公里，開採計畫是蘇哈托總統即將卸任前所授權。印尼轟轟烈烈推行地方自治後，沒有人知道中央政府核可的開採權會交給省政府還是縣政府，甚至不清楚這座礦場應該屬於何省、何縣。開採權原本歸馬魯古省，一年後又落到北馬魯古省手上，但這個新成立的省分既無可用辦公室，又缺乏能幹幕僚，或明確地界。雪上加霜的是，該省基督徒和穆斯林之間衝突不斷，外國投資者很難找到理想時機，為這個尚無法運作的礦場砸下重金。

開採計畫於二〇〇六年恢復，當時法國礦業巨擘埃赫美集團（Eramet）收購了一些股份[3]。後來駐雅加達的一群非政府組織（大部分由教育水準甚高的中產階級社運人士經營，並獲得國際遊說者大力支持）提出抗議，理由是礦場預定地已被劃為森林保護區。他們憂慮採礦活動可能干擾住在森林地下洞穴的稀有蝙蝠，並侵犯採礦區原住民的生活，更擔心採礦公司把礦場廢料傾倒在擁有大量珊瑚和魚群的海灣。這些非政府組織表示，他們打算為一群害怕遭到報復而不敢透露姓名的當地居民發聲，卻沒料到他們在籌備示威活動時，某些在地人竟發起支持礦場的反示威。

我在碼頭上搜尋開往雷里雷夫村的快艇時，遇到幾名年輕人，他們抓起我的提包就把我送上了威達灣鎳公司的快艇。獨自一人搭著快艇的我，忽然有種感觸：我不是善變的人，但每次去到印尼不同的地方，當地人對我的身分總會有不同的解讀。我看起來不像觀光客，因為我年

---

[2] 譯註：印尼馬魯古群島傳統獨木舟，長約十公尺，船身很窄，可容納四十名船夫，一般用於運送香料，十七世紀曾充當對抗荷蘭人的戰船。

[3] 埃赫美集團與日本三菱集團共同談成這筆交易，最後買下印尼國營採礦公司一〇%的股份。

紀太大、穿著不夠暴露，也不喜歡去海邊打發時間，而且我總是單槍匹馬，其他觀光客則是出雙入對，所以我常聽到別人問我：「妳都沒有朋友嗎？」

我在旅途中遇到的印尼人，看到像我這種外表風塵僕僕，習慣穿著實用鞋子、長袖棉衫、多口袋黑背心（攝影記者常穿的那種），說話帶雅加達口音，老是忙著寫筆記的短髮白種女人，以為我具有以下幾種身分：在松巴島，我像瘧疾研究員；在塔寧巴島和凱伊島，我變成人類學家；在弗洛勒斯島，我成了修女（驚！）；在亞齊省，我被當作救援工作者和選舉監察員；在加里曼丹，有人當我是非政府環保組織成員；在某些印尼小城，我被誤認為英文老師；在威達鎮，居民以為我是工程師。

我從威達灣鎳公司的快艇取回提包後，又改搭一艘公用快艇，同行者是民宿主人薇拉的表妹泰熙，她剛參加完縣長女兒的婚禮，正準備返回雷里雷夫村的家，薇拉託她照顧我的時候，泰熙未表示任何意見。

兩小時不到，公用快艇在一座嘎吱作響的木造碼頭邊放我們下船。上岸以後，我們把泰熙從城裡採購的東西全部堆進一輛平板卡車，便驅車上路。途中經過只有一間病房的醫務所，以及設有兩個販賣亭的市場，販賣亭沒營業，市場裡有三名女子坐在地上，面前堆著西米和樹薯。我看到兩座教堂和一座清真寺，外加幾棟有五彩廊柱的新屋，其他建築不多。從碼頭去泰熙家的路程不長，我們很快就到家。

她家比我預期的大很多，通往客廳的正門前面有一排列柱，客廳裡擺著一大套沙發組，包括一張人造皮大沙發、兩個扶手椅，和一個桌面是毛玻璃的鋁製茶几。這種客廳在平日派不上用場，只適合用來談判嫁妝和接待戶口普查員。中堂又大又暗，地板鋪著冰冷的磁磚，擱著一台超大平板電視和卡拉OK，除此之外別無他物。中堂旁邊有兩間臥房，我使用的那間地板上擺了個泡棉床墊，牆上掛了張Hello Kitty海報。

側門邊有另一組沙發，是招待朋友抽菸喝酒的地方。我發現有個房間擺著一張大餐桌和一台冰箱，由於村子裡的發電機僅在晚上供電，那冰箱只能當食品櫃來用。廚房位於屋子後方，是個水泥洞。每個房間的牆下和地面都爬滿像蛇身一樣扭來扭去的電線，門柱上、沙發下和椅子下也是。這棟房子屋齡不過幾年，卻沒在牆內安裝任何線路。

村裡只有四條道路，路旁的木造和棕櫚小屋，悉數被水泥和磁磚建築擠到一邊。某些小屋裝飾著彩色玻璃，許多房屋柱子上漆著假的大理石紋，百葉窗和門板上還鑲著各種玻璃片。

我去街上閒逛時，在海邊棧道遇到兩名來自特納提島的年輕人。他們主動前來搭訕，並且向我透露他們已經來雷里雷夫村兩個月了，結果發現這裡的工作很無聊，心情超沮喪。兩人都是威達灣鎳公司幫員工聘來的老師，一個教英語，一個教電腦，英文老師說：「我接受這份工作的理由是：不想跟政府官僚打交道。可是這裡的情況更糟糕，因為日本人不想照法國人的方式工作，法國人不肯和澳洲人講話，所有人都拒絕跟巴塔克族員工交談。如果公司某個部門想做某件事，附屬單位就設法阻撓，令人傷透腦筋。」

二〇〇七年，印尼首開世界先例，要求天然資源開採事業必須投資地方社區，並通過相關法律，然而這些年來企業界始終沒有建立這種慣例，我待在雷里雷夫那幾天，曾經聽到立意良善的「企業社會責任」計畫出現嚴重紕漏的故事。採礦公司成立之初，社區聯絡員曾鼓勵當地人為該公司員工種菜，沒想到高麗菜種出來了，工人卻沒出現，因為礦場的興建工程延宕多時，後來採礦公司任憑那些高麗菜在農民手裡爛掉，也損害了自己的信譽。

當員工陸續到任，食堂也開張後，負責履行企業社會責任的主管又要求當地人養雞。可是當那些雞隻快要下鍋時，經營礦場餐廳的國際外燴加盟商卻拒絕買本地人養的雞，理由是牠們不符合西方後台老闆訂定的標準。在地雞農都認為該公司懦弱無能，前景堪憂，不過告訴我這故事的雞農說：「這家公司肯定是故意刁難，他們一點也不笨。」

我想吃一盤飯，卻遍尋不著，因為中午過後，雷里雷夫村的小吃攤一概不營業。後來我在路邊發現有個塑膠盒裡裝著十二個剛出爐的小餐包，於是順手拿走全部麵包，並留下一萬兩千盧比，接著就在返回泰熙家的路上狼吞虎嚥吃了幾個。回到泰熙家之後，屋裡沒半個人，我把剩下的餐包放在盤子裡擺到桌上，打算讓泰熙和她老公弗立萊克斯回家後享用，然後就去沖了個澡。

洗完澡出來一看，桌上盤子是空的。一群小男生突襲並搗毀了那座小麵包山，又喊又叫地在屋裡亂跑，直到泰熙十一歲的女兒盛氣凌人地衝進家門，才把他們趕走。晚餐由她和朋友掌廚，餐桌上擺著米飯、樹薯和幾顆水煮蛋。

晚餐快煮好時，另一群蝗蟲從天而降，這回闖進家門的是幾名喝醉的十七、八歲小夥子。他們輪流衝進浴室梳洗一番之後立即朝廚房進攻，把女生們剛端上桌的食物一掃而空，連聲「請」或「謝謝」都不會說，我問這幾個傢伙是誰？泰熙的女兒聳聳肩回答：「是親戚啦。」泰熙的弟弟隔天要結婚，整個大家族已陸續從各地村落趕過來。

這些男生吃晚餐時都在熱烈談論採礦計畫。早期印尼大型採礦公司只須獲得雅加達首肯即可展開營運，而且深受年輕人歡迎，大多數居民也不敢抗議，因為抗議者很快就遭到軍隊鎮壓。如今某些國內外團體善於利用自由媒體和推特論壇，鼓勵當地人對採礦公司表達不滿。這些活躍分子期許地方人士對採礦公司多加施壓，以減少他們對環境的危害，並要求他們為土地和勞工付出更公平的代價、為礦場周邊社區做更多的投資。

餐桌前的小夥子對這種事當然很熱中，其中一個喝得爛醉、獐頭鼠目的傢伙抱怨，當地人只能得到無聊的差事，工程、建築之類的好康都落到外地人手上，「所以我就跑去跟示威者一起把採礦公司的快艇燒了，我們一定要讓他們知道誰才是老大。」我問他有什麼技能，「把自己灌醉啊！」另一個傢伙代答，第三位曾在爪哇就學的小夥子表情尷尬地說：「你想得到好差事，結果卻跑去燒快艇，簡直就像搬磚頭砸自己的腳嘛。」

獐頭鼠目的小夥子得意地誇耀完自己的光榮事蹟後，就滿面春風地騎著一輛嶄新的摩托車揚長而去——那台車是用威達灣鎳公司付給他家的土地補償金買的。當天夜裡，他把摩托車騎進了海裡，直到第二天早上退潮後，才有人發現他被海浪沖到沙灘上，但沒人看到摩托車鑰匙。

我在咖啡館一邊吃著早餐，一邊思索該如何順利通過礦場安全哨進去參觀的時候，有位穿著深藍色制服的帥哥走進店裡，他一見我就說：「妳是從雅加達來的。」接著便與我攀談起來。這位名叫阿米爾的帥哥是從爪哇調來駐守威達鎮的警察，最近暫時借調到威達灣鎳公司的保安隊。他覺得保安工作很無趣，沒事就出來晃晃。雙方聊了一會兒之後，他主動邀我參觀礦場，於是我坐著他的摩托車經過該公司的飛機跑道，又穿越一片即將興建港口和坑道的土地，然後長驅直入通過礦場大門的安全哨，儼然踏入了另一個世界。

礦場的醫生是阿米爾的朋友，保健中心暫時設在一排改裝過的貨櫃屋裡，但醫療設備卻是我在印尼鄉間所見最乾淨、最齊全的。

診所委託給民間包商急救醫事公司（SOS Medika）經營，阿米爾的醫生朋友是該公司員工。她邀我共進午餐之後，便套上鐵頭靴、戴上安全帽（我也戴了一頂），帶我穿越五十公尺長的庭院前往食堂。雖然礦場方圓數英里內沒有放置任何工程機具，公司照樣規定大家必須戴安全帽。他們會執行這種規定頗教人意外，因為印尼向來是個不太重視工安的國家，經常可見工人掛在高壓電塔上徒手接電線。

食堂裡的冷氣不強，內部裝潢和日內瓦世界衛生組織、華盛頓世界銀行、倫敦英國國家廣播公司（我在這些機構用過餐）的員工餐廳差不多，雖然這裡不供應高級葡萄酒（像國際貨幣基金組織餐廳那樣）或各國橄欖油（歐盟執行委員會餐廳有這些貨色），但是餐檯上有沙拉、濃湯和新鮮寒帶水果，甚至還有起司！不過我們進來的時候，食堂員工已經開始收東西了。

用餐者有白種人，也有來自爪哇和蘇門答臘的印尼人。他們在這個環境封閉的礦場每工作一段時間，就搭公司專機飛去爪哇、峇里島，或印尼其他「文明」地帶休息放鬆幾天。阿米爾騎車載我返回雷里雷夫村的途中，經過一棟正在搭建骨架的大樓。那是新蓋的安全哨，體積比雷里雷夫村的民房大了好幾倍。當地的大型安全哨愈蓋愈多，而且駐守著外來軍人和警察，採礦公司和礦區附近居民之間的關係難免日趨緊張。不過，我倒是有點同情威達灣鎳公司，畢竟他們已投入大筆資金，也盡量以最不傷害環境的方式開採礦砂，而且起碼願意提供經費給當地醫生、在村子裡安裝發電機、為本地人改善教育和訓練機會。或許他們只是在做表面文章，骨子裡仍以營利為優先，但至少跨出了第一步，有做總比沒做好。

至於礦區另外兩家中國採礦公司是否也會起而效法，就很難說了。他們把礦渣倒入河川上游，導致五個村子喝不到乾淨的水，威達灣的藍色珊瑚也遭到褐色礦泥汙染。當法日合資的威達灣鎳公司砸下巨資，興建一座可在當地創造數百份工作、讓印尼取得更多礦物的鎳加工廠，停泊在威達灣準備將礦砂裝船運走的中國貨輪卻不斷噴出毒煙。他們不理會未經加工的礦物不得出口的禁令，打算盡可能把印尼的鎳礦載走，當地人都說他們「搜刮完就閃人」。

居民對規模最大的中資採礦公司特金多（Tekindo）迭生怨言，罵他們是吝嗇鬼、不守信用、視當地人如糞土，然而卻沒有人跑去燒掉他們的快艇，或是向他們示威。我問當地人為什麼不去抗議？泰熙的老公弗利萊克斯說：「那又有什麼意義？中國企業全是狗屎。」

✲

我從礦場回到雷里雷夫村後，又得準備迎接另一場婚禮。泰熙的弟弟即將娶媳婦，母親家的簡陋廚房已成麵包工廠，許多鐵製小烤箱被擱在柴火堆或者瓦斯爐上加熱後，烤出了一盒盒巧克力麵包捲和一個個圓形蛋糕，蛋糕皆以斑葉蘭做香料和裝飾。院子裡有個太太握著一根木槳，把裝在大炒鍋裡的糯米、棕櫚糖和椰奶攪拌在一塊兒，炒鍋下面生著一團火，大功告成後，她就把整團米糊撥進幾個琺瑯印花盤裡。

婚禮有點像服裝展示會，只有泰熙的母親和我穿上傳統紗籠和格巴雅，其他女士都穿合身「現代服」。新娘戴著寶石頭冠，披著全身綴滿銀色蕾絲的西式白紗禮服。女客們有的穿杏黃色雪紡紗長袍，有的在圓點洋裝外加了件寬鬆的短外套，很多人都挽著人造皮手提包。一位皮膚乾癟、牙齒掉光的阿婆竟穿了一件鑲著亮片的彈性纖維上衣，和一條輕飄飄的薄紗迷你裙，還扭腰擺臀地跟著村裡較有地位的男賓們跳起加卡雷雷戰舞（cakalele）❹，那些男賓跳舞時手裡握的是棕櫚葉而非長劍，阿婆一直跳到滿頭大汗才停止，汗水在她抹著白粉的臉龐留下了幾道汗跡。

婚禮結束後，我才第一次有機會坐在泰熙家的客廳跟她聊天。她劈頭問道：「妳叫什麼名字？」我心想：我已經和她女兒同床共枕兩夜，還幫她母親煮過飯、參加過她弟弟的婚禮，她居然連我姓啥名誰都不曉得，由此可見她有多好客。

泰熙是中學老師，可是教育態度顯然和她的職業有矛盾，例如她會因為九歲兒子不想上學，就縱容他賴在家裡一星期。有天早上，她想幫兒子穿上制服短褲，他生氣地把褲子一扔就跑掉，她也沒有馬上追過去，只說：「男孩子嘛，你能拿他怎麼辦？」她不想放棄教職，卻老是抱怨工作乏味、薪水太差。不過，印尼幾乎所有教師都埋怨薪餉太少，所以大多數人還兼副業，例如開家洗衣店或咖啡館什麼的。我問泰熙是否考慮做生意，她反問該做什麼生意？我說，嗯，未來一、兩年內，威達灣鎳公司至少會僱用六千五百名工人，但是村裡只有兩個小吃攤，而且天一黑就打烊，既然她每天只上課到中午，何不在晚上開個小吃攤？

她想了片刻之後搖搖頭說：「那太累了。」

※

泰熙的生活態度，令我想起了住在阿多那拉火山的麗娜媽媽，她認為只要靠戳、撒、踢、戳、撒、踢的動作往土裡丟幾粒種子，就能獲得一堆玉米。印尼鄉下居民年復一年過著勉強餬口的日子，但許多人依然抱著知足常樂的生活態度。

企圖心較高的村民多半會搬到都市或外島追求財富，例如在布頓島賣鹹魚的女子、在西蘇門答臘省賣巴東飯的廚子，以及力爭上游的工作者（像是來自弗洛勒斯島的「偶接客」司機安東）。他們搬到新的居住地以後，就成為當地人口中的「外地人」，有時被稱作「客人」，有時被貶為「入侵者」。這些人勤奮工作、善於存錢、懂得未雨綢繆地投資子女教育或經營小本生意，以改善家庭和子女的前途。換句話說，印尼有數百萬人都在實踐中產階級價值觀。

如今，從印尼地下資源和肥沃土壤冒出來的財富，已逐漸讓雷里雷夫村等地的村民躋身中產階級，至少根據世界銀行訂定的標準來看是這樣——世銀所畫的貧窮線是以「每日所得兩美元」為基準，收入超過這個水平線的人就算「中產階級」。近年來，商品價格逐日上揚，印

❹ 譯註：起源於印尼馬魯古省北部和中部、用於婚禮的一種舞蹈，表演者會舉著木製刀劍和盾牌出場。

尼某些極偏遠地帶的村民可以靠出售棕櫚油、橡膠、乾椰肉、可可、肉豆蔻、丁香及其他農作物，每天賺到兩美元以上的生活費，但他們尚未養成儲蓄、投資的觀念。

「看哪！快看看她！」一位和我一起烘烤婚禮蛋糕的太太說，此人長得高高壯壯，嘴裡只剩兩顆牙，一顆被檳榔汁染得黑黑的，另一顆是金牙。她抬起下巴指著一名妙齡女子要我看，對方假裝漫不經心地把胳臂伸向前方，好讓大家看見她在手上把玩的新型手機。「看到沒？他們家把全部的土地賣給採礦公司以後拿到一大筆現金，於是就蓋了棟新豪宅。這本來沒什麼，可是他們後來又拿信用卡買了五台摩托車，而且不是普通車子哦，是一台兩千萬盧比（約台幣六萬元）的拉風車呀，接著又買了三支手機，結果不到兩年他們就沒有飯可吃，也沒有地可種了，還欠了一屁股債，真不知道接下來會怎樣？」

✲

那段時間，印尼政府的所作所為也和雷里雷夫的村民相去不遠：只知販賣商品、悠閒度日、大量消費，未曾投入太多經費促進經濟成長。「接下來會怎樣？」似乎也是西裝革履的銀行研究員、重要智庫成員，或是外國記者想提出的問題，不過他們卻忙著吹捧印尼經濟。

當時的經濟專家們大放厥詞地談論印尼的「人口紅利」——指年輕勞動人口占總人口比例大增所伴隨的經濟成長效應，認為印尼經濟前景一片光明，香港或雅加達股市的電腦螢幕上將持續呈現吸睛的成長趨勢圖。理論上，印尼的年輕家庭會把錢存起來，銀行則會將這些存款貸放給新事業。年輕勞動人口增加，意味著有更多人製造產品，進而創造更多財富。但實際上，印尼有三分之一年輕人全然不事生產，五名成年人當中有四個人沒有銀行帳戶，銀行卻不斷借錢給民眾買東西，而非讓他們拿去創業❺。

智庫機構麥肯錫全球研究所（McKinsey Global Institute）也非常看好印尼前景，完全避談中產階級所重視的儲蓄和投資觀念，並指出印尼可透過消費致富，報界大肆宣揚的一份麥肯錫報告指出：「到了二〇三〇年，印尼約有五〇％的人口可望成為消費階層，目前該階層人口僅占二〇％。」意味著除了現有的五千五百萬名消費者，印尼還會增加八千五百萬名新消費者，他們的每月淨所得超過三百美元（近一萬台幣）。

麥肯錫曾為該報告徵詢過「多位學界、政界與業界專家」的意見，這些專家包括：九位印尼內閣部長、兩位大使，再加上總計七十五位的經濟學家和企業老闆，我很好奇當中有多少人了解雷里雷夫這類村子的人口紅利。

❺二〇一二年的數據指出，十五到二十四歲的印尼年輕人當中，每十人有三人既非在學，也無工作（連非正式工作都沒有）。目前，印尼無業的高中畢業生超過六百萬人，而且許多公司發現他們欠缺工作能力。企業界表示，在「有技能的」員工之中，近半數不具備適切完成個人工作所必備的思考、運算或英語能力。

Indonesia Etc.:
Exploring the Improbable Nation

Elizabeth Pisani

8 冰上的利潤

魚價會隨著冰塊融化而遞減。塔胡納沒有製冰廠，當地體積較大、最多可裝三十條鮪魚的八人漁船，是用居民自製自售、裝在塑膠袋裡的冰磚來保鮮。雖然船東和其他民營企業商人樂於投資製冰廠，卻遭到地方政府拒絕，理由是工廠屬國有財產，不能民營……

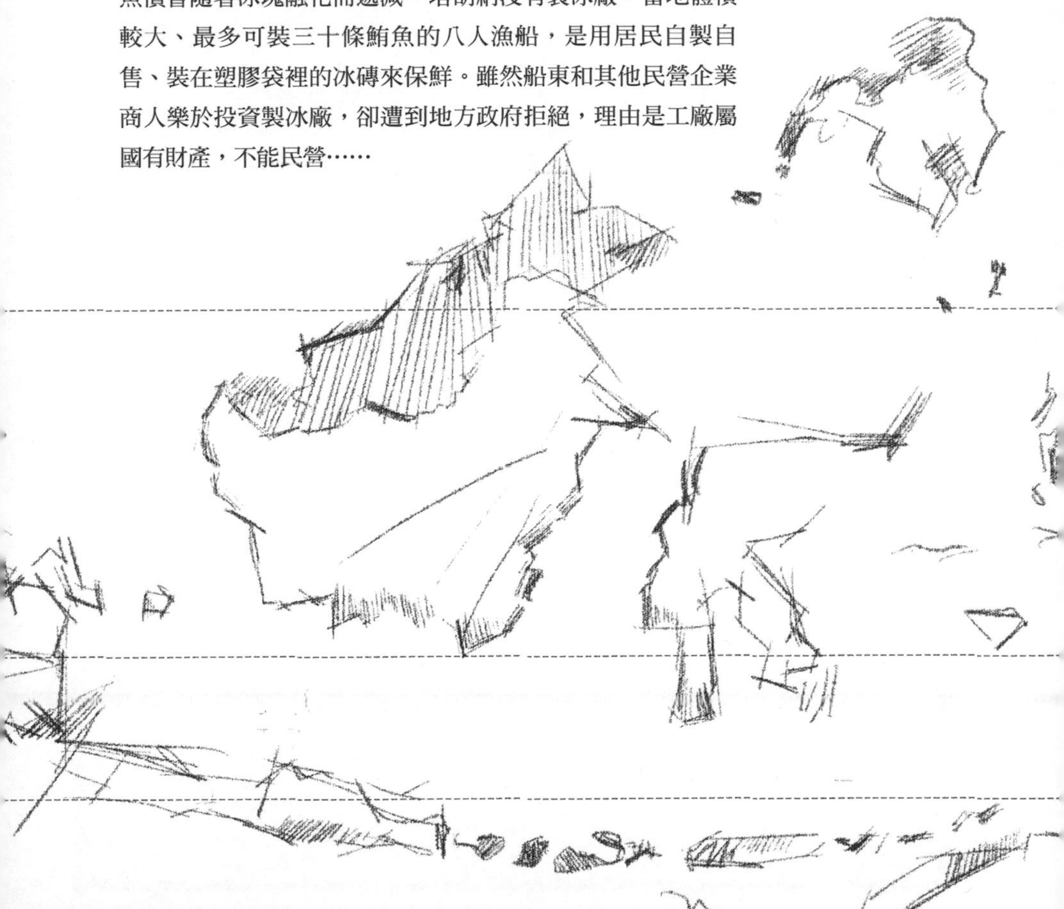

圖H：北蘇拉威西省，桑吉赫島及塔魯德群島

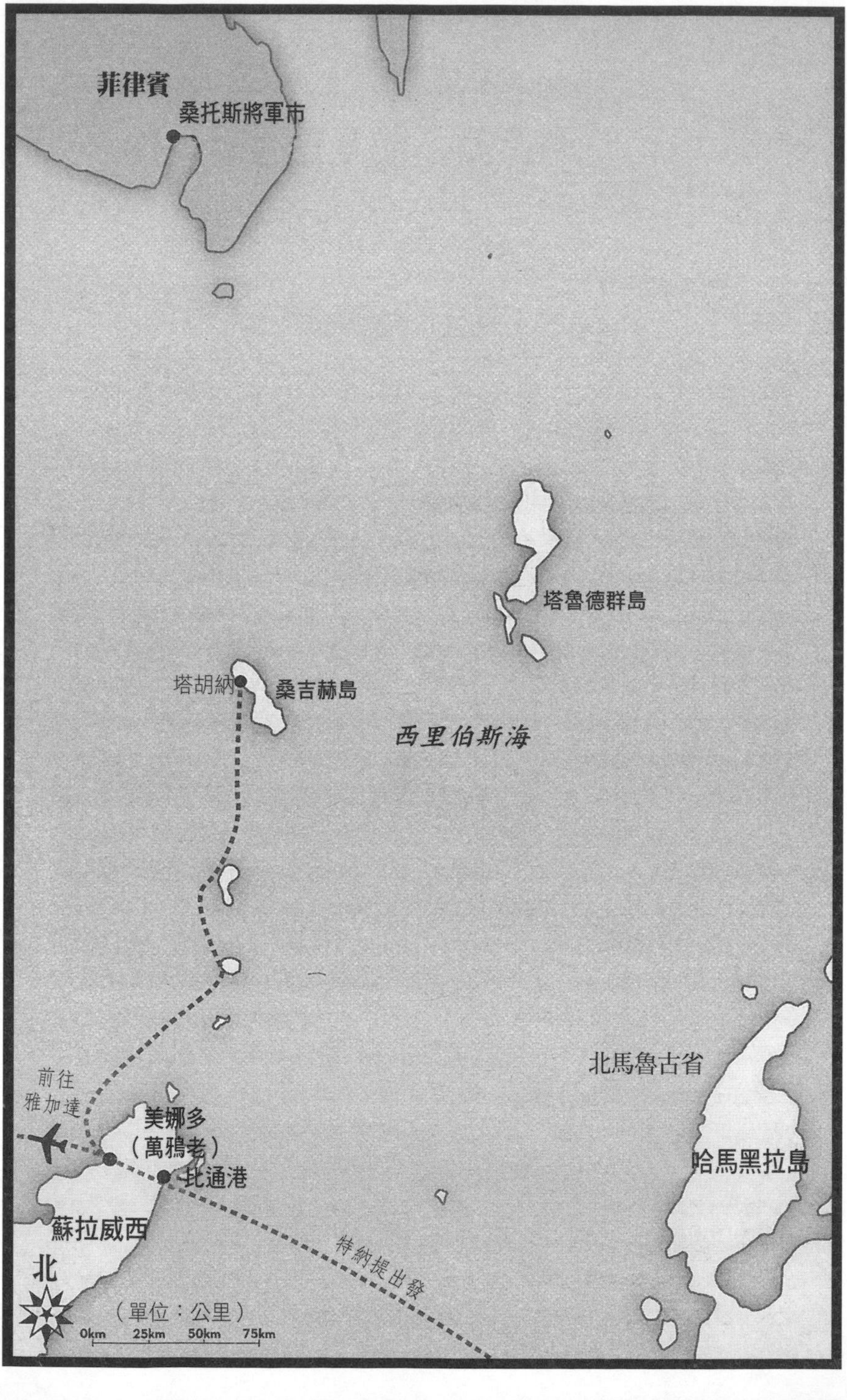

我愛邊陲小鎮，儘管那些地方多半帶有一點不安、善變、投機的色彩。塔胡納是最接近菲律賓的印尼小鎮之一，坐落在蘇拉威西島東北方的桑吉赫島，自北方鄰國流入了各種俗氣的東西，例如：大玻璃瓶裝可樂、顏色鮮豔的果醬餡餅，以及擺著大型手提音響、貼有巨乳金髮女郎閃亮貼紙的三輪摩托車。不過，這裡比較不如某些小島那麼懶散悠閒。

我搭乘擁擠的渡輪抵達塔胡納之後，便在灑落著金光的黃昏中沿著防波堤漫步，欣賞港口裡的點點漁船。每艘漁船都漆上不同色彩的條紋，有淺藍、淡橘、碧綠和白色，大小船隻兩頭皆呈V字型，船身狹長優美，上面橫跨一長竿，兩側吊著幾根浮木，靠在岸邊的漁船看起來像長腳蚱蜢，浮在海上的船舶比較像在池塘水面滑行的彩色水黽。我心想：如果能坐漁船出海一天應該會很有趣。

我陪兩個小孩踢了一陣足球，又和一位滿口酒味的教士聊了一會兒，就繼續在岸邊閒逛。一團厚重的烏雲突然像橄欖球隊準備衝鋒陷陣似的迅速在天空聚攏。

幾分鐘後，熱帶性陣雨嘩啦啦地打下來，我趕忙衝進濱海大道上的一間販賣亭，全身已被淋成落湯雞。豪雨猛烈拍擊堤岸，掃進販賣亭的竹蓆牆縫隙，所有東西都被打溼了。販賣亭老闆娘與我同名，也叫伊莉莎白。她要我站到比較乾的角落，並端上一杯「可以幫妳暖暖身子」的熱茶，和一盤慶祝聖誕節留下的糖霜餅。我發現那些胖鼓鼓的新月形小餅乾也摻著堅果和橘皮，味道和我奶奶生前做的聖誕餅乾一模一樣，內心不禁湧起一股鄉愁，眼淚差點奪眶而出。

伊莉莎白媽媽東拉西扯地與我聊起她死去的丈夫、橘子的價錢、在聖誕餅乾裡放太多香料的壞處，還提到她和我奶奶（生於一百年前、住在與塔胡納相隔一萬五千公里的地方）會用同樣的食譜，是因為雙方擁有相同的宗教信仰。聊著聊著，她兒子忠奇（年約三十歲、留個刺蝟頭）打著赤膊走進來，然後背對風雨站在充當窗戶的牆壁開口前一邊和我們說話，一邊把強韌的透明釣魚線纏繞在有車輪蓋那麼大的輪圈上，釣魚線末端綁了個和鉤形耳環差不多大小的魚鉤。

我問忠奇，當地人都釣些什麼魚？他用「這裡還會有什麼魚可釣」的口氣說，鮪魚啊。什麼，就用你手上那玩意兒釣嗎？我以為有辦法捉到鮪魚的人，應該是像美國作家海明威筆下那種意志頑強的漁夫❶，或是駕著遠洋拖網漁船把成群海豚也拖進網裡的船員，但忠奇和他朋友卻是乘著二人小舟去釣魚，船上除了一小塊防水布之外，沒有任何能夠遮擋酷日和暴雨的東西。小舟前端擺著一個加蓋長箱，運氣好的話，箱裡能裝滿鮪魚——多半是黃鰭鮪或大目鮪。雖然那些小舟長得像木片做的模型，卻能裝下三條鮪魚，每條重量大概有我體重的一・五倍。

接著，忠奇向我示範釣魚技巧。他先岔開雙腿，假裝站在一塊左搖右晃的甲板上，然後把左臂穿過以左手握著的輪圈，再將釣魚線繞著右手纏幾圈。他說用這種方式釣魚能快速把上鉤的鮪魚拉上船，而不至於讓牠耗盡力氣。要是被釣到的鮪魚一直做困獸之鬥，就會破壞魚肉品質，漁夫也會搞得筋疲力竭；但如果把鮪魚拉上來的動作太快，牠扯斷釣魚線逃脫的機率比較大。忠奇一邊說明，一邊舉起右手模仿鮪魚掙扎的動作，我發現他手上傷痕累累，於是問他為什麼不戴手套？他說偶爾會戴，不過戴手套會讓觸覺變遲鈍，無法判斷釣魚線是否會繃得太緊而斷掉。

忠奇使用的釣魚技巧和設備，恐怕跟古代漁夫差不了太多。澳洲科學家表示，世上第一批捕捉鮪魚的漁夫大約生存於四萬兩千年前，捕魚地點在帝汶島附近海域。塔胡納的漁船除了安裝小型馬達之外，也和幾萬年前的漁船相去不遠。不過，現代的魚市交易和遠古時代大不相同。

忠奇釣到鮪魚之後，不會捧去孝敬母親，或是款待自己的妹妹和同住的親戚（他們為了來塔胡納讀中學而寄住在他家），也不會仿效拉馬雷拉村捕鯨人的作法，把鮪魚掛在晾衣繩上晒乾後存放起來，等到捕魚淡季再拿出來與家人分食。他打算把鮪魚賣到日本，成為東京壽司店的生魚片。這個願望有時可行，有時會落空，問題出在基礎建設。

伊莉莎白說，塔胡納的電力供應一直很不穩定（捕魚旺季亦然），因此風雨來臨期間會斷電，風停雨歇之後照樣是一片漆黑。販賣亭外那條千瘡百孔的道路出現一連串泥坑，忠奇堅持陪我走回民宿，伊莉莎白拿了一小包餅乾要我帶著，「要是妳在夜裡肚子餓了，就吃點餅乾吧。」

忠奇在潮溼黑暗的泥坑路上告訴我，他曾在雅加達某機關服務了八年，哥哥目前還留在當地一份知名室內設計和生活風尚雜誌工作。父親過世後，忠奇被指派一份他不想接的差事，於是回到桑吉赫島奉養母親，「我不想當公務員，返鄉以後只能從事這個小鎮唯一的行業。」

我很欣賞忠奇，這位沉默寡言、文質彬彬的漁夫不但沒有抱怨命運的安排，反而對現職頗

❶ 譯註：海明威（E. M. Hemingway）曾在膾炙人口的小說《老人與海》當中，敘述一名平凡老人在茫茫大海中和馬林魚奮戰的故事，並以該書榮獲普立茲獎及諾貝爾文學獎。

感自豪。我問他，明天我能不能跟他一起出海釣魚？

他沉默了老半天沒吭聲。

「妳那麼有興趣？」我說是啊，他停頓半晌又說：「但我們只有白飯可吃。」沒問題，「太陽很毒。」我有帽子，「而且現在是雨季。」我也有雨衣，「嗯，妳想來就來吧。不過我看妳只要連吃四天白飯就會受不了囉。」

四天？我心想：在這個狂風暴雨的季節，我當真想待在只有一小塊防水布的小漁船上嗎？或許我把出海釣魚這件事想得太美好（可以早出晚歸去探險），於是下了個結論：我那「凡事點頭」的原則未必適用於現在。

忠奇看出了我的心思，「這事我們等明天再談。」他說，接著就不再提出海的事。

第二天，我看到兩名漁夫把釣具裝到小船上，然後將纏在輪圈外的釣魚線掛在船尾一根長桿上，桿頂飄著一面印尼國旗，船內擺了兩大桶馬達油、一些給漁夫喝的水、一袋可為漁獲保鮮的冰塊、一桶魚餌，以及裝在大板條箱裡、和葡萄柚一般大的光滑圓石頭。

漁夫會給釣線綁上這些石塊，連同魚餌一起拋進海裡，藉著石頭的重量讓釣線迅速下沉，直接略過不想釣到且體型較小的魚群，進入鮪魚出沒的深水區，接下來只要稍稍抖動釣線，即可用魚餌誘惑獵物。我問那兩名漁夫打算在海上待多久？漁夫一號答：「得靠運氣來決定。」漁夫二號說：「冰塊能撐多久就待多久。」

事實上，出海漁船只要遇到下面幾種情況就得回頭：

（一）魚箱裝滿。

（二）石頭用光。

（三）魚還沒釣到冰塊就要融化。

（四）汽油或飲水只夠撐到回家。

魚價會隨著冰塊融化而遞減。冰磚是印尼各地市場常見的東西，每天清晨，在市場設攤的男男女女會騎著平板三輪車，去當地製冰廠載運巨大的長方形冰磚。塔胡納沒有製冰廠，當地體積較大、最多可裝三十條鮪魚的八人漁船，是用居民自製自售、裝在塑膠袋裡的冰磚來保鮮，漁夫們稱這種冰磚為「一千磚」，因為每一小塊冰磚售價一千盧比，約合美金一角一分（台幣三元左右）。

✲

為了尋找桑吉赫島的地圖，我在當地的旅遊服務處停留了一下，發現裡頭空間寬敞，牆上貼滿褪色的「觀光風景區」大照片，還用圖釘覆上黃色玻璃紙，八名身上掛著名牌、穿著筆挺淺褐色制服的工作人員，坐在八張辦公桌前，桌上空空如也，沒有一張紙、一枝筆，或一個計算機，連個電話都沒有，辦公室裡最有生氣的東西，是正在播放連續劇的電視機。

我用愉快的口氣向大家打招呼，問他們是否有地圖可供我參考。他們一聽說有客人想要一張地圖，先是神色慌張地你看我、我看你，接著就各自散開搜櫃子、翻抽屜，有人拿出了一張介紹海底火山的摺頁，我看到裡面只提到那些火山跟桑吉赫島火山的相關位置，但沒有提供如何前往海底火山的交通資訊，一名工作人員鼓起勇氣告訴我：「我聽說美娜多（當地華人稱為「萬鴉老」）那邊有個德國人有艘船可以載遊客過去。」美娜多是北蘇拉威西省的省會，搭一夜渡輪即可抵達。

我和他們聊了一下桑吉赫島的觀光業：這裡觀光客多嗎？一位女士說：「唔，確切數字不太清楚，很多觀光客是從美娜多過來，但應該算多吧，每年至少來兩百人。」那他們怎麼知道要去哪兒觀光？「唔，如果他們來這裡，我們就給他們觀光小冊。」

我從旅遊服務處走去市場，向一位和藹可親的布吉族商人租了台機車，他送我一小袋鹹香蕉片之後，我就騎車前往海邊。蜿蜒崎嶇的沿海公路下方是美不勝收的海灣，沿途村落遍布著附帶花園的整齊平房，家家戶戶的百葉窗漆著不同的顏色，還搭配同色系的窗簾。

我騎著機車大約行駛了三十公里後，這條直達海邊的道路前方出現一座凱旋門，意味著達哥漁港快到了。在經過一大片看似廢棄的建築時，我從一塊紀念匾額得知，這些房子建於一九七〇年代，蘇哈托曾經在此主持過落成典禮，如今卻杳無人跡。

建築後方就是碼頭，我瞥見一艘設有艙房、鋪位、廚房的大船正準備啟航，船上甲板有八個標示號碼的活門，每個活門下面是可容納十到二十條鮪魚的冷藏箱。船東在岸上向妻兒道別，即將載著剛向塔胡納的小商人採購的一百條鮪魚，前往兩百四十公里外的美娜多。

我問他如何在這種地方取得冰塊？他朝我們後方一棟破建築點了個頭說：「我從那家工廠拿到的。」我又問，塔胡納的漁夫為何抱怨這附近沒有製冰廠？船東說，這家工廠的三台製冰機當中只有一台堪用，而且製好的冰塊只夠供應給較大的批發商，由於輸電網提供的電力不足，工廠無法讓別台機器運轉，也沒錢自備發電機。船東表示，雖然他和其他民營企業商人樂於投資製冰廠，卻遭到地方政府拒絕，理由是工廠屬國有財產，不能民營。

他向我告辭並和妻兒擁別後，便召集船員禱告，祈求一路安抵美娜多。從達哥漁港出發後，得花十八個小時才能到達彼岸。

大船將要起錨之際，一艘雙人小船從海灣那頭繞了過來。小船上的漁夫拚命吹哨喊叫，大船上的船員立即熄掉引擎，然後小心拋出幾條繩子，將對方帶來的三條鮪魚拉上船。留在岸上的一名船員說：「那兩個漁夫肯定高興死了，因為他們只要避開中盤商，就能賣比較好的價錢。」我問，他的船東不也是中盤商嗎？他笑著接口：「我的意思是比較小的中盤商啦，妳也知道印尼的中間商人多得數不清嘛。」

✲

過了兩天，忠奇打手機通知我，他的兩位菲律賓同行剛來到塔胡納，打算把漁獲交給批發商，問我想不想當他們的跟班？我覺得他好貼心：前幾天怕我吃不了苦，而委婉拒絕我跟他出海四天，現在又想讓我見識一下鮪魚交易過程。我立刻趕去海邊跟對方會合。

忠奇提到的菲律賓同行，一名年近四十歲，臉上堆滿笑容，只會講一點印尼話；另一名比較年輕，也比較健談，說印尼話時很有禮貌，但是怪腔怪調。我問年輕漁夫，收穫好嗎？他說他們已經出海三天，抓到一條大鮪魚和兩條小一點的。

他們頂著刺眼的陽光，將漁船停靠在市中心附近的防波堤下方。濱海大道上有個臨時過磅站，旁邊擺了一張金屬工作檯、一堆保麗龍冷藏箱、兩大袋冰塊（當地漁夫常用的那種「一千磚」）和一個秤台，旁邊還有兩隻不斷用爪子扒土的雞，和一條舔著地上殘留血跡的狗，但沒看到批發商，我們待在船上等著。

中年漁夫索性橫躺在漁船的竹板平台上打盹兒。年輕漁夫說，那平台是他們的「臥室」，只要天不下雨，海浪不打到船上，他就趴到船尾刷洗一個架在兩根棍子上的三夾板箱，那是「廚房」，但已嚴重燒焦，他笑著說：「昨天失火了。」我在船上看書，三人繼續等待。

接著，另一艘小船停到我們旁邊，船上只有一名漁夫，他撕開幾個袋子，將已經融化的冰塊一一扔進海裡。菲律賓年輕漁夫湊到我耳邊說：「這裡的人賺到錢以後，就統統拿去買酒，讓上帝很生氣。」

批發商總算在三個小時後現身，年輕漁夫利用等人這段時間，幫中年漁夫剪了頭髮，還洗好在捕魚時堆積的一大盆塑膠盤，我們三人都熱壞了。

批發商抵達後，兩位漁夫揭開冷藏箱，但裡頭沒冒出冷氣，因為冰塊早就融化了，我從一灘血水和扁塌的塑膠袋中看到三顆魚眼睛。批發商助手把三條大魚一併扛上肩，然後腳步沉重地沿著防坡堤走上台階，將鮪魚擺在「檢查檯」上。

一名少年拿著一根長長的串肉籤，插進每條魚的背鰭，鄭重其事地把三條肥厚的粉紅色魚肉放進女批發商手裡，這是決定價格的關鍵時刻，她戳了戳每條魚之後宣布：「一A，二C。」兩位漁夫面無表情。

最大的那條魚幸運地被歸入A級，表示品質已達標準，可以運到日本做壽司了。這種等級的鮪魚每公斤售價兩萬五千盧比，約合二・七美元（台幣八十元左右）。C級鮪魚每公斤可賣兩萬盧比，更下面的等級只能以出口價一半的價碼賣到當地魚市場。

大鮪魚還擱在秤台上，一條狗開始在附近嗅來嗅去，一位華人買主立即對批發商員工喝道：「快點把那條魚放到冰上，要不然還沒運到美娜多就變成C級了。」幾位助手連忙將鮪魚從磅秤上抬下來裝進保麗龍箱，然後丟了些冰塊在箱子周圍。這條魚即將被空運到峇里島或雅加達，因兩地有多家公司持有出口許可（印尼的關稅和貨物稅制度，准許雅加達附近的公司行號將某些產品運往海外）。鮪魚運抵兩地之後將再度轉手，最後被送上飛往東京的貨機，並得到妥善的冷藏。至於忠奇捕獲的鮪魚，起碼會被擱在冰塊化掉的袋子裡三、四天，價錢也會隨之下降，然後至少還得再花兩天時間才能運到魚市，大多數桑吉赫島的漁夫也處於同樣情況。

那天傍晚，我沿著防坡堤往北走，經過數十艘大大小小、停在吃水線以上的蚱蜢船，中途遇到一名剛剛入港、正要把漁船拴在椰子樹上的漁夫。我問他：「收穫好嗎？」漁夫容光煥發地說：「抓到七條鮪魚。」我又問，我能不能瞧一瞧那些魚？他伸出下巴指著大海說：「來不及了，我已經賣給那邊的人囉。」

「那邊」是指菲律賓南部重要港市、當地人簡稱「桑將市」的桑托斯將軍市，那裡的魚價是桑吉赫島的三倍。這名漁夫前往菲律賓賣魚，在當地屬違法行為，為了掩飾自己的國籍，便隨身攜帶一面菲律賓國旗。他拿出那面旗子給我看了一眼，就把魚價算給我聽：他抓了七條魚，每條約四十五公斤重，他去一趟菲律賓要多花一百萬盧比（約台幣三千元）的油錢，而且光是單程就得在海上多航行十六、七個小時，但是把鮪魚賣到菲律賓，一趟下來可多賺一千六百美元（近五萬台幣），「我若不去那邊賣魚就是傻瓜，印尼在這方面很丟人耶，這個國家不肯給漁民更高的價錢，反而損失了一堆收入。」漁夫說。

印尼魚商除了為出口許可傷腦筋之外，還得應付地方文書作業。「在菲律賓，你只要隨時把辦事員從床上叫起來，他會馬上穿著短褲幫你打好三行字，你就得到需要的文件了。」一位印尼批發商說：「在這裡，我們得等到星期一早上，而且從八點就坐在辦公室等，直到十一點穿著制服的辦事員出現為止，這段時間魚價一直在下跌。」他表示，更重要的還是基礎建設。菲律賓有一座日本人出資興建的鮪魚出口專業加工港，許多民營企業也建造了碼頭和自有冷藏工廠，出口商還會包下從桑將市起飛的貨機，「漁船停靠碼頭後，他們會直接把魚送進冷藏庫並填好文件，然後就運往東京。」印尼批發商說。

✲

印尼確實欠缺安全穩定的基礎建設，雖然它是全世界最大的群島國家，不過世界經濟論壇❷指出，印尼的港口基礎建設在一百三十九個國家中排名一〇四，連瑞士、辛巴威、波札那等內陸國家都有直達某些海港的交通建設。另外，印尼的道路、空運和電力設施也很差❸。

地方自治引起的主權之爭，也是基礎建設受阻的部分原因。由於各縣負擔不起港口或鐵路等設施的巨額投資，因此需要共同集資始能完成建設，但沒有一位縣長想拿出縣府經費，用來興建可為本地提供就業、向外縣誇示成就的港口，省長們也無法賄賂這些縣長推動建設，因為省府本身經費也不足。

中央政府在草率擬定的經濟總體計畫中，夢想著未來二十年印尼基礎建設所需的經費，將有一半（約九百億美元）來自民間投資者，卻未考慮一項事實：印尼只有規避責任的司法制度，以及反覆無常的出口規定和價格限制，這些制度和規定固然可為政客帶來選票，但幾乎不可能使企業獲利。

我旅遊印尼期間，曾多次乘坐小巴士往來於各城市，那些巴士從甲地開到乙地總會消耗不少油料，因為它們往往為了多載幾名客人，而在市區多繞一、兩個鐘頭。由於政府補貼油錢，印尼人加一公升汽油只要四千五百盧比（約台幣十五元），因此巴士司機不太需要擔心他們消耗的油費可能超過他們多賺的車資❹。

印尼家庭繳交的電費也低於發電成本，住在二十四小時供電區的民眾似乎沒有關電視的習

---

❷ 譯註：總部設在瑞士日內瓦的非官方國際組織，每年一月初至二月底在瑞士達沃斯（Davos）召開年會，亦稱達沃斯論壇。

❸ 二〇一一年一份針對印尼十九省、一萬兩千四百家企業所做的研究顯示，東印尼企業每週平均遇到四次停電、兩次停水，西印尼企業遇到停電、停水的次數雖然少一半，但依舊經常發生。

❹ 二〇一三年六月，印尼油價漲到每公升六千五百盧比，換算成當時美元價格是六十五分（約台幣二十元），一年大約替政府節省十三億美元支出。世界銀行估計，印尼政府一年仍須負擔一百八十億美元的油價補貼，後來盧比大幅貶值，導致油價補貼經費大增。

慣，臥室、客廳、走廊的電燈也經常整夜開著。政府透過能源補貼政策，將五分之一國家總經費送進了擁有汽車、空調、微波爐的中產階級口袋。然而每當市政府提到要漲油價，民眾就上街重演一九九八年的事件——當時一場反對油價上漲的示威活動，後來演變成全國抗議行動，導致蘇哈托下台。面對這種情況，還有哪家民營企業願意跨入市場？

民營企業保持謹慎不是沒道理，因為打從荷蘭東印度公司的貿易商進入印尼以來，政治當權者便長期干預印尼諸島各項生產及貿易活動。殖民政府固然容許民營企業經營大農場，但是農場可生產何種作物、以多少價格收購，完全操之於殖民政府手中。蘇卡諾當政時代，也力圖以憲法削弱民營企業的經濟角色[5]。蘇哈托時代情況好一些，雖然他是典型父權式領導者，卻選擇把經濟大權交給一群打算破除官僚作風的專才。不過從官場文化看來，印尼官僚始終認為他們有權任意干預市場。

二〇一三年初，民族黨官員為了討好農民，曾公布一份大量禁止印尼進口的蔬果（包括大蒜）名單。假設該名單擬定者跟任何一位農民或進口商交談過，可能會發現印尼每年只生產一萬三千噸大蒜，卻要吃掉四十萬噸，但他們連這點基本功課都沒做。該禁令實施兩週後，國內大蒜價錢翻漲了三倍，結果是：少數農民歡天喜地，數千萬名家庭主婦愁眉不展。

✻

有些商人看不慣同行老是埋怨政府管太多，於是乾脆自謀生路，艾德就是個例子。他是出生於龍目島的印尼華僑，職業為鎖匠。我和傑若米去參觀松巴島馬術競賽，發現摩托車鑰匙不見了之後，前來搭救的警察就是把我們送到他的鎖行門口（見第三章）。艾德住過泗水、峇里島，甚至遠在巴布亞省的碧雅克等地，也曾經與非洲的馬達加斯加島做過香草貿易、把丁香賣到全世界，「想在印尼做生意很容易，只要你有生意點子，就可以直接創業。」艾德說。

那各種相關手續、執照、費用該如何應付？「那些事等以後再來處理。」艾德說，剛創業時如果有人要求他出示執照，他只要向對方解釋，該事業還在嘗試階段，不知道能否成功，就可以把事情打發。萬一對方不接受這說詞，他只要拜託有力人士，即可取得各種所需執照，「這樣大家都不敢有意見。」二〇一二年初，我曾在機場巧遇一位經營潛水度假中心的朋友，當時她正準備去處理度假中心建築執照的問題，我問度假中心要擴建嗎？她說不是，這次只是去幫六年前蓋好的房子申請執照。

艾德是西松巴島唯一的鎖匠，他說如果當地發生竊案，警察多半會來找他詢問最近是否有人到他店裡打鑰匙。除了經營鎖行，他會趁當地市場缺貨時進口丁香，還會修理電冰箱、收音機，另外兼賣漁網、紙尿布、芬達汽水等雜貨，而且他是西松巴島唯一擁有槍枝及彈藥販賣執照的人，所以雜貨店牆上還掛著一把來福槍。

「想在印尼賺錢，只要找到別人不做的生意就行。」艾德說，這讓我想起某些印尼小城的

---

❺ 該條文一向頗受重視，例如二〇〇四年，印尼憲法法庭廢除了准許電力公司私有化的法令，主張為了全民利益著想，國家必須保留電力部門的控制權和經營權。

商家總喜歡互相抄襲、做同樣生意，例如韋卡布巴克每三家店就有一家幫人洗照片，連市場對面的小裁縫師也以此為副業，所以我離開韋卡布巴克以前，並沒有在當地加洗我答應給朋友的照片，心想可以等抵達下一個城市再說，卻萬萬沒想到下一個城市只有一堆藥局，一家照片沖印行都沒有，有些地方則是三步一家水果店，五步一家美髮廊。艾德說：「印尼人一看到某個生意很好做，就只會一窩蜂照抄，不太了解市場飽和概念。」

✲

漁夫忠奇的母親伊莉莎白想去雅加達探望孫兒，卻和多數印尼人一樣不敢獨自旅行。某天晚上，我坐在她的攤子前面喝茶時，她向我宣布：「我們一起去雅加達。」

我壓根兒不想去雅加達，但伊莉莎白意志堅決：「妳從那裡來，我想去那裡，我們有同樣的名字，而且妳奶奶烤的餅乾跟我烤的一模一樣，所以我們應該一起去雅加達。」於是忠奇幫我們訂了船票和機票。

離桑吉赫島最近的機場在美娜多，我們搭乘夜間渡輪前往該城。「聖瑪莉號」上方甲板的艙房看來非常舒適，下方甲板則是擠滿了鋪位，甲板後方有一堆存放鮪魚的保麗龍冷藏箱擋住了進出公廁的通道。

伊莉莎白和我並肩躺在臥鋪聊天時，她告訴我，她渴望見到的孫子「其實是我兒子」。

我對印尼錯綜複雜的家族關係早已見怪不怪，還記得有位朋友才為她母親舉行過喪禮，幾個星期後又介紹我認識另一位在世的媽。不過，當我得知伊莉莎白的孫子也是她兒子時，下巴還是差點掉下來。

她看見我吃驚的模樣連忙解釋說：「不，我的意思是，他不是我真正的兒子啦，是他把自己當成了我兒子。」伊莉莎白曾在這位孫子剛出世的時候去過雅加達，「但是他爸媽都得工作，我可憐那孩子，就把他抱回家了。」那時這孫子才五週大，八歲以前一直跟著伊莉莎白住在桑吉赫島。

我們抵達美娜多機場後，伊莉莎白茫然無助地站在電扶梯下，說什麼都不敢踩上去。儘管她到過外地，也搭過飛機，還住過雅加達的兒子家，卻依然對現代化設施感到恐懼。我能體會她的心情，城市的生活步調對她來說太快了。而我在生活悠閒的印尼小城漫遊了五個月後，也再次感受到重返雅加達帶來的震撼。

Indonesia Etc.:
Exploring the Improbable Nation

Elizabeth Pisani

9 一頁滄桑史

各地暴力事件層出不窮，孩子上學時不敢穿越農場捷徑前往教室，因為常在農地裡發現慘遭阿兵哥棄置的屍體。有人曾看到一具被反叛分子丟在路邊的士兵屍體，死者衣服全被扒光，等著餵一群蒼蠅，生殖器還被掛在自己嘴上……

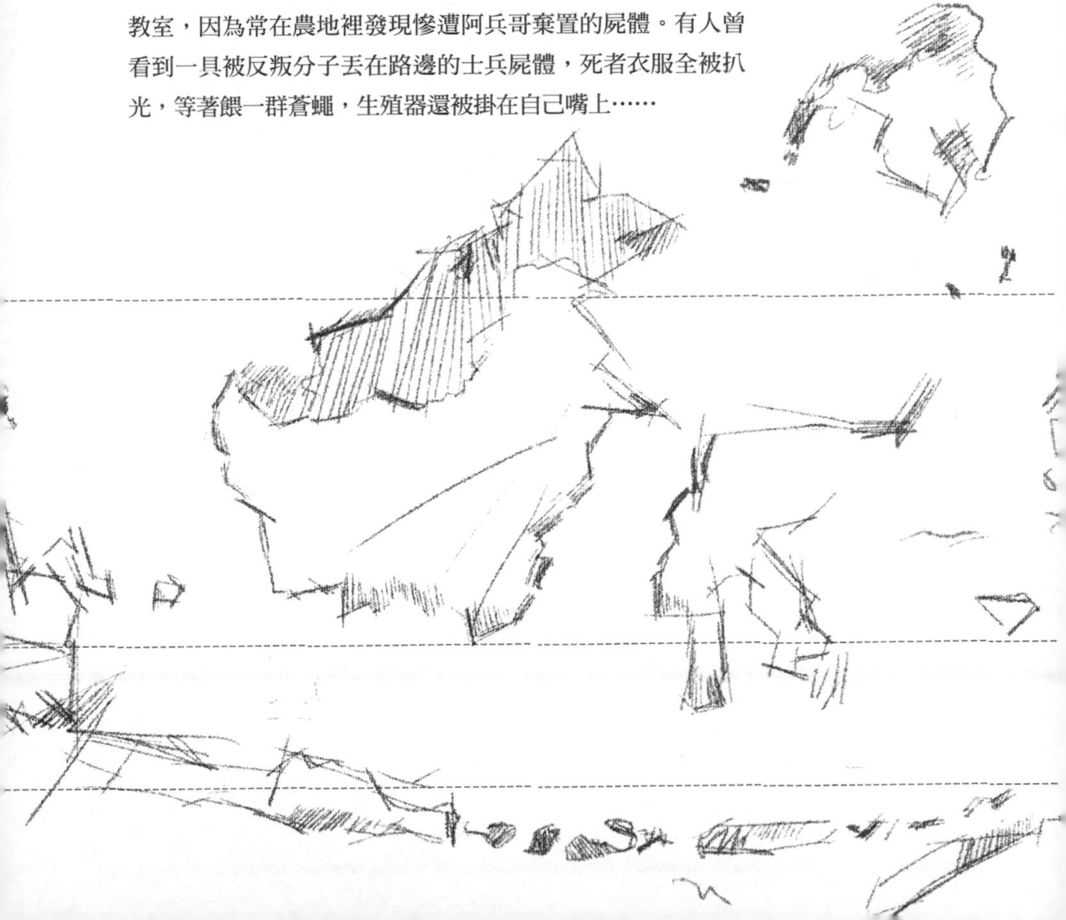

圖I：亞齊省

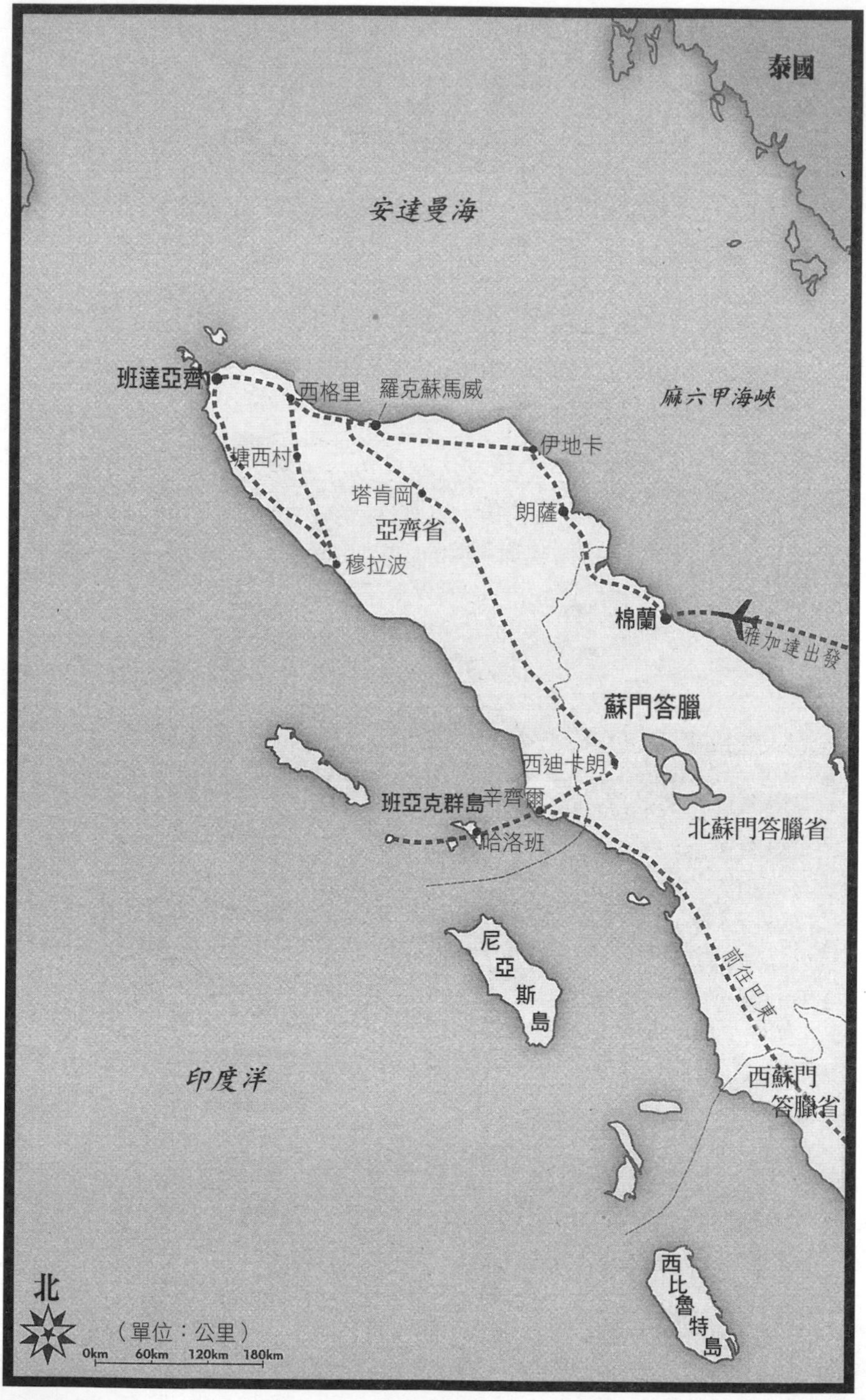
泰國
安達曼海
麻六甲海峽
班達亞齊
西格里
羅克蘇馬威
伊地卡
塘西村
塔肯岡
亞齊省
朗薩
穆拉波
棉蘭
雅加達出發
蘇門答臘
西迪卡朗
班亞克群島
辛齊爾
哈洛班
北蘇門答臘省
尼亞斯島
前往巴東
印度洋
西蘇門答臘省
西比魯特島
北
（單位：公里）
0km
60km
120km
180km

我回到雅加達第一天，就去參加藝術家朋友艾莉芬（Renjani Arifin）的雕塑展開幕式。畫廊位於一棟大理石鋪面的新潮購物中心，展場中有一群七歲小朋友在把玩新問世的iPad，還有一群我行我素的雅加達名流捧著酒杯隨意走動、互送飛吻、輕聲細語，身旁站著幾尊姿態曖昧的女孩或婦人裸體石雕，每座雕像都抱著泰迪熊若有所思地凝望虛空。一位策展美眉向我抱怨，她花了快一小時從一、兩公里外的新建豪宅區旁多克英達趕過來，「妳從那裡來？」

我說：「桑吉赫島。」美眉一臉茫然，她和許多印尼上流階層一樣，去過巴黎、紐約、墨爾本和曼谷，卻從沒到過爪哇和峇里島以外的印尼，也從未聽說過桑吉赫島。我才開口向她描述某位漁夫在小漁船上的生活，就發現她眼神呆滯，於是趕緊拉上嘴巴的拉鍊。

開幕式進行到一半，雕塑家的弟弟魯威硬拉著我到樓下的杯子蛋糕攤逛逛，攤子老闆是我另一位朋友南琪。魯威花四萬五千盧比（約台幣一百三十五元）買了三個杯子蛋糕，如果是在印尼鄉下，一個杯子蛋糕只賣一千盧比（約台幣三元），差別在於鄉下蛋糕沒有堆上一圈圈粉紅和紫色的奶油糖霜，也沒有撒上一粒粒小小的銀色星星糖。

南琪是建築師，以經營蛋糕攤為副業。她換了個怪異的新髮型，還染成黑白兩色，腦袋一邊頭髮剃得精光，剩下的頭髮畸形地歪向另一邊。紀錄片製作人多蒂站在她旁邊，下身穿一條藍色緊身褲，上身套一件寬鬆蠟染衣（那上衣當夾克稍嫌過長，當洋裝又嫌太短），一隻向外勾著的手臂掛了個圓鼓鼓的手提包，包包中間有顆圓球裝飾了幾朵花瓣四散的白色皮雕花。

我試著想像阿多那拉島的鹹魚婦對南琪和多蒂的穿著會有什麼觀感，她們肯定從未見過緊身褲。如果多蒂跑去印尼東部的布頓島為當地捕魚社區拍紀錄片，應該也會像我一樣只穿卡其褲、背著黑背包，被當地人誤認為非政府組織成員／研究者／人類學家吧。

我發覺我和雅加達變得格格不入，難以在短時間內轉換角色，重返穿著高級套裝交際應酬的生活型態，於是只在雅加達停留了三十六小時，便搭機前往北邊的蘇門答臘島。

✲

揮別雅加達之後的下一站，是位於蘇門答臘西北角的亞齊省。當地適逢選舉季節，正在舉辦省、縣、市長的競選及民調活動，我熟識的留美人權律師伊布拉罕（Nazaruddin Ibraham）打算參選羅克蘇馬威市長，並邀我出席競選活動。

亞齊省居民篤信伊斯蘭教，嚴守教規的婦女必戴頭巾，雖說非穆斯林女性不見得非戴不可，但我認為入境隨俗是一種禮貌，於是在雅加達買了兩條包頭絲巾，便直飛蘇門答臘第一大城棉蘭。到了該市以後，又轉搭巴士經過幾個建設得整齊完善的東北海岸城市。先前在印尼東方各島旅行時，我曾看到某些縣市插著慶祝成立四年、五年或十年的旗幟，不過北蘇門答臘省（與亞齊省相鄰）曾受荷蘭統治，有些行政區歷史悠久，當我騎著機車行經朗凱特縣的時候，發現該縣已經在慶祝兩百六十二歲大壽了。

朗凱特縣與亞齊省交界處立有許多大看板，原有的肥料和農藥廣告，已換上呼籲民眾支持正副縣市長候選人的海報。大多數的海報上都有一對競選搭檔的照片，兩人各戴一頂象徵貴族身分的精緻金色小圓帽。某位候選人找不到競選搭檔，乾脆給海報留了張空白照片。亞齊省現任省長尤蘇夫（Irwandi Yusuf）打算角逐連任，在海報中大量採用所屬政黨代表色：橘色，但我看到的多數海報卻是以紅與黑為主色，代表印尼第一個合法宗教政黨：亞齊黨，該黨係武裝組織「自由亞齊運動」（Free Aceh Movement，簡稱「亞獨」）的支派。一九九一年我在亞齊省採訪時，曾聽說誓死反抗印尼政府的亞獨領袖正流亡瑞典，因此很難理解這些反叛人士現在為什麼想出來競選政府官員。

亞獨是一項分離主義運動，由多年常駐美國的亞齊商人迪洛（Hasan di Tiro）以各種不同名義發起。一九七六年，迪洛返回印尼，並自稱亞齊國領導人，同時指派多位親友擔任內閣閣員，不過他成立亞獨之後，旋即遭到雅加達政府強硬鎮壓。迪洛在回憶錄中提到，蘇哈托派兵清剿他以前，他曾在當地叢林隱居兩年，專心讀尼采哲學、聽古典音樂、寫愛國劇本。一九七九年，迪洛逃出印尼並流亡瑞典[1]，亞獨驟然銷聲匿跡，十年後才重出江湖，這段期間迪洛暗中安排一批伺機而動的青年前往利比亞接受游擊訓練，一九八九年潛返亞齊，因此沒有人知道這些分離主義者正密謀展開新暴動。

當時，我在雅加達路透社看到麻煩將至的初兆，因為印尼安塔拉新聞社（Antara）報導亞齊鄉下軍警崗哨遭到小規模突擊的消息，於是趕忙衝去軍事發言人努哈迪將軍的辦公室外堵人，請他評論相關事件。我問他，那些發動突擊的分離主義叛黨是否打算脫離印尼獨立？他聲

[1] 譯註：迪洛流亡瑞典後，曾在該國首都斯德哥爾摩設立亞齊臨時政府。

稱：「叛黨？胡扯！他們是普通罪犯！」不過他也提到那些人在從事「擾亂治安活動」❷，等於在暗示他們比普通罪犯有組織。幾個星期過後，他始終無法交代政府為何搜捕了那些「普通罪犯」，並以從事顛覆、分裂活動為由將他們送審，也沒有解釋印尼新聞部主管們為何不讓記者前往亞齊省採訪。

一九九〇年七月，我曾在一場雞尾酒會中面帶微笑、大搖大擺地走到印尼國防部長莫爾達尼（Benny Moerdani）面前提出一個疑問（那時我才二十五歲，還不太了解軍方）：我想去亞齊省採訪，但老是吃閉門羹，是不是因為軍方一直在當地殺老百姓？如今我只要想起當年印尼政府軍殺人如麻一事❸就覺得噁心。蘇哈托曾在自傳中坦承，莫爾達尼有權不經司法審判對犯人行刑，是個不能輕易招惹的傢伙。不過，這位將軍在酒會中聽了我的提問後，卻面帶微笑地回答我：「親愛的，你隨時可以去採訪，我們沒有隱瞞任何事情。」接下來兩年，為了釐清亞齊動亂真相，我和英國國家廣播公司（ＢＢＣ）記者克萊兒（Claire Bolderson）曾數度相偕前去採訪。

當時我們難以判斷誰才是攻擊事件幕後主謀，只在一封寫給印尼數大報社主編的信函中，看到投書人自稱是這波突擊行動指使者。那封占一頁篇幅的來函充滿咒罵爪哇政權、鼓吹分離主義的論調，但信中提到的反叛組織名稱不一，包括：蘇門答臘亞齊全國解放陣線、蘇門答臘亞齊伊斯蘭國、蘇門答臘自由亞齊，以及自由亞齊。

近幾世紀以來，亞齊省的咖啡館曾是無數政治陰謀的密商場所，但我們從未在當地咖啡館聽人提過上述組織名稱，一般人習慣以軍方用語「叛黨」來稱呼這些麻煩製造者，並針對其身分提出多項理論，認為他們大多是以下幾類人物的組合：在軍中參加短命反貪活動而被踢出軍隊的不滿士卒、想從大麻交易中多分點好處的流氓（大麻一度是亞齊常用烹飪食材，該省迄今仍為大麻作物生產重鎮）、從利比亞受訓歸來的激進分離主義者。當年令我匪夷所思的是，這個連自己名字都說不清的組織，怎麼會跟國際恐怖行動訓練網絡搭上線？若干年後我才得知，有些反動分子確實畢業於某些中東訓練營，也的確包含一些軍人和流氓。

那時各地暴力事件層出不窮，我曾目睹軍用卡車隊閃著大燈、鳴著喇叭沿亞齊省東岸主要公路開過去，戴黑面罩的士兵在一小批渾身髒汙的俘虜頭上揮舞著半自動步槍，直升機在空中達達作響，路上每隔幾公里設一座檢查哨，守衛都是近二十歲、不斷咆哮的爪哇阿兵哥。我曾問一名巴士運將，他們在找什麼人？這位已自軍中退役的司機笑答：「他們在找頭痛人物啦。」那些哨兵不但無故揍人，還強迫身分證過期的路人吞下塑膠護貝的證件。

學校裡的孩子告訴我們，他們一早去上學時，再也不敢穿越農場捷徑前往教室，因為常在農地裡發現慘遭阿兵哥棄置的屍體。「叛黨」的行徑也好不到哪裡去，一名在遙遠山村服務的非政府組織工作人員說，她曾看到一具被反叛分子丟在路邊的士兵屍體，死者衣服全被扒光，

❷ 印尼軍方習慣將「擾亂治安活動」簡稱為GPK（Gerakan Pengacau Keamanan），亞齊省某些近期文件則將GPK解釋為：擾亂治安幫派（Gerombolan Pengacau Keamanan），顯示當地的「自由鬥士」不屑採用軍方用詞。

❸ 譯註：當時亞獨成員遭政府軍殺害者逾五千人。

「等著餵一群蒼蠅」，生殖器還被掛在自己嘴上。這位女士說：「叛黨會來你家門口討飯，你不給飯，他們就向你開槍；你給了飯，他們明天還會再來，然後射殺你。要是你運氣好，他們會把屍體留在村子裡讓你家人安葬；如果你運氣差，屍體就被扔進幾里外的水溝，除了蒼蠅、野狗，沒人敢碰。」軍隊和叛黨罪大惡極的共同點，就是不讓居民舉行有尊嚴的伊斯蘭葬禮。

引爆雙方衝突的導火線，是甫自瑞典流亡歸來的叛黨領袖迪洛在一部著作中改寫亞齊歷史，強調爭取獨立的重要性。

亞齊省自古資源富庶，數百年來持續將胡椒、樟腦、黃金、蠶絲和其他物產賣給阿拉伯商人。一二九〇年，義大利探險家馬可波羅行經蘇門答臘沿海時，曾形容當地的費勒雷契王國（Ferelech，有人認為該王國靠近今日蘇門答臘東岸的羅克蘇馬威）是「乘船前來依穆罕默德律法使百姓皈依伊斯蘭教之撒拉森[4]商人」聚集的地方。這是最早提及東南亞伊斯蘭教國家的紀錄，不過馬可波羅也特別強調，改信伊斯蘭教的當地居民都住在城裡（城外山上則住著食人族，只崇拜早上醒來後見到的第一樣東西）。撒拉森人與阿拉伯後裔在當地居民身上留下了印記，因為多數亞齊人都長得高大健壯，擁有光滑的焦糖色肌膚，以及深邃的輪廓和火紅的眼珠，他們還稱自己的家園為「麥加走廊」。

亞齊的富庶曾引起早期歐洲貿易商的注意，不過他們決定和平共處，未在亞齊爭奪地盤。爾後相繼前來攻占殖民地的英國與荷蘭，曾在一八二四年簽訂的英荷條約中承認，當時的亞齊蘇丹國是主權獨立的自由貿易國家。一八七三年荷蘭開始戮力征服亞齊省之後，亞齊人為抵抗荷蘭統治，遂與荷蘭人展開長達三十年的衝突，並聲稱這是一場穆斯林對抗異教徒的戰爭，導致荷蘭軍隊犧牲了一萬五千名士兵，傷兵亦達一萬人。一九〇三年，荷蘭扳回頹勢，成功占領亞齊，直到一九四二年日本入侵為止。這些細節在叛黨領袖迪洛的歷史版本中都略而不提，僅宣稱亞齊向來是打不倒的主權獨立國家，絕對不能在荷蘭交出政權後成為印尼的一省。他在著作中也忽略了幾項事實，包括：印尼攻打荷蘭人時，亞齊曾請求共和政府在該省設立商店；亞齊富商曾集資為剛獨立的印尼採購第一批飛機，打破印尼遭荷蘭封鎖的局面。根據迪洛和亞獨成員的看法，亞齊必能憑藉光榮、獨立、不敗的歷史開創未來，並矢志為獨立奮戰到最後一刻，迪洛甚至在其自傳《自由的代價》（*The Price of Freedom*）中表示：「不獨立，毋寧死。」

一九九〇年代初期，我在亞齊省巡迴採訪時，曾經記錄敵對雙方人員多起死亡事件，也曾報導亞齊省地下反抗活動，以及印尼軍方採取殘暴鎮壓手段的消息，結果引起迪洛的不悅和印尼人民的公憤。我發表一系列專題報導後，軍事發言人努哈迪將軍立即召見我，並指責我過度偏袒叛黨。當我回到辦公室後，也收到迪洛親自從斯德哥爾摩發來的傳真信，訓斥我對叛黨報導不公，因為我在路透社電文中敘述，反抗軍「顯然是由部隊開除而圖謀報復的士兵、分離主義者，以及不滿現狀的亞齊人所組成……（雖然）在長達一年的衝突中出現許多暴行……但反抗目標始終不明確。」迪洛在信中憤慨地表示：「亞齊政治犯……被爪哇人抹黑成『沒有目標

❹譯註：Saracen是歐洲十字軍東征時對阿拉伯人與穆斯林的稱呼。

的叛黨』，妳和路透社的先生女士們，應該為你們成為爪哇傳聲筒感到羞恥！」

✲

時隔二十五年後的今天，亞齊省當年的動亂已灰飛煙滅。長達十五年的血腥屠殺歷史，被改寫成三十年的正義奮鬥篇章。亞齊省的咖啡店裡很少人提起主權問題，曾以反抗鬥士自居的人也不再回味往事，甚至打算在印尼政府謀取一官半職。二十年前我初訪亞齊時，曾在棉蘭的一份報紙上看到爪哇將領索納柯（Soenarko，是大舉鎮壓亞齊叛黨的軍事指揮官之一）擁抱亞獨游擊隊前指揮官馬納夫（Muzakir Manaf）的照片，如今馬納夫有意競選亞齊省副省長，他的搭檔也曾是叛黨，兩者均獲得索納柯的支持。我為此感到不解，覺得這情況好比以色列的某高級將領變成了真主黨（Hezbollah，反以色列伊斯蘭教激進組織）的競選總幹事。馬納夫不僅歡迎老敵人加入所屬政黨競選團隊，還宣稱雙方擁有共同的宗旨、願景和目標：「印尼共和國不可分割！」

我乘著巴士從更多的競選海報前面經過時，看到幾個綠色大看板上寫著一行大字：「NKRI Harga Mati！」（印尼絕不妥協！）——harga mati的原意為「不二價」，也含有最後底線、決不讓步的意味。其他的綠色看板上出現另一行大字：「Damai itu Indah！」（和平即是美！）雖然我從未在首都雅加達、爪哇中部大港三寶瓏、峇里島海灘度假中心，以及松巴島和東努沙登加拉省等地見過這類標語，不過在其他地方見到的頻率愈來愈多，而且發現一個有趣現象：居民習慣拔刀相向的省分（馬魯古、中蘇拉威西、西加里曼丹）多半主張「和平即是美」，而公開表達脫離祖國意願的地區（巴布亞、亞齊、東帝汶）較常出現「拒絕向統一妥協」的論調。

打從蘇卡諾擊敗企圖建立聯邦制或伊斯蘭國家的對手成立共和政體以來，分離主義的威脅始終像烏雲般籠罩著全國。一九五〇年代，若干地區起而造反，西爪哇、南蘇拉威西、西蘇門答臘、亞齊省的叛亂分子渴望組成伊斯蘭政權與雅加達政府分庭抗禮，信奉基督教的馬魯古省也打算獨立，共和政府遂派兵掃蕩各地叛亂活動。蘇哈托上台後，持續命軍方加強斬除異己，並採取獨裁統治，導致民怨沸騰，廖內省、蘇拉威西島、加里曼丹地區，以及亞齊省和巴布亞省的居民埋怨：雅加達政府偷走我們的財富，拿那些錢在爪哇鋪路，卻強迫我們收留大批來自爪哇的移民，我們的傳統不斷遭到剝奪，成為觀光小冊裡的陪襯品，還被強行灌輸國家理念，而那些理念只尊崇虛偽矯情、唯命是從的爪哇文化，跟我們毫無瓜葛。一九八〇年代末期，雖然多數地區仍對中央政府怨聲載道，但只有東帝汶、巴布亞（時稱伊里安查亞）、亞齊三地主動發起抗爭活動。

東帝汶和巴布亞是在印尼獨立若干年後才被納入國家版圖，兩地居民始終不願接受遭印尼兼併一事。巴布亞人認為，他們是在受騙的情況下於一九六九年成為印尼的一省，因為雅加達在該年舉辦獲得聯合國背書的公投時，只准許社區長老投票。東帝汶居民也是在毫無選擇的情況下與印尼「合併」，一九七五年葡萄牙殖民者放棄這塊領地後，蘇哈托就直接把軍隊開進來，因此東帝汶和巴布亞常出現零星游擊活動。不過，亞齊在印尼獨立之時已被劃入印尼的一省（迪洛對此表示抗議），最初的反叛活動規模和東帝汶、巴布亞的情況不分軒輊。事實上，亞齊省的省長、若干縣長和多位軍警界高官悉由當地人出任，不像多數省分的政、軍、警高層全是爪哇人，因此和其他省分相較，亞齊省享有較多自治權，也較少抱怨印尼的行政區劃，而且一九九〇年亞齊省向中央政府爭取到的開發經費也比其他省分來得多。

然而，這些事實並未阻止年輕人繼續爭取獨立，因為迪洛告訴他們，亞齊一向擁有主權，也必須捍衛主權。在流亡瑞典人士主使之下，游擊戰打打停停了十五年，經費則由流亡馬來西亞的同黨提供。印尼軍方不斷給予反擊，一九九〇年代初雙方展開激烈武裝衝突，二〇〇一至〇四年梅嘉娃蒂擔任總統期間，軍方祭出更凶殘手段對付亞獨游擊隊❺。

二〇〇四年十二月，南亞海嘯奪走了亞齊省十七萬條人命，重創當地經濟，亞獨領導人（在過去十五年的戰亂期間，多數領導人流亡海外，從未踏足亞齊省）終於承認，該是停止殺戮的時候了。二〇一二年我和亞齊省的居民交談時，許多人都指著幾座未遭大浪摧毀的清真寺說，海嘯來襲是真主對毫無意義的戰爭表達憤怒的象徵，但我認為那些清真寺之所以沒被沖垮，是因為建造者為荷蘭工程師，蓋得比較堅固，或者是當地營造商在建清真寺的時候，比較不敢偷工減料或使用一般建材，以免觸怒真主。總而言之，這場驚天動地的海嘯悲劇，促成雅加達政府和亞獨領導人走出戰場展開和平談判，並獲得平民百姓廣泛支持，叛黨再也不能聲稱印尼人只想搜刮亞齊，不給好處。

海嘯為亞齊提供了重建機會，帶來七十億美元救濟金和多項營建工程，意味著亞獨的領導者可承攬某些工程，讓當地年輕人就業，協助游擊隊戰士重新融入社會——這是雅加達政府和駐瑞典亞獨代表於二〇〇五年簽署和平協議時約定的條件之一。該協議允許亞齊省享有高於其他省分的礦、林、漁業收益，中央政府承諾每年無條件撥出十二億美元左右的經費給亞齊省諸縣政府，外加七億美元的「特別自治費」。最重要的是，容許前游擊隊領導人在亞齊省成立地方政黨（即亞齊黨）。換句話說，早年率領亞齊爭取自由、現已逐漸步入中年、從未參與印尼建設的亞獨領導人有權競選公職，這又意味著他們可從過去的敵人手中取得各種經費，雅加達政府已經知道如何收買他們。

印尼政府也對巴布亞採取籠絡政策。巴布亞位於紐幾內亞島西半部，二〇一二年我造訪當地時，已分割為兩省：巴布亞省和西巴布亞省。這是印尼物產最豐隆的地區之一，盛產金礦、銅礦，遍布珍貴硬木和多種魚類。蘇哈托當權時代，雅加達從未善盡照顧巴布亞人之責，只當他們是連飯都不會吃的次等生物，認為他們可以在礦場和農場幹活，但欠缺自治能力，於是派出眾多經理和官僚予以管轄，但這些高層人士卻跟外國人聯手榨取巴布亞財富，然後送回祖國，形同複製荷蘭人在兩百年前對待爪哇人的態度。

巴布亞土地剛被「併入」印尼領土時，當地人曾對雅加達政府發動一場小規模游擊戰。印尼實施地方自治後，他們依然對被迫納入印尼版圖一事心存芥蒂。印尼失去東帝汶一事曾經打

❺譯註：二〇〇三年五月，印尼政府曾與亞獨就自治議題在東京舉行談判，但雙方鬧得不歡而散，梅嘉娃蒂旋即宣布對亞齊實施戒嚴，強化軍事管制，印尼軍隊隨即展開近三十年來最大規模軍事行動，對亞獨進行空中和地面打擊，經過一年多的掃蕩，嚴重削弱亞獨武裝力量，印尼政府恢復行政控制權。

擊國家尊嚴，若再失去「爪哇廚房」（巴布亞人自嘲的說法），恐將重創國家收入，於是雅加達當局開始對巴布亞採取籠絡政策，一方面繼續向當地徵稅，一方面提供特別自治費，不過這些來自礦產、林產及其他資源開採權利金的經費，大都直接流入巴布亞新貴階級的口袋。

其他省分為此發出不平之鳴，馬魯古省政府的一位部門主管曾告訴我：「我們努力當好公民，結果什麼好處也得不到。事實證明，只有跟殺人不眨眼的軍人套交情，你才能要什麼有什麼。」印尼獨立之初，政權完全由一小批受過荷蘭教育的印尼人所掌控，現在巴布亞大部分的資源，也被一小批在爪哇受教育的巴布亞人抓在手裡。「風水輪流轉，從前巴布亞的財富被雅加達政府竊取，現在又被巴布亞權貴偷走。」巴布亞省會查亞普拉的一名教士告訴我，他認為那些權貴高枕無憂的原因有二：「第一，大多數巴布亞人太習慣把每件事都怪到爪哇人頭上，根本不會注意現實情況。第二，這些權貴非常善於拉攏可能跟他們唱反調的人。」

目前巴布亞局勢仍不穩定，不過二〇一二年亞齊省競選期間，雅加達政府對亞齊的籠絡政策似乎很成功。

✲

我一跨出巴士，就看到朗薩市的市區廣場旁掛著長約二十公尺的巨幅標語：「二〇一二年和平選舉宣言」，民眾在宣言中表示，他們想確保選舉期間不會出現暴力，並促請保安隊也避免施暴，簽署者包括現任市長和朗薩市摩托車車友會會長等人。廣場對面另有一幅該市選舉委員會張貼的大海報，上面站著一位穿西裝、流口水、打算角逐市長職位的大胖哥，他上衣的幾個口袋飛出一堆面額十萬盧比的紅鈔票，一個空的褲袋外面寫著數字「五十至兩百億」，意思是若想當選市長，就得投入五十到兩百億盧比（高達兩百萬美元）的經費。大胖哥身旁寫了一句評語：「對，他不像會靠貪汙償還選債的人。」海報標題是：「停止金權政治⋯⋯！」我從這句話可以推斷，亞齊省的本土政黨和外來政黨肯定都會貪汙，和印尼其他省分是半斤八兩。

我打算去拜訪朗薩地方議會代理議長（當時議長被拘禁），他是我在棉蘭認識的一位女士的前夫，她把代理議長的電話號碼給了我。雙方取得聯絡後，代理議長提議：「星期天我們一起吃個早餐，早上六點半在中央廣場會合。」約會當天，我匆忙起了個大早，在頭上包了條絲巾，就睡眼惺忪地前往碰面地點。一抵達中央廣場，便聽見幾個巨大的擴音器傳來震天價響的音樂聲，還看到一名女子站在露天音樂台上喊口令：「一、二，甩甩手，三、四，轉圈圈。」她旁邊站著幾位戴頭巾、穿運動套裝的女士，正動作靈活地帶領民眾做有氧體操。台下的廣場聚集了不同身分的市民，還有一群努力跟上節拍的肥胖中年男子。我不知道代理議長是哪一位，又找不到能為我描述他長相的人，於是也跟著大家一起甩甩手、轉圈圈。

有氧體操快結束時，一名中年男子突然抓起麥克風，站在廣場上擺出候選人的姿態說：「感謝大家願意過健康的生活，讓朗薩市邁向光明的未來。」我猜他就是我要找的人，於是上前自我介紹，接著便應邀和他的一群夥伴共進早餐。除了代理議長之外，用餐者還包括他現任妻子和七個忙著拍他馬屁的人，加起來有十個人。我問其中一個馬屁精，代理議長是否每個星期天早上都這麼勤快跑去廣場做體操？他扮了個鬼臉說：「媽媽，他不是勤快，是去盡義務。」

我原本想私下和代理議長聊些地方政治，可是用餐期間始終沒機會引起他注意，他不是忙著講電話，就是跟妻子討論某種膝上型電腦的價錢。不過，我從旁人口中得知，他認為亞齊黨在選舉期間會採取零星暴力行動，以迫使雅加達對亞齊獨立一事讓步，他曾表示：「基本上，只要我們不要求獨立，亞齊省想要什麼就有什麼。除了獨立之外，我們的要求都能馬上兌現。」不過，他也認為這對亞齊省並沒有好處，只會持續依賴中央政府，讓民主體質變得十分脆弱。他還指出，亞齊人老是把暴力威脅當作談判工具的作法，恐怕會變得難以掌控。

朗薩是個悠閒的城市，年輕人騎著新款機車四處蹓躂，咖啡館裡播放的是爵士樂而非噹嘟樂。我想感受一下在地青年文化，於是找到棉蘭那位女士的兒子瑞薩（年近三十歲，也是代理議長的兒子）帶我去逛逛。瑞薩開著吉普車來接我，我沒戴頭巾就離開了旅館。車子繞到市區中央大廣場時，瑞薩忽然叫我「低下頭！低下頭！」我立刻把腦袋埋在膝蓋間，直到他說「警報解除！」才把頭抬起來，接著從後視鏡裡看到一群身穿軍綠色制服的人（也有戴頭巾、穿長裙的女性）將路人攔下。他們是朗薩市政府僱用的宗教警察，為了加強執行伊斯蘭教規，正在檢查穆斯林婦女是否戴頭巾。雖然我不須遵守伊斯蘭教規定，「但也沒必要自找麻煩。」瑞薩說。

離開朗薩市以後，我繼續北上羅克蘇馬威市，加入朋友伊布拉罕的競選團隊。一九九〇年，我曾前往該市採訪，並深入報導叛黨攻擊一家天然氣廠的故事。那家工廠每天將市值七百萬美元的天然氣賣給日本和韓國，大部分收益由經營該廠的美國石油巨擘美孚公司（Mobil）和蘇哈托政府均分，此事激怒了叛黨，於是有消息傳出他們可能發動一場攻擊。不過後來證實所謂的「攻擊」，只是該公司不想公諸於世的一場工安意外。我採訪完工廠回到旅館，一進房間就聽到電話鈴響，「是伊莉莎白小姐嗎？」是的，先生。某個似乎來自軍事情報單位的聲音說：「這裡是英特爾公司（Intel），我們忘記把我們的萬能鑰匙擱在哪裡了，可能是留在妳房間，能不能麻煩妳找一找？」沒問題，「很抱歉對妳造成不便。」直到今天，我始終無法確定對方是想恐嚇我，還是真的搞丟了萬能鑰匙。

從那時起，羅克蘇馬威的天然氣幾乎被汲取殆盡，經濟漸入蕭條。現年四十五歲的市長候選人伊布拉罕期許這座城市能夠自立自強，重新站起來，並且夢想將之打造成重要工業港，從亞齊省各地引進產品在此加工，然後出口到東南亞和其他地區。他的競選總部位於一幅巨型海報後方，海報上是他和競選搭檔站在一座新建清真寺前的照片，旁邊還有一行標語：「邁向大都會的橋梁。」他是以無黨身分參選，我注意到附近所有的競選海報中，只有他們倆沒戴帽子，亞齊各地方黨派候選人都戴著金色小圓帽，而且一律穿著象徵善良穆斯林的黑絲絨服，連無黨人士也不例外。

競選總部空間寬敞，一面牆上有個巨大的紅手印，代表五號候選人伊布拉罕。大手印下方坐著各色人等，泰半是工作人員，也有趨炎附勢者。候選人伊布拉罕笑容可掬地坐在人群中，一看到我出現就迅速起身，帶我進入後面的冷氣房，「真高興我有藉口擺脫那些黏人的蒼蠅了。」他說。接下來兩星期，我看到這些「選舉蒼蠅」老在競選總部附近盤旋，談論他們能在各市區拉到多少選票。他們擅長逢迎諂媚、招搖撞騙，還會尋找各種機會跟候選人及其幕僚握手，巴望著對方在他們手裡塞一張鈔票。

「你不可能把他們全都擋在門外，萬一他們氣不過，說不定就去發起『抹黑』你的活動。」伊布拉罕的競選搭檔阿布巴卡（Zoelbahry Abubakar）解釋：「所以我們有時會給他們兩萬到五萬盧比（兩美元到五美元），有時只送他們海報或貼紙。」競選團隊只要塞點錢給他們，那些蒼蠅就會轉移陣地，跑到另一個競選辦事處重複相同伎倆。

敲竹槓的人不只是他們。有一天，競選總部為了吸引較年輕的選民，特地邀請幾位饒舌歌手和喜劇演員出席一場社區集會，某位詩人也不請自來。他以亞齊古典文學形式寫了一首讚美伊布拉罕的詩，一到會場便開始朗讀洋洋灑灑寫滿五頁的作品，而且每幾分鐘中斷一次，以便說明某個複雜的比喻。其實他並非頭一回幹這種事，早先已經在某個亞齊黨候選人的競選集會中朗誦過同一首詩，這次只是把詩文裡的候選人名字換掉而已。不過，伊布拉罕依然在詩人手裡塞了兩張面額一萬盧比的鈔票，才藉故將詩人請出辦公室。

伊布拉罕邀請我和兩名中國生意人一起吃晚餐，目的是向他們募款，用餐地點在其中一人開設的餐廳。服務員端出的菜色有：辣醬焗明蝦、碳烤魚、蒜爆烏賊等，我和伊布拉罕的隨扈津津有味地大快朵頤，招待我們用餐的兩位中國人只吃了點蝦餅，候選人則在一旁推銷政見。他說民營企業是經濟引擎，他當選市長後的第一要務，是簡化手續、創造就業、刺激成長。剛開始，餐廳老闆的表情看來有點膽怯和不耐，大概是以為伊布拉罕會跟其他候選人一樣，提出「你幫我出錢，我就給你生意做」的建議，但是聽了他的政見以後，就咧嘴笑了。不過他很清楚這位候選人必須勝選才能實現理想，而且無黨派候選人的勝算往往不大。第二位老闆對伊布拉罕說：「你應該知道我們沒辦法贊助每個候選人吧。」接著兩人就禮貌地向我們告退，走去另一張桌子。亞齊黨的候選人和侍從正坐在那張桌子前大口吃蝦，等著跟這兩位財神爺進行交涉。

我曾經問一位華僑女企業家支持哪個黨，她含糊其辭地回答：「我的選票只有一張，可是我有很多設備，今天這個黨需要跟我借輛車子，明天那個黨需要找我印幾張海報，我能不支持嗎？」她對於透過政商關係拉生意沒有太大興趣，比較想從中取得商業資訊。接著又提到：「妳想了解地方政客？找個商人問就對了，我們把他們的底細摸得一清二楚。」

羅克蘇馬威所有候選人可依指定時間，在市內某個大型公共場所舉辦競選大會。伊布拉罕不打算搞這類造勢活動，因為開銷實在太大，例如隨便請個歌手來獻唱，就得支出數千美元，另外還得購置大量T恤、頭巾送給選民，以及花錢請民眾穿戴這些服飾出席造勢大會（這部分成本大約是每位出席者給三美元），而且總得準備一些吃的喝的。一位小巴士運將告訴我，他每參加一場集會可拿三次錢，第一次是把競選旗子掛在車上（可得二十五美元），第二次是把參加者載到集會地點（車資為平日的兩倍），第三次是在集會場所附近兜圈子製造塞車（價錢可商榷）。他笑呵呵地說：「他們的目的是把會場搞得熱熱鬧鬧的，你只要把車子停在可以阻礙交通的地方，然後待在車上抽菸就行啦，我最愛選舉季了。」

伊布拉罕沒有舉辦造勢活動，而選擇去市場拜票。他堆著笑臉四處與人握手，隨行團隊成員——包括副市長候選人、競選總幹事、各類奉承者和幾名貴婦——忙著在他身後發卡片，卡片上印有「選五號，選五號」的字樣。一名成員為整個過程錄影，另一位成員負責拍照，事後會給照片寫上說明文字交付當地一家報社，該報社則會配合他們同意的「包裝形式」刊登相關「新聞報導」。在為期兩週的選戰中，每天請報社登一張照片和一篇三欄跨頁文章，得花兩千美元（約台幣六萬元）。除了隨行人員和記者外，伊布拉罕還請了一位保鏢護駕，那名戴著全罩式墨鏡、穿著醒目螢光粉紅襯衫的高大禿頭男子，始終表情嚴肅、岔開雙腿、交抱雙臂地站在街角。

當天接近傍晚的時候，我們一行人前往郊區某個漁人社區繞了幾圈。身上沒帶一毛錢的伊布拉罕看到一名在街角擺攤的女子，就指示一名隨扈向她買幾個生蠔，並交代另一名隨扈捐點小錢給一名乞丐。其他隨員發給當地人一些競選卡片，副市長候選人拿起卡片，指著上面的照片對大家說：「我們的樣子很好記，就是沒戴帽子的兩個人，拜託拜託，請選五號。」那些居民以為伊布拉罕會給個信封或T恤什麼的，結果希望落空。在拜票隊伍中墊後的我只聽到有人直罵他「小氣鬼」，沒聽到有人詢問他的政見。

第二天，我參加了亞齊黨在尚未落成的清真寺大廣場舉行的造勢大會。市區內幾乎每一根燈柱上都飄揚著他們的紅色黨旗，平板卡車和摩托車組成的宣傳車隊也插滿同樣的旗子，為了炒熱氣氛，車隊一路按著喇叭繞行市區。集會場所附近的幾條街道，全被貼滿亞齊黨候選人肖像的休旅車給堵住了，有些車子外面還貼著亞獨領袖迪洛的黑白照，相片上的他是個戴著一副圓框眼鏡的老弱紳士，照片下用英文印著一行大字：「我心目中的頭號英雄。」他拍下那張肖像八個月後便與世長辭了。

許多包著頭巾的婦女帶著兒女前來參加這場集會，孩子們盡情享用現場免費供應的棉花糖，整個會場看起來像是設在軍營裡的遊樂場，瀰漫著興奮雀躍、近乎狂熱的氣氛。廣場上有一群身穿紅白黑三色軍服、頭戴貝雷帽、腳踏綁帶靴的亞齊黨自衛隊，不停地用對講機通話，姿態高傲地在人群中走來走去，後面跟著幾個躡手躡腳的小男生。不少民眾正全神貫注地聆聽幾位革命英雄（亞齊黨候選人）的演講。

講台布置得像婚禮會場，台上擺了一排雙人沙發，三張沙發上方都有絲綢頂篷，分別坐著亞齊省長、東亞齊縣長、羅克蘇馬威市長候選人，以及各自的競選搭檔。省長、副省長候選人看起來最不登對，聽說野心勃勃的省長候選人是迪洛的表弟，成年後大部分歲月在斯德哥爾摩度過，外表斯文、中廣體型的他也是一位樂於助人的醫生。與他搭配的副省長候選人，則是容貌比較粗獷的亞獨前游擊隊指揮官馬納夫，近年來他已改變政治立場，不僅擁護過去曾試圖殲滅他的印尼軍事將領，而且堅信印尼不可分割。

我在造勢會場旁邊的清真寺找到一個好位置寫筆記時，一名亞齊黨黨工過來與我搭訕。他看到我拿著伊布拉罕的競選卡當書籤用，便要求我讓他瞧一眼。我把卡片遞過去，他居然隨手將卡片揉成一團扔到地上，而且非但毫無歉意，還口沫橫飛地給我上了一堂課，提到無黨派人士是違反和平協議的叛徒、不投票給亞齊黨的選民也是自找麻煩的叛徒，接著又迅速轉移話題，邀我回家見他父母，我毫不考慮地點頭了。

他家坐落在廢棄的鐵道旁，面積雖小但纖塵不染。我見過他父母之後，他又為我引見住在附近的亞齊黨地區組長。這位滿臉鬍渣、未滿三十歲的組長，根據他在野戰學校學到的歷史版本告訴我，亞齊省是一九四〇年代共和政府要角，當地富商曾為印尼民族黨提供政治獻金，但是主權獨立的亞齊並非自願成為新興國家印尼的一省，並斬釘截鐵地說：「這點一直受到誤解，那些獻金只是亞齊為了表示團結而送給伊斯蘭兄弟國的禮物，目的是避免異教徒製造更多問題。」接著又強調亞齊從未打過敗仗，也從來沒有被殖民者成功統治過，因此亞齊必須成為獨立的國家。

聽到這個年輕人一字不漏地說出迪洛版亞齊史，我有點不知該如何回應。亞齊黨的現任領導階層為了牟求政治利益，已經改變對這個歷史版本的看法，但是這位年輕人的腦筋顯然還沒轉過來。

✲

伊布拉罕邀我在投票日前夕共進晚餐，以往我們約會的慣例是，他在約定時間開車過來停在旅館外面，先傳簡訊給我，然後等我從房間出來。這回他卻緊張兮兮地直接走進旅館對我說：「伊莉莎白，我得請妳幫個忙。」我揚起眉毛看著他。「是這樣啦，明天上午以前我需要三千萬盧比。」三千萬盧比，就是三千美元（約台幣九萬元），超過我三個月的生活預算，我繼續瞪著他。「我的意思是，下個月我一定還錢，而且妳不用一次給我這麼多……。」接下來，我就糊里糊塗地站在提款機前了。我看著私人帳戶裡的存款餘額：一千兩百萬盧比，這筆錢本來是準備救急用的。我領出一半存款，把錢塞進一個牛皮紙信封，然後交給伊布拉罕。他只點了個頭，就把信封放進口袋，沒有交代用途，我也沒有追問。當時我心想，這些錢恐怕是凶多吉少，再也拿不回來了。後來果然不幸被我料中，而且發現他把我的錢（六百美元）拿去僱用學生，幫忙監督投票所。

事情過後，我始終想不透自己怎麼會做出這種蠢事。每次我借住在印尼人家裡，總會給些「飯菜錢」（他們也總是大方接受），但我從來不敢隨便為其他事情慷慨解囊。印尼人沒有未雨綢繆觀念，只有財物共享文化，認為「你的東西就是我的東西」，人人都有權利分享宗族資源，只要我對他們略施小惠，他們就把我當作大家族一分子，而且食髓知味，老是發這樣的簡訊騙我散財：「妳是大好人……我們這些升斗小民……自從出了車禍以後就……。」不過，我畢竟不是財神婆，沒辦法資助每個人，最後只能婉拒眾家請求，幫助最困難的人。然而，我卻莫名其妙奉送了六百美元給一名不可能打贏選戰的候選人，讓他拿去支付選舉監察員的工資，而那筆錢足以改善某些印尼人的生活，現在終於領悟到為什麼有些人會被選舉熱情沖昏頭了。

次日上午，伊布拉罕和一批隨員前往投票所投票，我也陪同前往。選務人員身上的polo衫都印著一行字：「慎投選票，拒絕干擾！」選民似乎把這句話奉為聖旨，個個秩序井然地排隊等待選務員查驗證件，然後輪流進入夾板屏風後方給選票蓋下圈印，並摺好選票塞進上鎖的票匭，最後為手指蘸上紫印泥，表示完成了投票義務。

我的手機響了，來電者是昨天在亞齊黨造勢大會上與我搭訕的那位黨工（伊布拉罕戲稱他是我的「亞齊黨男友」）。我向他發了點牢騷說我在投票所遭到冷落，因為不能投票，「那我帶妳去我們的投票所，我們可以幫妳弄張選票。」對方說。

雙方在咖啡館碰頭之後，便騎著摩托車趕去設在城東一座清真寺的投票所，那兒站了一群滿臉橫肉、下巴突起、架著反光墨鏡、不斷互相拍背握手的忠貞黨員，我的亞齊黨男友走進投票所說：「我朋友需要一張選票。」一名黨員向他點了個頭，就開始查閱一份名冊。我連忙表示我只是開個玩笑，並非真想拿選票，但我相信只要我開口，他們肯定會想辦法弄一張給我。我待在投票所的半小時當中，看到幾個突下巴男人三度捧著幾大疊釘了許多身分證的邀請函走進來，他們把這些信件分發給一群朋友，那些朋友就去報到。選務員拿到他們遞交的信件後，只核對收件人姓名與身分證姓名是否相符，而沒有查驗他們是否為身分證持有者本人。只要他點個頭，遞交假證件的人就能拿走選票，而那些被其他候選人花錢請來檢查選票是否造假的監察員，竟然都坐在某個角落玩手機。我問一位重複投票的選民是否「已經捺印」，他馬上在我眼前豎起小指，我發現他的指尖塗了一層蠟，底下還留著幾滴捺過印的痕跡。

伊布拉罕競選總部外面的投票所開票結果是，兩百七十四張選票中，伊布拉罕得十票。候選人總計十一位，他得票率排名第五，為了給他打氣，競選總幹事說：「你是不搞金錢政治的候選人裡頭得票率最高的。」正如大家所料，亞齊黨大獲全勝，贏得了羅克蘇馬威以及亞齊省一半縣市的選舉。省長選舉結果是，從斯德哥爾摩歸來的胖醫生（曾任亞齊海外流亡政府祕密內閣「外交部長」）和他那位滿臉鬍渣的搭檔輕鬆勝選。

✲

我對亞齊省早期和現代歷史都有興趣，然而重訪亞齊這段時間，我在當地咖啡館裡聽到的故事卻遺漏了很多事實，例如：一九七八至八九年的間歇游擊活動，一九九〇年代初期分離主義者、軍人和毒品販子為取得種種利益而互相勾結，以及叛黨焚燒學校、殺害老師、恐嚇移民、處決通敵者、向各方榨取金錢[6]以支持叛亂目標的惡劣行徑。

二十年前我在亞齊採訪時，曾對一名學生和一位非政府組織工作者留下深刻印象，這次我決定設法找到他們，想了解他們對亞齊史的看法是否改變。

一九九〇年十一月，我和BBC記者克萊兒聯袂前往亞齊採訪時，認識了一位名叫哈納費亞的學生。有天晚上，我們停在濱海小村伊地卡敲了敲唯一一家民宿的門。由於宵禁時間快到了，那扇門始終緊扣門閂沒打開，我們只看到一隻眼睛從一片窗簾後方向外窺望，聽到一堆人躲在旁邊不安地竊竊私語，接著又有幾隻眼睛探了探外面，終於有人把門打開了。我們進去之後，發現屋裡的人似乎正在為一名瘦骨嶙峋的光頭年輕人慶生，這位半邊腦袋裹著頭巾、半邊腦袋包著繃帶的男孩就是哈納費亞。克萊兒和我把行李留在民宿，趁著宵禁之前趕去市場吃晚餐，哈納費亞的姊姊也跟來了。我在餐館的桌上發現一份印尼新聞周刊《節奏》（*Tempo*），封面上印著一根冒煙槍管和「亞齊」二字，內頁有篇報導對我過去撰寫的亞齊叛亂、暴行和悲劇故事的真實性提出質疑。雖然這篇報導造成我和軍方關係緊張，但我認為很值得，因為它在

---

[6] 我曾親眼目睹一九九〇年代初的暴行。據記者報導，羅克蘇馬威的叛黨按時向該市各區索取四千美元，金額占當時國際工程包商總營業所得五%，占地方工程包商總營業所得二〇%。

亞齊引起了許多話題。

哈納費亞的姊姊是個老師，克萊兒與我大口啃著薑黃椰奶燉魚排時，她一口氣讀完了那本《節奏》，然後一言不發地把它擺回桌上，沒有對內容發表意見，直到在回家的路上才壓低嗓門跟我們聊了起來，「現在幹教書這行實在很辛苦，不過雖然政府給的待遇不好，起碼收入穩定。亞齊省大部分私立學校都是伊斯蘭學校，女性很難在那裡找到工作，但私立學校薪水比較高……我弟弟被政府監禁了一個月，昨天剛回來，所以他身體狀況看起來很糟。他們在牢裡打他，又不給東西吃。」

稍後，我們從這位老師口中聽到哈納費亞的遭遇：哈納費亞讀大學時，為了負擔自己的生活費，一直在影印行打工。有一天，某位女同學來店裡影印，他親切地跟她閒聊了幾句，正好被一位愛慕這女生的軍人看到。軍人醋勁大發，拿起步槍的槍托就對著哈納費亞的腦袋砸下去，打得他不省人事。等他恢復意識後，已經和其他七十個男人一起被關在一間四米寬五米長的牢房裡。故事講到這裡的時候，剛才始終神情木然地坐在一旁的哈納費亞，忽然蹲在地板上小聲說：「那裡擠得沒有一點空隙，我們都像這樣生活。」他一邊發言，一邊像小蟲似的把瘦得只剩皮包骨的四肢縮起來，然後將一隻手拱成杯狀繼續說：「每天只能吃這麼一點飯。」接著又陷入了沉默。

他被拷問了三天之後才被宣判無罪，可是繼續在牢裡關了整整一個月。後來獄方沒有為他已經化膿的頭部傷口提供任何治療，就放他回家了。當時我在採訪筆記中提到，長時間遭到不當拘禁，可能「導致這個大男孩找不到工作，甚至無法舉行體面婚禮。」

二十年後的今天，我再度回到伊地卡那家民宿，打算尋找哈納費亞和他姊姊。一名婦人前來應門，我還沒說明我是誰，她就抓著我的手說：「妳在哈納費亞剛出獄以後來過這裡吧！」接著就把我拉到一面牆壁前，我看到牆上有張哈納費亞穿著體面結婚禮服的照片，他已經變成一個相貌英俊、體格魁梧、有對細長的眼睛和高高的顴骨，還有兩撇八字鬍的大男人了，「他現在可是公共工程部的大人物囉。」結婚照旁邊是他姊姊的相片，外頭還裱著相框，「她搬去爪哇了，而且已經過世。」

這名婦人是哈納費亞的另一位姊姊，她給了我哈納費亞的電話號碼後，我立刻撥電話過去，有點彆扭地說：「你可能不記得我，不過……」哈納費亞不但記得我是誰，而且說話口氣一點也不生疏，彷彿我們只分離了兩個月，不是二十年。我們再度見面時，他臉上綻放著溫暖的笑容，還捧著我的手握了好一會兒，完全不像我印象中那個頭上裹著繃帶、個性靦腆的瘦皮猴。他變得比較健談，但還是習慣用近乎耳語的聲音說話，有時句子說到一半就接不下去了。

哈納費亞提到他沒有回大學讀書，軍人施暴事件結束兩、三年後，始終無法好好工作，「別人都覺得我沒用，因為我老是昏倒。」後來他的家人經常受到騷擾，但依然鍥而不舍地對軍方施壓，終於讓攻擊他的軍人受到軍法審判，被軍隊開除。

我以為哈納費亞在遭到軍人虐待後，可能加入了叛黨，所以現在才能夠在公共工程部（是印尼政府機構當中最能撈到油水的單位）任職，因為亞獨成員簽署和平協議之後，獲得了許多令人稱羨的職位。不過當我詢問哈納費亞是否加入了亞獨，他面露驚色反問：「我為什麼要那麼做？那些叛黨比軍隊好不到哪裡去！」

二〇〇〇年，印尼民選總統瓦希德極力約束軍隊行為，並由政府提供工作給曾經遭到軍人迫害的亞齊居民，哈納費亞就是受惠者之一。我問他是否覺得替政府工作很奇怪，他攤開手笑著說：「我不想記仇。」

第二個讓我印象深刻的亞齊人是阿喜雅。二十多年前，年齡與我相仿、身材苗條的阿喜雅是慈善組織「兒童救助會」（Save the Children）的母嬰安全計畫執行者，辦公地點在亞齊省東北部的山村塘西，據說那是當時的叛黨據點之一。克萊兒與我抵達塘西村後，發現村內聚集了大批軍人，一群儀容不整的士兵圍坐在咖啡攤前悠閒地喝著茶或咖啡，有人解開了上衣，有人把衣服脫了，有人穿著軍靴跨開雙腿，把腳架在沒人坐的長凳上。他們隨意將武器扔在桌上或掛在椅背上，村童們好奇又小心地在附近轉來轉去。那些小兵不過是二十郎當歲的爪哇青年，他們即使害怕跟對手在游擊戰中交火，也不敢流露恐懼情緒。有位士兵一看見我們，就裝模作樣地撫摸自己的手槍，還親了一下槍管，嗲聲嗲氣地說：「她是我老婆喲，我親她抱她，她就幫我殺敵。」

塘西村坐落於布奇巴里森山脈東坡的一座山谷邊，村裡蓋了許多長得像瑞士小屋的高腳木屋，山牆上有精緻的雕刻，還有美麗的花朵、藤蔓、月牙、繁星彩繪。那些房子建在高高的木樁上，是為了躲避不時氾濫的河水。向晚時分，一片粉紅色的霧氣飄向稻田上空，籠罩著椰子樹梢。我和克萊兒在兒童救助會的食堂過了一夜，第二天我斜倚在窗外欣賞眼前靜謐的山景時，突然聽到一陣靴子踩踏石頭的聲音，接著便看到昨天坐在咖啡攤前的阿兵哥全副武裝、步伐整齊地從我眼前跑過去，其中兩人還揮著武器對我吆喝了兩聲：「我們要去殺敵啦！」[7]

接著，阿喜雅走過來站到我身旁，對那些士兵翻了幾個白眼就撇開頭。她從來不在光天化日下批評任何事情，「這裡唯一的生存之道，就是閉上你的嘴。」不過天黑以後，她和同事們會關上食堂大門小聲談論山居生活。他們痛恨胡作非為的軍人，也害怕隱姓埋名的叛黨，「他們全是一群暴徒！」我曾聽過某個士兵衣服被扒光、口含生殖器躺在路邊的故事，就是阿喜雅的同事告訴我的。

二〇一二年我重返塘西村後，發現阿喜雅仍住在當地。這些年來她變胖了，我上她家敲門時，她正穿著寬鬆的白袍在禱告，看起來更顯臃腫。她請我進門後的第一句話是：「以前我們都不敢聊太多事，對吧？」獨居多年的阿喜雅講話速度變得很慢，話也不多。她提到她丈夫在二〇〇〇年失蹤，此後杳無音訊，但她不知道該找誰追究責任，「我方寸大亂，可是又不能怪罪任何一方，因為軍方和叛黨可能都是禍首，如果你老想指責別人，最後只會憎恨所有的人。」阿喜雅露出無奈表情說。當時兒童救助會已成功降低塘西村的母親和嬰兒死亡率，由於戰況愈演愈烈，該組織擔心繼續營運會有危險，於是被迫關閉，阿喜雅搖著頭說：「好可惜呀。」

阿喜雅從不抱怨生活太苦，而是努力謀生，替人洗衣打掃，幫其他農民種稻、收割、晒穀，偶爾為某個發展計畫做評估，靠勤奮工作把獨子送進了大學，「我只祈求和平，禱告我的

❼ 後來塘西村的反叛人士告訴我，政府軍在當地駐紮過一段時間後，也會去叛黨膜拜的清真寺朝拜，以及參加叛黨加入的武術團體，有時還會以無線電事先警告叛黨，軍隊即將採取何種攻擊行動。

孩子不用過我們以前那種老是擔驚受怕、茫然困惑、疑神疑鬼的生活。」

我翻閱從前的採訪筆記時，發現許多亞齊居民也表達過類似的想法，然而我在亞齊省的咖啡館裡卻不常聽到這種論調。當我和亞齊婦女一起在廚房剝菜葉、烘咖啡豆時，她們鮮少以勝利口吻提起某些打著正義旗號的光榮戰役。咖啡館則是男人們聚集在一起強化怨氣、磨練恨意的地方，他們把高談闊論當消遣活動，某些誇張的見解往往還被寫入了歷史。

✲

亞齊省會班達亞齊，是我此行再訪的城市中，改變幅度最大的。當地原有許多美麗的土灰色花園小樓，二〇〇四年被無情的海嘯夷為平地後，只能從一片廢墟中展開重建工程。如今班達亞齊擁有多線道大馬路、秩序井然的圓環、光鮮氣派的政府辦公處，還有新落成的醫院和大學，以及占地寬廣的超市，大眾交通工具則比過去少了許多，居民生活相當富足，每家至少有一輛摩托車（印尼人認為擁有私家車是進步象徵）。整座城市變得比往日更富宗教氣息，每到星期五的禱告時間，餐館和商店一律關起門來不做生意，不過全市最豪華的高塔網咖（Tower）照常營業，繼續把顧客鎖在店裡讓他們盡情享樂。

亞齊省西岸地區也愈來愈現代化，二〇一二年初我騎車經過海岸線時，看到壓路機正在將景色優美的濱海公路最後幾個路段碾平。這條公路依山而建，下方是如緞帶般的白沙灘，海浪輕拍著海岸，看起來寧靜祥和，然而當大海發怒時，不知會帶來多嚴重的損害。我沿著坡度下降的濱海公路前進之際，發現海嘯遺跡增加了，有片農場仍積滿海水，站著許多像電線桿的椰子枯樹，景象十分荒涼。

翌日曙光乍現時，我被一座清真寺的喚拜聲吵醒，那座清真寺已被海嘯沖垮，只剩下草草架在一根高柱子上的擴音器。沿海區有成千上萬的組合屋密密麻麻地緊靠在一起，幾乎所有房子都面山而建。印尼人不如西方人愛戀海景，西方國家的濱海住宅往往會在浴室和廚房安裝觀景窗，但亞齊省西海岸居民敬畏大海，不會坐在家門前欣賞海上黃昏美景。

海邊各聚落的組合屋外觀長得一模一樣，只有一、兩區把房子建成傳統亞齊高腳木屋形式，大多數房舍則以水泥和煤渣磚為建材蓋在平地上，某一村的住家全是淡綠色，另一村的房子都漆著焦糖布丁色。各聚落均由特定捐款機構提供救濟，它們的標誌就成為居民的住址，「你要找阿姆娜媽媽呀？她住在足球場邊的樂施會（Oxfam）[8]。」許多住宅漸漸被居民改造，不是在屋後搭個廁所，就是在屋頂裝個小耳朵，但重新粉刷的房子不多。

班達亞齊市中心蓋了一座海嘯紀念博物館。當年亞齊省慘遭海嘯吞噬後，電視台連日播放哀樂和災難現場影像，民眾從畫面上看到死去的孩童，彷彿擺在玩具店裡的洋娃娃般並排躺在地上；黑色的猛浪快速奔向不斷升高的攝影機；巴士、住宅、樹木悉數被海浪掀倒，沖向內陸；班達亞齊清真寺挺立在廢墟中；船隻在屋頂晃動；倖存者呼天搶地；救難員面容哀戚；憤

[8] 譯註：一九四二年在英國牛津成立的非政府組織，以解決貧窮、促進兩性平等、終止對女性暴力為宗旨，在全球九十多國設有分會。

怒的大海從海底捲起三十公尺巨浪，摧毀了一個忙碌的文明世界。

海嘯紀念博物館設計得別出心裁，幾根巨大的柱子上張著一大片弧形格子框架，從某個角度看過去，猶如一道捲起的海浪；從另一個角度看去，又像是一艘船。參觀者從柱子中間走進去後，會經過一條又長又暗、兩邊是黑色水牆的甬道，置身其間給人的感覺是又敬又怕。

我從甬道另一頭走出來後，發現這座造價七百萬美元、竣工未滿三年的博物館，牆上竟有破洞和霉斑，天花板還掛著電線，圖書館、洗手間都上了鎖。館內有數十座反覆放映相同幻燈片的講台，一堆照片與博物館建築圖毫無章法地貼在展示板上，旁邊是擺滿小人和塑膠椰子樹的仿實景模型。我和一群小朋友一塊兒欣賞了一部九分鐘的影片之後，覺得館內陳列的物件和播放的影片，完全令人感受不出災難帶給人們的沉痛與哀戚。這座龐大的博物館是為了紀念十七萬名海嘯死難者而建，然而我只在一張照片裡看到一個橘色屍袋，不見任何死者遺照。

我向一名拿著擴音器為一群學童導覽的工作人員提出我的感想，他只是聳聳肩說：「館方大概是不想讓參觀者觸景傷情吧。」這是個不打算幫助人們記憶的紀念堂，也是個患有嚴重失憶症、選擇性改寫歷史的博物館。

Indonesia Etc.:
Exploring the Improbable Nation

Elizabeth Pisani

10 蘇門答臘異世界

住在隔壁哈洛班島的一位婦人被鱷魚吃了，他們打算請個巫師去捉那條鱷魚。那位鱷魚召喚者會前往婦人受害地點，把一根聖矛釘入地下，這樣就可以召集到一群鱷魚，好讓牠們指認把婦人吞下肚的不肖同類……

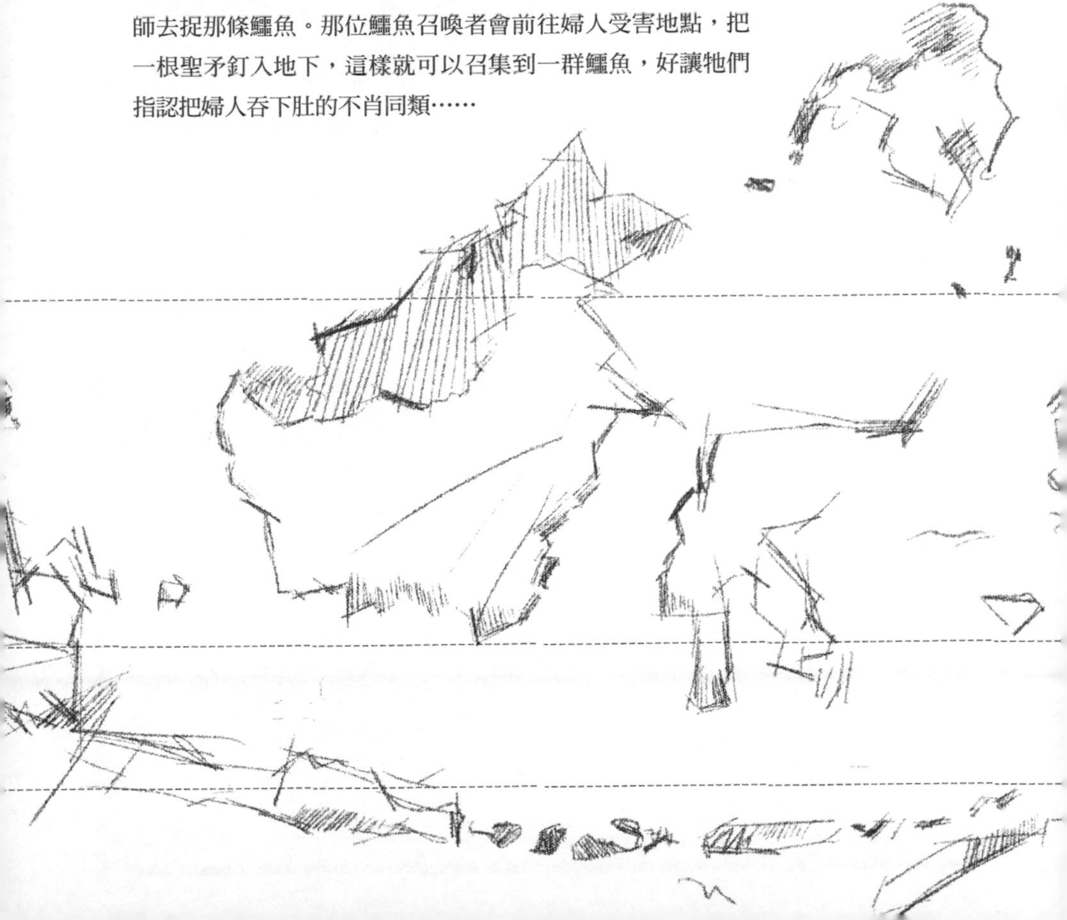

圖J：蘇門答臘

泰國
安達曼海
南中國海
羅克蘇馬威
塘西村
亞齊省
麻六甲海峽
馬來西亞
棉蘭
吉隆坡
班亞克島
北蘇門答臘省
哈洛班
新加坡
蘇門答臘
廖內省
巴東
布奇杜阿比拉斯國家公園
占碑市
占碑省
西蘇門答臘省
邦科
班卡島
坦江班丹
巨港
明古魯省
南蘇門答臘省
勿里洞島
爪哇海
楠榜省
雅加達
萬丹省
西爪哇省
爪哇
印度洋
北
0km
200km
400km
（單位：公里）

亞齊是蘇門答臘的一省，地形與印尼東部若干省分差異頗大。蘇門答臘則是坐落在印尼西邊的一座巨島，如果你把東努沙登加拉省至桑吉赫群島之間的四千一百座島嶼面積統統加在一起，僅占蘇門答臘全島的四分之一。一座森林繁茂的山脈自亞齊省北端隆起之後，沿著蘇門答臘西岸綿延了一千六百公里。山脈東邊的雨林緩緩下切至東岸的平地便漸次消失，留下一大片河流交織的沼澤平原，為印尼創造了阡陌良田。

蘇門答臘地形複雜，文化也多元，住在「麥加走廊」的亞齊省居民是最虔誠的穆斯林，並以此為傲。世居亞齊省南部托巴湖附近、信奉基督教的巴塔克族重視宗族傳統，對喪禮和宰牲祭典的熱中程度，不下於松巴島居民。西蘇門答臘省的米南加保族當中，有高傲的穆斯林、活躍的知識分子，還有會做巴東飯的廚師。蘇門答臘東岸的巨港，住著直來直往的穆斯林貿易商。這只是蘇門答臘眾多族群中的四種。

我從棉蘭搭乘巴士北上朗薩時，不但驚訝地發現亞齊省到處貼滿昔日叛黨的競選海報，還意外地買到一張劃位車票，車票上甚至寫著預定發車時間。我覺得事有蹊蹺，因為根據我在印尼東部旅遊的經驗，所有巴士總是等坐滿乘客才上路，沒有所謂的預定發車時間。不過，棉蘭的巴士果真在指定的時間出發，而且我可以舒舒服服地坐在指定的位子上。

巴士離站還不到一公里，司機便突然緊急剎車，讓一個站在路邊揮手的傢伙爬上來，隨後又撿了兩名乘客。他每停一次車，助手就把新乘客塞進後車門，送行的朋友跟著遞上了幾袋米和幾籃雞。最早上來的新乘客一見我就笑：「對不起啊，妳不介意我……」我趕快轉移目光，但已來不及阻止她，結果是三名乘客共用兩張椅子。巴士繼續開了數公里之後，另外一個老兄也嘻皮笑臉地擠進來，兩張椅子一下子坐了三．五個人，新來的乘客只能勉強擠在椅子邊和一堆水泥袋之間。

印尼是個進步中的國家，可我卻老是遇到一群弱不禁風的印尼旅客。例如搭船的時候，船還沒離開碼頭，他們就開始頭暈。巴士乘客老愛抓著一小罐辣椒膏湊在鼻子底下聞，據說這種萬能藥膏可以止吐，味道像浸泡過維克斯傷風膏（Vicks VapoRub）❶的清涼薄荷威士忌，你只要看到乘客把它拿出來，就表示他們快吐了。從棉蘭到朗薩的車程長達十四小時，最早擠進我座位的太太一上車就猛嗅辣椒膏，然後默默拿著塑膠袋吐個不停，嘔吐聲淹沒在車廂喇叭傳送的噹嘟樂中。

如果不想搭乘這類長途巴士，可改搭各種短程小巴士（蘇門答臘北部居民習慣稱之為「L300」，因當地大多數司機都開這種三菱車型），不過小巴士臨時停車的次數更多，還會繞一大段路把乘客送到家門口，或者讓他們去親戚家取包裹。一部載客量十一人的小巴士，往往擠了十八個人，因此最好能搶到車頭的位子坐在司機旁邊。坐前座的好處是能欣賞風景，不用老盯著某個乘客的後腦勺或綴滿亮片的頭巾。司機為了保有自己的空間，很少讓兩名以上的乘客坐到前座。他們對巴士行駛區瞭如指掌，而且十分健談、消息靈通，能提供各種建議，有時還會幫熟識的民宿提供送貨到府服務。坐在前座另一個好處是：我可以很有技巧地假裝翻找提包裡的東西，趁機把汽車音響的音量關小。有時候，司機會容許我插上隨身碟播放我帶來的音樂，我很快從乘客的反應看出來，他們不愛西方搖滾樂，但絕不放過佛朗明哥舞曲或古典樂。

坐在前座觀察司機的一舉一動，也是件好玩的事。有一回，我們的司機在七彎八拐的單線公路上把車子轉進一個髮夾彎時，隨手點了根菸叼在嘴上，就開始剝一顆蛇皮果。這水果形狀像淚滴，裡面是白色的蠟質果肉，外面是難剝的棕色脆皮。不過這位運將先生駕駛技術超群，只須將前臂扣住方向盤，就能空出雙手剝果皮。他載著我們連續了幾個髮夾彎，不但一路談笑風生，還不時表演以左手換排檔、彈菸灰、接手機，用右手肘控制方向盤的絕活兒。

一天下午，我站在羅克蘇馬威市的馬路邊向一輛L300揮手。巴士停下後，我問英俊的八字鬍司機大哥能否載我去西格里，他二話不說就讓我坐進了前座，並自稱東古哈吉。我很好奇他怎麼會取這種令人肅然起敬的名字，因為「東古」是對飽讀伊斯蘭教經書者的尊稱，「哈吉」是指去過麥加的朝聖者，取這種名字就像給自己封了爵位。五十五歲的東古哈吉留個小平頭，戴著一頂繡了金線的白色小圓帽，一路上神情愉悅地和我聊著政府無能、選舉活動、油價可能調漲的話題，還請我吃了油炸香蕉片（他嫌我太瘦），最後才問我為什麼去西格里。

我說我只是要去轉車，下個目的地是塘西村（當時我打算去那兒尋找睽違二十年的阿喜雅）。東古哈吉宣稱：「我們在這裡相遇，是真主的旨意！」因為我攔車的地點每天有幾百輛巴士經過，但只有兩輛開往塘西村，其中一輛就是他的。

巴士離開大路向西穿越了一片稻田，周遭山脈上方的雲朵轉為紅橙色，山谷中的幾座清

❶ 譯註：美國寶僑公司（Procter & Gamble）產品。

真寺傳來此起彼落的晚禱喚拜聲。巴士開進塘西村時，群山已被染成灰紫色，天上點綴著一、兩顆星星。東古哈吉問我打算在哪兒過夜，我問他推薦哪家民宿，「民宿？塘西村沒有民宿啊。」

無語。

「妳跟我回家怎麼樣？」

無語。

我並非不想領情，但「凡事點頭」的原則不見得適用於每個地方。姑且不論這位司機大哥是不是虔誠的穆斯林，我總覺得在這個與世隔絕的山村裡接受這種邀請似嫌不妥。

於是我說：「非常謝謝你的好意，但我覺得沒有必要，麻煩讓我在兒童救助會的食堂前面下車。」東古哈吉聽不懂我在說什麼，「塘西村沒有兒童救助會啊，妳還是跟我回家吧。」

他轉過頭來看著我，我趕緊把眼睛移開。他忽然哈哈地猛拍方向盤說：「唉呀！我不是那個意思啦，媽媽。」接著就解釋他是塘西村的外地人，老家在碧羅恩，但他老婆是土生土長的塘西人，「妳還是跟我回家吧，她知道該怎麼辦。」

哈蜜妲媽媽果真知道該怎麼辦。她在客廳地板攤開兩張地毯，鋪上我的睡墊，「這是妳的床。」那兩張地毯先前出借給當地清真寺，用來迎接大駕光臨的現任亞齊省長尤蘇夫，當天才從乾洗店送回來。「妳知道，妳來我們家過夜，是真主的旨意。」哈蜜妲媽媽說。

我就這樣認識了尤芙莉妲。她是哈蜜妲的女兒，也是東古哈吉的繼女，夫妻倆都是二度結婚。我們到家時，尤芙莉妲坐在前廳的一張紅輪椅上。哈蜜妲把我介紹給她父母認識——父親是個相貌威嚴的高大男子，五官有點像阿拉伯人，母親有張又扁又圓的布丁臉，還有一張染著檳榔汁的血盆大口，和一對閃爍猜疑的小眼睛。沒有人向尤芙莉妲介紹我是誰。

於是我主動跟她說哈囉，她也跟我打了聲招呼，雖然口齒不清，但還可以聽懂。她生了一對異常明亮的眼睛，臉上綻放著開朗的笑容。

布丁臉婆婆對我說：「別理她，她是個廢人，妳只要給我們一點錢就行了。」

尤芙莉妲悶不吭聲坐在輪椅上，兩隻腳畸形地扭向內側，右手僵硬地擱在胸前，左手向上彎成鉤狀緊貼著身體。過了一會兒，哈蜜妲才一邊愛憐地撫弄她的頭髮，一邊正式介紹她：「這是尤芙莉妲。」然後當著尤芙莉妲的面向我訴苦，說她照顧這個從小殘障的三十歲女兒——餵她吃飯、幫她洗澡、抱她上下馬桶——有多累人。

那天晚上，我沒有打擾尤芙莉妲。大部分時間，她只是靜靜地坐在輪椅上。如果她開口說話，我只能聽懂一點，原本以為她在胡言亂語，後來才知道她說的是亞齊話。

第二天，我跟著哈蜜妲和她父親去種可可。這位老先生高齡八十六，但身體仍十分硬朗，依然能扛著五十公斤的肥料，健步如飛地跨過田地。我們回到家後，幾位住在較遠村落的親戚順道過來問候尤芙莉妲，雙方態度都很彆扭。我知道尤芙莉妲心智完全正常，只是還沒有時間好好認識她。

傍晚的時候，我想到村子裡走走，順便去拜訪那些親戚，於是邀尤芙莉妲同行。尤芙莉妲興奮極了，她外婆卻嚇得拚命搖手對我說：「不可以！她從來沒出過門，會丟人現眼的呀！」我問尤芙莉妲是否覺得跟我出門散步很丟臉，她猛搖頭說：「不會！」咬字清晰，態度堅決。

哈蜜妲笑著說：「好吧，如果妳想去看親戚，那得好好打扮一下。」接著就幫女兒換上乾淨的衣服，還為她梳頭、抹粉、搽口紅，直到我說她把女兒打扮得太老氣了才歇手。

我和尤芙莉妲湊成了一對奇怪的拍檔：一個是皮膚粗糙、裹著頭巾的白種婦人，一個是細皮嫩肉、坐著輪椅的亞齊小姐。我一邊咒罵一邊道歉地推著輪椅在凹凸不平的石子路上行走，從頭到尾被顛來顛去的尤芙莉妲不僅毫無怨言，還充滿笑容。事後哈蜜妲把我拉到一旁說，我走到不平的路面時，應該把輪椅打斜，將重心放在後輪，「是尤芙莉妲要我向妳解釋的，她認為如果她親自告訴妳，可能會讓妳心裡不舒服。」

第一天出門散步時，村民們看到我們經過時都瞪大了眼睛，但我們始終神色自若地向大家問好。到了第三天傍晚，他們一見我們出來走動，也會主動與我們寒暄了。

翌日，我和哈蜜妲共乘機車行駛了大約四十公里，來到一個河畔村落貢邦。我曾聽說這一帶有不少私採金礦的工人，特地前來一探究竟，但真正的目的是想找哈蜜妲一塊兒出遊。這天風和日麗，我們爬到平原附近的稻田上方，看到一條奔騰不息的河流沖刷著谷底的灰色岩石，在馬路和懸崖之間切割出一道峽谷，懸崖一邊是寸草不生的岩壁，另一邊則是長滿綠色爬藤的峭壁。我們經過一座垮掉的吊橋附近時，發現橋上只剩兩根高掛在峽谷上方的鐵索，一名背著書包的中學女生、一個穿著校服的小學男生，還有兩位背著嬰兒的年輕媽媽，正手抓著上面的鐵索，腳踩著下面的鐵索走在半空中。

峽谷上有家餐館，我們在那兒有說有笑地喝了杯咖啡。哈蜜妲擁有明豔動人的笑容，是個堅強、自信、果決但不專橫的女人，我在餐館裡聽到了她的故事。哈蜜妲說，她和前夫育有尤芙莉妲和另外兩個孩子，不過這老公一無是處，「他曾經偷軍車拿去賣，結果把錢都賭光了，被軍隊逮到以後，根本還不出錢來。」他一度拋下妻小失蹤了兩年，後來哈蜜妲發現他早就娶了另一個老婆，還生了一堆孩子。當然，他從來沒有幫忙照顧過尤芙莉妲，哈蜜妲學會一切靠自己。她在班達亞齊住過，海嘯來襲時，她匆忙抓著無法動彈的尤芙莉妲爬到海水淹不到的地方，可是家卻毀了，「海嘯帶來的好處是，我們終於得到非政府組織送的輪椅。」

為了照顧女兒，哈蜜妲曾向印尼社會福利部求助多年，唯有這次獲得外界協助。我問她尤芙莉妲是否上過學、有沒有接受過復健和語言治療？都沒有。於是我提醒她，尤芙莉妲看起來性格開朗、喜歡社交，只要她多給女兒一點支持，尤芙莉妲或許就能擁有更獨立、更充實、更有趣的生活，「畢竟，她心智沒有殘缺。」我說。

平常反應機靈的哈蜜妲默默注視了我好久又望著別處，然後平靜地說：「對，她心智沒有殘缺。」

第二天，一群村婦過來教我做亞齊蛋糕，尤芙莉妲看我笨手笨腳努力模仿她們揉麵團的樣子，笑得樂不可支。我問她，我哪裡做錯了？她說我把麵團揉得「太薄了」。

一位馬臉鄰居大概是想替我找台階下，立刻皺起長鼻子告訴我：「她只是個殘障，連吃東西都得靠別人餵她，妳別以為她知道怎麼做蛋糕啦！」

我正打算回應，哈蜜妲突然壓低嗓門、口氣冰冷地插進來說：「她心智沒有殘缺。」

馬臉鄰居愣住了，似乎生平頭一遭聽說身障、心障是兩回事，接著就告辭離去。哈蜜妲在鄰居太太跨出大門時，又強調了一遍：「她心智沒有殘缺。」

後來，我在加里曼丹認識了一名專為殘障人士提供免費復健治療的年輕荷蘭志工，她認為印尼父母在思考如何照顧殘障子女時，所面臨的第一個障礙是宗教信仰，他們會說：「這孩子是真主派來考驗我的，我必須無怨無悔地承擔這個包袱。」第二個障礙是，對生下不健全的子女感到羞恥（是不是我做了什麼壞事而遭到天譴？），因此不敢讓別人知道家有殘障兒。第三個障礙是，擔心這些子女接受治療得花很多錢。最後一個障礙是，許多父母壓根兒不知道子女可以接受治療。

我認為她的說法固然有部分屬實，但不能完全套用在哈蜜妲身上，因為她曾經設法為女兒求助。尤芙莉妲和許許多多印尼殘障人士面臨的最大挑戰，是遭到鄰居和親人鄙視（例如馬臉鄰居和她外婆的態度），某些上層社會人士也不想和這些異類打交道。

✵

班亞克群島嚴格說來是亞齊省的一部分，但居民都講馬來語，島上一位警長自稱：「我是從亞齊省來的外地人，不算本地人。」

這位警長譴責當地漁夫短視近利，說他們經常把接了根管子的老式空氣壓縮機裝在獨木舟上，然後吸著壓縮機打進管子的空氣潛入深海，把氰化鉀灑在龍蝦、鱸魚和其他昂貴魚類身上。自二〇〇四年起，這種毒魚技術已被列入違法行為，但依然廣被採用。氰化鉀的毒性會導致魚群昏迷，漁夫活捉牠們以後，可賣給海鮮餐廳放進水族箱。不過殘留在海水中的氰化鉀會被洋流帶走，殺死大片珊瑚，破壞魚群以及龍蝦、海參等珍貴物種的棲息地，「我實在不知道該如何向他們解釋那種行為有多笨。」警長搖頭嘆道。這些漁夫的作法不僅可能破壞未來生計（魚群都被毒死了），往往還會得潛水夫病，有些漁夫曾在海底昏迷，還有兩人丟了性命。

遇見警長的那天早上，我聽說住在隔壁哈洛班島的一位婦人被鱷魚吃了，提起此事的傢伙還興味盎然地說：「吃得只剩下頭蓋骨喲。」警長點頭接腔：「放心吧，他們打算請個巫師去捉那條鱷魚。」他還向我說明，那位鱷魚召喚者會前往婦人受害地點，把一根聖矛釘入地下，這樣就可以召集到一群鱷魚，好讓牠們指認把婦人吞下肚的不肖同類，等到巫師逮住那個凶手之後，其他鱷魚就繼續回去吃魚，做自己的事。

我以為剛才還在痛罵當地漁夫短視愚昧的警長，應該不會相信某個巫師具有召集鱷魚的特異功能，於是問道：「這麼做有用嗎？」警長說：「噢，當然有用，除非那巫師是騙子。」我決定去哈洛班島找那位鱷魚召喚者聊聊。

一艘小船從一座烏龜觀察站開過來，船上載著兩名沉默寡言的荷蘭志工。雖然天氣十分惡劣，但是船夫照常開船。我上船以後，船夫拿起一只舊拖鞋，扯下一小塊橡膠塞住一個漏水口，便載著我們通過波濤洶湧的海面。

水花四濺的大浪把我和兩位志工搞得狼狽不堪，我們花了快兩小時才抵達哈洛班島。我在船上老想著萬一我淹死在這裡，不知要過多久才會有人發現我。上岸的時候，我渾身發冷，雙手麻木得差點抓不住旅行袋。我把溼透的頭巾牢牢夾在頭髮上，便拖著旅行袋走向泥濘的街道。經過哈洛班唯一的咖啡店時，店裡的顧客都默不作聲看著我，沒有人問：「妳從哪裡來？」沒有人說：「妳好啊。」只有一排人瞪著我。

我在島上找到一家民宿，老闆娘來自尼亞斯島，為人十分親切。她似乎把我看成了呆瓜，跟我說話的速度超慢，而且是一字一字地說，還不時夾幾個英文單字：「*You* mandi dulu, habis itu *you* lapor diri, baru kita *eat rice*.（妳洗完澡以後，先去向警察報備，再回來吃飯）。」她怕我聽不懂最後一句，還刻意比了個把食物舀進嘴裡的動作。

我洗完澡，順便把乾衣服從溼掉的旅行袋挖出來之後，就走去民宿前面的街道，坐在一頂帆布篷下，旁邊一張長凳上躺著一位警伯。蘇哈托主政時代，政府規定凡是待在印尼鄉間的外國人都必須向警方報備。亞齊省在二〇〇五年結束多年動亂以前，也一直維持此項慣例。因此我在印尼旅遊期間，只要借住在偏鄉地區的村民家中，也會自動找警方報備，以免引人猜疑。這麼做還有個好處：警察通常是提供地方八卦的好來源。不過，此刻躺在長凳上的那位警伯顯然不打算登記我的名字，只顧著一手猛搔肚皮，一手忙發簡訊。我向他道晚安，他始終不理不睬。

我不想自討沒趣，於是也拿起手機發了通簡訊，向雅加達一位作家朋友發牢騷：「我該如何理解印尼這個國家存在的意義？」他回覆：「那是編輯的工作。」

我捲動電子郵件時，看到有幾封信要求我為巴布亞的愛滋病醫療服務提供可行的政策建議，另一封信的內容是：倫敦某雜誌編輯希望我寫篇印尼時事短評，還有一封信來自當初委託我寫這本書的倫敦編輯莎拉。

信上說，她要辭職了。

這消息來得實在太突然，我立刻緊張地想到我的書恐怕會成為孤兒、我得單打獨鬥地應付後續工作，愈想愈覺得難過，淚水跟著湧上了眼眶，但我不想坐在這個沒有人情味的小城當街啜泣，於是連忙跑回民宿。穿過客廳的時候，老闆全家坐在地板上看連續劇，沒人跟我打招呼。我關上房門後，過去七個月來的旅遊記憶驟然排山倒海而來，我想起我曾經住在陰暗潮溼的跳蚤窩，一大早被清真寺、雞隻和學童吵醒，總是單槍匹馬在各處闖蕩，半年多來只能換穿同樣的六套內衣褲，不停地打包再打包，生了爛瘡的腳才剛復元，又莫名其妙地起疹子。我還想起我曾試圖為一堆說不出道理的事情尋求意義，努力融入一個根本不屬於我的世界……。

我躲在房間裡痛痛快快大哭了一場後，忽然聽見隔壁清真寺傳來晚禱喚拜聲和一則公告：本寺將舉行一場特別禱告儀式，祈求阿拉支持鱷魚召喚者完成任務，他已經在死人灘紮營三天，但一無所獲。我心想：這真是個好消息！於是立刻收起眼淚，打算去參加那場禱告會。這時，老闆娘敲著我的房門說：「吃晚餐囉。」

我擤了擤鼻子、擦了擦眼淚，然後跨出房門告訴老闆娘，我想去清真寺為鱷魚召喚者祈福，等回來後再吃。老闆娘不依，立刻抓起我的手把我帶到餐桌前要我坐下。她在我面前擺了一盤飯之後，也坐下來把臉湊到我面前說：「吃！」

我用餐的時候，她一直守在旁邊盯著，儼然把我當成不肯乖乖坐在餐桌前的三歲小孩，直到確定我把飯一口一口地送進嘴裡，才心滿意足地靠回椅背上說：「妳在傷心。」我支吾其詞，她追問：「為什麼？」

我不知該如何向她解釋，我是為我的編輯辭職而難過，只好隨便找了個理由搪塞：「我朋友去世了。」

「哦，原來是這樣啊……」她一手撐著下巴，一手拍著桌面說：「……還好她不是被鱷魚吃了。」

✲

我終於和坐在咖啡攤前瞪著我的幾名漁夫交上了朋友，不過他們口風很緊，沒有人肯告訴我那名婦人遇害的地點，都說鱷魚召喚者捉到鱷魚前不能被打擾。兩天過後，漁夫們才開始交頭接耳談論那位巫師。他住在哈洛班北邊八十公里外的西摩魯島，居民付了三百萬盧比（是亞齊人平均月薪的兩倍）大老遠地把他請過來，可是他搞了五、六天依然毫無斬獲，漁夫們猜想那巫師搞不好是個騙子，根本不會召喚鱷魚。

第二天，我決定不再繼續等待進一步消息，也不想和那位可能是騙徒的巫師打交道了，於是收拾行囊走去哈洛班碼頭。正在碼頭商請一位漁夫載我一程時，忽然聽到有人大喊：「鱷魚！鱷魚！」接著就看到一群男人迅速衝向停放了多艘獨木舟的溪畔，一齊蜂擁至船上，啪啦啪啦地划著船槳朝死人灘進發。「妳還等什麼呀？」一位與我喝過咖啡的夥伴招手要我上他的船，於是我也加入了船隊。大家在船上互傳一則簡訊：「聽說鱷魚有七公尺長！」

那位婦人是在一個布滿泥濘的小溪口摸蛤蜊之際遭到鱷魚吞噬，現在有數十艘獨木舟爭相進入這條小溪，為了搶奪地盤，所有獨木舟都撞成一團。我們的獨木舟落在船隊最後面，船上的夥伴們想迎頭趕上前，便要求我下船涉水上岸。我邊走心裡邊發毛，不知是否會遇上七公尺長的鱷魚。

當我涉過深及大腿的溪水，走向一間覆蓋著棕櫚葉的小屋後，看到地上有一張睡墊、一個小鍋、一根魚叉和一袋米，這就是鱷魚召喚者的住處。我朝四下張望了一番，發現附近就我一個女人（哈洛班曾有許多婦女競相走告鱷魚吃人的消息，卻沒有一位女性想來見證巫師如何逮鱷魚），還有一群互相推擠、指指點點的男人，他們都興致勃勃地搶著向我描述捕鱷過程。有人說，那條鱷魚曾經出現在小溪對岸，但沒有人真正看過牠，顯然是巫師設法騙牠爬進了對岸的陷阱。

天空開始下雨，我披上黃色雨衣，旁邊兩名男子也鑽進來躲雨。接著，小溪對岸有人怒吼了一聲，還不斷揮舞手臂打手語。我身旁的兩名男子轉頭看了我一眼，也開始吼叫揮手，我這才意識到是我冒犯了對方。

「女人不准待在這裡！她會破壞巫師法力！」

我趕緊退回樹林邊，溪畔那群男人不再像剛才那麼熱絡，個個表情冷峻轉身背對著我。他們繼續在現場觀望了一陣，才認清今天誰也抓不到鱷魚的事實。只有巫師自稱見過牠，這會兒又宣稱因為有個外國女人汙染了現場，所以鱷魚早已逃之夭夭。先前拉我上船、後來和我一起躲雨的所有男人，全都一言不發對我流露敵意，唯獨一名留著刺蝟頭的小夥子還有點惻隱之心，願意陪我走回哈洛班市區，一路上也沒有和我交談。

我始終不確定當時我犯了什麼錯，但我認為那些男人其實早就知道女人不能踏入巫師禁地，他們讓我同行只因為我是異類，既不屬於他們的世界，也不算真正的女人，而那位巫師因為一直抓不到鱷魚，正好逮住機會把我當失敗藉口。我本來只是個好奇的局外人，卻在倏然之間變成遭人唾棄的討厭鬼。

✲

蘇門答臘的占碑省有一座面積廣達六百平方公里的布奇杜阿比拉斯國家公園，其中住著一支以狩獵採集為生的部落，人口大概在一千五百到五千人不等，有人稱之為「林巴族」（意思是住在森林裡的部落），也有人說他們是「野蠻人」。

一九九〇年代初以前，林巴族幾乎從未和他們稱為「光」的外在世界有過任何接觸。九〇年代之後，扛著鏈鋸的伐木工、開闢農場的大企業，以及非法侵占土地的人，開始把光帶進了林巴族世世代代居住的濃密原始雨林。當時，印尼作家瑪奴蓉（Butet Manurung）意識到這些外地人可能破壞林巴族的生活，但林巴族卻無力阻止外來者入侵，除非他們盡量少和外界打交道。為了教導林巴族生存技巧，她為部落裡的孩子開辦一所體制外的學校，並將這段經歷寫在《叢林學校》（*The Jungle School*）一書中。我打算去拜訪林巴族，並且請瑪奴蓉幫我聯絡到早期的兩位學生——米賈克和真塔。這對死黨當年在家人激烈反對下進入叢林學校就讀，好學不倦的他們，畢業後都立志為自己的部落打造未來，不過兩人的行事風格不太一樣。

我和米賈克約在占碑省的邦科市見面，他和當地一票朋友共同成立了一個非政府組織，以保護環境和部落權益為宗旨。

我們碰面前夕，住在邦科市的朋友伊拉請我去家裡作客，我在她家見到了她姊姊和兩位男親戚，其中一個紅眼睛的八字鬍男人先說馬來語，後來改用印尼話堅稱，受尊敬的女人絕不會在沒有丈夫陪同的情況下獨自旅行。另一位看起來玩世不恭的男人留著齊尾長髮、架著方框眼鏡、手上戴著美甲片，打扮得有點像雅加達畫廊裡的藝術家，但言行舉止比較像地方工匠。

我提到我打算去森林中拜訪林巴族時，沒聽過「林巴族」的長髮男露出疑惑的眼神看著伊拉的姊姊，她說：「就是野蠻人啦。」長髮男立刻說我不該去，理由是：第一，他們有強大法力，「妳千萬不能吐口水，如果妳吐了口水，他們會把口水收集起來對妳下咒，妳就永遠回不來了。」第二，那些野蠻人又髒又笨，因為他們進城以後，會用洗髮精洗頭，卻拿水溝裡的水沖頭。他覺得這種行為蠢斃了，還把這故事重複了三遍。我的想法是，林巴族棲居的叢林到處有乾淨水源，會拿水溝裡的水沖頭也是合情合理。

伊拉的姊姊提供的建議是：「妳見到他們的時候，盡量不要皺鼻子，也不要說他們很臭，他們會不高興。」她還說有些林巴族努力想成為文明人，「很多人已經改信伊斯蘭教，表示他們有些進步了。」

隔天，米賈克騎機車來接我。這個「野蠻人」甫自雅加達旅遊歸來，穿了一雙簇新的Converse球鞋、一條時髦的Levis毛邊牛仔短褲、一件乾淨的polo衫，外加一襲長袖開襟外套。我們離開市區進入飛沙走石的馬路時，他還戴上防晒手套和口罩。

我們一連經過了幾個「移民城」，這些小城的主要居民來自爪哇，處處可見小發財車和販賣佳木藥水的婦女。那些佳木女無論搬到哪裡居住，總習慣穿著傳統紗籠和格巴雅，不會披上鄉間婦女常穿的全罩式寬鬆長袍，或者和城市女子一樣套上T恤和緊身牛仔褲。

每天黎明以前，佳木女便開始熬煮各種藥水成分——這裡加點生薑或海草，那裏灑幾滴羊膽汁、丟一把茉莉花——煮好之後就倒進可口可樂、廉價威士忌、荷蘭琴酒的回收玻璃瓶，再用捲成圓錐狀的香蕉葉塞住瓶口，把瓶子擺進大柳條籃，然後拿一條紗籠綁在背上，就出門沿街叫賣。

通常，我會選購一種混合了薑黃黏液（可抗老化）和「苦汁」的藥水，後者是以穿心蓮葉子煮成的褐色液體，味道很苦，聽說是刺激免疫系統的良藥。一位佳木女卸下背上的籃子，從水桶裡取出一小只玻璃杯，打算請顧客試喝杯中的藥水，接著又拿出一個玻璃瓶，殷切地等待客人光顧，瓶子裡裝滿南薑加上蜂蜜的甜飲料，可洗去殘留杯中的藥水，並沖淡口裡的苦味。佳木女很會做生意，我旅遊印尼期間，大概每隔三天的早上會喝一杯她們賣給我的佳木水。

路邊的城鎮愈來愈少，農場愈來愈大，我們經過一棟外觀像凡爾賽宮又像監獄的房子，焦糖色的建築有三座瞭望塔，還有許多雕花玻璃窗，「那是用販賣橡膠賺來的錢建造的豪宅。」米賈克說。

兩小時後，我們停在一座拴著鐵鍊的大門前，一名女子出來向我們收了五千盧比通行費，才讓我們進入橡膠園。機車駛入一條曲折顛簸的私人產業道路，沿途布滿有時深度可達車軸的淺色泥巴，遇到路況最糟的路段，我就下車緊貼著路邊步行，不時得抓著樹根和樹枝繞過最深的泥潭。

走著走著，不小心滑了一跤，先是一隻腳丫不見了，接著小腿也消失了，然後兩條腿漸漸分開，一條插入泥淖愈陷愈深，另一條卡在路邊一塊樹根後面。我拚命拉扯、扭動、抬高陷入泥中的那條腿，費了好大的工夫才聽到「噗啦」一聲拔了出來。

腳上沒有鞋子。

已經安全通過泥地的米賈克忙著抹去球鞋上的泥巴，他的恩師瑪奴蓉曾交代他要照顧我，所以這一路上他始終對我禮貌有加，不敢造次。可是當他看到我光著一隻腳丫，腿上還沾著泥巴的滑稽樣，終於忍不住笑了出來。

我不想犧牲我的半雙涼鞋，於是伸出一隻胳臂一條腿滑進泥巴探來探去，搞了半天什麼也沒探到。我繼續用手在泥漿裡胡撈一陣，笑得膝蓋都軟了，最後總算碰到某個硬硬的東西，接著又「噗啦」一聲撈出沾滿泥巴的涼鞋。我踩著泥水走到比較堅硬的地面，在一個泥潭裡清洗涼鞋，卻發現鞋帶不見了。我咒罵了一聲，不知是否應該再走回泥坑找鞋帶，忽然靈機一動，從我的隨身蚊帳頂端剪下一截紫色緞帶做替代品，後來這條緞帶一直撐到我旅行結束，也就是半年以後。

兩人繼續上路後，在途中看到幾批騎著機車經過的林巴族人。我發現他們相遇的時候，會各自把機車頭對頭停好，然後熄掉引擎，坐在車上默默打量彼此，接著其中一人會提出某個問題，雙方簡短交換訊息後，又保持沉默一段時間，然後突然互相點個頭便揚長而去。

林巴族為游牧部落，基本社會單位是一小群沒有血緣關係的家庭，族長則是大家公推的領袖。接著我們去拜訪米賈克的族長，他個頭十分高大，留著一小撮鬍子，身上只有一條纏腰布，肩上扛著一把像是荷蘭時代留下的來福槍。他走路動作很奇特，有如踩著細碎步伐的鴿子，其他林巴族的族人排成縱隊穿越森林時，也是這個走法。兩隻獵狗在族長腳邊鑽來鑽去，米賈克向他致上了最高敬意。後來他告訴我：「我們選他當族長，是因為在所有族人當中他最強悍。」

泥巴路漸漸消失後，我們把機車停在橡膠園裡去散步，在路上經過幾個被削去半截、盛滿橡膠液的汽油桶，橡膠液聞起來臭臭的，很像炎炎夏日從紐約巷弄裡的垃圾散發出來的味道。園裡不時可見兩名爪哇工人安靜地在樹上汲取橡膠。

我問米賈克這些橡膠園的地主是誰，他說大多數是林巴族，那為什麼會有爪哇人？「林巴族僱用他們來幹活，工資三分之二給工人，三分之一給地主。」自從林巴族接觸貨幣經濟、推行學校教育之後，就有了這種分帳制度，因此族人具備基本數學常識很重要。米賈克說，林巴族不願自己採橡膠，原因有二：「第一，林巴族很懶。第二，他們不知道怎麼採橡膠❷。爪哇人工作勤奮，不砍樹木，所以皆大歡喜。」

二〇〇五年瑪奴蓉剛成立叢林學校時，師生們從最接近校地的道路穿越密林走到學校，得耗去兩天時間。如今橡膠林擴大了，道路也隨之延長，我們在森林裡只走了二十分鐘便抵達學校空地。旁邊有一名少女在梳頭，腳下踩著一堆垃圾，裡頭有營多泡麵包裝紙、零食袋、作業簿撕下的紙張，還有塑膠袋。她全身上下只掛了條粉紅色的塑膠項鍊，宛若印象派畫家高更畫作裡的人物❸一般，裸露著蜂蜜色的胸部徜徉在垃圾大海中。她身後有兩個小男孩，正抱著迷你彎弓瞄準樹上一小團毛茸茸的東西。

空地上有間校方自行搭建的校舍，是一座四面開放的茅頂高腳屋。學校的教育宗旨是：遵循森林裡的生活節奏，為渴望學習的孩子培養必備基本生活技巧，協助他們與「移民城」居民互動、和外來勢力交涉——可能影響部落生存環境的外來勢力包括：管理國家公園、打算行使土地使用權的當權者，以及威脅這些權益的投機客。

我和米賈克在校舍地板睡了一夜。隔天早上，一位老師站在高腳屋上大喊：「上課了！」但沒有學生出現。我前往河邊沐浴時，發現一群小男生嘻嘻哈哈地在打水仗，我問他們怎麼不去上學？他們回答，要等打完獵再去。

那天下午，米賈克和我出發去找真塔。他住在這片森林的另一區，約莫騎兩小時機車可到。我們的計畫是：先和真塔在離他家最近的移民村碰頭，然後進入森林和他的家族一起過夜。不過見到真塔後，他卻宣布原訂計畫取消，因為家族中有個孩子得了「外來疾病」，族裡幾名巫師都沒辦法醫治，所以他們全家人已暫時搬出森林，住在某位爪哇巫師家附近。B計畫是：先在移民村的真塔家過兩夜，然後再去野外待一天。

真塔家不是一般的水泥平房，而是個面積只有兩平方公尺的帳篷，搭在某個農場的一株棕

---

❷ 這例子可能會引起誤解，因為印尼人說話往往不帶主詞。米賈克原先是說：「第二，不知道怎麼採橡膠。」「他們」兩個字是我插進去的，但他的意思也可能是指「我們」。他提到自己的部落時，常交替使用「他們」和「我們」兩個代名詞，視當時情況而定。

❸ 譯註：高更（Paul Gauguin）曾旅居大溪地作畫，期間以當地土著女性為題，完成多幅色彩鮮豔濃烈的畫作。

櫚樹下。帳篷中央的一根柱子上，罩著一塊黑色塑膠防水布，每個角落分別用一根樹枝撐住，地板以棕櫚葉鋪成，防水布前面有個角落下方生了一堆火，上方架著一根被劈開的樹枝，那就是廚房了。帳篷裡坐著胸部裸露、看上去未滿二十歲的真塔太太，還有三個全身光溜溜的女兒。

真塔從城裡帶了些別人送的吃食回來，其中有米飯、鯰魚、速食麵和起司口味洋芋片。真塔太太和小孩抓起洋芋片就卡滋卡滋地吃起來，還隨手把閃亮的五彩包裝紙扔在棕櫚葉地板上。

「你們的防水布呢？」真塔問，米賈克和我面面相覷。我有一張睡墊、一頂蚊帳、兩條紗籠，但沒有防水布，於是我把雨衣拿出來，真塔不滿意，當下指派我們回移民村補貨。

我們回到真塔家時，他已換下短褲，正圍著一條鮮豔的浴巾跟女兒們玩耍。最小的女兒流著鼻涕，是個兩歲左右的胖娃兒，脖子上掛了一塊可阻擋惡靈靠近的護身符。真塔拿了把大刀遞給五歲的二女兒，要她交給正在幫忙搭帳篷的米賈克。這孩子真不是蓋的，兩三下就將那柄長度超過她一半身高的大刀接過來遞給米賈克。

米賈克滿臉驚慌地一邊扭著雙手，一邊交替移動穿著新球鞋的兩隻腳，手上還戴著騎機車用的防曬手套。他說我們只會在這兒住兩晚，似乎不值得為了睡覺特地搭個帳篷。我望了望逐漸在天空聚攏的烏雲，又回頭看了看米賈克，他立刻轉移目光。我發現，雖然米賈克在成長過程中一直和族人過著採集狩獵的生活，但是這位胸懷大志的律師具備的叢林求生技巧恐怕不比我多，他最在行的事情，大概是和一批年輕的激進學生坐在雅加達新潮咖啡屋裡喝卡布奇諾。

被帳篷打敗的我和米賈克，露出乞求眼神望著真塔，他尖聲怪氣地說：「唉！虛有其表的城市人！」

真塔擁有一頭濃密的鬈髮、一個寬大的鼻子，還有兩道筆直的眉毛和一雙下垂的眼睛，給人一種很嚴肅的感覺，不過在我認識的印尼人當中，就屬他的個性最陽光。他經常咧著沒剩幾顆牙的嘴巴大笑，還喜歡捉弄別人，最樂的事情就是取笑米賈克以現代都市人自居，米賈克也會反唇相識。兩人前陣子接受恩師瑪奴蓉的邀請去了一趟雅加達，從機場前往市區的途中，真塔老是下車察看他們的車子為什麼不動，米賈克嘲笑真塔說：「我們正好碰上雅加達每日大塞車，這土包子還以為我們的車拋錨了！」真塔很快幫我們搭好了帳篷。

接下來幾小時，住在附近帳篷的居民陸陸續續從四面八方走來，人數相當多。男人或是纏腰布，或是穿短褲，女人個個袒胸露乳，孩子們有的圍著小紗籠，有的穿著過大的短褲，有的戴著護身符，有的一絲不掛。他們都蹲在地上與我保持安全距離，因為看不出我的性別而互相詢問：「是公豬還是母豬？」

一名顯然較常接觸外界的男子一本正經向人家宣稱，我是跨性人。這男子長得十分俊俏，擁有完美無瑕的杏眼、對稱飽滿的豐唇、緊緻光滑的古銅色肌膚，頭髮呈波浪狀，蓄著薄薄的八字鬍和山羊鬍。他的纏腰布裡還圍了一條淡紫碎花女用紗籠，我心想：誰才是跨性人？

我待在這營地大部分的時間，那群人總是神情木然地蹲在原地瞪著我。我笑著跟他們招手，他們都毫無反應。當我唱作俱佳地把我弄丟了一隻鞋的故事告訴真塔的家人，他們也跟著笑翻了，但我一回頭看他們，他們又恢復僵硬表情，簡直像在跟我玩「一、二、三，木頭人」

的遊戲。

天黑以後，真塔和妻子去河邊捉青蛙，我也跟去湊熱鬧。他們的捕蛙裝備只有一根火把、一口小鍋、一把大刀。到了河邊，真塔「嘩！」的一聲就跳進河裡，他手握長刀盯著一條大魚，一眨眼的工夫就把那條魚扔進了鍋裡。河裡除了青蛙之外，還有許多和我小指頭一般粗的小魚，真塔不須動用大刀，就能徒手抓到那些小魚，我在深及大腿的河水裡撈了半天，始終沒抓到任何會動的東西。我們回到帳篷時，鍋裡裝了一條大魚、六條小魚和一隻青蛙。翌日早上，真塔的大女兒端了一盆熱騰騰的飯給我，飯裡伸出一根小樹枝，上頭插著一尾剛烤好的魚和一條蛙腿，這頓早餐味道挺不錯。

✲

用過早餐後，真塔、米賈克和我相偕出發「去林內」，打算穿越森林進入林巴族真正的故鄉。我們騎著機車通過綿延數英里、偶爾夾著幾片矮樹叢的油棕櫚園時，在一個灌木叢裡發現馬來熊的足跡。這種黑毛哺乳動物胸前有個黃色的深V紋，是所有熊類當中體型最小的，不過成年公熊仍有數十公斤重。牠們的舌頭很長，適合將藏在樹幹蜂窩裡的蜂蜜舔出來。我從未在野外見過牠們（國際自然保育聯盟已將牠們列為「瀕危動物」），我問真塔：「你們常看到熊嗎？」他眨眨眼說：「常看到牠們？我們常吃牠們啊！」

三人抵達一座山巔後，看見一幅森林慘遭蹂躪的景象，眼前盡是落地的枝枒、焦黑的樹幹、被雨水侵蝕的枯根。令人寒心的是，有塊雨林一片光禿，空地上的新生植物（都是既不美觀也無用處的雜草和爬藤）形同侵入敵營的幫派分子，在死去的樹幹上蔓延。短短幾天之內，曾經矗立在這裡的廣袤森林，就在一陣刺耳的鏈鋸聲和工人的吶喊聲中，變成世界末日降臨般的荒原。

原本有說有笑的真塔陷入了沉默。我問他，我們在剛才的一個半小時車程中所經過的地方本來是一整片森林，對不對？他說：「二〇〇六年的時候，這裡全是森林。」

真塔和米賈克提到，二〇〇六年，賽里布爸爸從棉蘭來到這附近，並提供資金和設備砍倒數千公頃的原始林，然後把光禿禿的空地分割成許多塊，以每公頃一百萬盧比的價格賣給當地村民。我問，他有什麼權利這麼做？

「權利？權利？哼！」真塔怒氣沖沖地說：「他沒有許可，也沒有權利，只是有膽罷了！」

米賈克載我離開林巴族居住的森林，回到一條國道時，忽然有一群男人囂張地騎著冒出陣陣汽油味的重型越野機車，從我們旁邊呼嘯而過。他們沒戴安全帽，身上布滿刺青，機車後座都綁著大鏈鋸。米賈克咬牙切齒地說他們是「森林終結者」。

我和真塔看到的那片被夷為平地的森林，曾經是游牧部落林巴族的家園，然而當賽里布爸爸把森林終結者送進來之後，他們並未起身反抗。米賈克和真塔認為，部分原因是林巴族不喜歡衝突，另一個原因是，林巴族從來沒有「土地所有權」（和國家法律）的概念。

如今，米賈克努力在故鄉和現代世界之間扮演橋梁角色，並與ＡＭＡＮ結盟。ＡＭＡＮ是個聯合組織，自稱代表印尼全國一千九百九十二個原住民團體，並協助這些團體透過該組織的論壇向國家遊說，還會幫助米賈克確認他需要研究哪些相關法律來維護林巴族權益，不過林巴族多半只參與地方性抗爭。米賈克成立的非政府組織負責將違警事件做成紀錄和報告、印製標語旗，以及安排族人前往占碑省長辦公室抗議，但目前為止這些努力都徒勞無功。他們任重道遠，工作並不輕鬆。

印尼涉及環境管理的國家法律、條約和政令多達五十二套，其中不乏彼此矛盾者。更糟的是，負責掌管森林的兩個政府部會——環境部和森林部——竟使用不同的地圖。二〇一〇年，印尼總統曾推動統一繪圖計畫，但毫無進展。兩部會雖一致贊同印尼有必要完成統一的國土利用分布圖，但在討論應該根據何方資料製圖時無法達成協議。一幅地圖上出現了四千萬公頃左右的原始林，另一張地圖則未納入這片叢林。換句話說，某個部門「漏掉了」一塊面積大於日本領土的雨林。這只是中央政府的情況，全國各地的土地利用分布圖和相關法令也都不一致。不過，印尼人不太在意這些法令和地圖。

真塔騎車越過一片綿延數公里、散布著幾塊油棕櫚園的空地之後再度停車，然後跳下機車在一堆矮樹叢裡踢來踢去，起先是因為好奇，後來愈踢愈急。他在尋找曾經安放於此處的一塊國家公園界碑，上面標示了禁止伐木的界線。

這裡沒有界標，也看不見森林。

我們離開那片空地後，路面坡度逐漸上升，油棕櫚園換成了橡膠園。大約半小時過後，再度目睹森林慘遭滅絕的景象，地上沒有野草或被雨水沖刷的樹根，只有像是剛被鋸下的大樹倒臥在原地，樹幹上突起許多尖刺，彷彿被折斷的牙籤，四周殘留大量木屑。

我們又花了兩個多小時，才通過這片曾經是叢林的空地，進入另一片森林。我很高興終於暫時擺脫了機車引擎的噪音，渴望在林中漫步，心曠神怡地伸長脖子仰望枝葉繁茂的樹梢，聆聽落葉在我腳下發出窸窸窣窣的聲音，欣賞這美麗壯觀的森林王國所留下的一切。但是，對於在森林游牧部落裡長大的年輕人來說，除非有實際需要，否則在森林中走再多路都沒意義，只要有路可通，他們寧願騎車。

進入林地大約一公里後，遮天蔽日的樹冠再次被陽光穿透，呈現出明亮的草綠色。林中的農場以等距離栽種了一些橡膠樹苗，周遭還有樹薯和其他食用作物，這些農地屬於真塔和同族家庭，附近有一間竹子搭建的高腳屋，「這才是我真正的家。」真塔咧開大嘴笑著說。

林巴家庭每年會花一天時間來林中整地，他們用斧頭砍倒一些灌木，並焚燒殘株當土壤肥料，然後種下樹薯、地瓜和別種糧作，其餘的食物大部分靠打獵獲取（捕捉蛙、魚、熊和其他動物）。我想起我們在移民城裡的一家巴東飯館點餐時，我曾提議吃雞，真塔立刻吐舌頭做出嫌惡的表情。他說正宗林巴族不吃人類飼養的動物，只會以採收的植物和蜂蜜為食，也會採集藤類和野生橡膠拿去賣。越區移民和農場工人陸續進入林巴族的土地後，販賣這些農產的市場增加了，林巴族也從一九九〇年代中期開始「了解到金錢的用途」。

他們學會以採集野橡膠的收入購買鏈鋸，認為繼續遵守森林禁伐規定毫無意義，於是每個家庭在一天之內就能砍掉比過去多上十倍的林木，在新增的空地上種橡膠，以創造更多現金收入。森林一旦被砍光並改種橡膠，便再也無法恢復舊觀。然而從前的林巴家庭只會利用小塊空地種一、兩年稻作和蔬菜，收成後就遷居他處。

橡膠等於現金等於鏈鋸，鏈鋸帶來更多橡膠更多現金，更多現金可買一台更方便往返於市場和新橡膠園的機車，意味著可以花更多時間在城裡買米、買糖、買裝在七彩袋子裡的起司洋芋片，還可以買汽油和橡膠種子，因此需要賺更多錢、砍更多樹、種更多橡膠，如此循環不息。

真塔從一座廢棄營地偷了個鍋子，在附近一條河邊快手快腳地折了些樹枝，生出一堆漂亮的營火，米賈克則是衣冠整潔地坐在一個塑膠袋上袖手旁觀。幾分鐘後，我們一起享用了從移民城帶來的泡麵。

用餐之後，大家進入某個林巴族人的「家」稍事午休，那裡只有一座竹子搭就的開放高腳平台，下方掛著鏈鋸，平台一端擺著一個電視包裝箱，茅屋周遭林地散落著保麗龍碎屑。我露出不解的表情指著那個紙箱，真塔口氣平淡地說：「是電視啊。」電從哪來？「發電機。」

後來真塔的妻子告訴我，真塔去雅加達那段時間沒把機車留在家裡，她和三個孩子曾經花費六個鐘頭從森林營地走到農場，「以前也這樣。」如今林巴族幾乎人人有機車，辦起事來容易多了。我認為他們一旦擁有更多的機車、電視、發電機，在森林裡走動的意願會更低。如果橡膠價格持續上升，消費主義肯定會比森林砍伐早一步終止當地的游牧生活。

從橡膠園返回真塔家的路上，我看到一棵大樹挺立在一片油棕櫚間，樹幹上每隔一段距離插著一根木樁，真塔說那是「我們的蜂蜜樹」。附近的蜜蜂世世代代聚集在某種特定樹群中築巢，林巴族會收集這些蜂窩舉行半宗教儀式。自從鏈鋸進入森林後，那棵大樹一直受到林巴族保護，然而「蜜蜂再也不想飛去樹上築巢，因為附近已經沒有花蜜可採了」。

天黑以後，米賈克和我坐在帳篷裡聊著未來。米賈克說，他未來的目標是取得森林土地所有權，「這樣林巴族就可以繼續在林子裡過傳統生活」。我問他是否真想住在森林裡，他立刻說：「那是另外一回事，我現在是穆斯林，況且我還想完成其他私人願望。」

這時，真塔也過來加入我們的談話。米賈克的願望是，先去瑪奴蓉的朋友在爪哇經營的有機農業學校上課，然後在真塔家附近買下兩公頃土地種橡膠，讓真塔的女兒們有安身之處，接下來他打算進大學修習法律，並且在第二年成家，「但不會娶林巴女孩。第一，我們的宗教信仰不同。第二，我已經了解外界情況，而她一無所知……。」真塔和我聽了不以為然，但米賈克還沒談完他的計畫，「然後我們會生兩個小孩，先生個兒子，再生個女兒，接下來……。」

真塔尖笑著說：「哇，先生個兒子，再生個女兒，你哪裡需要宗教信仰？你已經變成神了嘛……！」

真塔曾答應父母絕不離開森林或拋棄林巴族的生活方式，而且從未食言。他娶了住在隔壁樹下的女孩為妻，在晚上捕青蛙，擅長把歡樂帶給大家，抱著尊重自然、樂天知命、別無所求的態度面對生活。

他非常了解現有生活方式正面臨兩種威脅，一是森林滅絕，一是「愛護樹木的非政府組織」過度熱心。不過，目前他還能享受陪孩子玩耍、取笑朋友、販賣橡膠的日子，他說：「我看到住在雅加達的那些人成天只會坐在汽車裡，那種生活怎麼比得上坐在樹下的日子？」

離開森林的時候，米賈克問我現在是幾月——印尼人只用數字表示月分，不像英文每個月分各有一個專屬名稱。我說，現在是month five（五月）。他說，是哦，接著問：「五月是英文的June（六月）嗎？」不，是英文的May，「啊。」他想了一下又問：「那五月以後是幾月？」這位年輕律師能隨口引用一九九〇年保育法第五條、二〇〇七年空間規畫法第二十六條的條文，卻沒辦法正確說出月分次序，因為從小父母只教他用榴槤或蜂蜜產季來記時間。

理論上，米賈克可以透過他和朋友成立的非政府組織來捍衛林巴族同胞的權益，也可以同時腳跨兩個世界——一個是有卡布奇諾、土地產權、「文明」宗教的現代世界，另一個是抓青蛙、吃熊肉的傳統世界。然而，賽里布爸爸和森林終結者的世界，似乎不可能與林巴族和蜂蜜樹的世界長久共存，因此米賈克只能依靠外在世界制定的規則來保護林巴族的傳統生活方式，為了打贏這場戰役，他自己必須先適應外在世界、融入現代印尼生活，而這個外在世界完全沒有林巴族的生存空間。

雖然米賈克對林巴族的族長極為尊敬，但也曾沮喪地表示：「那些老人家開口閉口離不開傳統，可是他們根本不了解林巴傳統對外界來說一文不值。」

✲

我能體會米賈克試圖與兩個迥異的世界共存的心情，因為我自己也有類似的處境。我不信教、離過婚、沒工作、目前居無定所，這些事實在雅加達不會引來任何疑問，可是在印尼其他地方，如果我希望被當地人接納，往往必須設法掩蓋真相。過去幾個月來，每當印尼人問起我的私事，我總是編些謊言敷衍過去。比方說，印尼衛生部放我長假，我和印尼穆斯林丈夫住在雅加達，雖然我是虔誠天主教徒，但我和丈夫都尊重對方信仰，而且因為我們沒有子女，所以信仰差異沒有造成太多問題。

我捏造的謊言當中，只有「膝下無子」屬實。雖然我知道印尼人一聽說我沒孩子，肯定會議論紛紛，但我不在乎閒言閒語。有位戴頭巾的胖媽曾問我：「妳說沒有小孩是什麼意思啊？是還沒生過吧？」她瞄了一眼我耳邊的幾根白髮，又問：「妳幾歲啦？」一個臉上有道疤的太太插嘴說：「妳有去哪裡做過治療嗎？妳應該去新加坡，新加坡人有辦法搞定一切！」另一名婦人用手肘頂了我一下說：「不，等等，她應該去見我表哥，他有一種特效藥，村子裡的三個太太接受他的特別治療以後，都懷上孩子了。」

男人的反應是：「妳說沒有小孩是什麼意思啊？妳為什麼不去外面收養一個？」一個面目猙獰的瘦竹竿男人瞇起眼睛說：「我猜妳老公拋棄妳了是吧？他跟年輕老婆生了幾個孩子啦？」

我不能告訴他們我壓根兒不想生小孩，因為他們絕對無法接受這種事，所以我會裝出虔誠又困惑的表情豎起一根指頭指向天空，暗示他們應該去問仁慈的上帝為什麼不賜給我一男半女，然後聳聳肩表示我已經向命運低頭。不過，那些陌生人照樣有事沒事就來盤問我的卵巢功能是否健全，實在令人不勝其擾。

我告別林巴族居住的森林大約一星期後，便前往盛產錫礦的小島勿里洞（位於蘇門答臘東方外海）。一天早上，我在該島的繁華市鎮坦江班丹吃了頓早餐，鎮上到處是華僑商店和殖民時代平房，我用餐的那家咖啡店是一九四〇年代蓋的房子。

店老闆穿著尼龍短褲、網眼背心、塑膠涼鞋（華僑商人標準裝扮），正在點數柚木桌抽屜裡的一堆髒鈔票（面額都是一千盧比）。我一走進店裡，他就招呼我和他幾個朋友坐一起，大夥兒很快聊開了。「妳是哪裡人？」「哇，英國人，曼聯！可是妳印尼話說得真好，妳先生是哪裡人？……」當他們問道：「妳有幾個小孩？」我想都沒想就說：「兩個，他們都長大了。」接著他們就繼續聊別的事，我暗罵自己前幾個月怎麼沒想到可以用這一招。

那群朋友離開後，老闆才正式自我介紹說，他是地方議員伊夏克，咖啡店是家族事業，也是了解居民想法和言論的好地方，接著又花了兩個鐘頭，與我談論地方政府、教育投資、政治責任、礦業政策。隔天早上，我再度回到店裡吃早餐時，發現伊夏克爸爸已改穿正式工作服，他一見我進門就笑呵呵地說：「我們已經變成名人囉。」然後遞給我一份地方報，上面刊登了一張他和我對著相機傻笑的照片，新聞標題是：「外國訪客稱勿里洞蛋糕美味可口」，報導內容曰：「伊莉莎白是兩個孩子的母親……。」

我謊稱有孩子也曾帶給我其他麻煩。如果聊天對象是男人倒好應付，他們只要聽說我有小孩，就不再過問生育問題。要是碰上女人的話，她們會繼續追問孩子的名字、性別、年齡、職業、成長故事……。我發覺要交代這麼多細節實在太傷神，從此絕口不提自己有小孩。

Indonesia Etc.:
Exploring the Improbable Nation

Elizabeth Pisani

11 族群對立與暴民正義

印尼人必須仰賴勤奮、精明的華人為他們提供想要或需要的東西，因此難免對華人心生忌妒。一九六五年的反共排華運動，給印尼大眾製造了報復的機會。他們認為蘇卡諾和印尼共黨一直被北京政府玩弄於股掌間，華人都是該死的共產黨……

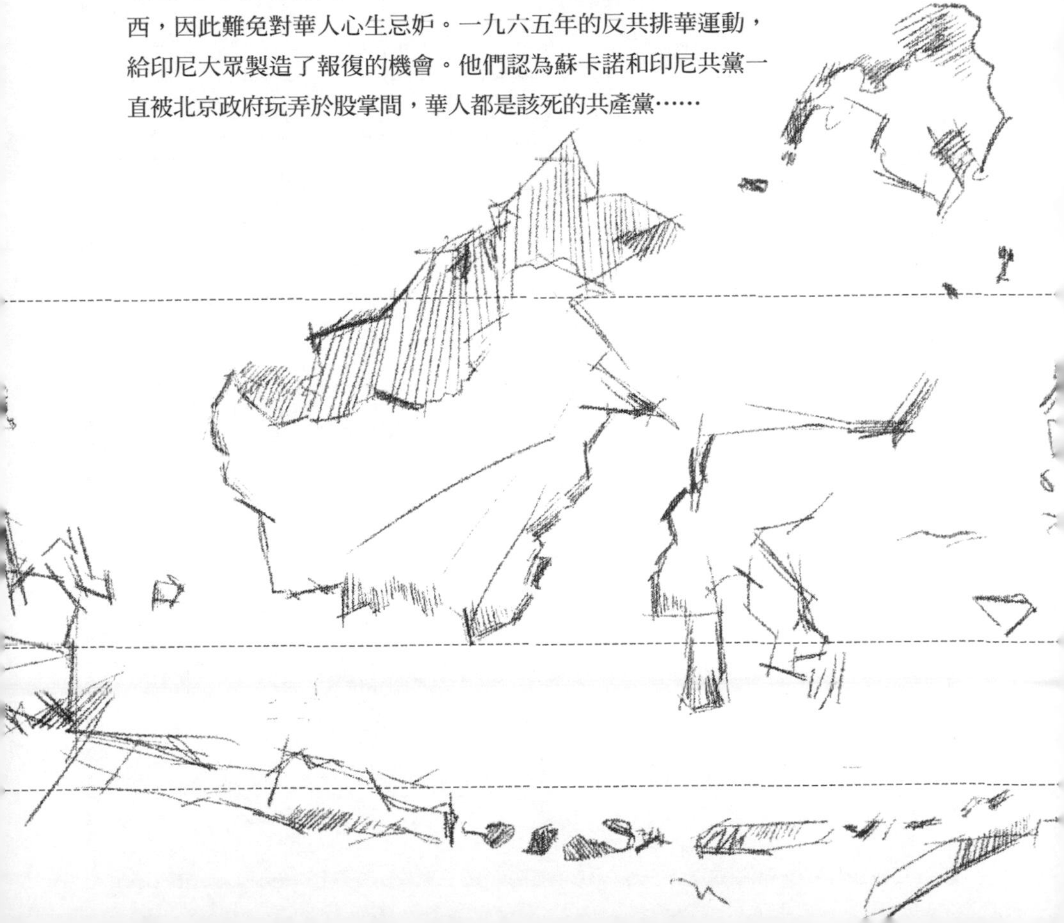

圖K：加里曼丹（婆羅洲）

菲律賓
蘇祿海
南中國海
沙巴
汶萊
馬來西亞
西里伯斯海
砂勞越
東加里曼丹省
山口洋
普陀西竇
西加里曼丹省
婆羅洲
赤道
坤甸
辛當
雅加達出發
望加錫海峽
中加里曼丹省
蘇拉威西
南加里曼丹省
爪哇海
馬杜拉島
西爪哇省
三寶瓏
爪哇
中爪哇省
峇里海
日惹特區
東爪哇省
弗洛勒斯島
峇里島
龍目島
松巴瓦島
松巴島
印度洋
北
0km 80km 160km 240km（單位：公里）

「赤道小姐」腰桿挺直地站在正午時分的火辣陽光下，搽著白粉的臉蛋滴下了幾道汗水，頭上頂著以保麗龍和鋁箔紙做成的頭冠，冠上有個被一根長箭刺穿的大銀球，式樣和聳立在她背後的赤道紀念碑相呼應。

我在雅加達稍作停留後，便直飛西加里曼丹省第一大城、也是全世界唯一坐落在赤道上的都市坤甸。這天正好是秋分，太陽會直射赤道，人們會發現自己的影子消失了。坤甸的赤道紀念碑為荷蘭人所建，一九〇八年落成，市政府最近大肆予以擴建。大批參加赤道節的觀光客不斷向前推擠，想和站在紀念碑下的選美皇后合影。

出席這場盛會的坤甸市長穿著米灰色絲質禮服，圍著綴有金線的堅挺腰布，市長夫人披著同色系刺繡紗籠。一名身穿蠟染衣的侍從在他們頭上舉著巨大的遮陽傘，市長伉儷像是殖民時代前的蘇丹國王和王后一般睥睨著人群。

加里曼丹是婆羅洲島的一部分，屬印尼領土，劃分為四個省分，總面積占該島四分之三。這座巨島中部群山環繞，森林蓊鬱，北部則有兩個馬來西亞省分：沙巴和沙勞越，以及小小的獨立蘇丹國汶萊。

加里曼丹地廣人稀，每平方公里人口只有二十五人（爪哇則有一千零五十五人），但種族極為複雜。坤甸市長身上那種絲質禮服，是馬來族穆斯林常穿的傳統服裝，他們的祖籍在蘇門答臘和馬來半島，早在歐洲人上岸前，已長期定居在加里曼丹沿海與河岸地區。加里曼丹內陸森林住著許多部落，現在統稱為「達雅克族」，他們習慣在河邊建造長屋❶集體居住，以划船或徒步方式進入森林開墾農地。十八世紀時，華人曾在加里曼丹西部建立一個獨立國家❷，近代又有來自爪哇、馬杜拉島和印尼其他地區的移民陸續遷入當地，有些人是響應政府的越區移民計畫，有些人是被加里曼丹南部及東部的油田與煤礦工作吸引而來，因此大約每五名加里曼丹居民當中，就有一名非本地人。

坤甸市的赤道紀念碑後方，正在舉辦一項以赤道為主題的科學研究成果展，展場裡可看到十三個學生團體、當地電視台攝影機，以及來自全省的科學競賽評審。一群學生正在解說「赤道七大奇觀」，包括：影子消失、流進赤道南北兩側排水口的水會朝不同方向旋轉（有幾個學生興致勃勃地在現場做示範，其實這種現象並不存在）、地心引力減弱、陽光增強等。參賽學生大部分是就讀昂貴私立學校的華僑子弟，而且都以英文說明參賽作品。「由於陽光很強，我們可以用它來製造太陽力。」一個男生用英語解釋，另一名男生以手肘頂他一下說：「是太陽能，不是太陽力啦。」說完兩人咯咯直笑。

我問他們，坤甸供應的電力有多少真的是來自「太陽力」？一個男生說：「啊，幾乎是零啦，我們只討論發電潛力。」我半開玩笑建議他們去找市長討論如何發揮這項潛力，把坤甸變成節能模範都市，「好啊，我們一定會去建議！」他們用英語歡呼：「我們是新世代，我們可以改造世界！」

＊

我曾在偶然間看到一個取名為「印尼幫」的部落格，後來透過通信認識了版主梅蘭妮

（Melanie Wood）。在雅加達短暫停留期間，我和她相約在當地雅痞常去的一家雞尾酒吧見面。兩人閒聊一陣之後，我提到了加里曼丹旅遊計畫，她立刻自告奮勇說：「我陪妳去。」

我上下打量了她一番，那天她穿著剪裁合身的上衣、深藍色短裙，和一雙式樣典雅的綁帶高跟鞋，我無法想像她坐在車頂吊著暈吐袋的巴士裡會成什麼樣，於是趕緊向她說明我的旅遊方式，她一點都不擔心，沒被我嚇跑。

梅蘭妮是個值得按讚的旅伴：吃苦耐勞、足智多謀、笑口常開、幾乎對任何事都感興趣。身材高䠷的她有一頭閃亮的金髮和一雙勾魂的碧眼，我站在她旁邊顯得很不起眼，甚至不太像老外。她就像德國民間故事裡的花衣吹笛手，總能吸引一群孩子跟在她屁股後面，還會大方為她擺照相姿勢。

山口洋是坐落在坤甸以北的濱海城市，從坤甸過去約需四小時車程，人口以華人占絕大多數，全市散發著濃厚的中國味，建築大都為門面雅緻的兩層樓店鋪，樓上陽台設有列柱廊和金屬雕花遮棚，似乎仿自一九四〇年左右的新加坡或檳城建築，這些一九八〇年代落成的房子造型顯得有些過時。

抵達山口洋的頭一晚，梅蘭妮和我坐在露天咖啡座品茗，店家專賣一種看來有點像南非

---

❶ 譯註：一種比例狹長、只有單房的木造或石造建築，散見於歐、亞、北美洲，通常作為居民共同住所或議事廳。

❷ 譯註：一七七七年，客家人羅芳伯在加里曼丹西部建立第一個華人共和國——蘭芳共和國。

國寶茶，其實是用達雅克族在野外採來的各種菊花沖泡的茶飲。一群年輕人騎著偉士牌和蘭美達❸機車從我們身旁滑過去，擁有外型美觀的復古機車是當地最新流行趨勢，連嶄新的本田機車都被改裝成一九五〇年代款式，騎士們也都戴著懷舊風頭盔，絲毫不理會全國機車騎士皆須佩戴全罩式安全帽的規定。

我跟咖啡店的華僑老闆賀曼托聊了起來，他提到山口洋的西方觀光客不多，還打趣道：「我們這裡最出名的只有人口販賣啦！」我曾聽說當地是郵購新娘事業大本營，於是問他這是真的嗎？他說山口洋確實有新娘仲介業，但不販賣人口。

新娘仲介業興起於一九七〇年代初，那時台灣企業大量採購西加里曼丹省的原木製成木材和夾板，到當地出差的台商發現山口洋居民當中有許多華僑女子，認為很適合介紹給經濟狀況較差的台灣老榮民做伴，於是把這消息轉告給台灣婚姻介紹所。後來這些介紹所協助男女雙方魚雁往返、交換相片，只要獲得本人和家長同意，女方就嫁到台灣。賀曼托說，早期大多數新娘都是四十開外的老處女，「當然啦，有些男人會假裝很有錢，女方過門以後往往大失所望，不過大多數人對媒合婚姻都很滿意。」他指出現在未婚男女還是會透過婚姻仲介牽紅線，也促成了不少好姻緣，「等待嫁娶的人可以透過Skype聯絡感情，而且機票又這麼便宜，男方只要有空就親自飛來探望女方，看看是否有繼續發展的可能。」

當地某些新聞報導曾不約而同引用沙翠妮（Maya Satrini）的說法，形容這些仲介活動是「人口販賣」。我搜尋Google網站後得知，沙翠妮是山口洋市立愛滋病委員會成員，於是就晃進城裡，想看看能否在委員會辦公室找她聊一聊，可惜沒能見到她。她的同事們與賀曼托的看法一致，認為新娘仲介幫台灣男人和當地女子牽紅線，其實跟網路約會差不多，「一個是付費給約會網站，一個是付費給婚姻仲介，兩者之間究竟有何差別？」一位女士說。

主要差別在於婚姻仲介必須確保女方家庭得到一筆聘金。納聘是中國社會幾千年的傳統，近來卻被反對人口販賣者掛上「販賣」女子的汙名。由於婚姻仲介通常會和女方簽訂三到五年的合約，難免啟人疑竇。而簽約的好處是，萬一婚姻觸礁，女方可在不失顏面的情況下返回家鄉，情況類似印尼外勞依合約規定在馬來西亞做完兩年女傭之後重歸故里。不過，婚姻仲介合約明文規定，若女方婚後生子，撫養權歸父親。

「如果女方出身於貧窮人家，嫁給台灣夫婿大概是幫助父母最好的機會，子女孝敬父母在我們的傳統裡還是很重要的。」賀曼托說。我聽了嚇一跳，因為我從沒想過印尼華僑中會有窮人。

✵

印尼群島最早期的人類活動紀錄都是以中文寫成，過去一千年來，中國大陸移民至印尼的商人，在當地經濟活動中一直扮演舉足輕重的角色，文化貢獻也很卓著。生於雲南的回族太監

❸譯註：Lambretta是義大利因諾先帝公司（Innocenti）研發製造的小型摩托車品牌，目前為飛雅特汽車公司（Fiat）所有，並授權給各國生產，台灣裕隆公司也獲得授權。

鄭和將軍，曾將伊斯蘭教引進爪哇北部港口。不過，印尼人和中國移民的關係並不融洽。

事實上，最初移民印尼的華人，多數是在中國沿海家鄉待不下去的商人，因為一三〇〇年代的一位明朝皇帝禁止商業活動[4]，於是這些商人就在爪哇北岸的一些港口安家落戶，並學習爪哇語，娶當地女子為妻。一七〇〇年代中葉，爪哇至少有四座城市由華人統治。

華人也為爪哇帶來經商技巧，當地的王公貴族們推崇這些華商的生意頭腦，常派他們擔任港務長、海關員和收稅員。荷蘭東印度公司亦如法炮製，僱用華僑徵收稻米稅，以支應該公司對當地蘇丹與親王發動多次小型戰爭的經費。殖民政府不敢讓人口眾多的「本地人」致富，只容許少數華僑獨占鴉片館、當鋪、賭場經營權。

荷蘭人也將大企業經營權——在加里曼丹採金礦、在蘇門答臘挖錫礦、在爪哇栽甘蔗、在蘇門答臘種菸草和胡椒——出售給信譽卓著的華商。這些老闆不僱用當地居民，而用船隻從中國大陸運來數百名，有時多達數千名的華工，但這波新移民不須像過去的華僑商人一樣融入當地社會。到了二十世紀初，印尼華裔人口已超過五十萬，其中半數住在爪哇以外地區，許多人的生活範圍不出華人圈，而且只說家鄉話，除了會改良祖傳的家鄉菜、祭拜和婚姻儀式之外，只知道埋頭工作。

梅蘭妮和我在山口洋意外發現了一家擁有老式「蛇窯」的陶瓷廠，蛇窯內部有條八十公尺長的隧道，末端是個蜂巢狀的窯爐。工人說，這種設計起源自古代的廣東省[5]，不過該廠的蛇窯建於一九七〇年代。我走進窯裡，看見數百件陶器被排列得整整齊齊，而且浸泡過看不出成分的灰色釉藥。窯內擺滿一千件待燒作品之後，工人就用磚塊封住窯門，然後升起窯火、添加木塊。二十小時過後，陶器上面那層如灰泥般的釉藥，分別被燒製成明亮的橘色、褐色、綠色和淺藍色，成為各式各樣的陶壺、陶像和裝飾陶龍。

陶瓷廠的院子後方是座磚廠，一名瘦瘦高高、相貌清秀的中國北方青年，用獨輪車推著滿滿一堆剛挖好的陶土，從工廠下面一個小池邊現身。他稍稍揉了幾下陶土，就把它們分成幾大塊，然後在兩名女工面前拍打陶土。女工站在一張桌子前各自抓起一把陶土，壓進一個長方形模子，然後用金屬刀片將陶土上端削平，接下來把剛用模子「壓印」而成的新磚塊倒扣在桌上，每壓出一塊磚頭可賺六十盧比，大約是美金四分錢（約台幣一元兩角）。兩位女工說，她們每天能壓製三、四百個磚塊。

我曾在南蘇拉威西省看過這種製磚法，當地磚廠女工的雙手因罹患痲瘋病變得又粗又短，老闆則是一位身穿粉紅運動套裝的華裔美眉。雖然印尼大部分地區的工廠都是華人當家，山口洋卻有不少每日所得低於兩美元的華裔女工。

我為此深感震驚，忽然意識到我也接受了印尼人對華僑商人的刻板印象。印尼人普遍認為華商精明能幹，勤奮努力，極度排外，樂於慷慨解囊資助同胞，老想從印尼人的荷包裡多榨些錢出來，所以愈來愈富有。

我在印尼東部認識的一位印尼商人曾說：「我替華人工作很多年以後，看到也學到了他們

❹ 譯註：作者所提年代有誤，明成祖朱棣曾在永樂五年（一四〇七年）以詔書頒布貿易禁令。
❺ 譯註：據南投水里蛇窯的說法，是起源於福建省的福州，因窯長似蛇且順著山坡砌成而得名。

的優點，尤其是努力打拚。」但他認為華人生活空虛，「他們做每件事只為了錢、錢、錢，從早到晚只想到錢、錢、錢，過著吃飯、賺錢、睡覺、賺錢、翹辮子的生活，我不明白這種日子究竟有什麼意思？」

印尼人必須仰賴勤奮、精明的華人為他們提供想要或需要的東西，因此難免對華人心生忌妒。一九六五年的反共排華運動，給印尼大眾製造了報復的機會。他們認為蘇卡諾和印尼共黨一直被北京政府玩弄於股掌間，華人都是該死的共產黨。「這種看法對華人很不公平，因為多數印尼華僑是一九四九年中共打贏國共內戰後逃出中國的難民。」菊花茶店老闆賀曼托拿起一根手指劃過自己的喉頭說：「後來還被誣陷為印尼共產黨……。」

一九六五年倖存的印尼華僑備受歧視，不受公家、軍事或其他機構的歡迎，教育程度較高的華人在迫不得已之下，紛紛投入民間市場、店鋪和小工廠。他們保持謙卑，力爭上游，鞏固在危難時期可茲仰賴的親族關係。這些關係和波波媽媽與松巴島大家族之間的互惠關係相差無幾，只是印尼華僑不會拿水牛當交換禮物，而是以商業合約及資本作互惠媒介。

當年蘇哈托需要大批華人移民提供資本和商業網絡，於是對華商釋出獨占事業經營權，華僑買辦也知恩圖報，力挺蘇哈托多項政治措施，為印尼出口導向工業注入資金的華商大發利市、益形富裕。不過，蘇哈托慣用的伎倆是：一手提供華人好處，一手奪取國民利益，因而加深社會對華僑的歧視，導致華僑經營的學校、寺廟、報社被迫關閉，華人也被迫取印尼名字。

一九九〇年代中期，一份澳洲政府出版品在一項引人注目的圖表中顯示，華僑掌控了印尼八〇%的經濟，其中第十七條註解提到，該數字不包括國營事業或外商多國籍企業所占部分。

另一項修訂數據指出，華僑人口僅占印尼總人口三・五％，擁有的財富卻比印尼人多八倍。

過去印尼統治者若想讓民眾宣洩政治不滿，往往拿富裕的華僑當代罪羔羊，例如華僑社區曾在一七四〇年首度遭到大規模攻擊。蘇哈托時代排華運動引起的大動亂，最終導致蘇哈托下台，當年制定的多項帶有種族歧視性的法律自此廢除，印尼華僑相繼成立雙語學校，逐漸復原曾被搗毀的孔廟。一位華僑店東告訴我：「現在情況好多了，我的意思是，我再也不用成天操心店鋪會不會被燒掉、能不能順利度過今年？」

梅蘭妮和我的攝影老搭檔恩妮一樣，坐在我們租來的機車後座，跟著我在山口洋市區探險，只要發現有趣的事物，就戳我一下示意我停車。有一回，我們在塵土飛揚的馬路邊，看到一位華人老太太正在晾晒幾排新做的麵條。

我向她問好，但她不會說印尼話，於是我改用不太靈光的中文再試一遍，她立刻喜形於色地告訴我們，這麵條廠是她兒子阿輝開的，還邀請我們四處參觀。

麵條廠裡的景象恍若第七層地獄❻，天花板吊著一顆裸露的燈泡，一台略似中古時代刑具的大機器在燈下一邊不停轉動，一邊發出噪音。身材削瘦、打著赤膊、汗流浹背的阿輝，把麵粉、雞蛋、清水倒入機器的一個大洞，它就哐啷、哐啷地旋轉，嘰嘎、嘰嘎地震動，接著又發出喀、蹦、喀、蹦的聲音，好像有人在我腦袋瓜裡打鼓似的。那機器噴出一團臭臭的黑煙之

❻ 譯註：十四世紀義大利詩人但丁創作的史詩《神曲》〈地獄篇〉將地獄分為九層，第七層關著貪吃的罪人。

後，乍然完全靜止，原來是一顆螺絲釘鬆脫了。一名少年工人在麵團裡東探西探地撈出螺絲釘將它歸位之後，又重新啟動機器。最後，製麵機吐出一大張麵皮，工人先拉起麵皮疊合壓平，再把麵皮捲在一根大木棍上，彷彿一大捆捲筒衛生紙。

工人在牆邊一排凹槽架子掛滿了捲好的麵皮後，製麵機就換上刀片開始切麵條。一名長相俊秀、戴著一頂破舊紅色牛仔帽的達雅克族男孩，站在這台機器怪獸的大嘴旁邊，大嘴一吐出麵條，他就把麵條披在幾根油亮亮的木棍上，然後交給一組男孩掛到隔壁的乾燥室裡。那是個採光極佳、有許多吊扇的大房間，吊扇上布滿蜘蛛網和煤灰，許多乾麵條像一排排窗簾似的被掛在吊扇下方，地板上擺著可加速乾燥過程的生鏽瓦斯爐，整個房間形同煉獄般熱烘烘。

麵條簾子再過去是裝了活葉門的廁所，離廁所不到一公尺處，有個盛滿麵條的熱水盆在火爐上冒著蒸氣。木盆裡的麵條煮軟之後，就被包裝起來配送給城裡的街頭小販。

阿輝認為祖父創辦的這份事業前景並不樂觀，他兒子今年才六歲，「他長大以後不會想幹這一行。」阿輝說，因此手下的工人全是達雅克族，「華人孩子會要求更高的工資，而且學會這門生意就不幹了，然後自己開工廠跟你競爭。」

我們告辭的時候，阿輝的母親送了我一大袋麵條，「能見到會講中文的人真好啊，現在年輕人很難得開口講中文的。」她說。

我回到菊花茶店後，跟賀曼托提起華裔後代不講中文這檔事，賀曼托說他父親是中文老師，曾在他家屋頂藏了幾本中文教科書，一九六五年排華事件結束後，他不敢違反蘇哈托頒布的政策，始終沒教自己兒子講中文，「我是失落的一代，覺得自己的根被切斷了。」賀曼托說。

加里曼丹的種族問題甚為複雜，有時還會引發激烈的暴力衝突。一九六五年的排華事件在當地並不常見，達雅克族和馬來族則是長期處於失和狀態，雙方都聲稱婆羅洲為其先祖故鄉。英國探險作家康拉德（Joseph Conrad）於一八九五年出版的首部小說《奧邁耶的痴夢》（*Almayer's Folley*），即是以婆羅洲為背景，他在書中寫道：「馬來族與河川部落達雅克族或獵人頭族之間紛爭不斷。」

✲

數百年前，馬來族曾遍居蘇門答臘、馬來半島和婆羅洲，也曾建立若干蘇丹國，成為加里曼丹較大的貿易中心。他們以囤積和出售取自島上森林的奇珍異寶而致富，包括：犀鳥、象牙、犀牛角、黃金、靛青、樟腦，以及名稱悅耳的龍血——是一種鮮紅色藥用樹脂。住在河邊的達雅克族收集到這些森林寶藏後，便划著獨木舟順流而下尋求買主。英國維多利亞時代末葉的暢銷期刊《男孩周報》（*Boy's Own Paper*）[7]，曾大量刊載這個森林部落多彩多姿的故事，描述濃霧瀰漫的蜿蜒大河緩緩流過青翠碧綠但泛著惡臭的叢林，身上刺青、耳垂膨大、滿口獠牙的野人圍坐在共居的長屋走廊上，將吹箭筒裡的箭頭削尖，等待下一次的獵人頭行動。

殖民者不敢近身接觸，且持續遭到近代政權漠視的達雅克族，長期生活在印尼蠻荒地帶，

❼ 譯註：維多利亞時代為英國維多利亞女王（Alexandria Victoria）統治時期，從一八三七至一九〇一年，《男孩周報》於一八七九年首度發行，一九六七年停刊。

族人在官僚政治體系中的民意代表人數不足，無法阻擋蘇哈托及其黨羽搜刮他們居住的森林，數百平方公里的林地遂遭到台灣夾板工廠蠶食鯨吞，蘇哈托在全國建立統一的村落式民主政體之後，他們的部落傳統和領導制度也難以抵抗該體制的侵襲。

印尼人常把達雅克族當野蠻人看待，一九九〇年代中期，一小群受過良好教育的都市達雅克族受夠了這種待遇，更不想看到大多數公職落入馬來族手中（雅加達政府偏袒馬來族的部分原因，是將他們視為善良文明的穆斯林），於是組成達雅克學研究所（Institute of Dayakology），在國際上找到忠實盟友。那些同路人近年來致力保護樹木、老虎和特殊部落，並說服聯合國宣布「世界原住民十年計畫」。此後達雅克族領袖滔滔不絕地談論原住民權益，敘述該組織核心宗旨為：促進「兩性平等、正義、博愛、自由、人權、民主、開放、團結與反暴力，以期終止邊緣化、壓制、剝削與全球化侵略過程，並支持達雅克原住民族群的尊嚴、價值觀及主權。」這段充滿現代詞藻的文字，表達了康拉德時代以前即已不斷惡化的憎恨情緒。如今達雅克族和馬來族依然在進行政治角力，兩者之間還夾著第三個種族——馬杜拉族。

馬杜拉島土地乾旱、人口擁擠，位於爪哇東北岸外海，因謀生不易而民風強悍。我造訪當地時，沒有人願意租機車給我，原因是幾天前有一名流動玩具小販遭到殺害（當地人告訴我：「他跟妳一樣是外地人」，來自西爪哇省），摩托車也被偷走。「想想看，萬一這種事發生在妳身上怎麼辦？」一名擁有三台本田機車的馬杜拉族太太告訴我：「妳會沒命，我會損失機車。」接著她以更嚴肅的口吻說：「妳在這個島上絕對不能相信任何人，誰都不行。」

一九六〇年代中期，馬杜拉族首度越區移民至加里曼丹後，達雅克族便經常與馬杜拉族發生小摩擦。一九九七年，一群馬杜拉男子曾非禮兩位達雅克婦女，造成兩族不和，緊接著就擴大為蔓延全省的屠殺事件，奪走了一千五百名馬杜拉族人的性命，導致數萬人無家可歸，只能擠在難民營內。

先前我在山口洋和當地愛滋病委員會辦公室的女職員聊天時，發現她們不太喜歡談論這類暴力事件，於是轉移話題聊起愛滋病工作者經常提到的「性事」。大家談完賣春業就說起傳教士地位，接著又講到婚姻關係。三十歲出頭的馬來族依碧媽媽說，你只要瞧瞧某個女子的內衣，就能窺知她是否已婚。如果她還穿著成套蕾絲內衣褲，表示她情竇未開，或正在戀愛；要是她穿著發黃的白內褲配上老舊的紅胸罩，那就證明她真的結婚了。

依碧笑著繼續說：「我只要想起從前我花了多少時間洗頭就覺得好笑……我是說男生追我的時候啦！那時我明明不可能拿掉頭巾，還是非把頭髮洗得亮閃閃、香噴噴的不可。現在就算天氣只稍微冷了一點，我也會跟我老公說：親愛的，天氣有點冷耶，我們要不要等明天早上再洗頭洗澡呀？」

接下來，大家不知不覺又把話題拉到了一九九七年的種族戰爭。達雅克族的歐琳說：「那時每個人都瘋了。」她描述有一天，她哥哥和幾位死黨把他們從某個馬杜拉島來的移民身上割下的心臟捧回家，「他們把心臟擺在院子裡，長輩們就命令我們所有人吃掉。」據說吃敵人心臟的戰士能夠隱形，「我哥哥吃了以後輪到我吃，我不肯吃，他就生氣地拿大刀威脅我，每個人還在一旁大呼小叫逼著我吃，我只好勉強吞下一小塊，然後跑到屋子後頭嘔吐，連吐了一星期。」後來她遵照別人的建議，吃了點狗肉才不再作嘔。

我問伊碧是否還記得歐琳敘述的「亂事」，她說：「噢，我自己也碰過類似的麻煩呀。」接著便提到她在山口洋長大，中學時代曾在山口洋北方的桑巴斯島讀書，一九九九年發生屠殺事件時，她每天放學後還是照常步行回家。

「我放學回家的時候，幾個認識的男生會不停地晃動他們提在手上的死人腦袋，跟在我身旁。他們最喜歡把兩顆腦袋的頭髮綁在一起拋到電線上，然後看著兩個腦袋像一雙綁著鞋帶的鞋子掛在電線上盪來盪去。」

「如果你露出害怕的樣子，情況會更慘。」她繼續說：「有個男生會大喝一聲：『喂，妳！接住！』其他男生就把一隻斷掌朝你丟過來，一副樂在其中的模樣，那經驗很恐怖。」

伊碧媽媽似乎把這種駭人聽聞的事件看得稀鬆平常，始終以輕描淡寫的口氣陳述往事。辦公室的其他女士聽完她的故事，也只是皺著眉搖搖頭，彷彿一切只能聽天由命。

達雅克學研究所曾極力為第一波屠殺事件辯護，聲稱是部落傳統要求他們採取這類行動。但此舉違背了國際原住民權益保護運動的宗旨，弱勢族群固然有理由抨擊威權體制國家或剝削型多國籍企業，甚至可能以丟擲長矛或焚燒車輛的方式起而抗爭，卻不應該假借遵守原住民傳統的名義，屠殺手無寸鐵的農民，還吃他們的心臟。

一九九七年的暴力事件震撼全國，於是達雅克族轉移目標為自身爭取利益，要求提高參政權。當時已江河日下的總統蘇哈托，迅速將一度由馬來族出任的要職指派給達雅克族，結果激怒了馬來族。馬來族雖沒有割人頭、吃人肉的傳統習俗，也從未與馬杜拉族起過衝突，但如果他們丟了飯碗，自然不可能忍氣吞聲。某個馬杜拉族人偷走了馬來族人的一隻雞，兩族旋即互毆，導致三人喪生。接著馬來族也開始割馬杜拉族人頭，把斷掌扔給別人。一九九九年，馬杜拉族至少又死五百人，五萬名族人倉皇逃離桑巴斯島，包括第二、三代移民，這些人流離失所，最後在省會坤甸的難民營落腳。

印尼實施地方自治的十年間，達雅克族持續爭取政治利益，並留意馬來族是否從中作梗，雙方互相妥協的意願漸次提高。加里曼丹與種族混雜的其他地區，也透過參政達到政治互惠，每位參選縣市長都會搭配一名副手，而這些搭檔往往跨越種族界線，例如一人是達雅克族，另一人是馬來族。如今連最受印尼人鄙視的馬杜拉族也有參政機會，逃到坤甸避難的馬杜拉族成為人數可觀的票倉。二〇一二年我造訪坤甸時，當地市長是馬來族人，副市長是馬杜拉族人。

✲

極端暴力事件在印尼現代史上屢見不鮮。蘇哈托時代早期，這些事件很快便遭到軍隊鎮壓。加里曼丹暴力事件之所以拖得較久，是因為軍方對這位總統的支持日衰，不願出兵弭平。蘇哈托下台後，文官舊屬、伊斯蘭激進分子、軍隊和地方權貴之間的權力爭奪戰於焉展開。交通事故演變成地方動亂，滅火勢力轉而搧風點火，數千人無辜送命。

後蘇哈托時代最嚴重的暴力事件，發生於印尼東方盛產香料的馬魯古群島（位於西加里曼丹省東南方兩千公里處）。衝突的根源可上溯至幾世紀前，其錯綜複雜足可寫一本書，簡述如下：荷蘭時代殖民者厚此薄彼，對群島南方基督徒恩寵有加，較排斥北邊蘇丹國的穆斯林。

一九九〇年代中期以前，學識較高的基督徒一直掌控著當地的官僚體系，但蘇哈托推動地方自治以後，極力安撫各地穆斯林，將原本屬於基督徒的工作轉交給他們。與此同時，來自蘇拉威西島的勤奮穆斯林移民，開始從比較閒散的馬魯古商人手中接管市場，具宗教狂熱的犯罪幫派之間日益形成對立。

一九九九年一月，一名基督徒巴士司機和一位穆斯林乘客發生口角，結果形同一支點燃乾草堆的火柴棒，引發了一場不可收拾的族群衝突。

雙方互相挑釁是因為彼此忌妒，原本與宗教信仰無涉，卻迅速演變成教堂與清真寺對峙的局面。省會安汶的一面牆上畫滿侮辱穆罕默德的塗鴉，另一面牆上也出現耶穌遭毀容的畫面。居民非但不思潛心禱告，反而綁上頭帶——穆斯林綁白帶子，基督徒綁紅帶子，儼然要去看足球賽——加入這場爭鬥；城裡某些地區每十名年輕人有七人蹺班，利用這場臨時發動的「聖戰」來宣洩挫折感、培養使命感。

軍方和警方未曾採取任何行動。

衝突蔓延至南邊的圖阿爾市及北方的哈馬黑拉島，到了二〇〇二年，已有五千人遭到殺害，另有七十萬人（占馬魯古群島總人口三分之一）被迫逃離家園。即使在生活無憂無慮的歐霍伊威特村，穆斯林也紛紛出逃，直到十年後才逐漸回流。

時至今日，馬魯古群島的居民都說那些暴力事件是身分不明的「挑釁者」幹下的勾當。我曾聽到歐霍伊威特、圖阿爾、班達、安汶等地的居民說：「我們向來跟鄰居們處得不錯，雖然穆斯林和基督徒是被迫離開的，但我們其實很不希望他們就此一走了之。」幾乎每個與我談論相關事件的班達島居民都告訴我，他們曾親自到港口為準備逃亡的基督徒鄰居送行，「我特別為他們做了一頓飯，還拿枕頭讓他們帶著在旅途上用。」其他十來個島民也說過類似的話：「我給他們做飯，送他們枕頭，我們不希望發生這種事，卻沒辦法幫他們抵抗挑釁者。」

當時沒有人能夠指名道姓說出「挑釁者」究竟是誰，政府也刻意不做解釋，不過大家認為馬魯古屠殺事件中的「挑釁者」，係指一個來自爪哇、名為「聖戰軍」的激進伊斯蘭組織，該組織獲得伊斯蘭教黨派政治高層的授意，並且明確表達了整肅馬魯古群島基督徒的意圖。

事實上，挑釁者是在歐霍伊威特村的穆斯林逃離家園、班達島的基督徒抱著鄰居送的枕頭流落他鄉一年多後，始抵達馬魯古群島。爪哇聖戰軍尚未出現之前的十六個月，成百上千的基督徒和穆斯林，已經遭到馬魯古群島的鄰居、血親、同事、同窗、顧客砍殺或射殺。

馬魯古群島的暴力行動被描述成宗教事件，加里曼丹則稱之為種族事件。不管是宗教還是種族事件，其原因說穿了都跟資源的取得有關，而且始作俑者是原住民，他們認為來自外島的移民在「他們的」原生地獲得比他們更多的利益。爪哇某些教堂遭人縱火的原因是，在這些教堂做禮拜的蘇門答臘移民巴塔克族經濟富裕。蘇門答臘的印度教徒也受到攻擊，因為這些孜孜矻矻的峇里島移民擁有的機車和住宅，比楠榜省（鄰近爪哇的蘇門答臘南方省分）本地人擁有的高級。

「原住民」在印尼是個難以界定的概念。印尼華人從十四世紀便融入爪哇沿海社區，兩百多年前曾在加里曼丹成立民主共和國，但從未被視為原住民，這點殆無疑義。不過其他族群幾乎都是印尼某座島上的原住民，而且所有島嶼已經結合為一個人人平等的民主國家，因此大家很難爭辯達雅克族是否比馬來族更像原住民、蘇門答臘的狩獵採集部落林巴族是哪個原住民的旁支、哪個種族是有文字史以來就住在加里曼丹的原住民。根據憲法，馬杜拉族也是印尼共和國原住民之一，和任何國民一樣有權住在西加里曼丹省，但我遇到的達雅克族不同意這點。

✲

我坐在一部開往辛當市（位於西加里曼丹省正中央）的巴士前座，眼前的擋風玻璃破了個洞，洞口外圍形成一片放射狀的星形大裂縫，裂縫邊緣黏上一張蘇卡諾肖像貼紙，還用塑膠黏著劑封住，但填補工夫不夠到家，擋不住從貼紙旁邊滲進來的雨水。擋風玻璃上方的一張海報中，有個頭戴護士帽、身穿紅十字比基尼、腳踩厚底高跟鞋的波霸金髮女郎，正俯視著貼紙上的蘇卡諾總統。擋風玻璃的雨刷不見了，但是無妨，因為玻璃上的雨水都被巨大的手提音響頻頻發出的震動給抖掉了。音響播放的曲目是我少女時代流行的西洋搖滾樂，最精彩的一首叫作〈加州旅館〉（Hotel California）❽，我覺得那位華人司機會放這首歌很奇怪，因為他看起來只有十四歲。巴士開到某個地點後，車身劇烈晃動了幾下便戛然而止，司機喊道：「停車休息。」但我知道巴士肯定是拋錨了，索性走進矮樹叢裡休息一番，出來時看見司機仰躺在地上，把汽油從一根橡膠軟管吸出來，我問他在做什麼，他用衣袖抹了抹嘴，說他在做一根虹吸管。這方法很管用，我們的車子再度發動。

我對辛當這座城市原本不敢抱太高期望，以為當地肯定沒什麼特色。事實上，辛當是個繁榮大城，市區隨處可見新機車，卻沒有大眾交通工具。我問當地的新朋友達諾斯，城裡的窮人如何解決交通問題？這位達雅克族年輕公務員說：「辛當根本沒有窮人啊。」因為這裡盛產橡膠和棕櫚油，每個居民的口袋都麥克麥克。

辛當有條寬闊的卡普亞斯河，市民頗擅長利用河濱區，在河畔建了許多防洪高腳屋經營餐館和酒吧，而且大都設有可欣賞夕照的水上露台。這些房子平常離水面很近，不過我們抵達當地時正值漫長乾季的末期，河水水位變得極低，大多數餐館與河流邊緣隔了數百公尺之遠，有些蓋在寬大原木平台上的船屋都以奇怪的角度擱淺在沙洲上，船屋居民渴望河水再度上漲，讓他們恢復正常生活。

梅蘭妮和我在幾家河濱餐館消磨了不少時間。儘管馬來族和達雅克族的政治關係緊張，卻是當地餐館廚房裡的好搭檔，攜手做出了美味可口的菜餚。達雅克族從廚房端出泰國蝦，以及搭配口感清脆的森林蕈菇和大量蔬菜的豬肉，蔬菜包括翠綠色的蕨葉和鮮豔的南瓜花，馬來族為我們送上用番茄和珠蔥一起烹調並撒上香料的臭豆。這兩個種族的烹飪實力在一盤魚排中完美結合，作法是：先給魚排抹上大量蒜末、薑粉、辣椒和香茅，然後包上一大片帶有些許苦味的食用葉子，放入香菜醬裡細火慢燉。

梅蘭妮和我出發去尋找達雅克族長屋。西加里曼丹省的地圖顯示，辛當市的外圍全是綠

---

❽ 譯註：美國老鷹合唱團（Eagles）於一九七六年發表的經典老歌。

地。我們上路以後，果然看到遍地栽滿間隔一致的油棕櫚，筆直的灰色樹幹從光禿禿的土壤中拔地而起，樹梢頂著一叢叢尖長的羽狀複葉。我們在千篇一律的景觀中顛簸行駛了兩小時，終於進入一片叢林，又過幾分鐘後，才看到一塊空地和一棟達雅克長屋。

那長屋的外觀有點令人望而生畏，儼然一隻肚皮又寬又平的科摩多龍[9]趴在許多木樁上，隨時準備從地上站起來展開攻擊。屋子的一面牆上布滿了用藤條綁在一起、尖端一律朝外、從地板延伸至屋頂的樹枝和竹子，每隔五十公尺左右架著一座通向一個黑暗入口的梯子，或是立著一塊被踩得十分光滑的圓木樁，其他幾面牆外散置著一些綠色橡膠雨鞋。

整間屋子安靜得嚇人，最尾端的門口兩側，分別站著一尊瞪著大眼的木頭雕像，彷彿在監視闖入者。接著，屋裡不時傳出一陣笑聲，門廊深處偶爾閃過一道人影，我知道裡面的孩子已經看見我們，但始終不肯露臉。

梅蘭妮試著拿相機引誘他們出來時，我聽見身後有碰碰碰的聲音。回頭一看，發現一名男子蹲在一個塑膠戲水池邊，用棍子敲打一座蟻窩，每敲一下，他背上的龍紋刺青便跟著抖動，他打算把蟻窩中的螞蟻逼出來，給養在池底的鯰魚當飼料。

這名男子是安騰爸爸，最近剛從毗鄰西加里曼丹省的馬來西亞省分沙勞越返鄉。安騰說他在那邊住了二十年，賺了不少錢，「可是你也會把賺來的錢都花光，因為在馬來西亞過日子，連放屁都要花錢，還得一直工作，見不著老婆也不能陪小孩玩，這種生活到底有什麼意思？」

安騰表示，如今在印尼這邊謀生，幾乎和在邊界那頭一樣容易，你可以種橡膠或油棕櫚，然後賣給經營大農場的公司，不然也可以像他一樣從事建築業，幫那些以橡膠致富，或者不想住長屋的居民建造現代平房，月入大概有一千美元（約台幣三萬元），而且不用花什麼錢，「在這裡生活，我可以去森林墾地，要吃多少米就種多少米，還可以去河裡抓魚，去山邊摘菜，一切免費。」不過他對當地環境憂心忡忡。由於大量森林在蘇哈托時代遭到濫伐，現在又被大面積橡膠園和油棕櫚園占據，安騰必須走更遠的路，才能找到林地開闢稻田。他也非常擔心橡膠園和油棕櫚園使用的肥料和農藥，會汙染達雅克族賴以為生的河流，因此他不再飲用河水。為了預防河裡的魚源枯竭，還自己養鯰魚。

我接受安騰邀請，進入他住的長屋參觀一番。長屋從中分為兩半，一半屬於開放空間，一半立了幾座隔牆。有隔牆的這半邊共有二十八道門，每道門通向某個獨立家庭生活區，內含一間臥室和廚房。開放空間很長，是集體共用的起居室。

這天是星期日，午後居民們暫停勞動，在林中田地休息。有些婦女用傳統紡織機織布，有些人製作手工精巧、聞名全國的達雅克串珠飾品。一名村姑先把六根棉線纏在大拇趾上拉緊，再用一塊蜂蠟摩擦棉線加強韌性，接著從一堆五彩珠子裡一一挑出小巧玲瓏的玻璃珠，把它們穿在不同的棉線上，編製出呈現達雅克圖案的精美珠串。一位體態豐腴的大嬸將幾片棕櫚葉縫在一起，做成一頂圓錐寬邊遮陽帽，當地人製作這種帽子時，還會裝飾各種串珠片、鉤織品或刺繡品。

---

❾ 譯註：世界現存體型最大的蜥蜴，平均身長兩、三公尺，長相似鱷魚，有蛇信般的長舌，唾液會分泌毒素，僅分布於印尼四座島嶼。

一位雞皮鶴髮的老婆婆，彎腰駝背蹲在地上編織裝檳榔用的籃子，她皮膚上有花樣繁複的刺青，耳垂被經年佩戴的沉重銅耳環拉得好長。一位牙齒掉光的老公公，用細藤條修補帶尖刺的捕魚簍，他孫子在附近一邊尖叫奔跑，一邊玩射箭遊戲。

我問老公公有幾個孫子，「很多，」他掐指數了一下之後，又搖搖頭說：「噢，我不知道啦，反正人很多就是了，比裝滿一條舢舨還多。」

安騰介紹我認識了一名達雅克退役軍人，我向他提起辛當市有一幅長達數百公尺、為軍人歌功頌德的大壁畫，圖中描繪某些士兵在協力建造一座清真寺和教堂，某些士兵在一旁搖著手指制止村民賭博飲酒，村民滿臉愧疚地跪地求饒，地上還有個四處滾動的酒瓶，和一隻猛拍翅膀的鬥雞。

退伍軍人皺著眉頭告訴我，蘇哈托時代讓軍人擔負雙重任務——既要保家衛國，又要充當政治機器——的作法早已不合時宜，還提到他在軍中服役時，加里曼丹大致處於和平狀態，「人人都以為達雅克族凶惡殘暴，其實我們痛恨衝突，只是別人都誤解我們。」

我問他，一九九七年達雅克族和馬杜拉族之間不是有過相當火爆的衝突嗎？他回答：「哦，那根本不叫衝突，只是馬杜拉族得到該有的懲罰罷了。」

接著，我提起馬杜拉族在印尼其他地區定居以後，似乎名聲不佳，成為當地人眼中的暗算者、詐欺者、攻擊者。退伍軍人舉例說明：「馬杜拉族會跑來問你，他能不能割你家椰子樹周圍的青草，如果你說只要他不拿走樹上的椰子就可以，過了一段時間，你會看到他睡在田裡，身旁擺著一大籃青草，可是一旦把手伸進那個籃子，就會發現他只是把割下的青草鋪在籃子最上頭，下面全是椰子。遇到這種自以為狡計得逞，就心滿意足地張著大嘴躺在你面前的傢伙，你當然得把他宰了。」

✲

那天傍晚，達諾斯（我在辛當認識的達雅克族年輕公務員）拉著梅蘭妮和我，去參觀在縣政廳舉辦的文化舞蹈競賽。整個賽場人聲鼎沸、熱鬧無比，縣長也穿著達雅克族圖案的蠟染衫出席。比賽分兩部分，參賽者必須在短短幾分鐘內各自為傳統舞蹈賦予現代詮釋。達雅克族先上場，馬來族後登台，優勝者可代表全縣參加省會坤甸的舞蹈大賽，為縣民爭光。「現在妳們可以見識一下真正的達雅克精神囉。」達諾斯說。

第一支舞沒什麼看頭，只見一群女郎身穿珠珠連身裙，頭戴寬邊圓錐帽，手拿塑膠洋娃娃，圍成幾個圓圈緩慢移動步伐，然後不斷將金髮碧眼的洋娃娃舉起放下，過了好一會兒才整隊離場。表演結束後，我只輕輕拍了幾下手，達諾斯則是一臉尷尬地咕噥道：「她們怎麼都不懂得發揮一點創意？」

接下來，一陣巨響轟然炸開，一名小夥子敲著銅鑼從我耳畔呼嘯而過，鼓鳴四起，尖銳的口哨聲自高處傳來，某個音色介於小提琴和迪吉里杜管[10]的樂器奏出哀傷的旋律，一群身纏腰布、肌肉畫滿圖騰的年輕人從側門衝上舞台，然後跳上彼此的肩膀，以大腿平衡重心，擺出疊羅漢姿勢。達諾斯精神為之一振。

可是，這些「達雅克戰士」才上台幾分鐘，身上圖騰就被汗水化成一道道細痕，腰布也開始鬆脫，露出裡頭的渦紋短褲，而且是借用馬來族的舞蹈動作做即興演出。觀眾一邊鼓掌一邊叫好，達諾斯卻興致大減地搖著頭說：「他們大概是不了解自己的傳統，不過裁判們可是一清二楚，這些表演者把達雅克和馬來舞蹈混在一起，是最大敗筆。」

看完另外幾隊達雅克族的表演後，達諾斯決定帶我們離開。我覺得意猶未盡，想再多待一會兒，卻遭到達諾斯拒絕：「這裡已經變成馬來族的天下了，沒什麼好看的，我想帶妳去見一個人。」

雖然時間已經不早（晚上九點半），達諾斯仍執意帶我去見他的恩師阿思奇曼爸爸（此人最近受命出任縣政府公共工程部主管）。我們來到一間鮮綠色的接待室後，看見一盞大吊燈像駝背似的被嵌在樓梯頂端的狹窄空間，一座養著珍奇魚類的巨大水族箱占據一整面牆，其他牆面上掛著幾幅野馬群在山澗中奔馳的油畫。

等了片刻之後，一名侍從走進來說：「你們可以上樓了。」我們直接從樓梯邊進入一棟尚未完工、比原建築大三倍的新廂房，接著跨入寬敞的三樓休閒室。一群男士圍坐在乒乓球桌前一邊抽菸喝咖啡，一邊向阿思奇曼爸爸獻殷勤，談論的話題是人字拖鞋。

這話題我很熟悉。兩個月前，我曾在一艘培尼渡輪的電視畫面上，看到一座人字拖鞋山，旁邊還出現大量群眾，而且似乎愈聚愈多。當時船上觀眾都想不通是怎麼回事，一名乘客說：「是現代藝術展。」另一位乘客認為：「是抗議中國產品的活動。」第三個乘客反駁：「哈！要是每個人都加入那場抗議活動的話，全印尼的人都得打赤腳囉！」

真相是，有個十五歲男孩偷了某位警察的人字拖鞋，警察逮到男孩就痛扁他一頓，男孩母親向警方報案，指責警察向男孩施暴，結果惹毛了別的警察，於是立即逮捕男孩，男孩即將面臨五年牢獄之災。此事迅速引起公憤，因為同一時間有些被指控貪汙的人，透過賄賂法官逍遙法外，其他罪責較重者僅判處一、兩年徒刑，於是民眾拿著人字拖鞋上街抗議，人字拖鞋遂成為印尼群眾唾棄惡法的象徵。

在一杯又一杯甜咖啡助興之下，我們圍坐在乒乓球桌邊聊至深夜，並多次談到暴民正義取代正當執法這件事。阿思奇曼爸爸認為罪魁禍首是荷蘭人，因為他們在印尼建立了非常糟糕的司法制度，為不同的人制定不同的法律，未能做到法律之前人人平等。

荷屬東印度政府在殖民時代早期，並沒有為印尼司法制度投注太多心力，只求商業交易遵守荷蘭法規，認為沒必要干預大多數印尼人奉行的各種傳統律令。後來荷蘭學者秉持英國博物學家華萊士研究昆蟲的科學精神，蒐集並整理印尼傳統律法，最後編成四十大冊，並分成十九大類。

到了十九世紀末，荷屬東印度政府已擁有若干並行的司法依據。首先是保護個人權益、要求設置合格法官、專為歐洲人而立的西方法。接著有原住民法，「本地人」可上三種法庭：與伊斯蘭教律法有關的案子在伊斯蘭法庭審理；傳統法庭由地方仕紳出掌，負責處理婚姻、繼承

❿ 譯註：是澳洲土著使用的長管吹奏樂器。

等事務；犯罪案件則交由地方法庭處置，但這些法庭的幕僚大多是未受過正式司法訓練的無照律師。「外來東方人」——大部分是華人，也包括阿拉伯人——雖被視為「本地人」，但根據商業法的定義，他們都變成了歐洲人⓫。地方法庭經手的案件，最後上訴一律交由歐洲法庭審理，有效地將地方司法系統納入全國系統。

「我們直到今天還是有三套法律，跟殖民時期簡直沒兩樣。」阿思奇曼爸爸不屑地說：「像我這種高層官員等同於荷蘭人，華人屬於商人階級，普通老百姓算『本地人』。如果法律是憑階級來劃分，怎麼能把一個國家治理好？」

我向一位律師朋友轉述這個觀點後，她笑著說：「印尼不是憑階級，而是憑錢包來區分法律，誰送的錢最多，誰就享有正義。」貪汙調查顯示，三分之二印尼受訪者給司法部的評語是「骯髒」或「齷齪」，並且認為只有某些政黨和國會貪汙程度超越司法部。最近，印尼肅貪委員會在貪汙法庭逮捕了數名法官，罪名是收受賄款替某些被告撤銷告訴。那些瀆職法官發現，他們可輕易宣判被告無罪，因為他們抓到檢察官的把柄——在準備處理一樁漏洞百出的案件時拿了紅包，可是他們自己也知法犯法，廉潔掃地。肅貪委員會不得不介入此案的原因是，為匡正法治而成立的司法委員會無力整頓法院歪風。一些數據顯示，肅貪委員會在二〇〇八年接獲一千五百五十六份法官瀆職報告。不過，雖然該委員會調查了兩百一十二宗貪汙案，並將二十七件轉交最高法院，但最高法院並未針對這些案件採取任何行動。

荷蘭人固然給印尼留下弊病叢生的司法制度，不過現代印尼人卻很少針對這套制度進行改革，彷彿全盤接受了殖民時代的「地下法庭」，只有一群訓練不足的檢察官，以及用少數人才能理解的語言寫成的法典。

如今印尼人口已高達一九五〇年代的三倍，但法庭審理的案件只有那時的一半。民眾早已不信任執法者，也不敢將案件送交法庭或警方。十名印尼人當中有超過六人認為警察貪汙，因此印尼人寧願自行執法。有些人之所以被憤怒群眾毆打致死，只因為他們偷了一隻雞、他們的車子失控撞倒行人、忌妒他們的鄰居指控他們會巫術等等。如果這些事情發生在「原住民」和「移民者」身上，一樁原本可在警察局或地方治安法庭化解的小事情，可能演變成犧牲數百條人命的小型內戰。令人擔心的是，許多暴民往往敵視警察。二〇一三年三月底，印尼報紙相繼報導某鄉的一名警長被民眾活活打死，因為他率領同袍逮捕一名非法賭場經紀人。後來該經紀人的太太指控搜捕她丈夫的警察全是偷牛賊，群眾立刻包圍了那些警察。光是二〇一三年前三個月，印尼就發生十三起暴民襲警事件，上述案例只是其一。爪哇有句俗話說：「如果你為了被偷一隻雞而去報案，就會丟掉一頭牛。」只要印尼人認為警察和法庭腐敗到家，暴民正義將繼續替天行道。

⓫ 這套分類系統很複雜，且隨時間而改變。例如歐洲人娶進門的印尼妻子及其婚生子女算歐洲人，非婚生子女若得到父親承認也算歐洲人。另外，總督可任意將榮譽歐洲人的資格頒給「本地人」，這些人被稱為「官定歐洲人」。一八九九年，在強勢的東京政府施壓之下，所有印尼日僑皆被授予「歐洲人」地位。

Indonesia Etc.:
Exploring the Improbable Nation

Elizabeth Pisani

12 你的真主，我的上帝

對印尼人來說，「不信神」簡直跟「不呼吸」沒兩樣。在生活方式依然比較貼近傳統的地區，宗教信仰其實是社會進步的絆腳石。居民們認為，既然每樣事情都掌握在上帝手裡，未雨綢繆、擬訂計畫、追求不同的未來，又有什麼意義？

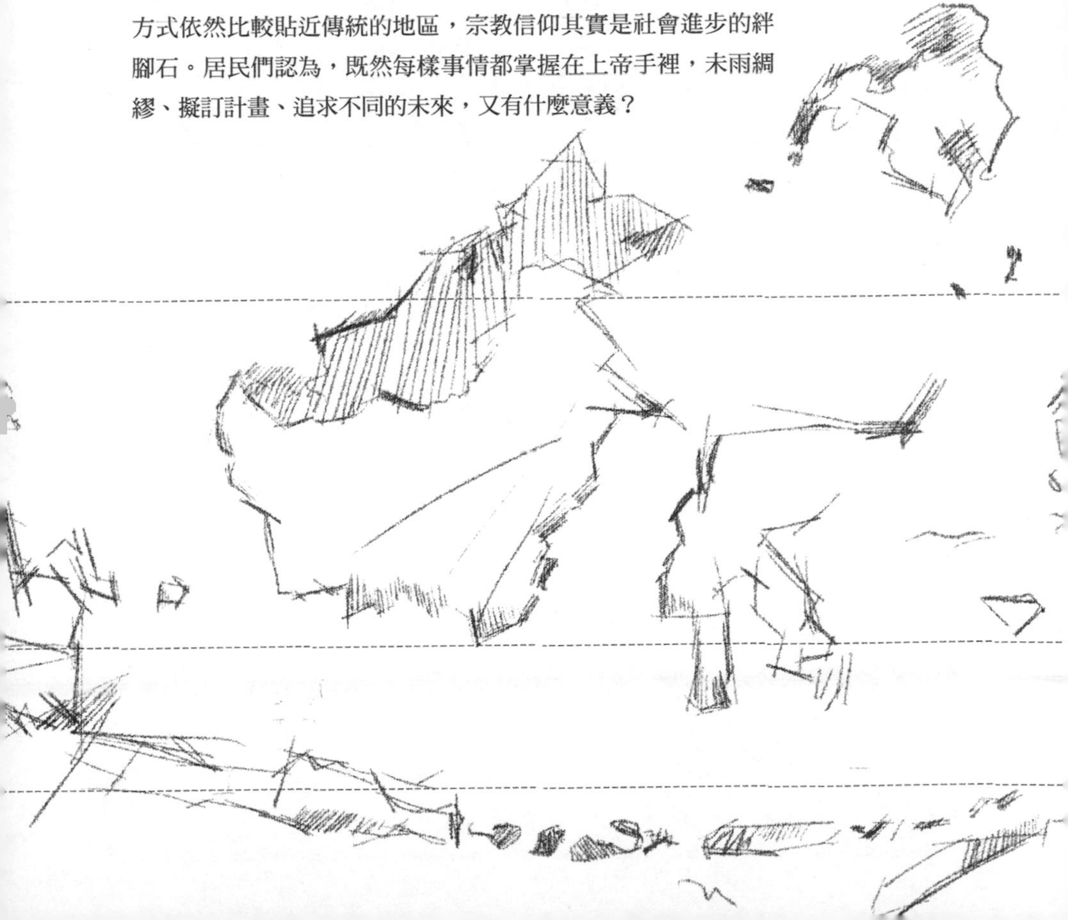

圖L：爪哇、峇里與龍目島

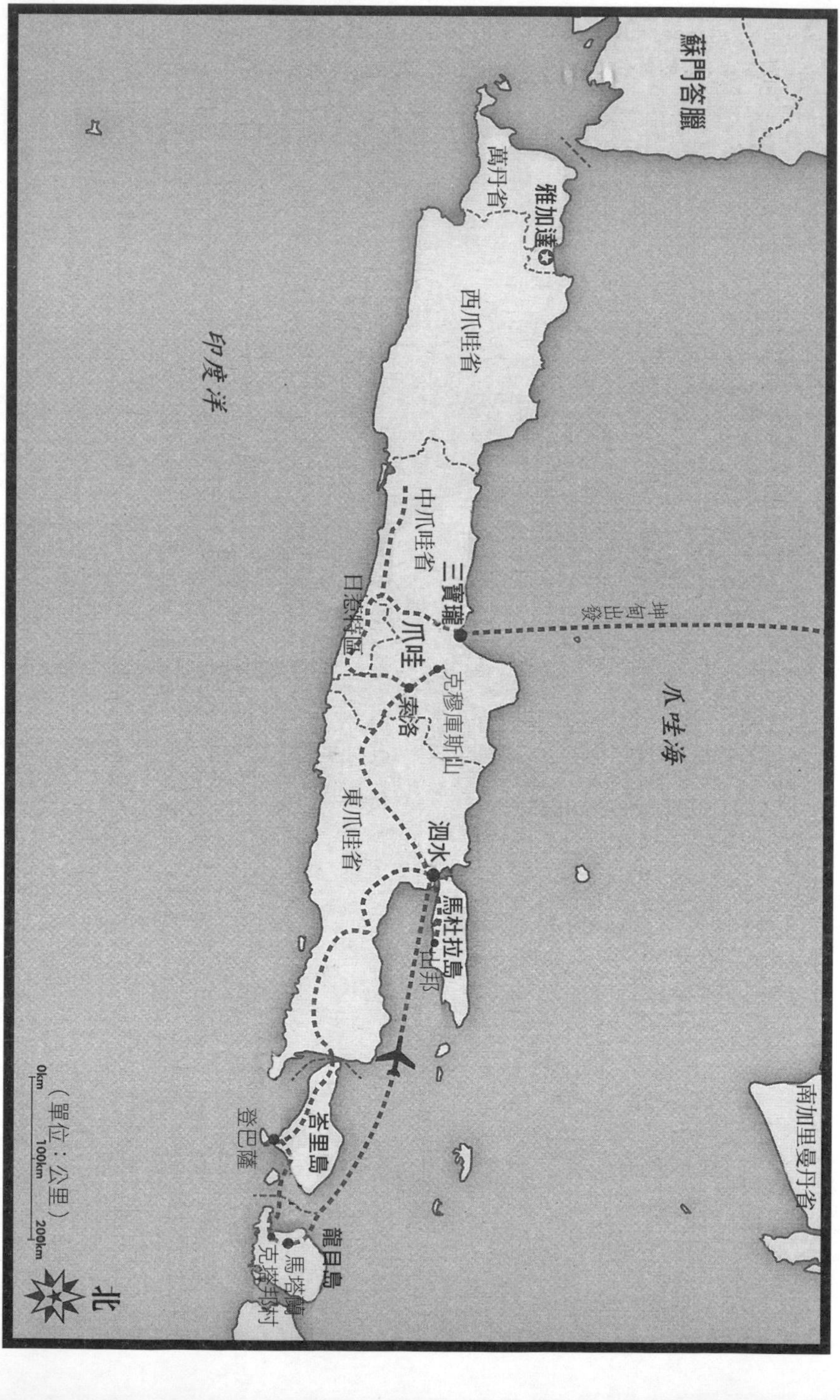
蘇門答臘
萬丹省
雅加達
西爪哇省
印度洋
中爪哇省
日惹特區
三寶瓏
坤甸出發
爪哇
克穆庫斯山
梭洛
爪哇海
東爪哇省
泗水
馬杜拉島
山邦
峇里島
登巴薩
龍目島
馬塔蘭
克塔邦村
南加里曼丹省
（單位：公里）
0km
100km
200km
北

遊走印尼期間，我接收世界新聞的管道，是去網咖讀電子報。網咖在印尼各地城市屬新興行業，多半坐落在電信基地台下方、港口和巴士站附近，或是巴東飯館隔壁，店面通常不大，設有許多矮牆小隔間，每座隔間擺著一個約四十五公分高的倒立木箱，上面架著電腦螢幕和遊戲控制板。喜愛光顧的青少年總是把垃圾丟滿地，女孩們經常嘻嘻哈哈地擠在電腦攝影機前把照片貼到臉書網站上，男孩們大都獨自對著螢幕與賽車或猛龍激戰。我只看過一、兩人搜尋維基百科，顯然是為應付功課。對大多數印尼年輕人來說，上網目的在於找樂子，因此印尼人不說「上網」，而說「玩網」。網咖櫃台前通常坐著某個滿臉青春痘的男孩，他會一邊打電動，一邊放音樂，有顧客離開就向他們收錢。

網咖裡充滿笑鬧聲、音樂聲，還有喳喳碰碰的電動遊戲音效聲，我盡量充耳不聞，專心讀電子報，除了追蹤天下大事，也想了解外國記者對印尼的看法。美國《國際先鋒論壇報》（*International Herald Tribune*）出現的標題是：「印尼宗教偏執愈演愈烈」；英國《金融時報》（*Financial Times*）指出：「印尼宗教攻擊事件突增」；澳洲《雪梨晨鋒報》（*Sydney Morning Herald*）警告：「印尼『漠視』與日俱增的宗教暴力」。以上報導皆引用印尼人權團體賽塔拉民主和平研究所（Setara Institute）提供的數據，該團體持續研究印尼宗教自由現況後指出，二〇一二年，共有兩百六十一個少數宗教族群遇襲。報導中也提及某些教堂興建工程受阻、「未守教規的」穆斯林慘遭毒打和殺害、清真寺被付之一炬、無神論者身繫囹圄等事件，並回顧二〇〇二年峇里島鬧區兩百餘人遇害，以及二〇〇三和二〇〇九年雅加達萬豪酒店遭炸彈攻擊，導致十九人喪命的罪案。某些伊斯蘭教團體得意地宣稱，這些攻擊案件全是他們的傑作。

我知道許多學術著作曾經討論爪哇伊斯蘭教，以及印尼群島其他宗教的各種特色，還有不少內容精闢的報告曾剖析中東、印尼和世界各地的伊斯蘭教與政治關係，並揭露、探討恐怖組織的內部情況。有些人把穆斯林侵略行動視為進步象徵，有些人認為原住民信仰再度復興。

雖然亞齊省和南蘇拉威西省曾經為了成立伊斯蘭國家而極力抗爭，馬魯古群島的暴力衝突也曾被貼上宗教事件標籤，但我在印尼旅遊近一年以來，發現大多數民眾只把宗教看得跟吃飯、睡覺一樣稀鬆平常，而且認為印尼人只會為了錢財、工作、政權起衝突，不會因為信仰起爭端。

印尼人常問我信什麼教，多數西方人似乎認為這種問題侵犯個人隱私，不過自蘇哈托時代以來，印尼每位國民都必須在身分證上註明宗教信仰，建國五原則第一條就是「信仰唯一上帝」，該原則的基本邏輯是：有宗教信仰者不會是無神論共產黨。

蘇哈托時代的印尼人可以選擇的正統宗教有五大類：伊斯蘭教、印度教、佛教、基督教、天主教，如今又新增一個選項：儒教，但不包括數百種地方特殊信仰，例如松巴島的馬拉普教。那些地方信仰被歸入傳統文化的一部分，信徒還會被強制套上某種「宗教」身分，例如住松巴島的波波媽媽信馬拉普教，身分證卻註明她是「基督徒」，因為當地的宗教儀式既殺豬又宰牛，而伊斯蘭教或印度教團體不吃豬或牛。

印尼人認為，不信教的人絕不會是好國民，而我就是個無神論者，但非常尊重他人信仰。雖然我常向旅途中偶遇的印尼人隱瞞自己無業或離婚的事實，直到雙方熟識以後，才會適時主動招認我曾對他們撒謊，但我絕對、永遠不會承認我是無神論者，因為大多數印尼人根本無法理解這種事。對他們來說，「不信神」簡直跟「不呼吸」沒兩樣。

由於父母都信天主教，我常在印尼穆斯林面前佯稱自己是天主教徒，有些人聽了並不介意，儼然只把我不信伊斯蘭教這檔事，看成某種無傷大雅的殘疾，然後照樣請我去家裡作客，並未排斥或歧視我。

印尼人的日常宗教禮俗比歐洲人來得多，許多民眾習慣在身上別著代表個人信仰的徽章、在頭上包著頭巾或戴著小帽、在頸上掛著十字架或佛陀護身符，清真寺、教堂、佛殿也會舉辦大量集體禱告祈願活動，因此我在印尼上教堂的次數比過去多，也不時心懷誠敬地坐在安靜的清真寺角落裡聆聽布道，這樣既符合印尼人的期待，也是融入當地社會的一種方式。

二〇一一年聖誕節過後不久，我曾在馬魯古省會安汶的名勝巨石大教堂，參觀一場頗具娛樂效果的宗教儀式。信徒們抵達教堂後，一邊在車上收聽廣播節目，一邊等著服務員前來代客泊車，偌大的教堂裡結滿閃閃發亮的彩色小燈和鋁箔裝飾。當天共有四場布道活動，第一場結束後，聖壇和包廂座位被移開，信眾依指示前往人山人海的禮堂，準備觀看在一面大螢幕上放映的第二場禮拜儀式。正廳裡的一面大螢幕和幾台電視監視器，正在為即將展開的活動倒數計時。

我利用這段等待時間，欣賞了一下信眾的打扮，又讀了一下剛進教堂時拿到的一份傳單。記得在歐霍伊威特村和其他城市參加教會活動時，每位出席者手上的「禮拜程序表」都印有整場儀式所引用的經文和禱告詞，不過巨石大教堂發的傳單只印六行字：

〈馬太福音〉第二十八章，第十八至二十節。❶

為本市祈福
改變世界
尋求突破
樹立家庭價值觀
散播宗教氣息

傳單上還附有一個捐款銀行帳號，不過出席者已經拿到捐款信封，教堂正廳的每個出口也擺著透明奉獻箱，許多箱子已呈半滿狀態。

大螢幕上顯示的時間從〇九：五九：五九，跳到了一〇：〇〇：〇〇。根據過去二十五年的經驗，我從沒看過印尼有任何活動是準時開始的，不過這回倒像是發生了奇蹟，十點整一到，講台上立即站滿唱詩班成員，引來一片讚嘆。接著，台下的信眾看著眼前的卡拉ＯＫ打出的字幕，和唱詩班一起引吭高歌。第一首聖歌結束時，我身旁的幾位教友喜極而泣地一面搖晃拍手，一面唸唸有詞。

唱詩班又唱了幾首讚美歌之後便魚貫退場，接著上場的是一位氣色紅潤、理個平頭、戴著紫紅領結的牧師。他一上台就說，他要把耶穌帶進我們的生活，帶進我們的家庭，還要帶給印尼，帶給政治領導者，帶給這個備受忽視、與世隔絕的小島，每講完一句話必說：「阿門！」接著便調侃了一下國營電力公司ＰＬＮ：「有人說，二〇一二年將是黑暗的一年，如果你們繼續支持ＰＬＮ的話，那麼未來這一年肯定會在黑暗中度過，因為只有耶穌才會放射光芒，照亮一年當中的每一天啊！」信眾哄堂大笑。

這位牧師連續唱了一個多鐘頭的獨角戲，其實只想說兩件事：（一）我們有義務宣揚耶穌的名字；（二）只要耐心等待，耶穌一定會滿足我們的需求。十一點五十五分，他再次輕輕說聲「阿門」，準時為長達兩個鐘頭的布道儀式畫上休止符，全體信眾又唱了幾首輕快的聖歌之後，便一齊湧出大廳。

我很肯定巨石大教堂的布道形式承襲自美國的「聖經帶」（Bible Belt）❷，牧師傳遞的訊息無關乎社會參與，而是想滿足教會利益。這場聚會只有一個目的：讓信眾熱心捐獻，在信封裡塞滿鈔票。馬魯古省是印尼第三貧窮省分，但是在省會安汶，沒有人談論上帝心目中的平等觀念，也無人提起貪汙是阻礙國家團結的罪行，更沒有人暗示基督徒應該互助或助人。教堂信眾喜極而泣、唸唸有詞地展現宗教熱情，只不過是在娛樂參與布道儀式的觀眾。

近幾年來，中產階級穆斯林也把宗教的娛樂價值看得比社會參與重要。我住在雅加達時，經常會留意某些知名伊斯蘭教士的布道時間，作為固定休閒活動之一。如果年輕帥氣、包著頭巾、綽號「阿金」的名嘴教士阿布杜拉（Abudullah Gymnastiar）在城南某個高檔酒店開講，附近的街區總會停滿賓士和ＢＭＷ轎車，然後走出一群頭上纏著愛馬仕（Hermes）頭巾、腳下踩

❶ 這段經文的內容是勸民眾加入並服從教會。
❷ 譯註：涵蓋從德州到佛羅里達州等美國中南部至東南各州，居民多為保守的基督教福音派信徒。

著馬諾羅布拉尼克（Manolo Blahnik）高跟鞋的貴婦，讓交通癱瘓長達一小時。

後來阿金不再受到女性穆斯林的崇拜，因為他娶了第二個老婆卻沒說實話，於是就被其他教士取代了。這些教士的布道形式或多或少與巨石大教堂雷同，若拿食譜來做比喻的話，他們會取兩份「娛樂節目」，混入一份「募款活動」，再以「聽眾參與」調味，然後用這些材料煮成一道「提出夢想承諾」的佳餚，擺在各式各樣的盤子裡端上桌。

伊斯蘭電視布道是一項龐大事業，有些電視台為了物色新面孔，而頻頻推出選秀節目，去年某節目的優勝者竟是一名八歲小女生，而且在整個齋月期間排滿布道活動。歐文斯比（Craig Owensby）是一名改信伊斯蘭教、來自德州的美國人，曾經在法威爾（Jerry Falwell）❸主持的教會擔任牧師，後來與阿金及其他備受觀眾仰慕的電視布道者合作，並且以每日簡短講述《古蘭經》和用手機簡訊傳播宗教訊息的方式在印尼致富。

《古蘭經》朗誦比賽和英國曼聯足球隊一樣在印尼廣受歡迎。我去拜訪林巴族以前，曾應邀參加蘇門答臘的一場朗誦大會。這場盛事歷時一星期，占碑省的穆斯林大量湧入省會邦科市，想親眼目睹家鄉的朗誦代表在全國《古蘭經》朗誦大賽中贏得冠軍。家屬、學生、情侶三五成群地在主辦單位舉行的園遊會裡四處打轉，有些人去買爆米花或棉花糖，有些人去坐碰碰車，有些人站在幾座小亭子前閱讀占碑省不同縣市宣揚的政績，大多數群眾最感興趣的還是朗誦活動。

在中央廣場的一端，有位參賽者面對著《古蘭經》，跪在一座四周圍起隔音壓克力板的高台上，台下的人群一邊左推右擠地看著她，一邊評論她是否虔誠鎮定。園遊會場中央的巨大電子螢幕播映著朗誦者的影像，一如倫敦的特拉法加廣場同步播放皇家歌劇院的演出，不過這裡的觀眾更投入，大家都在七嘴八舌地討論參賽者的表現，邀我參觀比賽的伊拉說：「這是今年最盛大的一場社交活動。」

印尼的電視布道者多數沒有受過正規宗教訓練，例如有位人氣很高的布道者，是因為主演了一部以宗教為題的連續劇而竄紅，因此許多布道者的言行舉止看起來更像藝人，不太像教士。有些傳統信徒接二連三向印尼廣播委員會提出申訴，指控某些知名教士措詞淫穢，不夠聖潔。

任職於銀行界或公關界、子女就讀私立學校的中產階級女性，似乎特別喜愛這類人拜拜式的宗教活動。當今社會各階層的印尼人，似乎也比一九八〇年代更熱中於表現宗教虔誠。二十年前我初到印尼時，大多數印尼職業婦女是不戴頭巾的，如今卻是職場上相當常見的女性裝扮，甚至成為貴婦圈的時尚品，我曾聽某位貴婦問道：香奈兒（Chanel）別針搭配迪奧（Dior）頭巾好看嗎？

這股熱潮似乎是在蘇哈托逐步對中央集權鬆綁以後展開的。二〇〇一年我重返雅加達之後，發現很多穆斯林朋友和同事不僅每天禱告五次、在齋月禁食，而且打扮得像阿拉伯人，多數基督徒朋友也都佩戴十字架上教堂，全國各地的選舉集會皆以禱告拉開序幕（不過很多集會

❸ 譯註：美國南方浸信會牧師、電視布道家兼保守派政論家。

場所也提供不堪入目的歌舞表演），就連衛生部為妓女們舉辦的保險套講習會，也是以一小段宗教祈福儀式開場。

當時我的職掌之一是調查雅加達的性交易活動，三不五時得騎著機車殺去破落的紅燈區一探究竟。我常在午餐時間前往，因為上午的紅燈區看不到半個人影，如果等到下午兩、三點才過去，又會被妓院的噹嘟樂吵得無法與人交談。

有一天，我經過幾個販賣保險套和抗生素的攤販時，發現附近的妓院生意較平日清淡。一名妓女給了我一杯咖啡之後，我問：「生意不好嗎？」她答：「今天是星期五，顧客都還在清真寺裡禱告呀。」

我又問，她認為那些顧客聽了清真寺的布道以後，會不會不敢上妓院買春？她笑著說：「怎麼會？他們又沒有做錯事。」接著便解釋，如果某位顧客是特別虔誠的教徒，他會在脫光衣服以前，先花點時間跟她進行結婚儀式，「然後我們就開始『辦事』，一個鐘頭以後，他再跟我離婚就行了。」她表示這位顧客只要遵守教規，就可以自稱善良穆斯林。

商品化、制式化的現代宗教信仰，並未促使印尼社會產生變革，實際情況正好相反。雖然都市化和人口遷移的過程，沖淡了昔日支撐大眾生活的部落制度和集體文化，但是宗教信仰重新為人們創造了一個熟悉安適的世界，並且成為某種鮮明的身分標記，還可以將宗族觀念強烈的印尼人凝聚在一起，因此加入正統宗教的印尼人更勝於以往。

在生活方式依然比較貼近傳統的地區，宗教信仰其實是社會進步的絆腳石。居民們認為，既然每樣事情都掌握在上帝手裡，未雨綢繆、擬訂計畫、追求不同的未來，又有什麼意義？

一位在鄉下經營潛水生意的朋友說：「在我們這裡，替將來打算，人概是無神論者才會幹的事。」

✲

在印尼周遊了近一年之後，我從加里曼丹的赤道城坤甸市，再度搭船前往印尼人口最多的爪哇島。雖然我對最後一個月的旅程充滿期待，但也開始擔心我在網咖讀到的新聞和大多數印尼人告訴我的訊息已產生落差，我是否錯過了某個驚天動地的宗教極端事件？於是我決定找幾個宗教氣息濃厚的地方走走，順便詢問當地人對「宗教偏執愈演愈烈」一事有何看法，接著就來到地處爪哇中心位置、據稱是伊斯蘭基義派人本營的索洛市。

我發現這座城市具有雙重性格。

索洛市中心建有一座類似「城中城」的蘇丹宮，宮外堅固的白圍牆上開了幾道淺藍色的高雅拱門，分別通往眾多僕役及家屬居住的小宅院。四周街道的房子屋頂鋪有磁磚，屋簷下的走廊爬滿九重葛或西番蓮藤蔓。附近許多咖啡攤前都擺著被碳火燒得直冒泡的大錫壺，短短的壺嘴飄出陣陣的薑茶味。索洛市的另一項特產是添加鮮奶的飲料，而且都取了特別的名字。我禁不住誘惑，點了一份看起來挺噁心的混合飲料，裡頭含有薑汁、咖啡、糖漿和鮮奶等成分，名字叫作Jaman Korups，意思是「貪汙年代」。

蘇丹宮的圍牆西側外面，有一片縱橫交錯如迷宮、散發著蜂蜜味和石蠟味的街道，這是蠟染工坊區，每條街道後方有許多小房間，裡頭擺著幾個架在火盆上的小鐵鍋。蠟染女工會把一個外形略似菸斗的小銅壺放進鐵鍋，將溫熱的蜂蠟填滿斗頭的凹處，然後對著一根突出的尖嘴吹氣，接著在大腿鋪上一塊白布，手握著銅壺耐心地為白布描畫金線。這是設計圖案的第一步，接下來至少需要經過十四道繁瑣的工序，才能完成一條紗籠。

從蘇丹宮的圍牆往東行，便進入純中東風格的市區，爪哇式生活風情銷聲匿跡。我看見兩棟幾乎貼在一起的阿拉伯式清真寺，不禁納悶它們是否有足夠的信眾前來膜拜，接著就發現其中一棟是蓋得像清真寺的醫院。這裡幾乎每間店鋪都提供與伊斯蘭教有關的商品或服務，例如：籌組麥加朝聖團，或是從麥加進口紀念品賣給已完成朝聖、但還需要補送禮物給家人的穆斯林。除了宗教商店，這裡也有禁止飲酒、拒絕未登記身分的客人入住的穆斯林旅館，我走進其中幾家，想試探一下他們是否願意提供我一個房間，但所有旅館都表示客滿。另外，這一區還有教授阿拉伯語的學校，以及販賣頭巾和長袍的商家。雖然索洛市瀰漫著正統遜尼派❹的宗教氣息，但是過去數百年來，索洛市所在的爪哇島卻呈現截然不同的信仰氛圍。

十九世紀末以前，伊斯蘭教在印尼的勢力範圍局限於某些地區，對大型貿易港（例如南蘇拉威西省的望加錫，以及亞齊省和蘇門答臘島的某些港口）最具影響力，而在爪哇中部等鄉村地區，伊斯蘭教形同傳統信仰（信奉守護火山、河川和村落的神靈）的點綴品。

荷蘭人在印尼投資興建港口和蒸汽輪以後，海上交通便利性隨之增加，前往麥加朝聖變得大受民眾歡迎。一八八五年，爪哇穆斯林成為麥加最大一批朝聖人口，這些「哈吉」（專指去麥加朝聖過的穆斯林）對正統伊斯蘭教產生新的熱情，對泛伊斯蘭政治觀也有了新的想法（荷蘭人認為這些觀念很危險）。

甫自麥加歸來的哈吉們打算淨化家鄉的宗教，消除它從印尼數百年的島嶼文化中所擷取的種種元素，揚棄迷信與神祕主義、播種和收成祭典，以及村落生活習俗，以回歸純正統的阿拉伯伊斯蘭教。這些改革者贊成透過理性來詮釋《古蘭經》，並成立重點學校，以傳授現代國家所需的科學知識和一般技能為宗旨。不過，他們的理性主義和爪哇本土穆斯林的宗教觀念相牴觸。

我在克穆庫斯山發現爪哇本土穆斯林的後繼者。這座小山位於索洛北方，約一小時車程可到，許多膜拜者會前往山上一座穆斯林聖人的墳前禱告，那位聖人因商業頭腦精明而聲名遠播。每到人潮最多的夜晚（伊斯蘭教曆法以七天為一週期，爪哇曆法則以五天為一週期，兩者每隔三十五天遇到一次重疊，這天的膜拜人潮會達到巔峰），成千上萬的善男信女湧入墓地，祈求聖人為他們帶來財運。我上山那天，墳地的朝聖者不到一百人，每人都買了一片盛滿鮮花的香蕉葉，和一個裝著聖水的塑膠罐，兩樣東西總共索價十萬盧比，大約十美元（約台幣三百元）。他們雙膝跪地，向神龕外的一名穆斯林教士小聲傾吐煩惱，然後遞上鮮花（教士把鮮花放在香爐上方薰個幾下就還他們），以及另外包了十萬盧比現金的信封（教士隨手將信封塞進口袋）。接下來，他們走進聖人墓前的小神龕，先趴在地上灑聖水，再將帶來的鮮花放在菱形

❹ 譯註：原意為「遵循聖訓者」，伊斯蘭教最大派別，占全世界穆斯林九〇%，自稱正統派，與強調殉道、主張聖戰的什葉派對立。

的墳墓頂端上下摩擦，同時反覆向死去的聖人訴苦祈願。

他們走出神龕後，必須找個陌生人性交。

據說，進行這種匿名性交活動，才能保證膜拜者獲得聖人祝福，使生意恢復興隆。一位爪哇作家曾告訴我：「有子宮的地方就有真主，性與靈總是不分家。」

地方政府顯然不同意這說法，於是立了一塊布滿霉斑但字跡依然可辨的告示牌，上頭寫著：

朝聖與休閒之地
禁止從事其他活動
（賭博、酗酒、色情）
斯拉庚縣社會犯罪小組

豎立告示牌的縣議會，還發營業執照給多家開在克穆庫斯山邊的酒吧（店名包括「熱唇」和「性感卡拉ＯＫ」等），那位聖人肯定已經賜福給當地的老鴇，讓他們榨光了數千名妓女的荷包。山上有些村民的財運也不錯，因為他們會安排賣春女和顧客會面，還出租房間給她們。我坐在神龕外的階梯上休息時，一位小姐慢慢迎面走來對我說：「如果妳願意的話，可以跟那個教士睡一覺。」同時朝著一位大腹便便、頭髮灰白、戴著厚片眼鏡、忙著在香爐上搖動鮮花並且把信封藏起來的男人點頭。我立刻採取戒備揑緊頭巾，盡可能禮貌地婉拒她的提議。

「那換他弟弟怎麼樣？」她努起嘴巴朝向另一位守門人說，我瞧見一位穿著發亮蠟染衫的老兄，露出暴牙對著我傻笑，「妳可以上我家做那件事，」那小姐催促道：「不用付費，只要捐一點錢給聖人就行了⋯⋯。」

在聖人墓旁邊提出類似請求的人還真不少，感覺上和這塊朝聖地很不搭調。一位大學女生在某位善心保護者的帶領下，一步步地完成膜拜儀式。一名穿著亮片黑上衣和尼龍緊身褲的胖嫂，自動貼到一名皮膚黝黑的小哥身上。穿著嘻哈風短褲和尼龍半統襪的龐克頭小哥，很不自在地避開胖嫂的巨無霸胸脯，趕緊撒下更多鮮花。胖嫂急跟在小哥後面，小哥再度閃躲，兩人跪在墳墓四周左繞右繞，小哥好不容易轉了整整一圈，才走到他留在入口的鞋子前面，接著便抓起鞋子落荒而逃。

我在神龕外和一位長得像馬戲團大力士的普通觀光客閒聊時，問他如何看待這種雜交行為和伊斯蘭教義？「伊斯蘭教和爪哇習俗不一樣，」他把一隻手放在額頭上說：「伊斯蘭教存在這裡，」接著把另一隻手放在心臟部位說：「爪哇文化存在這裡，」然後又拍拍胸脯說：「這是你絕對不能丟掉的東西。」

印尼爭取獨立時期，「頭」與「心」分家造成嚴重的政治撕裂。伊斯蘭改革派成立政黨的目的，是想根據伊斯蘭教律法統一國家，其世界觀來自一千三百多年前，在遙遠沙漠中生活和著述的伊斯蘭教始祖穆罕默德，然而草根性較強的爪哇村民——會用咒語祭拜地方神靈與真主阿拉——不希望被這些改革派同化，也拒絕接受阿拉伯式的伊斯蘭教和政黨，因而倒向民族黨和共產黨這一邊，兩黨皆擁護平民出身（且帶有強烈爪哇作風）的領導者蘇卡諾。於是，政治黨派產生宗教歧見，各界也因為宗教而劍拔弩張。最令人矚目的鬥爭發生於一九六五年，軍方在這年對共產黨大開殺戒，爪哇的穆斯林領導者也一馬當先採取暴力行動，他們認為正統穆斯林的地位高於宗教觀念守舊的爪哇村民，並將異端宗教與共產主義畫上等號，准許年輕追隨者殺害信仰不夠純正的爪哇穆斯林。

當血腥暴力衝突局面恢復平靜後，蘇哈托開始為政教分離布局，政府官員大力鼓吹伊斯蘭教精神、宗教老師獲得訓練和支援、清真寺來者不拒廣納信眾。其結果是，進一步將伊斯蘭教打入數百萬爪哇居民的生活中（他們過去只對傳統宗教有興趣）。有些一九六五年倖存的爪哇穆斯林已改信基督教，但絕大多數爪哇居民的身分證信仰欄上都蓋著「伊斯蘭教」戳印，民眾開始常去清真寺報到，在校子女也學到更多正統伊斯蘭教條。

這項改變來得正是時候。當愈來愈多爪哇村民離鄉背井，搬遷到秩序混亂的都市後，他們與鄰居之間的互惠關係，以及他們仰賴的地方信仰體系便不復存在，一九六五年的變革促成他們與爪哇以外地區的伊斯蘭族群——亞齊人、米南加保族、布吉族——擁有共同的信仰，具同質性且不分地區的革新伊斯蘭教，遠比他們在村落神龕裡崇拜的宗教更能滿足其需求。

有趣的是，克穆庫斯山的朝聖者中沒有人問我信什麼教，倒有很多人問我是否曾為生意煩惱。我跟一名穿尼龍襪的小夥子提到，我只為現金週轉傷過腦筋，他表示他了解那種感受，還說他曾在格雷希克（爪哇北海岸一座城市）透過某個老鼠會買下一家冰淇淋加盟店，後來六名介紹者當中，有四人不想再四處兜售冰棒而放棄生意，把所有債務都丟給「尼龍襪」，導致他在短短幾天之內負債兩千萬盧比，大約兩千美元（台幣六萬元左右）。

「阿姨，我不知道該怎麼辦。」尼龍襪的樣子看起來很落魄。他說他是在臉書上讀到克穆庫斯山的奇蹟，還拿出手機讓我看其中的貼文，「可是我找不到願意跟我性交的人。」我說神龕前有幾位姑娘好像對這種事興致很高，「唉呀，她們都是賣春女啦。如果你不是發自內心想做那件事，奇蹟就不會發生啊。」接著他露出哀怨的眼神看著我說：「阿姨，拜託……。」

✲

雖然前來克穆庫斯山朝拜的爪哇信徒絡繹不絕，不過印尼的伊斯蘭教已經同質化，變得比蘇哈托掌權時代更接近正統。沙烏地阿拉伯長期為傳播中東伊斯蘭教的印尼學校和清真寺提供資助，中蘇門答臘省與爪哇地區的傳統清真寺外觀樸素，有形似印尼火山的三層紅瓦屋頂，現代清真寺則是改走中東路線，出現華麗的圓頂和尖塔。女性隨意包覆在頭上的簡易頭巾漸漸消失，換成不露一根髮絲的精緻頭飾，有些小女孩甚至還不會走路就戴起頭巾，少數婦女還會全身包緊緊，且人數有增無減。馬杜拉島和南蘇拉威西省等地的男士們上清真寺的時候，往往不披傳統紗籠、不戴瓜皮小帽，而是穿長袍、裹頭巾。

我在渡輪、巴士、居家走廊和咖啡攤遇見的印尼人，對這種情況早就習以為常，並未發表任何意見。他們會口沫橫飛地談論政治貪汙，或是道路、學校、醫療服務的悲慘現狀，但是從不擔心伊斯蘭教基義派的勢力崛起。然而我在雅加達的一票中產階級友人，都表示無法忍受印尼伊斯蘭教被阿拉伯化。他們特別擔憂兩個團體，一為繁榮正義黨，這是仿效埃及穆斯林兄弟會的議會政黨；一為伊斯蘭防衛者陣線，該組織自命為道德守護者，動輒以真主阿拉之名突襲風化區、搗毀領有執照的酒吧。

我停留雅加達期間，曾在一家咖啡館巧遇一群憂心忡忡的朋友。這家咖啡館很受某類社運人士歡迎，他們買一杯咖啡的花費，相當於一名碼頭工人的週薪。我遇到的朋友包括一位攝影師（他邀請我去參觀他的新攝影展，展覽由一位法國文化協會的友人策畫），還有一名年輕律師（她剛接下國家婦女委員會的工作），以及一位雅加達同志影展協辦人。他們在咖啡館聚會的目的，是針對伊斯蘭防衛者陣線籌備一場示威活動，因為這群激進分子打算糾結群眾抵制女神卡卡（Lady Gaga）的演唱會，根據該組織的說法，這位流行歌后在印尼現身之後，會把印尼年輕人都變成同性戀。

第二天，我騎車準備去看牙醫時，很不明智地挑了個不該走的路線，來到位於雅加達市中心的印尼酒店前方圓環。這個大圓環正中央有座噴水池，池中聳立著被戲稱為「漢斯與葛蕾蒂」[5]的蘇卡諾凱旋雕像，雕像中有一對舉臂歡迎印尼邁向現代化的男女。圓環周邊的鵝卵石道路已成為政治示威者的活動中心，他們只要阻礙被車流塞爆的交通要道，就能吸引大眾注意。我騎車經過圓環時，正好遇到示威群眾，有些人拿著擴音器喊口號，有些人高舉寫著「母怪獸女神卡卡下地獄」的英文標語旗，他們還徵召了大批戴頭巾的青春少女，發給她們印有一行印尼文的海報：「阿拉呀！別讓我接受萬惡卡卡女魔頭的誘惑。」女神卡卡的一張照片被打了個大叉，旁邊寫著一行大字：「印尼禁止輸入蕩婦。」

警察封鎖了通往牙醫診所的那條街，我心想我還是暫時加入朋友的反示威活動方為上策，於是立即發簡訊給籌畫反示威活動的兩位朋友，問他們在圓環的哪一邊。其中一人回覆：「沒去成，工作忙，交通亂。」另一條回傳簡訊是：「我嫌麻煩，懶得參加。」事後我抓了幾個朋友過來興師問罪：如果他們真的擔心「宗教偏執愈演愈烈」、想過自己喜歡的生活，難道不該努力疏導交通、對伊斯蘭防衛者陣線之類的宗教狂熱分子嗆聲？「但這件事其實跟宗教無關，不是嗎？」我的律師朋友回答：「伊斯蘭捍衛者陣線只不過是一群支薪保鑣罷了，當政各們想拉抬選票或維護個人商業利益，就會出動這批人。」

從荷蘭殖民時期或更早的年代開始，印尼當權者為達成某些政治目的，便與地痞流氓及幫派分子勾結。老百姓對這些所謂的「自由民」[6]是又敬（心不甘情不願）又怕，政客們為了唆使自由民替他們幹壞事，於是對他們採取相當放任的態度，容許他們恣意涉足賣淫、賭博、毒品交易和多種非法勾當。二〇一〇年代的印尼形同一九二〇年代的芝加哥[7]，建國青年團等民族黨支派，公然承認他們以暴力遂行政治目的。二〇一二年發行的紀錄片《我是殺人魔》（*The Act of Killing*）出現過一段畫面：印尼前副總統卡拉（Yusuf Kalla）在一場建國青年團集會中提到，政府官僚必須仰仗自由民來完成他們做不到的事，「我們需要自由民開路，各位要

[5] 譯註：Hans and Gretel是德國《格林童話》故事中的一對兄妹。

[6] 譯註：原是西方封建制度中與奴隸、農奴相對的社會階級，印尼人採荷蘭殖民時期的用法，指一群不受法律約束者。

[7] 譯註：當時芝加哥實施禁酒令，黑社會勢力橫行。

善用你們的肌肉！」他對著攝影機說：「雖然你們有時候確實需要拿起拳頭對付別人，但是你們的肌肉不是只有這個用處。」台下穿著橘色配黑色軍裝的出席者立時鼓起了肌肉，流氓聽眾也為這句話熱烈鼓掌。

自由民出身於三教九流，有些人會穿上橘色配黑色的軍裝，有些人則是蓄長髮、扎刺青、穿皮衣（像重型機車騎士穿的那種），近年來他們也開始留起大把鬍子、戴上頭巾或小帽、穿著白長袍出來亮相。二〇〇二年某日半夜，我曾在朋友艾麗絲經營的同志夜店見過一位自由民。當時一群穿著低腰三角褲、眼睛貼著假睫毛的跨性人舞者在店裡踱來踱去，等著上場表演歌舞秀，突然有個工作人員宣布：「他們來了。」

艾麗絲連忙拉開抽屜取出一個信封，片刻之後，一名留著大鬍子、穿著白長袍的年輕人出現了。艾麗絲迅速交出信封，他只點了個頭就閃人。

「天哪，他簡直跟那些穿著皮衣跑來勒索你的自由民一樣壞。」我笑著說，「妳說一樣壞是什麼意思啊？他就是穿皮衣的自由民啦，這是他們的新裝扮。」艾麗絲說。

那些勒索艾麗絲的幫派分子，已經加入伊斯蘭捍衛者陣線。該團體成立於一九九八年，當時印尼政府亟需一批可聽候差遣的惡棍來反制抗議學生。雅加達警察總長曾經坦承，警方為伊斯蘭捍衛者陣線提供金錢和後勤支援，而隸屬該組織的幫派報答警方的作法是，不讓抗議學生接近蘇哈托下任總統的選舉籌備會議。這些伊斯蘭戰士也曾協助軍方攻擊正在調查東帝汶軍人受虐案的人權委員會辦公室，當時軍隊和伊斯蘭政黨之間存在著微妙的關係，不涉入宗教事務且政治立場偏右的軍隊，一方面認為伊斯蘭幫派是對抗共產社會主義的生力軍，一方面又擔心萬一伊斯蘭分子坐大可能危害國家統一。一九九八年，軍事高層願意和伊斯蘭捍衛者陣線達成協議的原因是，他們認為該組織的威脅性不及學生運動（學生會嚴密監視軍中人權紀錄）。

當局勢穩定下來後，政客們不再需要徵召暴徒抵制抗議活動，伊斯蘭捍衛者陣線和類似的幫派組織只能另謀生路，改以「維護公共道德」來創造收入，並選擇性地搗毀不付保護費給他們的酒吧、夜店和妓院。一位音樂界朋友告訴我，伊斯蘭捍衛者陣線對女神卡卡發動示威的理由很簡單：演唱會承辦人拒絕付錢請他們提供保安。不過，他們並非不分青紅皂白地選擇下手目標，例如他們絕不拿色情業開刀，因為據說該行業受軍方掌控。

伊斯蘭捍衛者陣線也迅速發現了民主社會提供的市場商機：由於好發議論、熱愛自由的選民愈來愈多，有些人主張打倒建國青年團之類的政治惡勢力，卻又不敢公然與那些強悍的伊斯蘭青年作對，伊斯蘭捍衛者陣線自認可以適時介入，扮演保護選民的角色。

我從伊斯蘭捍衛者陣線和類似的組織身上，看不出印尼伊斯蘭教被阿拉伯化的跡象，反倒覺得正統伊斯蘭教被印尼化了。他們取代既有的自由民身分，為喊價最高的人出賣其神聖使命，非常符合印尼作風。

繁榮正義黨也經歷過類似的轉變。該政黨最初是在一群留學中東人士的協助下，由印尼幾所較優秀大學的伊斯蘭研究團體組成，擁有一套政治理念和有利的社會改革計畫。該黨努力幫助貧窮市區，並成立反貪汙組織，而且比政府更擅長處理救災救難的工作，還為遭到自私政客漠視的弱勢族群提供服務。

二〇〇二年甫成立的繁榮正義黨，在二〇〇四年大選中贏得七％的全國選票，取得四十五個國會席次。他們支持引人爭議的反色情法案，在下一屆大選中戰果更輝煌。後來，該黨某議員被攝影記者拍到，他在國會召開全體會議期間用平板電腦看色情片，偽善形象曝光。某些黨內政治人物進入內閣之後，也和印尼政壇同流合汙，喪失改革熱情，前黨魁甚至因多次操縱牛肉進口，而成為重大貪汙醜聞案主角。

受埃及穆斯林兄弟會啟發而成立的繁榮正義黨，如今已徹底印尼化，還被謔稱為「骯髒黨」，從前懷抱理想的成員已經和交易色彩濃厚的政治體系糾纏不清。事實證明，利益輸送是馴服宗教極端主義的有效之道。

印尼的都市中產階級憂心如焚。他們指出，地方政府打算實施伊斯蘭教律法，並連番公布相關規定，即可證明全國人民的日常生活勢將受到侵擾。例如，亞齊省羅克蘇馬威市新當選的市長想了個餿主意：立法強迫女性搭乘摩托車時，必須側坐於男性後方，以維護謙卑形象。此事在雅加達的報紙頭版和推特網站披露後，群情激憤了好幾天。不過，某些村落和小鎮經常頒布這類宗教規定，居民早已司空見慣，只覺得有點煩人罷了。我在亞齊省的朗薩市閒逛時，與我同行的年輕人瑞薩曾警告我趕快把腦袋藏起來，以免被宗教警察逮到我沒戴頭巾（見第儿章），當時我很訝異他們居然如此認真執勤，瑞薩回應說：「他們只在快到月底時才這麼認真，因為薪水已經花光，巴不得給民眾開罰單。」印尼人常批評，大部分的伊斯蘭教法規完全動不了立法者一根汗毛，他們老是告訴女性該怎麼穿著，可是盜用公款的官員卻沒有一個人的手被砍掉。

卜埃勒是研究印尼實施地方自治早期伊斯蘭法規的政治學家，他告訴我，大多數的地方宗教法規並非伊斯蘭政黨官員所定，而是蘇哈托時代某些非宗教政黨的老奸巨猾們，為了替新興民主時代尋求法統和支持，才忙著將伊斯蘭教戒律改寫成法規，目的是想收攬村落教士，讓他們向信徒拉票。某些非教派政治候選人曾經向這些教士承諾，如果教士協助他們當選，他們保證一定通過地方教士起草的伊斯蘭教規約。

近來某些地方選舉參選人向卜埃勒透露，以通過伊斯蘭教法規當政治承諾的作法，僅在窮鄉僻壤可行。另一位候選人告訴他，現在的中產階級比穆斯林領導者關注臉書和推特，想打宗教牌的政客們，必須在電腦前多按幾下鍵盤，才能提高選民對他們的興趣。

✵

雅加達前市長弗基（Fauzi Bowo）顯然相信，他只要以宗教作為政治訴求，選民就會投他一票。我和這位市長曾是鄰居，他的官邸與我在雅加達的舊家僅隔一個街區。二〇一二年九月，他在第一個五年任期行將結束之際，決定再次參選。弗基和競選搭檔都宣稱他們是雅加達「本地人」：畢塔威族，而且是穆斯林，兩位競爭對手則是「外地人」。另一位別名「裘克衛」的市長候選人衛多多（Joko Widodo）也是穆斯林，但原籍中爪哇省，比「本地人」弗基占了點優勢，因為雅加達三六％的人口是爪哇族，畢塔威族只占二八％。不過，裘克衛的競選搭檔是雙重外地人：兼具華裔和基督徒身分。

選戰上演期間，弗基的競選團隊昭告選民：穆斯林不得投票給非穆斯林候選人。一位名氣響亮的伊斯蘭教士居然站在弗基身邊對信眾說，不投票給這位候選人的民眾是違抗真主的旨意。印尼選舉法規定，政治人物與神職人員在從事競選活動期間，不得站在宗教或激進立場攻訐對手，弗基卻趾高氣昂地佇立在那兒聽教士大放厥詞。

選舉日當天，我走出雅加達舊家大門，經過市長官邸，一分鐘後便來到設在公園裡的門騰區投票所。投票所裡點著省電燈泡，鋪著緞面桌布，還擺著一台電冰箱，頗有舉行派對的調調。幾位穿著上等絲質蠟染衣的太太坐在一旁仔細挑揀水果盤，老公們忙著用黑莓機發送語音留言，穿制服的女僕們負責看管騎著粉紅滑板車四處亂竄，或者用iPad玩吸血鬼電動遊戲的小孩。

我和一、兩位選民閒聊了幾句，他們一下子抨擊現任市長選戰策略不夠正派，一下子又信心十足地提到新時代即將來臨。接著我就騎上機車，花了十五分鐘來到塔納丁吉區。這是個龍蛇雜處、被很多居民稱為貧民窟的地方，區內有幾棟荷蘭時代專為「本地人」公務員建造的洋房，不過牆邊都被搭上以鐵板拼湊而成的陋屋。某些居民曾在外地打拚，用辛苦攢下的錢在此興建色彩俗豔的兩層樓新居。此外還有一些老舊的公寓大樓，附近的地上被扔了一堆皮下注射器。

所有居民似乎都擠在兩排公寓之間的兩公尺窄巷內過日子，巷道中央是一條可供居民刷牙漱口、傾倒餿水，以及給子女撒尿的排水溝——公共浴室在巷底，距離近得可聞到廁所味，但如果只為了撒泡尿而跑一趟又嫌太遠。穿得一身黃的妮甯媽媽笑瞇瞇地邀我進門，她家面積約莫兩公尺見方，一面牆上有道梯子通往樓上，樓下房間堆滿家當，包括：一台平板電視、兩支大喇叭、一台卡拉ＯＫ，和一個煮飯鍋。此外還有一小堆塑膠玩具，地板上散落著幾個無頭娃娃，房間正中央掛著被固定在一個大彈簧上的嬰兒背帶，大人可以花最少的力氣，把小孩綁在背帶上彈來彈去，此刻背帶裡有個胖嘟嘟的兩歲娃兒，張著小嘴睡得正香。我坐在門口，因為樓下沒有空間可同時容納體型豐滿的妮甯、她的寶寶、我，還有那堆雜物，不過他們全家七口——妮甯、丈夫、小寶寶，再加上另外四名子女（老大十六歲）——都住在這屋子裡。

門口對面的牆上有張競選貼紙寫著：「善良穆斯林投票給穆斯林。」貼紙下面被畫了兩撇直直的鬍子，象徵弗基市長，居民有時叫他「塔齊」❽。投票活動即將結束時，我問妮甯媽媽去投票了沒？「投了有什麼用？對我們這種窮人來說，投不投票結果都一樣，誰當選都沒差別。」她說。

我穿過一條滿地盡是注射針筒和骯髒汙水的小路，前往最近的投票所監視開票過程。塔納丁吉區的投票所裡沒有電冰箱、緞面桌布或水果盤，當天空開始下雨，雨水從屋頂防水布的破洞灌進來時，穿著整潔蠟染衣、掛著政府工作證的選務員們匆匆移走選票，緊張勤快地忙著搬東西。

他們借來一台卡拉ＯＫ宣布開票結果，票匭鎖被當眾打開，選務員每抽出一張選票便高舉在燈光下，讓大家看清哪位候選人的選票欄被蓋了章。他們公布第一張選票得票者是：「一號

---

❽ 塔齊曾經要求我和衛生部的同事銷毀數千張預防愛滋病的宣導海報，因為他不喜歡我們在海報上採用的那張他本人的照片，「我的鬍子是彎的。」他解釋。

候選人弗基！」支持者齊聲歡呼：「塔齊！塔齊！」每次唱票，記票員就在白板上畫一筆，各競選團的監視員也在記錄得票數。

第二張選票的得票者也出來了，「塔齊！塔齊！」最先開出的七、八張票，都投給了現任市長弗基，可見在印尼打宗教牌還是行得通（我覺得有點可悲）。接著，唱票員唸出挑戰者袁克衛及其搭檔得票，他們贏得四、五張選票後，又輪到對手得票，並且形成固定模式，意味著結伴前來投票的家人或朋友，可能都把票投給了同樣的候選人。票匭裡的選票愈來愈少，兩位候選人的得票成績變得不相上下。選務員抽出最後一張選票時，立即像魔術師把空帽子秀給觀眾看一般，舉起票匭向大家證明裡面是空的。

開票總結果是，袁克衛七十七票，現任市長弗基七十五票，僅以兩票之差落敗，不過在這個投票所登記的選民中有半數缺席。我趕去附近另一個仍在計票的投票所，結果是現任市長順利獲勝，下一個和下下個投票所也不例外。

總而言之，弗基在塔納丁吉區勝選。這是雅加達人口最擁擠的一區，總面積只有〇・六七平方公里，卻住著四萬人。不過出口民調已宣布袁克衛當選市長，推特網友以勝利口吻評論：「塔齊，看看你拚命打宗教牌，換來什麼下場吧？」

我回到市長官邸前的投票所時，工作人員正在拆除最後一塊桌布，將疊放在一起的椅子送進廂型車。我詢問選務主管，這小公園裡的三個投票所開票結果如何？他說：五七四對一八六，我又問：「誰贏了？」他露了個苦瓜臉說：「妳以為是誰？反正不是他啦！」他朝市長官邸點了個頭之後，就把注意力轉回到無線對講機。

改革者裘克衛在居民應有盡有、日子過得不錯的門騰區，贏得四分之三選票，塔納丁吉貧民區的居民則是選擇了弗基，然而他在雅加達擔任高官的二十年間，從來不在乎這些窮人，不過他的選戰策略似乎很適合用在下面這些人身上：沒受教育且就業率低的貧民、必須設法防止年幼子女靠近廢棄針筒的母親、靠撿拾與回收門騰區別墅垃圾堆裡的瓶子謀生的父親。

以宗教作為訴求的策略能在貧民區奏效，部分原因在於政府並未妥善治理這些市區，清真寺往往會替政府收拾爛攤子，教士每天二十四小時為信眾敞開大門，提供小額緊急醫療貸款，寫信為學生爭取獎學金。這些善行義舉已無法在人口日增的中產階級之間引起共鳴，因為他們能照顧自己。不過在生活窮苦的市區和某些非常鄉下的地區，這些助人行為依然可創造一批忠誠的信眾，讓教士成為無權者之中的有權者。

✲

當伊斯蘭捍衛者陣線要求印尼政府拒絕女神卡卡入境，印尼的法律、政治與安全事務協調部長蘇彥拓（Djoko Suyanto）非但未加理會，還表示不喜歡女神卡卡的民眾只要不去演唱會就得了。這下可好！伊斯蘭捍衛者陣線成員突然跑到他的辦公室前抗議，當一名記者撥手機請他發表評論，他只回了個簡訊：「EGP。」（印尼青少年俚語：「我才不鳥他們。」）我認為這幾個字，頗能反映當時大多數印尼人對宗教極端主義的態度。

大部分印尼人懶得理會這類團體，因為他們覺得人生苦短，不想浪費時間為一批宗教狂熱分子煩心，但是仍有少數人不得不擔憂，因為那些狂熱分子對他們的生活構成威脅，例如少數族群的清真寺遭其他穆斯林縱火、教堂接到恐嚇、無神論者被送進牢房。

我離開性交聖地克穆庫斯山後，又東行至峇里島東邊的龍目島。當地的穆斯林說，龍目島是「有一千座清真寺的地方」。島上可看到不少醜陋俗氣的裝飾，例如：稻田中站著紫色大土丘、市場邊停著萊姆綠飛碟、馬路旁立著又尖又高的宣禮塔。這裡也是艾哈邁迪社區成員被逐出村落之地，艾哈邁迪是個緊密團結、重視教育、勤奮工作、力爭上游的穆斯林族群，印尼獨立以前便在龍目島生活，印尼國歌作曲者也是艾哈邁迪穆斯林，但宗教狂熱分子直到最近才對他們產生敵意。

有些印尼人形容，艾哈邁迪穆斯林不過是一群無害的怪胎，有點像山達基教會[9]的信徒，但我認識的許多人，包括龍目島的一名助產士、泗水的一位巴士司機、東爪哇省馬杜拉島的一個警察，一提起這群人就光火。他們面紅耳赤地告訴我，艾哈邁迪穆斯林是散播錯誤教義的叛教者。我問這些人，他們散播了哪些錯誤教義？「反正他們的教義就是不對啦，他們想迷惑大眾，很危險的。」龍目島的助產士這麼說，但沒有人能告訴我，艾哈邁迪派的信仰和當地人的信仰究竟差在哪裡。

事實上，主張回歸麥地那[10]的正統遜尼派認為，艾哈邁迪教派的名聲是被創始人玷辱的。該教派鼻祖是擅長自我推銷的英屬印度時代學者艾哈邁德（Mirza Ghulam Ahmad），他曾自稱「先知」，對正統遜尼派來說，這是褻瀆聖人的行為，因為他們認為自穆罕默德以後，世上已無先知，任何相信世上仍有先知存在的人，不能自稱穆斯林。事實上，艾哈邁迪穆斯林是一群和平主義者，他們拒絕動用武力、寧可使用文字發動聖戰，但是大多數人顯然不了解這點，對他們抱有成見。

若干年前，龍目島西邊克塔邦村的村民，曾將一個住著三十戶人家的艾哈邁迪社區焚毀，我決定去拜訪他們。當我停在一所幼稚園門口問路時，園長警告我：「妳會不受歡迎的。」她說得沒錯。克塔邦村有如長在龍目島鄉間小路旁的一顆腫瘤，自給自足、充滿敵意。我把機車停在路邊，踏進村子後，發現一整排村民都瞪著我，沒有人吭聲。

我走到一株芒果樹下的咖啡攤，看見三個穿著足球衫的小夥子躺在附近玩手機。我向老闆娘點了杯咖啡，她從石磨上抬頭看了我一眼，就回去搗辣椒。我等在一旁，她繼續搗辣椒。接著，有人過來要了一罐芬達汽水，她馬上招呼完客人又回頭搗辣椒，我繼續等待。幾分鐘過後，三個小夥子當中有個留著尖尖刺蝟頭的男生，用薩薩克語和老闆娘說了幾句話，她才咕咕噥噥地端了杯咖啡給我。我試著跟幾位小夥子聊足球，結果就像醫生想給病人拔牙似的，始終無法撬開他們的嘴。我發現當地的村長候選人把競選旗子掛在住宅之間，於是將話題轉到選舉，還是沒人答腔。

村民個個沉默寡言、疑神疑鬼、滿懷戒心。當我詢問一位婦人從事什麼工作，總算獲得回應。我從她口中得知，村人幾乎全靠製作竹掃帚和椰纖編織品勉強餬口，這種職業每天只能賺

❾ 譯註：一九五二年創立於美國紐澤西州、注重靈修活動的教會，曾被某些媒體描述為邪教。

❿ 譯註：重要性次於麥加的伊斯蘭教第二大聖城。

三千六百盧比，約〇・四美元（約台幣十二元）。由於沒有村民願意談論較廣泛的話題，例如教育、貪汙或宗教，我始終不敢單刀直入地問他們：「你們的艾哈邁迪鄰居發生了什麼事？」

✲

後來，我發現艾哈邁迪穆斯林的行事作風，與長期迫害他們的龍目島鄰居南轅北轍：處境堪憐卻熱情好客。如今他們住在龍目島主要城市馬塔蘭的一棟破舊政府綜合大樓裡，和過去居住的克塔邦村隔了二十五公里。這棟大樓建於一九七〇年代，是爪哇或峇里島移民前往遙遠東方諸島的中繼站，屋頂下的三夾板一片片剝落，地板上擺著一個個盛接滴漏雨水的桶子。

整個社區住在一個大廳裡，僅利用高度不及天花板的棕色遮簾隔成兩排「住家」，每家約占地兩米寬三米長。妞兒媽媽特別好客，她拉開簾子讓我參觀她家，裡頭的陳設介於妮甯媽媽在塔納丁吉貧民區的公寓，以及我在特納提看到的土石流難民營之間：牆邊堆放著塑膠儲物箱，晒衣繩上晾著學生制服，一張睡墊被捲得整整齊齊擱在地板旁，好騰出空間讓孩子們做功課。

她和家人已經在此滯留了將近七個寒暑。

妞兒媽媽邀我一同參加晚禱時，每個居民都離開大廳後方，走向挨在公廁旁的一間小祈禱室。孩子們爭相爬到最高處，遲到者湧入庭院在雨中禱告。這裡沒有擴音器，也沒有人講道，社區長老希阿胡定爸爸帶頭唸幾句禱告詞，其他人跟著唸幾句，晚禱便結束了。大家坐在暮色中看著從屋頂漏進來的雨水之際，我打趣問妞兒媽媽，在這個有一千座清真寺的地方，這裡算不算其中之一？妞兒說：「唉呀！住這裡的人比誰都敬仰真主，內心虔誠最重要。」

我問，克塔邦村民為什麼要攻擊他們？妞兒和幾位年輕太太歸咎於「社會忌妒心」。艾哈邁迪穆斯林逃出龍目島後，陸續搬到西邊各島的村落，他們的教育程度、人際關係、工作幹勁都勝過當地人，因此也比較富有，招人忌妒在所難免，這也是印尼各地移民的寫照。

希阿胡定爸爸聽了她們的意見表示不敢苟同，認為問題出在政治。「我們已經有八次被迫遷村了，八次哦，每一次搬遷都發生在某個大人物來訪以後。」他提到的大人物，包括一位出身於伊斯蘭星月黨的內閣部長，以及一名繁榮正義黨縣長候選人。希阿胡定相信，村民攻擊事件是被某些政客蓄意煽動的，他們認為必須嚴加對付宗教少數族群，才能贏得村民的選票。

在某些地方選舉中，候選人獨厚某個宗教派別，確實較有機會拉抬選票，因為他們在這些地方比較容易操弄選民的偏見，但是同樣的伎倆用在全國選舉卻未必可行，因為大多數走進投票所的印尼選民，私底下根本不關心將來的主政者是否把政治和宗教混為一談。伊斯蘭政黨曾在一九九五年的大選中獲得四四％的最高得票率，但在一九九九年印尼正式實施民主選舉後，得票率持續下滑。二〇〇九年的大選中，選擇支持伊斯蘭政黨的選民低於三〇％，票數最高的三位勝選者均出身於世俗政黨。民調預測，宗教政黨在二〇一四年大選的得票結果會更糟。

儘管如此，中央政府並未採取重要的立法和保護宗教少數族群的行動。二〇一一年，西爪哇省有一千多位民眾攻擊當地一座艾哈邁迪清真寺的二十名信徒，並殺害其中三人，警方逮捕了幾個暴民。後來一群支持暴徒的居民穿著白袍、拿著擴音器開始襲擊警察局，恐嚇艾哈邁迪穆斯林和所有支持他們的人。最後警方並未以謀殺罪起訴攻擊者，僅以輕罪判處十二名鬧事者入獄服刑幾個月，最長刑期卻判給一名倖存的艾哈邁迪穆斯林，罪名是毆打一個手持大刀向他走來的人。

妞兒媽媽指責政府膽小懦弱，無法保護少數族群，「他們最怕民眾示威，事情就這麼簡單。」

印尼的民主實驗已經紛紛擾擾地進行了十多年，如今伊斯蘭捍衛者陣線之類的組織若是發現政府試圖保護異教徒，依然會火速衝上街頭抗議。雅加達當局不會因為選民上街要求宗教多元化，就採取保護少數族群的行動。雖然大多數印尼民眾普遍支持宗教自由的概念，但是人數居多的正統遜尼派信徒，不會為了保護少數族群（遜尼派把他們當怪胎）的權益，而去推倒路障，對抗一群只愛砍人殺人的狂熱分子，這種事對他們來說無關痛癢。大多數印尼人和法律、政治與安全事務協調部長一樣，才不鳥別人信什麼教。

Indonesia Etc.:
Exploring the Improbable Nation

Elizabeth Pisani

13 爪哇剪影

我對爪哇的看法有了一百八十度大轉變，不再認為爪哇各地都有占滿一整條街的購物中心，以及外觀千篇一律、以平坦柏油馬路串連、住著愛現「中產階級」的住宅區。這座島上大約有八千萬人住在被政府列為「都市」的地區，但是還有五千七百萬人住在十分傳統的村落……

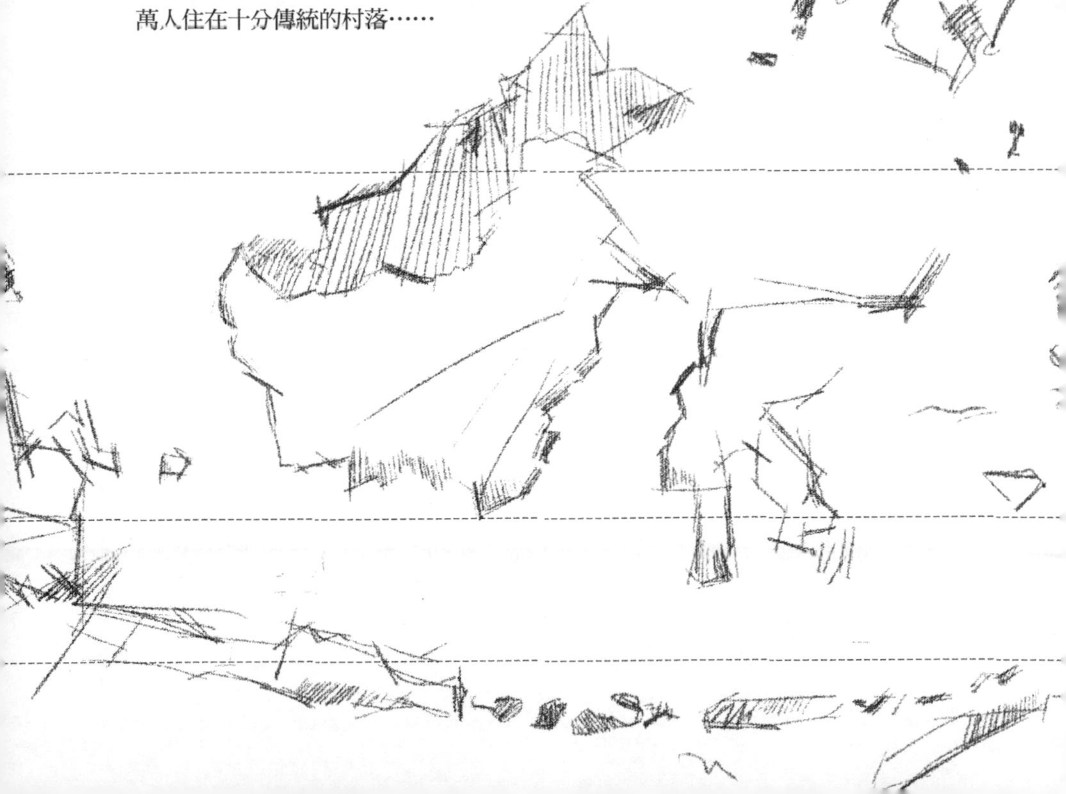

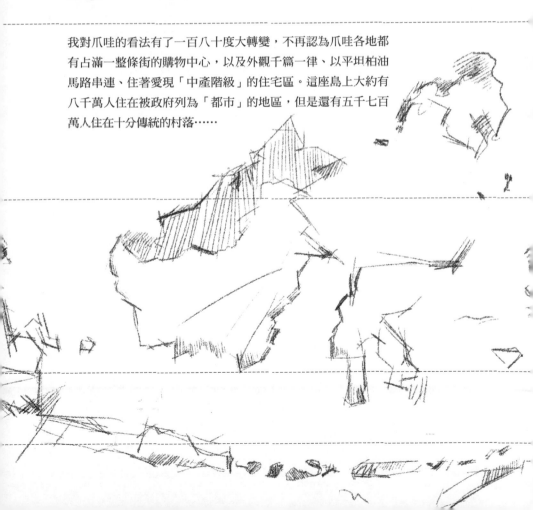

圖M：爪哇島

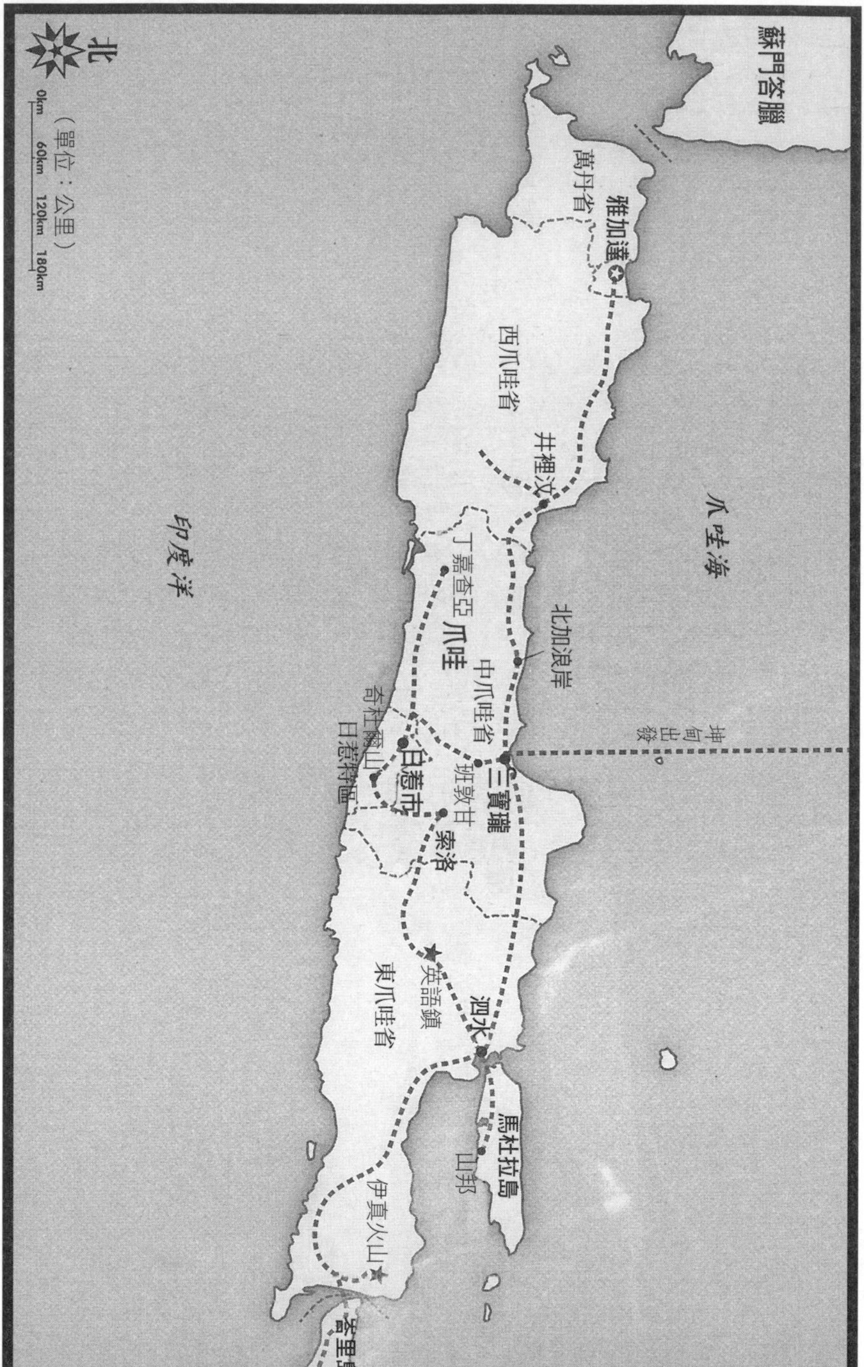
北
0km 60km 120km 180km
（單位：公里）
蘇門答臘
萬丹省
雅加達
西爪哇省
井裡汶
爪哇海
印度洋
丁嘉杳亞
爪哇
北加浪岸
中爪哇省
坤甸出發
奇杜爾山
日惹特區
日惹市
班敦甘
三寶瓏
索洛
英語鎮
東爪哇省
泗水
馬杜拉島
山邦
伊真火山
峇里島

我在路上和海上漂泊了一年以來，除了偶爾在雅加達稍作停留外，已經去過印尼的二十個省和四座大島——蘇門答臘、蘇拉威西、紐幾內亞、婆羅洲，以及許多面積較小、有些甚至在地圖上找不到的島嶼，接著即將在爪哇島為印尼之旅畫下句點。一路走來，曾經和各地居民交換了不少意見，從坤甸搭乘渡輪抵達爪哇之後，對爪哇的想法也有了一些改變。

爪哇大部分地區擁有路面平整、照明良好的道路，商人總是穿著正式套裝、開著光鮮休旅車前去參加重要商業談判會議，居民受過良好教育，能去設備一流的醫院就診，不過島上仍住著大批辛苦種出三期稻作的農民。

有些外島居民告訴我，爪哇人總是對你客客氣氣，不斷說好、好、好，這時你就得當心了，因為他們會趁你不注意的時候，拿出藏在背後的匕首捅你一刀。其他地方的居民也說，爪哇人不像我們這麼老實友善（連最不友善的地區也持相同看法），因為他們把階級劃分得很清楚。

我下船的地點，是位於爪哇北海岸正中央的三寶瓏市，從加里曼丹啟航的培尼渡輪，於清晨四點駛進碼頭，停在另外三艘較大的培尼渡輪旁邊，其中兩艘正要離港。碼頭一片混亂，只見挑夫們從狹窄的步橋蜂擁而上，乘客們前推後擠地走下步橋。由於渡輪搭在碼頭上的每座步橋都變成了小湖，因此又多一道交通瓶頸。乘客紛紛彎下腰來脫鞋子、捲褲管、把裙子撩到膝蓋上，然後將行李扛到肩頭，他們必須在高度及膝的深水中步行十公尺左右，才能走到乾燥的陸地。我問一名船員這是怎麼回事？「漲潮了，媽媽。」他說。這座爪哇大港每日漲潮兩次，每漲一次港口必淹水，打破了印尼人的錯誤觀念：以為「爪哇擁有完善的基礎設施」。

荷蘭殖民時代，三寶瓏曾是印尼最大港，當時土地肥沃的爪哇中部生產的糖、茶、咖啡，悉由此地北運至歐洲家庭的食品櫃。今日的三寶瓏是印尼最大工業中心之一，可口可樂和百事可樂在此裝瓶，其他產業包括娃娃、藥品、家具和服裝製造業。目前三寶瓏的地位已被雅加達和泗水取代，但依舊是印尼第三大港，也是貨物和乘客集散中心，然而這裡需要修繕之處豈只是碼頭而已。

天剛矇矇亮，我就乘著一輛「偶接客」進城。馬路上積滿泥水，底下藏著許多不知有多深的坑洞。一位騎單車的高中生撞到水面下的石頭翻車跌倒，他站起來後的模樣，像極了被淋上巧克力醬的香草冰淇淋球，半身白色，半身巧克力色，一滴眼淚在他左邊臉頰的泥巴上留下一道淚痕。

三寶瓏正在下陷，舊殖民區陷得最快，根據珍妮媽媽的說法，每年下陷十二公分。我是在船上讀報的時候，看到了珍妮媽媽的本名梅嘉普特莉（Megaputri Megaradjasa）。報上披露她為三寶瓏老城區的歷史遺產籌辦了一場慶祝會，活動項目有古董車遊行、傳統遊戲和美食品嘗。我錯過了一天的活動，但還是前往老城區附近遊蕩。此地最具代表性的建築，是一七五三年落成的圓頂教堂，保存得很好。入夜以後，這棟擁有銅鑄圓頂和彩繪玻璃窗的老教堂，宛若一塊琥珀般，熠熠生輝地挺立在兩座可同步報時的鐘樓間，現在時刻是晚上九點鐘。

老城區大部分建築係十九、二十世紀之交由當時的大企業——貿易公司、大農場、銀行——所打造，其中也包括政府辦公室。有些老建築雖然做過拉皮手術，但那些整容過的美女卻只能和其他接受命運安排的老房子相依相偎。一座看似完好如初的建築立面，有個造型優雅的拱型窗戶少了一片百葉板，我透過窗子瞥見屋頂破了個大洞，隔壁的屋頂也不翼而飛，僅存一道頂端被鏽蝕的鑄鐵螺旋梯，破損的排水管裡長出一叢叢雜草，樹木從圍牆高處裂縫鑽出來，遮蔽了一塊當地常見的「出租／待售」招牌。

在景觀破敗的環境中，居民的生活如常進行。他們利用廢木料和破磁磚所搭建的小屋，斜斜地倚靠在某個廢棄政府辦公室搖搖欲墜的外牆上。一個小朋友耐著性子站在卵石街上的塑膠桶裡，讓爸爸幫他洗澡。一排美麗的鑄鐵欄杆下，幾名經營流動餐館的男子打開攤車，為一群坐在休旅車中的華僑商人供應香濃的雞湯。

三寶瓏比我想像中美麗，只是疏於維護。我在一九三六年開業的托克歐恩咖啡館（Toko Oen）找到了珍妮，她欣慰地表示慶祝活動圓滿落幕，當初主辦活動的用意，一部分是想吸引歷史遺產與文化保存專家，不敢預期結果會如何，後來所有活動都獲得捧場，參加者十分踴躍，「外界普遍認為印尼人對歷史遺產或傳統，尤其是殖民時期的歷史遺產有興趣。」

珍妮成立歐恩基金會（Oen Foundation）的宗旨是，促成三寶瓏在二〇二〇年躋身世界遺產之列。我抵達咖啡館時，珍妮正和一位荷蘭教授聊到他的演講。這位博學多聞、極有魅力的教授留著愛因斯坦式的亂髮，還有個看來酒量不錯的啤酒肚。

荷蘭東印度公司於一六七八年開始建設三寶瓏，完成一套存留至今的防洪運河系統，不過運河早已喪失防洪功能。荷蘭教授說，近年來三寶瓏遇到一個大麻煩：為了滿足人口暴增以及郊區所有工廠的用水需求，三寶瓏不斷抽取地下水，導致地層持續下陷，海水逐漸上升，淹沒了居民的腳踝。由於靠近海岸的老城區首當其衝，因而打消了當地人出錢保存老建築的意願。

「古蹟保存是一筆龐大的投資，如果以後員工都得游泳去上班，大家就很難要求擁有老建築的企業投入資金保存這些古蹟了。」珍妮說。

我問誰是那些建築的主人？珍妮與荷蘭教授翻了翻白眼表示，印尼的土地所有權向來錯綜複雜，若是涉及獨立時期荷蘭人擁有的地產，就更加牽扯不清。許多企業乾脆放棄土地，有些土地變更了所有權人，有些土地雖收歸國有，卻未取得資產轉移同意書。根據書面紀錄，很多老建築屬於已破產公司，或者被聯合利華（Unilever）❶等集團兼併。假設建物所有權可能引起爭議，就算這些老建築不會淹水，大多數公司也不會願意砸錢予以保存。

我問地方政府是否支持珍妮的古蹟保存工作？她又翻著白眼指出，三寶瓏市長在幾個月前犯了貪汙罪，已經被送進雅加達監獄了，「這種政府只把一件事擺第一優先，」她比了個把錢塞進上衣口袋的動作說：「那件事跟保存老城區無關。」

荷蘭教授說明，地層下陷唯一可行解決之道是：市府必須沿著老城區外圍築一道堤防，並持續抽水。我想起雅加達那些臭運河最初也是為了防洪而建，如今每年積滿成噸垃圾，大雨一來水門就被堵塞，閘門也失去洩洪功能。三寶瓏年年淹水，雖然防洪系統維修品質很差，但能夠容納大量垃圾，荷蘭教授說：「這倒是無妨，防洪技術可以跟廢物管理結合。」雖說爪哇的基礎建設遠勝過印尼各地，但還是與應有的水準差一大截，不過爪哇擁有大量廉價勞工，短期內似乎不欠缺建設人力。

✲

雅加達一位朋友的表姊艾葳，在三寶瓏開了一系列速食連鎖店，專賣一種可兼作飲料、甜點和正餐的冰品「愛思太樂」（Es Teler），這是將切塊的酪梨和菠蘿蜜淋上椰子汁，然後把各種長形和圓形果凍撒在一團刨冰上的美味水果冰。艾葳要去採購兩噸的酪梨和一批棕櫚糖，問我是否想一同前往。

我其實很想花點時間到「真正的」市區晃晃，找個有冷氣的購物中心，舒適安逸地喝杯無糖鮮奶卡布奇諾，或者去看電影、逛書店，坐在提供免費高速無線網路的地方，用Skype或推特跟朋友哈啦一番，不然也可以寫幾篇部落格文章，做幾件爪哇城市人也會做的其他事情，但我終究無法抗拒採購棕櫚糖的誘惑。

一位親戚開車載著艾葳、她丈夫和我離開舊城前往山區，高檔溫泉會館、花園餐廳、列柱豪宅逐漸向後退去，整潔的中產郊區住宅映入眼簾，緊接著出現一大片依據開發商組合計畫新蓋的平價連棟屋，再過去是超抽三寶瓏地下水導致地層下陷的倉庫和工廠，然後是長滿辣椒和生薑、菸草及大豆、玫瑰與茄子的開闊田野。我從未在印尼其他地方（例如阿多那拉島或哈馬黑拉島）見過這般景象，田間看不到一根雜草，作物皆以仔細丈量過的等距離栽種，縱橫交織如一塊依卡布，整齊的辣椒與成行的櫻桃番茄挨在一起，紅玫瑰對面是粉紅與白玫瑰。這裡沒有一寸土地被浪費，也沒有任何工業。農家自行照管田地，並根據市場價格和所需勞力來決定

❶譯註：荷蘭與英國合資集團，總部設於鹿特丹與倫敦，生產多項世界知名食品、飲料、清潔品和護理用品。

該種什麼、何時播種。最勤奮、最賺錢的農民通常會成為一線批發商，向其他村民收購作物賣給三寶瓏工廠。

莎娜媽媽就是批發商之一，艾葳正考慮與她合作生薑批發生意，於是我們和她見了面，還去參觀她的辣椒、菸草、生薑田。莎娜最近曾向其他農人收購一批生薑，賣給爪哇最大傳統草藥製造商西多蒙朱耳（Sidomuncul），該集團產品「驅風藥」（Tolak Angin）是以生薑和蜂蜜為基底的奎寧水，印尼人常喝這種藥預防傷風，我在各地旅行時也隨身攜帶——我的藥包裡只擺兩種藥：驅風藥和布洛芬（Ibuprofen）❷，因此很想參觀一下該藥廠，順便找幾位主管聊聊。不過，當我晃到三寶瓏的西多蒙朱耳藥廠外面想蒙混過關時，警衛說什麼都不肯放行，這家公司的經營規模和職業精神委實令人刮目相看。

莎娜曾與該藥廠簽約，承諾每個月供應二十五噸生薑，卻因為當地農民產量不足，她也欠缺可囤積生薑的資本或倉庫，沒把握能履行承諾的供貨量，只好忍痛放棄合約。艾葳是比莎娜高一級的供應商，打算買下莎娜所能收購的生薑，並且保證可透過其他貨源和自家倉庫，為西多蒙朱耳之類的大客戶補足供貨。

我們來見莎娜，不只是為了討論生薑買賣，另一個目的是請她帶我們去採購高品質棕櫚糖，這是一種以糖棕櫚樹的糖漿熬煮而成的粉狀黑糖，也是美味「艾思太樂」水果冰的重要成分。

我趁著莎娜梳妝打扮之際，跑去左鄰右舍閒逛，看見附近的房子裡有插在牆上充電的手機，以及鋪著小塊織巾的電視，居民將稻米、芋頭和其他不知名澱粉類食物擺在籃子裡，再拿到陶瓦屋頂上曝晒，一座村舍的牆邊停靠著一台頗有現代感的不鏽鋼獨輪手推車。

我們進入一個美麗的村莊時，遇到一名挑著扁擔走來的農夫，他背上扛一把大刀，扁擔這一頭掛了個方罐子，另一頭吊了顆剛砍下的菠蘿蜜，兩頭還各有一只圓圓胖胖的竹筒。

我們跟著農夫回家後，看見他挑的竹筒和方罐子裡盛滿了剛從糖棕櫚樹上採來的糖漿，「嘗嘗看，很好吃哦！」農夫堅持請客。他老婆把一個玻璃杯伸進竹筒，舀滿一杯琥珀色的黏液，上面漂浮著兩隻死蜜蜂和一些難以辨認的碎屑。她把杯子遞給艾葳，艾葳立刻露出嫌惡的表情，我二話不說便接過杯子一飲而盡，那糖漿暖暖的、甜甜的，有股說不出的好滋味。

這位被我們半路攔截的農夫，很樂意以每公斤一萬七千盧比（約台幣五十元）的價錢把糖漿賣給我們，可惜家裡已無存貨，於是領著我們去鄰村找貨源。我們抵達另一座村莊時，瞧見一位紅衣美女坐在陽台上梳著及腰長髮，彷彿從張藝謀的電影畫面中走出來似的。她一聽說我們想買東西，就飛快地把頭髮挽成一個髻，擺出生意人的姿態，直說她有品質最好的糖漿。我們走進她家廚房，檢視了一下在柴火爐上煮得冒泡的糖漿，那些糖漿得再熬六、七個小時，才會被倒進碗裡放涼。我們拿起一個光滑緊實的糖塊，放在手裡翻來覆去查看，艾葳同意它品質很讚，於是問長髮女孩，能不能馬上湊出五十公斤棕櫚糖？

沒問題。那價錢怎麼算？每公斤兩萬盧比（約台幣六十元）。艾葳說，不是零售價，要

❷ 譯註：非類固醇消炎藥，成分為異丁苯丙酸，可緩解關節炎、經痛、發燒等症狀。

算批發價，長髮女孩堅持不降價。艾葳和莎娜開始像吐連珠炮似的說起爪哇語來，兩人一邊討論，艾葳一邊用印尼話把內容重複一遍，「雅加達不會接受那種價錢的。」她提出的價碼是：一萬八千盧比（約台幣五十五元）。我看得出來她們打算泡個茶、吃幾塊炸香蕉、客客氣氣地閒聊一會兒之後，才進入下一個談判階段，於是跑去村子裡亂逛。後來長髮女孩向不同的人家收集到五十公斤棕櫚糖，艾葳和莎娜拿著帶有一個鐵鉤和滑動秤錘的秤桿來秤重。長髮女孩依舊堅持每公斤索價兩萬盧比，沒得商量。

這時，艾葳的丈夫開始玩另一個複雜的手機遊戲，開車送我們過來的親戚在一旁抽菸，整個聊天、殺價過程完全由女人包辦，如同印尼社會的縮影：掌權者（縣長、村長、宗教領袖、巫師）都是男性，但真正決定該殺幾頭牛、該賣哪塊田、該讓哪個子女上大學的人總是女性。

談判一直拖拖拉拉，我只好又去散了個步，中途曾停下來跟一群幫營多食品公司（營多泡麵製造商）剝洋蔥的婦女聊天。她們剝一公斤洋蔥可賺五百盧比，相當於美金五分錢（約台幣一元五角），手腳最快的工人一天能剝十公斤。我回到談判地點時，艾葳的丈夫正把棕櫚糖搬進車子。我問艾葳付了多少錢？「當然是一公斤一萬八千盧比囉。可憐的女孩，她從來沒做過這麼大宗的買賣，不知道零售價和批發價的差別。」

這裡的商業利潤和北蘇拉威西省鮪魚漁夫的獲利一樣微薄，不過經手爪哇貨物的中間商似乎更多，每轉手一次就多賺幾分錢。表面上看，利潤微薄可說明市場競爭激烈，但也反映一個事實：爪哇人絲毫不重視時間（和勞力）成本。長髮女孩為了賺區區五美元（約台幣一百五十元）而花兩個鐘頭聊天、講價、炸香蕉；艾葳本來可賺十美元（約台幣三百元），卻因為順道去採購酪梨而浪費了時間成本，等於是抵銷了剛到手的利潤。

五美元、十美元看似不多，但是和剝洋蔥女工的工資比起來可不少，她們每天只有〇・五美元（約台幣十五元）的收入。

✲

印尼名作家托哈里（Ahmad Tohari）曾在一個偶然相遇的場合中邀請我造訪爪哇，去他家作客。我陪艾葳完成採購之後，便離開了酪梨之鄉班敦甘，準備前往中爪哇省班尤馬斯縣的小城丁嘉查亞（托哈里的居住地）。

這回，我相當湊巧也很意外地搭上一輛愛飛先馳公司（Efisiensi）的聯營巴士，發現車頂沒掛暈吐袋，行李架上沒有放雞，擋風玻璃也沒有裂縫。駕駛座上坐著一位笑臉迎人、穿著整潔筆挺制服的小姐，而不是髮型怪異、穿著卡通印花短褲的先生。司機小姐遞給我一瓶冰水和一個套著塑膠袋的豆沙麵包，整個旅程中，我舒舒服服地坐在自己的位子上，若想觀賞車頂的下拉式螢幕播放的影片，可以使用車上供應的耳機，要是不想看影片，也可以享受片刻寧靜，不會被噹嘟樂疲勞轟炸。巴士在指定時間停在指定車站，所有車站都有一排排光亮潔淨的洗手間。車子沒有一次拋錨，司機也沒有順路探望親戚。從起點到終點兩百公里的車程，只收五萬盧比（約台幣一百五十元）車資，要是在其他外島搭乘小巴士走這麼長一段路，得花四倍車錢，巴士不但生鏽，還載滿一堆大米和笨重的山羊。爪哇果然與眾不同。

我看到托哈里和兩名年輕記者坐在他家走廊上。托哈里一見面就詢問我最新旅遊見聞，我提起剛認識不久的達雅克族阿思奇曼爸爸（辛當市公共工程部主管）不太欣賞印尼的爪哇族統治者。

阿思奇曼曾說：「爪哇人總是抱著殖民心態統治我們，他們以為只有完成上級交辦的任何工作才是對的，不管他是否滿足你的需求。」而他認為地方自治的第一要務是拋開這種心態，「爪哇人總想討好上司，可是在我們的文化裡，我們有權要求回報。」

我問托哈里是否認為爪哇文化真的如此重視階級。

他指著我們前方那條路說，他岳母在這裡長大，童年時代偶爾會看到縣長駕著馬車打門前經過，那縣長說穿了不過是個荷蘭走狗，卻從頭到尾端著蘇丹架子，馬車後頭還跟了一群搖著鈴鐺前進的奴才。「每個居民一聽到鈴鐺聲，就從家裡跑出來站在路邊鞠躬，不能注視縣長，也不能抬頭仰望太陽。」托哈里露出嫌惡表情繼續搖頭說：「提醒妳，那可是一九四〇年代哦！」

這位作家強烈抨擊封建弊端，並提到封建思想最根深柢固的兩個地方是日惹和索洛（都是爪哇中部蘇丹城），兩地的語言有細膩繁瑣的尊卑之分。坐我們身旁的兩位年輕記者若有所思地點頭表示贊同，他們計畫協助托哈里辦一本以提倡平等主義為宗旨的雜誌。

我頓然發覺，多年來我一直把「爪哇族」和「印尼人」畫上等號，與其他族群混為一談。我知道爪哇島有七千三百萬人口集中在東部三分之二的土地上，其中大多數是爪哇族。除了爪哇族之外，這座大島西部還住著異他族，他們的語言和爪哇族截然不同，喝茶時甚至不加糖，有些人還以信仰治療者自居，近年來更做起陰莖增大術的火紅生意。但是我總以為只要是會說爪哇語的人，就擁有共同的「爪哇文化」。

托哈里為我釐清觀點，指出爪哇文化因地而異，班尤馬斯縣的文化不像日惹或索洛城的文化那般勢利眼和重階級。他認為過去數百年來，這兩個蘇丹國讓印尼沾染了卑躬屈膝的習氣，而且只看形式不重實質。當兩地的蘇丹們成為荷蘭收買的臣子，便不再費工夫處理要政，王室後代們只關心某位宮廷舞女的肢體動作有何細微變化，或者某階級的親王能穿什麼顏色的蠟染服。

✵

一九八九年路透社派我報導日惹蘇丹加冕典禮時，我曾見識過這類講究形式的排場。蘇卡諾始終認為，大多數蘇丹是荷蘭統治者的順民，不敢惹事生非，因此在印尼獨立後任其自生自滅。不過，日惹蘇丹哈門古布烏諾九世（Hamengkubuwono IX）曾堅決支持印尼對抗荷蘭殖民者，宮廷內朝氣蓬勃。一九八八年，這位備受愛戴的蘇丹與世長辭，兒子將繼承王位。

記者們必須穿著正式服裝，才能入宮參加新任蘇丹加冕禮。當我圍著紗籠、穿著合身格巴雅走出旅館房間，路透社攝影記者恩妮已等在門外。她在頭頂盤了個傳統髮髻，還加了一頂插滿茉莉花的假髮，身上穿著錦緞格巴雅，裹著白色與棕色的紗籠，打扮得像個爪哇上流社會女子，我一見她胸前還掛著兩台活像彈藥袋的尼康（Nikon）大相機，就忍不住捧腹大笑。

恩妮嚴肅地看著我說：「妳不能這樣穿！」接著便指出我挑選的紗籠顯然來自索洛。這個蘇丹國離日惹約一小時車程，也有一座蘇丹宮。十八世紀末，索洛與日惹決裂，此後持續上演文化戰爭。穿著索洛蠟染服參加日惹加冕典禮，無異於頭頂著球鞋參加英國王室婚禮，於是我趕緊把衣服換了。

成千上萬的群眾在日惹街頭夾道觀看新蘇丹經過，他坐在一輛以茉莉花環裝飾的馬車中，車頂有個巨大的鍍金王冠，還有一把不停旋轉的金色陽傘。穿著奇裝異服的隨從們排成一列縱隊在宮廷內為蘇丹開道，其中有戴著精靈帽、扛著荷蘭時代來福槍的火槍手，身穿紅夾克、頭戴拿破崙式三角帽的擊鼓者，以及頂著黑色大禮帽的長矛兵。宮女們拿著孔雀羽毛扇，穿著形形色色象徵不同地位的織錦和蠟染肚兜緩緩前進。（昔日的蘇丹國採一夫多妻制，蘇丹會派人把一件繡有山形圖案的肚兜交給某個妃子，表示欽選那位愛妃在特定日子「服侍」他。）遊行隊伍裡還有一群侏儒和白子（其中一、兩人既是白子也是侏儒）打著赤膊、圍著短短的紗籠、戴著閃亮的紅色土耳其帽邁開大步行走，為蘇丹助長聲勢。

這位蘇丹頗具現代作風，日後曾出任印尼商會會長，並毛遂自薦成為總統候選人。加冕日當天，他穿著綴滿金色繡線和串串珍珠、胸前鑲上一大片閃亮鑽石的深紫色外套，不苟言笑地坐在高高的寶座上，俯視著數百位匍伏在腳跟前的朝臣，身分較尊貴者可抬頭親吻他的膝蓋。

二十五年後的今天，印尼各地蘇丹國再度引起重視，部分原因是民眾突然對地方認同產生興趣。二〇一二年，堡堡市的布頓蘇丹國曾盛大招待一百二十位來自印尼各地的蘇丹宮代表。不過我在印尼各地參觀了幾座蘇丹「王宮」之後，發現大都是腐朽殘敗的木造建築，宮中掛滿緬懷光榮歷史的舊照片。要是你拿這些地方的現任蘇丹與日惹蘇丹相比，就好比把某個住在倫敦單間公寓的中歐流亡王室成員，拿來和英國伊麗莎白女王二世相提並論。

✲

爪哇作家托哈里完全同意達雅克族官員阿思奇曼對爪哇服從文化的看法：每個人只知道侍奉上級，不負責任的長官卻只在乎私利。

這種文化也融入當地的語言，爪哇人常說：「只要老爸高興就好。」意思是你只能執行長官交代的指令，休想動其他腦筋。我擔任路透社記者時（蘇哈托掌權時代），每次打算向政府索取某項發展計畫或財政管制解除方案相關資訊，總會聽到政府官僚說：「我還沒接到命令。」如果沒有上級的命令，誰都不敢提供任何訊息，遑論採取任何行動。

一九九〇年代初期，蘇哈托總統曾發起一項反服從文化運動，並責成副總統訓示手下公務員別再聽候指令，應有更主動的作為。我認為路透社可將此事寫成一篇有趣的報導，於是打電話去副總統辦公室，詢問幕僚長是否能就該主題安排一次訪談，幕僚長說：「這件事恐怕辦不到。」我問：「為什麼不行？」

「我還沒接到指令。」

爪哇文化似乎存在著某種內部矛盾，一方面有經濟平等的村落生活，大家同心協力設法在人口擁擠的土地提高稻米收成，一方面又有階級嚴明的權力結構，每個人都鞠躬哈腰地服從上級。或許這也是政治產生重大矛盾的原因，此類矛盾包括：共產黨勢力在印尼獨立後迅速增長、蘇卡諾在動亂過後輕易恢復階級政治制度。

托哈里是那場動亂的見證者，他以一九六五年為背景所完成的三部曲英文小說《舞孃》（*The Dancer*），是印尼作家描述這段動亂史的首部重要著作。該書表面上講的是一名正值豆蔻年華的「弄迎舞」（ronggeng）[3]舞孃如何滿足多位崇拜者性欲的故事，實際上是在討論恣意殺害忠貞共產黨員的軍人角色。我問他，共產黨大獲民心之後，為何又遭人唾棄？

托哈里說：「多數小老百姓認為，別人從來不想給他們任何好處，當共產黨提出土地改革和教育承諾，他們就被打動了。」不過他說本身四分五裂的共產黨也不是好東西，他們處決穆斯林教士，批鬥城市三魔（資本主義官僚、貪汙者、詐欺者）和鄉村七魔（地主、商人、掮客、勒索者、土匪、債主、放高利貸者）。托哈里的父親曾被共產黨指為惡地主，可是他只有一·五公頃的土地，生產的糧食根本餵不飽膝下十二名子女。

到了一九六六年中期，印尼至少死了五十萬人[4]，有些死者曾是極端狂熱的共產黨員，有些只是偷瞄別人家女兒一眼的男人、在教室裡讓某位學生出糗的老師、拒絕借錢給村中酒鬼的商人。

大屠殺之後，全國噤聲。

「我等了又等，期待某些關鍵人物寫下事件的來龍去脈。」托哈里說，結果期待落空，終於忍無可忍，「我親眼目睹別人被射殺，不能就此沉默下去。」他自知不能涉險在書中談論政治，「所以我就把它包裝成黃色小說，只描寫色情，直到第二本書的結尾才著墨於暴力。」書中女主角絲玲蒂是個懷春少女，後來成為村子裡紅透半邊天的舞孃，當她步上其他舞孃的後塵開始「接客」以後，青梅竹馬的心上人傷心欲絕地離開村子加入軍隊，後來也參與屠殺行動，殘害被誣指為共產黨的村民。

「絲玲蒂這個角色的靈感，一部分來自那位女士。」托哈里翹起嘴唇指向他家馬路對面的鄰居，「她年輕的時候曾經捧著喇叭四處宣傳共產主義。」我問她怎麼能夠活下來？「她長得非常、非常漂亮。」托哈里回答。

直到今天，許多印尼人仍舊不願面對這場讓蘇哈托奪得權柄的大屠殺。二〇〇七年，司法部長曾下令焚燒十四本學校教科書，原因是那些歷史課本沒有說明一九六五年的屠殺事件是共產黨自作孽的下場。

該事件落幕近五十年後的二〇一二年，國家人權委員會在一份報告中，如此陳述一九六五至一九六六年的屠殺事件：

> 一項以殲滅印尼共產黨員與追隨者的國家政策……導致謀殺、整肅、奴役、強制驅離、剝奪自由／恣意拘禁、虐待、強暴、處決、被迫失蹤等後果。

❸ 譯註：馬來人傳統舞蹈，由一男一女相對做踏步動作。

❹ 當時完全無人提及此事，意味著官方從未做過死亡人數統計，估計人數從二十萬到一百多萬不等，此處取一百萬的中間值。

司法部長立即否決該報告說法，他的同僚——法律、政治與安全事務協調部長——則表示，軍隊只是為拯救國家採取了必要的行動。

✲

我和托哈里談論一九六五年的屠殺事件時，他曾表示：「屠殺生靈是爪哇的一項傳統。」還提到印尼某齣皮影戲的主角昆波卡諾是一位高貴的英雄，因抵抗邪惡兄長而遭殺害，皮影戲演到這一段時，表演師父會先一一肢解這位主角的手腳，「然後拔掉他的腦袋，愛死這一幕的觀眾會大聲喝采。」托哈里說。

外國人常拿皮影戲來影射印尼各種不合邏輯或不可思議、已成某種笑話或老生常談（例如倫敦大霧或瑞士咕咕鐘）的事物，不過我在印尼各地旅行時，從未聽過當地人用皮影戲暗喻某些事，原以為爪哇人也不例外，後來才發現他們經常拿皮影戲諷刺政治人物或社會名流。曾聽一位爪哇人說，某卸任縣長雖然已讓位給老婆，但依舊像操偶人一樣在幕後決定各項事情的處理程序。有些人則會把皮影戲角色的名字當綽號，用來指涉某個老闆或情婦。

我拜訪過托哈里之後，在爪哇朋友克里斯馬位於日惹郊區稻田邊的家住了兩天。克里斯馬有份薪水優渥的遠距工作，雇主是雅加達某外資研究機構。星期天早上，他跟村裡其他男人（包括農夫、警察、村長）一起把岩石敲碎，用來建造一條新排水溝。我也加入村中婦女的行列，為大家送午餐、洗碗盤。蘇卡諾和蘇哈托一致認為，這種村民集體合作活動是印尼生活最重要的一部分，其實它帶有濃厚的爪哇色彩。

克里斯馬完成集體勞動後，我們前往附近一家泰式餐館用餐。他告訴我，離餐館不遠的奇杜爾山曾是共產黨巢穴，也是「一文不名的窮鄉僻壤」，後來連番遭到血腥摧殘。我決定去山上瞧瞧。

我招手攔下一輛開往奇杜爾山的巴士，坐在一位擔任醫院雜工的返鄉婦人身旁。這位自稱提妮的太太住在奇杜爾山的尼多雷久村，她邀我去她家過夜，還說那天是尼多雷久村一年一度的掃除日，如果我跟她回家，可以欣賞到當天晚上登場的皮影戲。我覺得盛情難卻，便接受了邀約。前往她家的路上，發現許多房子的屋簷下都掛著皮影戲偶複製品，牆壁上還寫著房屋建造年分：二〇一〇年、二〇一二年。這裡雖是窮鄉僻壤，新屋卻多得像不要錢似的。

當天晚上，我先前往村子裡的聖母瑪利亞洞窟——全體村民於一九六六年改信天主教——參加社區禱告，然後去參加農民合作會議，與會者約有三十名男士和兩、三位女士，大家都穿著上好的蠟染衫，風度翩翩、彬彬有禮地就肥料補貼議題達成協議。

我和提妮在晚間十點多抵達皮影戲演出地點時，表演才剛開始。路邊擺了一排臨時小吃攤，路底有一座搭著精美帳篷的戲台，台上張著一大塊白棉布，前方吊著一盞明亮耀眼、附雕花罩子的電燈。布幕底下有根香蕉樹幹做的架子，掛著上百個依高度排列的戲偶，最大、最醒目的擺在布幕最外側，愈往中間的戲偶體積愈小，表演師父的位子置於戲台正中央。戲偶皆以牛皮製成，製作者直接在它們身上刻好紗籠圖案後，就塗上顏色並加以修飾，所有在台上亮相的戲偶，都經過繁瑣的製作程序。

這天晚上的觀眾全部聚集在表演師父坐的這一邊（白幕後面），這樣才能看到五顏六色、精緻美觀的戲偶。為數眾多、穿著制服的樂師也坐同一邊，每人都叼著一根丁香菸，聚精會神地用鑼或木琴敲出複雜無比的旋律。樂團後方有四個胖女人跪成一排，這些歌手一律戴著又圓又大、像日本皇后髮型的假髮，每人身旁擱著一個大提包，裡頭裝著補妝粉餅和口紅，還有吸汗面紙。她們雖已風韻不再，但歌聲依舊動聽。

觀眾都不想坐在幕前看皮影戲了嗎？我問一名站在旁邊的男子，他笑著說：「你上次看皮影戲是什麼時候？」我說，二十多年前，「哇！現在的情形跟那時候有點不一樣囉。」此刻皮影戲進入了高潮，觀眾加倍努力往幕後移動。戲台上的燈籠透出忽明忽暗的燈光，布幕上的影子顯得更加活靈活現，「現在的觀眾希望看到每個細節，包括所有演出技巧。」

表演師父端坐於戲台中央，一把匕首從他的紗籠後面伸出來。這位演技精湛的師父白天是建築師，大多承攬基礎設施營造案，曾經跟其他工程師合作為當地機場鋪跑道。

一個脾氣火爆的戲偶和一個圓鼻子對手，在戲台上進行有如裹腳布一般冗長的對話，觀眾們不斷隨著劇情的起伏吸氣、大笑、嘆息。那建築師為老掉牙的故事注入新元素，將村民們迷得神魂顛倒。有些孩子張著嘴巴躺在爸媽腿上睡著了，有些觀眾暫時跑出去吸吸菸、伸伸腿、瞧瞧小吃攤賣些什麼。

我走到幕前，想看看究竟還有沒有觀眾在欣賞布幕上的皮影子，結果發現一群「村委員」——掌控表演預算者——正聚集在戲台前，驗收他們安排這場表演的工作成果。這些男士大都穿著蠟染衫，戴著小圓帽，我試著揣測他們的身分和階級，最後判斷其中一位穿著合身深藍色立領外套的男士應該是村長，第二天才發現他是村裡的裁縫師，因為他從自家店鋪跨出來跟我打招呼時，脖子上掛了條軟尺。

表演進行到兩個主角及隨扈打鬥一番之後便告一段落，村委員們喝乾杯子裡的甜咖啡站了起來。據說當地的皮影戲通常會持續到破曉時分，現在才午夜，這場戲就此結束了嗎？

當然不，村委們只是利用中場休息時間，移駕到後台觀賞另一齣歌唱和喜劇表演罷了。在中場穿插其他節目的作法，大約起源自二十年前，目的在於讓觀眾保持興致。這齣戲裡有個暴躁的男子和一位美女在吵架，那美人穿著衣袖和腰部透明、胸前繡著花朵和亮片的格巴雅落地長裙，一邊以性感撩人的姿態搖擺旋轉，一邊搧動睫毛用挑逗語氣和男子打情罵俏。

我正在跟一位村委閒聊時，他突然用手指著我，接下來我就莫名其妙被拉到戲台上，旁邊的人都笑成一團，說了一堆我聽不懂的語言。既來之則安之，我一上台就把男演員當成我丈夫，立刻用誇張的肢體動作指責他跟美女調情，然後搖著手指、皺著眉頭，擺出生氣的模樣假裝從背後踢他一腳，接著便在哄堂大笑聲中逃離戲台。隔天我經過村子時，大家都把我當成了好朋友。

我離開表演場地時，已是半夜兩點左右，皮影戲依舊如火如荼進行著。當我穿越靜謐的田野，又聽見另外兩個樂團的敲鑼聲。以往其他幾個村落習慣和尼多雷久村一起分攤每年的皮影戲開銷，今年那些村子顯然經濟狀況還不錯，決定自行負擔演出費，「他們給樂團的錢比較多，但我們的演員比較優秀。」把我推上戲台的村委瓦迪爸爸說。

翌日我在路上散步時，遇到一群正在彎腰幹活的女子，她們各自坐在一張帶有兩枚釘子的工作椅上，釘子之間綳著一條白線，椅子上擺著幾小撮看起來挺噁心、像人類頭髮屑的東西。

那玩意兒的確是真人頭髮，她們拿著一個類似迷你鉤針的工具，一次將兩根頭髮鉤到白線上，然後貼著旁邊的頭髮拉緊，正在做假睫毛。雖然那些來自美髮沙龍的頭髮屑已經過清洗和處理，看起來還是讓人心裡毛毛的。

這些女子的雇主是一家與韓國公司簽約的假睫毛工廠，開張才兩星期。工人完成一對「五號」假睫毛，可得三百九十二盧比，約美金四分錢（約台幣一元兩角）。由於她們尚在受訓階段，大多數人一天只能做出十二對睫毛。日後完成三個月訓練的人，將可獲得各種補給品以提高生產力，生產力最高者每個月能賺七十美元（約台幣兩千元）。

我跟這些女工聊天時，瓦迪爸爸出現了。他是睫毛廠的老闆，工廠旁邊那棟粉紅房子也是他的，不過他身上竟穿著一件紅白連身工作服，許多在國營石油天然氣開採集團（Pertamina）加油站工作的男男女女也穿這種制服。瓦迪爸爸請我進屋裡喝咖啡，然後坐在建國之父蘇卡諾的巨大肖像底下告訴我，他曾擁有幾塊地，還經營過一個計程車和小巴士車隊，後來決定以民主奮鬥黨（由蘇卡諾女兒梅嘉娃蒂領導）候選人身分競選地方議員，因敗選而破產，「現在我們一切從零開始。」他太太說。瓦迪爸爸去加油站上班之後賺了不少錢，於是開了這家睫毛廠。夫妻倆必須保留三・五％的營業額以應付建立廠房、招募及管理員工的開銷，瓦迪爸爸說：「一步一腳印。」我深表讚許。

瓦迪爸爸顯然是民主奮鬥黨的忠實信徒，一看到只對金錢有興趣、對意識形態沒感覺的現代選民就搖頭，「雖然我們黨內規定不能買票，可是如果別人都玩這種遊戲，我們也得陪著玩，不管我們喜不喜歡。」他聳著肩說：「這種制度簡直是腐敗到家了，你還能有什麼指望？」

現代民主制度至少具有促進社會平等的功能，固然不一定能將權力散播給平民老百姓，但起碼可作為財富重新分配的途徑，以及雙向社會流動的工具。

✲

從前印尼的外國觀光客大概會以為印尼學校只教學生一句問候英語：「哈囉，先生。」這也難怪，因為他們無論走到哪兒只會聽見這句話。不過現在印尼人的英語似乎比過去有長進了，我在一些外島趴趴走時，偶爾能聽見當地人對我說：「哈囉，小姐！」如果某個村莊裡的孩子想跟我搭訕，他們會互相打氣、咯咯直笑、你推我擠地慫恿別人開口，然後其中一人會鼓起勇氣鑽出來，扯著嗓門在我背後說：「妳叫什麼名字？」說完又躲回孩子堆裡。如果我轉身回答：「我是伊莉莎白，你們叫什麼名字？」他們往往不敢發出半點聲音，接著便一哄而散。

這些孩子的學習環境與我在赤道城坤甸市遇到的男孩天差地遠，坤甸男孩讀雙語學校，用英文做科展報告。許多印尼人很渴望學會這種國際商業語言，於是較大城市的雙語學校愈開愈多，不過都是有錢人才讀得起的貴族學校。至於有心學習雙語卻阮囊羞澀的年輕印尼人，可以去一個地方實現夢想：英語鎮。

我聽說英語鎮位於東爪哇省的一個村落，當地提供密集英語課程，每個學生無論去郵局或咖啡館，一律只講英語，還可以住進提供膳宿的英語家庭。我離開索洛和克穆庫斯山後，曾借住在凱迪里市附近的一名蔗農家，並且從一位少婦口裡得知，我住的農家離英語鎮不到二十公里，於是就騎著借來的摩托車穿越蔗田前往帕雷（據說是英語鎮所在地），沿路的田地裡不時冒出一片嶄新的住宅區，有個住宅區的門柱上掛著一塊醒目的燙金英文牌子：「ISLAMIC VILLAGE」（伊斯蘭村），大門後方是一排連棟建築，外牆漆著鮮豔的布丁黃，門房的屋頂長得像清真寺。一名正在人行道邊粉刷黑白條紋的園丁，趕走了一頭從隔壁田地晃進來的山羊。

我正在猜測是否已來到目的地，便瞧見一面英語橫幅廣告：「豆豆先生洗衣店，專營洗衣、晒衣、燙衣服務」，於是跑去問店員，我是不是在英語鎮，她擺出鴨子聽雷的表情。我繼續往前走，終於確定來對了地方，因為附近每隔兩、三棟房子，就掛著一堆英語課程廣告旗子，例如一幅廣告中擺了張頭上戴著語言教室耳機的嬰兒照片，還巧妙地將廣告文案濃縮為INTENSE（密集）幾個字，內容是：

融合科學與宗教
讓你成為「密集」家庭成員
教你如何說出流利英語
為你增進每日字彙
督促你在「密集」宿舍練習英語
傳授英語輕鬆學習祕訣

只要你認為英語不難它就不難
「密集」支持你

這個「培養自信訓練營」提供口說英語和文法課程，外加一個附浴室和無線網路的房間，以及免費健保，每月只收二十萬盧比，不到二十五美元（約台幣七百五十元）。我鑽進這家英語學校附設的咖啡店，老闆娘正在為一群學生打奶昔，一見我進門就用印尼話問道：「媽媽，妳要找誰？」我說我想找杯咖啡，還想尋找一個每位居民（包括咖啡店顧客）只講英語的小鎮。老闆娘笑著對她的顧客——一群留著刺蝟頭的十八、九歲男孩——點頭說道：「啊，會講英語的是他們啦，我可是一句英語都不會喲。」

那群男生果真只用英語交談，而且說得挺不賴。他們分別從爪哇和蘇門答臘各地過來，有些學生來自印尼東部的基督教寄宿學校，很多人夢想著拿獎學金去海外求學。我問他們在中學時代學過英文嗎？一名來自廖內省的男生用英語說：「小姐，這裡是印尼呀。學校教了我們六年英文，結果我們只會說：哈囉，先生。」另一名學生補充：「老師們也不會講英語。」

英語鎮沒有一位老師的母語是英語，不過他們教出來的學生，英語能力還算是比較好的。「有時候，我們不知道老師們講得對不對。比如說，一個英文字怎會有好幾個意思？」廖內省來的男生問。他舉了個發音為「leeff」（音似「立夫」）的英文字做例子，然後嘰哩呱啦地用印尼話解釋，它是指長在樹上的綠色東西、遺棄某人或某地的動作、表示人類存在的動詞，也是含有「立即」之意的副詞，我聽懂了前三項分別是指：葉子（leaf）、離開（leave）、活著

（live），但無法理解最後一項指的是啥？「妳知道的，就是像妳看足球比賽的時候那樣嘛，記者不是會說他在老特拉福特球場（Old Trafford）[5]報導嗎？」哦，原來他說的是「現場直播」（live）！不過他把發音搞錯了，於是我加強語氣唸了一遍正確發音（音似「賴夫」），但那些男生拿起課本指著上頭的音標給我看，四個英文字果真都注成了同音。

我去咖啡店後頭上洗手間時，發現幾個戴頭巾的女孩把長裙撩到大腿上，蹲在一個大盆周圍，一邊剝著菜葉，一邊用英語聊著某韓國男子合唱團的八卦。老闆娘向我透露，她去年才在店裡成立了「英語營」，「大家都在做這種生意，我就想為什麼我不試試看？」她扳起指頭算了一下說，英語鎮目前已有一百七十四家英語學校，首開先河的人是成立BEC的凱蘭德爸爸。

BEC也是一所英語學校，建築前面掛著橫幅廣告，進去之後可看到一座醒目大清真寺，後方才是正規校舍。辦公室裡一位留著小鬍子、戴著穆斯林編織小帽的年輕人跳起來招呼我。幾分鐘後，凱蘭德爸爸出現了。他大腹便便、臉蛋圓圓、鼻子鼓鼓，嘴上有兩撇精心修剪的灰白鬍子，一見到我，就親切地抓著我的手，用彬彬有禮、字正腔圓的英語問道：「親愛的女士，需要我為您效勞嗎？」我說我登門拜訪的目的，是來向英語鎮知名創辦人致敬的，「親愛的女士，請別這麼說。我不是英語鎮創辦人，而且鎮上大多數人其實一句英語都不會講。我們可以叫它『英語教學小鎮』。」這名字當然不如「英語鎮」叫起來順口。

接著，凱蘭德爸爸改用印尼話敘述自己的故事。他出生於東加里曼丹省，是達雅克族的少數旁系古泰達雅克族，「我不想一輩子待在叢林裡」，於是只受了點教育的他，在二十七歲那年隻身前往爪哇，跟隨一位精通多國語言的教士學習了幾年。那位教士離開後，凱蘭德爸爸就開班授徒，專教需要通過英語檢定測驗的公務員。那是一九七七年的事，現在BEC每年招收一千六百名學生，「目前為止，已經有一萬九千人因為上了我們的課而能開口說英語。」凱蘭德爸爸神采飛揚地用驕傲的口氣說，但沒有炫耀之意。BEC是「基礎英語課」（Basic English Course）的縮寫，「我給學校取這名字，是因為我知道我能提供什麼樣的課程，答案就是：基礎英語。」

身穿整潔制服的莘莘學子，在校園裡嘰嘰喳喳地用英語交談，今天是示範講解日，學生們都準備了海報向大家報告個人生活。他們看到凱蘭德爸爸，便跑過來抓著他的手，貼在自己的額頭上向他致敬，也對我做了同樣的動作（我忽然覺得自己變得好老）。學生們開始爭相上台報告，一個頗有藝術天分的男生，在他的海報中央畫了一幅自畫像，畫像周圍冒出幾個泡泡，泡泡裡有他的父母、他住的城市、他讀的高中，最後一個泡泡裡仔細描繪了一疊面額十萬盧比的紅鈔票，並寫上一句話：「我的志向是成為商人。」這名興奮地為自己勾勒未來的男孩咬字清晰、自信滿滿地說：「我的家鄉有很多芒果，我打算用低價買下芒果，然後用高價賣掉。」

雅加達官員曾在兩天前提議取消小學英文課，增加宗教課和道德課。我問凱蘭德爸爸對此事有何看法，他大笑兩聲後瞪著我說：「妳不是在開玩笑吧？請告訴我，妳是在說笑。」我

❺ 譯註：英國第二大足球場及曼聯球隊主球場。

搖頭否認，這名自學成功的達雅克族人舉起雙手摀住臉，然後露出有點酸楚的微笑抬頭看著我說：「好吧，只要他們不打算來這兒干涉我怎麼教學，就表示我還能多賺些錢。」

※

當我經過一座座菸草倉庫和硫磺礦場，抵達印尼第二大城泗水後，我對爪哇的看法有了一百八十度大轉變，不再認為爪哇各地都有占滿一整條街的購物中心，以及外觀千篇一律、以平坦柏油馬路串連、住著愛現「中產階級」的住宅區。這座島上大約有八千萬人住在被政府列為「都市」的地區（以電氣化程度、柏油路鋪設率、非農業人口比例、服務便利性作分類標準），但是還有五千七百萬人住在十分傳統的村落。

爪哇在許多方面依舊符合一九五〇年代美國傳奇人類學家紀爾茲（Clifford Geertz）[6]對當地的描述，雖然政治階級分明，但鄉下地區仍保有村民集體合作傳統。不過有些人似乎認為在現代經濟壓力的影響之下，這種社會團結精神岌岌可危。除此之外，一步步侵占全島的麥當勞、印多超市、收費公路、門禁社區，也對村落傳統造成威脅。

我和其他外島居民交談時，他們幾乎總會提到地方自治帶來的成就與改變。爪哇居民並未因此感到欣喜若狂，主要是擔心爪哇可能變成雅加達。他們認為雅加達是個極端自私的社會，市民都不把鄰居放在心上，甚至不關心家族，只想拚命把別人踩在腳下。

爪哇人常用雅加達俚語「lo, lo, gue, gue」來描述他們擔憂的前景，這句話可直譯為：「你你，我我」，大意是：「你走你的陽關道，我過我的獨木橋。」我認為意思最接近的英文片語是「dog-eat-dog」（「狗咬狗」或「自相殘殺」）。每次我聽到這句話，總會想起二十年前馬來西亞總理馬哈迪（Mahathir Mohamad）、新加坡總理李光耀，以及印尼總統蘇哈托曾經口若懸河地大談「亞洲價值」，當年這些自認高瞻遠矚的東南亞國家領導人暗示，西方人因為被誤導才會批評他們踐踏人權，其實他們是想保護以集體利益為優先、把個人利益擺其次的文化。

水患頻仍、交通混亂、居民浮躁的雅加達，的確可作為私利破壞公益的鮮明實例。泗水的面積約為雅加達三分之一，坐落於爪哇北海岸四分之三處（參見本章附圖），地理位置偏東。這裡有一座巨大的港口、一個欣欣向榮的工業區，以及東南亞最大的紅燈區之一。我在二〇〇〇年代初期來過，當時曾以為泗水很可能步上雅加達後塵。為了展開一項愛滋病調查，我曾沿著市區河岸清點男妓人數，在一座面積廣人的墓園裡，發現滿地盡是使用過的保險套和被踩扁的威士忌酒罐，許多墓碑還兼做應召站。

十年後的今天，河邊的幾個航行區已改頭換面，變身為燈火通明、提供免費無線網路的景觀公園。而且，泗水幾乎看不到垃圾。

沒到過印尼的人，很難體會「泗水幾乎看不到垃圾」帶給我的震撼，因為印尼是個垃圾氾濫的國家。垃圾形同把這個國家牢牢綁在一起的韌線，拉起這條線的人，則是將產品分裝成小

---

❻ 譯註：美國近三十年最具影響力的文化人類學家，曾以田野調查方式深入研究爪哇和峇里島的社會文化，最重要著作為《文化的詮釋》（*The Interpretation of Culture*）。

包，在全國販賣亭找到銷售通路的廠商，那些包裝製造了大量垃圾。

還記得我搭著渡輪在馬魯古省西南海域長途旅行的最後一天，曾小心翼翼地把積了五天的垃圾裝進一個塑膠袋，然後跑去問船上囚巴巴的廚娘垃圾桶在哪裡。她眼神怪異地瞄我一眼，彷彿我長出第二個腦袋瓜，接著就抓起我的垃圾袋扔進海裡。有一回，船上某位印尼乘客提到外國佬的舉止很奇怪：「我看到他們把香菸盒捏扁以後，居然放進自己的口袋，不是丟到地上耶！」我聽了趕緊把手伸進自己的口袋，結果掏出了三張糖果紙、一個礦泉水瓶塑膠蓋，還有幾張用過的巴士車票。荒謬的是，他竟然把甲板上的每個人都叫來參觀。

有些公司甚至利用印尼人以為可以亂丟垃圾的觀念來吸引消費者，例如最近被百事可樂收購的含糖飲料品牌福祿他命（Frutamin），是用一個個塑膠杯包裝各種化學口味飲料，如果你把這些杯子丟在地上用力踩下去，它們就會變成五彩繽紛的花朵。所以，當你看到印尼人隨手把垃圾扔在路邊或丟進海裡，千萬不要大驚小怪，否則他們會白你一眼，意思是：有啥好奇怪的？

印尼某些美麗的海灘往往布滿一大片舊人字拖鞋、廢棄電池、洗髮精瓶、速食麵杯、舊競選T恤和生鏽鐵罐。偶爾你會看到一塊手寫告示牌：「禁倒垃圾！」尤其是在非政府組織喜歡聚集的地方。不過，那牌子十之八九會被印尼最拿手的「用過即丟」消費文化所製造的垃圾洪流淹沒一半。

然而，印尼第二大城幾乎看不到垃圾，實在是令人跌破眼鏡，於是我跑了一趟市政廳，想打聽一下是怎麼回事。「妳想問垃圾的事情？跟我來就對了！」一名友善的警衛直接帶我上四樓，去見垃圾專家阿妮絲媽媽。我告訴她，我很訝異市區這麼乾淨，想了解一下他們的政策。「那我們就從頭講起吧。」她說，顯然我是第一個注意到這個城市脫胎換骨的人。

二〇〇一年，泗水的垃圾掩埋場因附近鄰居大規模示威而關閉。事實上，早在居民搬來以前，垃圾場就存在了，他們搬進來的理由是，附近有條很好的道路直通某個開發地，阿妮絲說：「後來他們開始抗議垃圾場帶來卡車、噪音和臭味，我們很想告訴居民，你們本來就不該在垃圾場旁邊蓋違章建築呀！可是除了把垃圾場遷走，你能怎麼辦？」掩埋場關閉後，垃圾開始堆積在市區各角落，每個居民都看在眼裡，無法坐視不管，於是就展開一場草根運動。在聯合利華公司善行基金的資助下，市政府以鄰里為單位，訓練了一批「垃圾處理幹部」。我很納悶：聯合利華是印尼最大的家用品和美容品製造商，那些被丟進許多運河的包裝品，難道不是他們製造的嗎？「我知道，我知道，這聽起來很諷刺，對不對？」阿妮絲媽媽說，不過這項計畫成功了，現在全市共有四萬名志工，每人負責在自己的社區回收垃圾，大多數人也兼管社區綠化工作，連泗水最狹窄的小路兩旁，都畫了幾幅綠意盎然的風景壁畫，前面還擺上一排排盆栽植物和花卉。

另外，在市府大力支持下，某個非政府組織經營了一個龐大的「垃圾銀行」網絡。垃圾銀行不光是處理回收廢棄物的地方（就像倫敦的瓶子銀行），而是真正的銀行，可提供存摺並支付現金和利息，個人、社區都能開戶。銀行幫民眾把收集來的垃圾秤重之後會付錢給他們：如果他們把錢存進戶頭，每公斤回收清潔塑膠瓶可得款五千盧比（約台幣十五元）；若他們想拿現金，價錢會低一點。經營該銀行的非政府組織會以每公斤七千盧比（約台幣二十元）的價碼，將塑膠瓶賣給回收場。

我去拜訪一家垃圾銀行時，看見一名嘴裡只剩一顆牙的駝背婦人，背著一袋塑膠瓶，一跛一跛地走進來。她把存摺秀給我看，說她打算拿戶頭裡的二十多萬盧比來付電費——這是垃圾銀行與國營電力公司協議的付款方式。社區每年也會提領垃圾銀行戶頭裡的存款來舉辦「清潔綠化」競賽，每個參賽小街區無不使出渾身解數，以大量蘭花裝點社區。阿妮絲媽媽說：「市民們為了替社區贏得獎盃、讓社區名字見報，不知費了多少心血。」出力最多的「垃圾幹部」還可以去新加坡參加學習之旅，泗水現任市長麗斯瑪（Tri Rismaharini）最愛從新加坡汲取新點子[7]，建築師出身的她，是印尼五百餘位政府首長當中僅有的八位女性之一，當選市長以前曾任市立清潔部主管。

我認為泗水看上去像是一個兼顧爪哇集體合作優點和現代化的都市，「自掃門前雪」的心態終究無法邁向進步。泗水在現代化過程中所運用的作法，有別於爪哇蘇丹以及荷蘭、印尼官僚。市政府沒有恐嚇「小老百姓」，也沒有嚴懲或重罰亂丟垃圾的居民，而是顛覆了印尼作風，為市民提供誘因，以獎勵代替責罰。事實證明，這些誘因對社區起了作用。

或許，印尼下一個有待處理的「其他事宜」，應該是發揚不帶封建思想的集體合作文化。

[7]「垃圾銀行」的點子起源於日惹，「我們會借用任何地方的好點子，然後加以改善，不會志得意滿。」阿妮絲媽媽在辦公室告訴我。

結語
印尼精神

從散布著蠟染工坊和稻作農場的爪哇鄉間返回雅加達的途中，我知道我不可能把此行所見所聞全部寫進一本書裡，也知道印尼還有很多事物值得探索。

旅遊期間我曾數度進出雅加達，在某一次的雅加達惜別晚會上，我曾穿著一雙紫色緞帶涼鞋赴會，不但遲到了一小時，還坐在餐桌前用手機跟一位遠在兩千七百公里外的塔寧巴島跨性人聊了很久，出席那次惜別會的印尼朋友都笑我變得好像印尼人，我把這句話當恭維。

記得搭乘渡輪展開第一段旅程時，有位太太帶著一個不停尖叫的小傢伙坐在我旁邊，她為了分散孩子的注意力，就指著我說，快去給那個慈祥的奶奶親一下。我看了看後面，沒瞧見什麼奶奶，而那小傢伙已經朝我走過來用力地抱了我一下。我十分錯愕地想著：我是個酒量不錯、偶爾吸菸、能說好幾國語言、瑜珈技巧一把罩的女人，現在居然有人說我是慈祥的奶奶？

在印尼遊走了一段時日後，我已逐漸習慣各地的生活節奏，雖然每天只能說重複的話題、不動大腦地幹活、老是得聽別人禱告，但我一點也不介意，還會在船班誤點了十八個小時後一笑置之。要是看到把汽油罐扛在頭上、肩上、背上的印尼婦女，也不會問她們怎麼不考慮弄個推車，因為她們肯定會說：「我們早就習慣了。」我已經接受了一個事實：印尼還存在著許多我永遠不會了解的生活和事物。

不過，有些事情是我比較確定的。當我結束十三個月的旅程，搭著計程車前往出境機場時，司機先生在路上告訴我，他認為印尼無法抵擋地方自治產生的離心力，國家恐怕會走向分裂。我想起一年前我也有過同樣的憂慮，不過現在我很樂意替印尼辯護：這個國家自一九四五年宣布獨立以來，已經平平安安度過了風風雨雨，將全國牢繫在一起的幾條線不會輕易被拆散。

最堅固的一根線，當然是集體合作——以爪哇村落為基地，然後擴及大部分地區的宗族，最終透過龐大的官僚體系推展到全國。印尼幾乎所有人民至少都歸屬於某個（通常是好幾個）必須履行共同義務的族群，因此可以從中獲得某種安全感，比較不會為日常生活焦慮。宗教信仰（和宿命觀）也扮演重要角色，人們相信未來一切掌握在上帝手裡，沒有理由擔驚受怕。

印尼十分重視人際關係，私人與公共義務往往交纏在一起，集體合作也和利益輸送、營私舞弊產生牽連。雖然許多國際觀察家譴責印尼因為貪汙而付出高昂代價，但也有少數人認為，利益輸送促使印尼將破碎的島嶼和不同的族群結合成完整的國家，是國家統一過程中必須投入的代價。

慷慨大方、容納異己的精神，也是印尼人得以融為一體的原因。他們歡迎陌生人走進自己的住家和生活，樂於幫助有困難的人。老百姓或許曾經過度縱容少數社會惡勢力或自私領導人、未能即時採取堅定立場爭取更多自由，也曾因為忍耐超出限度而展現大規模殺傷力，不過，印尼是個多元化國家，這類失控狀態並不多見。它在七十年內融合了大量不同的組成元素，使全國大抵維持和平狀態，這是其他國家做不到的。

印尼和所有的壞男友一樣，當然也會有幾個壞毛病，例如旅遊服務處的員工總是一問三不知（但也非常可愛、毫無心機）、警察三不五時就想跟你要點紅包（但如果你搞丟了機車鑰匙，他們會幫你把機車偷回來，還會開車送你去跟鎖匠討價還價）、政府未做周全準備就宣布重大政治改革（但如果新方案不可行，政府官員很快會想出另一個方案——某位退休將領曾笑著對我說：「印尼是靠嘗試和犯錯來建設國家。」）但是，印尼也擁有某些更迷人、更重要的優點，例如人民開放、務實、慷慨、以輕鬆態度面對生活。

✲

我在出境機場發現了一個舒適、乾淨、新穎的卡布奇諾咖啡吧台，這是新加坡甜甜圈連鎖專賣店JCO的分店之一。吧台左邊有個小夥子在幫一杯價錢超貴的咖啡拉花，右邊則有十來位顧客在排隊購買甜甜圈，打算送給遠方親人作伴手禮。「我要兩個巧克力和四個起司的，還要……，不，等等，給我四個巧克力和……喂，布迪，你覺得卡馬叔叔會喜歡草莓口味嗎……？」店員一下把這位客人點的甜甜圈放進一個盒子，一下又拿出來，然後再放進去。那個名叫布迪的顧客身後的隊伍愈拉愈長。

煮咖啡的小夥子已經為剛才那杯咖啡拉好花，現在沒顧客，於是我走到他面前，向他點了一份大杯卡布奇諾。「妳應該排隊，媽媽。」可我沒瞧見他前面有任何隊伍啊，他指著想買甜甜圈的那群顧客說：「隊伍在那邊。」

我只好乖乖加入隊伍，「你說特價促銷品不含藍莓甜甜圈是什麼意思呀？盒子裡有幾個（甜甜圈）了？五個？好吧，你把它們都拿出來，然後換成兩個巧克力和三個椰子的。」我排了十五分鐘的隊，才再度回到咖啡吧台前，中間這段時間，煮咖啡的小夥子沒有服務過其他任何一位顧客。

他幫我煮咖啡時，我對他說：「你必須承認，當我只想要一杯咖啡，而你卻叫我去甜甜圈那邊排隊很沒道理吧。」他笑著點頭同意。

「印尼就是這樣嘛！」小夥子邊說邊遞給我一杯咖啡，上面的奶泡呈現了一幅美麗的心形拉花圖。

資料來源及延伸閱讀

讀者若想一睹本書提到（和未提到）的人物與事件相關照片及影片，請參閱增訂版電子書。你可以向一般網路零售商店洽購該書，亦可上網（http://indonesiaetc.com/ebook）搜尋印尼分區詳細資訊。另外，購買增訂版電子書可幫助作者償還本書寫作期間所積欠的債務。如果你手邊沒有可放映彩色相片和影片的平板電腦，只要點進下面網站，即可看到摘自增訂版電子書的影片和幻燈秀：http://indonesiaetc.com/extras。

關於本書所引用的事實，可在以下網站找到大部分的參考資料：http://indonesiaetc.com/references。

許多研究印尼的專家看過後文列舉的資料來源和延伸閱讀清單，想必會認為不夠嚴謹或齊全，但其中包含一些我覺得最有用的資料。清單中的若干出版品是論文集，有些個人論文與報告羅列於http://indonesiaetc.com/references。

如果讀者發現作者忽略了任何一筆值得留意的重要資料，請來信至我們的電子信箱：info@indonesiaetc.com，我們會考慮將它加入資料來源網頁。

影片

1. 《我是殺人魔》（*The Act of Killing*，又名《殺戮演繹》），二〇一二年），美籍丹麥導演歐本海默（Joshua Oppenheimer）執導的傑出紀錄片，描述印尼如何處理（和未處理）一九六五／六六年的屠殺事件。
2. 《危險年代》（*The Year of Living Dangerously*，一九八二年），澳洲導演威爾（Peter Weir）根據同名小說攝製的精彩老片。
3. 《舞孃》（*Sanf Penar; The Dancer*，二〇一一年），印尼導演伊斯方夏（Ifa Isfansyah）根據印尼作家托哈里（Ahmad Tohari）的同名英文小說拍成，附英文字幕。
4. 《宵禁之後》（*Lewat Djam Malam: After the Curfew*，一九五四年），印尼導演伊斯梅爾（Usmar Ismail）掌鏡的經典之作，最近重新拍攝，透露某些前革命分子為了融入獨立後的印尼社會所遭遇的困境。

英語新聞和時事

印尼有兩份重要英文日報：《雅加達郵報》（*Jakarta Post*，網址：http://www.thejakartapost.com/）以及《雅加達環球報》（*Jakarta Globe*，網址：http://www.thejakartaglobe.com/），兩家報社均提供免費電子報。

新聞周刊《節奏》（*Tempo*）英文版網站為：http://magz.tempo.co/，該集團的數位新聞入口網站是：http://en.tempo.co/。

《印尼內幕》（*Inside Indonesia*）是在澳洲編輯的主題性季刊，內有研究印尼的專家撰寫的詳細報導，此外每週也會在官網http://www.insideindonesia.org/發表深入時事評論。

文學

印尼文學翻譯作品最佳來源是雅加達的隆塔基金會（Lontar Foundation），參見：http://www.lontar.org/。該會另有一個數位圖書館，收藏重要印尼作家訪談錄影之類的檔案資料，網址：http://library.lontar.org/。

秋分出版社（Equinox）也印行某些印尼小說翻譯本，參見：http:// equinoxpublishing.com/browse/fiction。

馬來友圖書館（The Melayu Library）收藏大量描寫馬來西亞和印尼群島的文學著作，參見：http://www.sabrizain.org/malaya/library/，其中大部分書籍和文件均無版權，包括一些殖民時代早期的經典作品，讀者若想使用這些私人管理的資料，請考慮捐款。

本書作者喜愛的幾本印尼小說（英譯本）

1. 《家庭休息室》（*Family Room*），法利德（Lily Yulianti Farid）著，麥格林（JohnH. McGlynn）譯，Lonetar Foundation，二〇一〇年。
2. 《雅加達暮光》（*Twilight in Djakarta*），盧比斯（Mochtar Lubis）著，霍爾特（Claire Holt）譯，Oxford University Press，一九八六年。

3.《織巢鳥》（*Weaverbirds*），馬岡威查亞（Y. B. Mangunwijaya）著，杭特（Thomas Hunter）譯，Lonetar Foundation，一九九一年。

4.《未竟之愛》（*Sitti Nurbaya: A Love Unrealized*），拉斯利（M. Rusli）著，Lonetar Foundation，二〇〇九年。

5.《人間后土》（*This Earth of Mankind*），托爾（Pramoedya Ananta Toer）著，連恩（Max Lane）譯，New York: Penguin，一九九六年。這是托爾所寫的小說四部曲中的第一部，我也喜歡第二部《寰宇之子》（*Child of All Nations*）和第三部《足跡》（*Footsteps*）。

6.《舞孃：小說三部曲》（*The Dancer: a trilogy of novels*），托哈里（Ahmad Tohari）著，Lonetar Foundation，二〇一二年。

7.《電報》（*Telegram*），魏查亞（Putu Wijaya）著，艾普斯坦（Stephen J. Epstein）譯，Lonetar Foundation，二〇一一年。

以印尼為背景的英文小說

1.《奧邁耶的痴夢》（*Almayer's Folly*），康拉德（Joseph Conrad）著，London: Macmillan and Co.，一八九五年。

2.《勝利：一座島的故事》（*Victory, An Island Tale*），康拉德（Joseph Conrad）著，London: Methuen & Co.，一九二八年。

3.《危險年代》（*The Year of Living Dangerously*），柯奇（C. J. Koch）著，New York:

Penguin，一九八三年。

4. 《荷蘭貿易公司咖啡拍賣會》（*Max Havelaa：The coffee auctions of a Dutch Trading Company*），穆塔圖利（Multatuli）著，愛德華茲（Roy Edwards）譯，New York: Penguin Books，一九八七年。

歷史與國情

柯立博（Robert Cribb）編纂的《數位印尼歷史地圖》（*The Atlas of Indonesian History*，網址：http://www.indonesianhistory.info）是非常珍貴的資訊來源，涵蓋殖民以前、殖民時代，以及現代印尼的歷史、地理、種族、宗教和其他社會議題。拜北歐亞洲研究所（Nordic Institute of Asian Studies）之賜，這些資訊可輕易上網取得。

馬來友圖書館（http://www.sabrizain.org/malaya/library/）也提供很好的免費網路圖書資訊，包括許多印尼現代史文件、早期旅人遊記，以及大量地圖。

通史

1. 《印尼簡史》（*A Short History of Indonesia: The Unlikely Nation?*），布朗（Colin Brown）著，London: Allen & Unwin，二〇〇三年。
2. 《十三世紀以來印尼近代史》（*A History of Modern Indonesia Since c. 1200*），瑞克雷夫（Merle Calvin Ricklefs）著，Stanford University Press，二〇〇二年。

3. 《印尼人民與歷史》（*Indonesia: Peoples and Histories*），泰勒（Jean Gelman Taylor）著，Yale University Press，二〇〇三年。

東印度公司與荷屬東印度

1. 《商王：一六〇〇至一九〇〇年主宰世界的企業》（*Merchant Kings: When Companies Ruled the World, 1600–1900*），波恩（Stephen R. Bown）著，Vancouver: Douglas & McIntyre，二〇〇九年。
2. 《荷蘭東印度公司》（*The Dutch East India Company*），賈斯卓（Femme Gaastra）著，Leiden: Walburg Pers，二〇〇三年。
3. 《一個憑勇氣改變歷史的人》（*Nathaniel's Nutmeg: How one man's courage changed the course of history*），密爾頓（Giles Milton）著，London: Sceptre，二〇〇〇年。
4. 《荷蘭經濟之興衰：商人資本主義與勞力市場》（*The Rize and Decline of Holland's Economy: Merchant Capitalism and the Labour Market*），詹登（J. L. V. Zanden）著，Manchester University Press，一九九三年。

民族主義，一九六五年，現代印尼

1. 《想像的共同體：民族主義的起源與散布》（*Imagined Communities: Reflections on the Origin and Spread of Nationalism*），安德森（Benedict Anderson）著，New York: Verso，二〇〇六年。

2. 《一九六五至一九六六年印尼大屠殺：爪哇與峇里島研究》（*The Indonesian Killings of 1965–1966: Studies from Java and Bali*），柯立博（Robert B. Cribb）撰，〈莫納許東南亞報告二十一卷〉（Monash Papers on Southeast Asia 21），Melbourne: Monash University Press，一九九〇年。

3. 〈到底死了多少人？印尼和東帝汶大屠殺的死亡統計問題〉（How Many Deaths? Problems in the statistics of massacre in Indonesia (1965–1966) and East Timor (1975–1980)），柯立博（Robert B. Cribb）撰，收錄於《印尼暴行》（*Violence in Indonesia*），溫霍佛伉儷（Wessel and Georgia Wimhofer）合編，八二至九八頁，Hamburg: Abera，二〇〇一年。

4. 《印尼近代殖民統治：一八八〇至一九四二年荷蘭東印度公司之政經基礎》（*The Late Colonial State in Indonesia: Political and Economic Foundations of the Netherlands Indies, 1880–1942*），柯立博（Robert B. Cribb）撰，Leiden: KITLV Press，一九九四年。

5. 〈國界再議：後蘇哈托時代印尼的對外通路、斡旋手段與國家認同〉（Renegotiating Boundaries: Access, agency and identity in post-Soeharto Indonesia），諾侯特（Henk Schulte Nordholt）撰，《東南亞人文與社會科學期刊》（*Journal of the Humanities and Social Sciences of Southeast Asia*），一百五十九卷，第四期，五五〇至五八九頁，二〇〇三年。

6. 《一個蓄勢待發的國家：一九九〇年代的印尼》（*A Nation in Waiting: Indonesia in the 1990s*），舒瓦茲（Adam Schwarz）著，San Francisco: Westview Press，一九九四年。

7. 《蘇哈托掌權下的印尼政治：新秩序之興衰》（*Indonesian Politics Under Suharto: The Rize and Fall of the New Order*），瓦蒂奇歐提斯（Michael R. J. Vatikiotis）著，London: Routledge，二〇〇四年。

地理

1. 〈地理天注定？水在東南亞歷史中的角色〉（Geography as destiny? The role of water in Southeast Asian history），蘇德蘭（H. Sutherland）撰，收錄於《水世界：東南亞歷史中的雨、河、海》（*A World of Water: Rain, Rivers and Seas in Southeast Asian Histories*），布加德（P. Boomgaard）編，Leiden: KITLV Press，二〇〇七年。
2. 《印尼海洋生態》（*The Ecology of the Indonesian Seas*），湯瑪希克（T. Tomascik）與馬赫（A. J. Mah）合著，North Clendon, VT: Tuttle Publishing，一九九七年。
3. 《馬來群島自然考察記》（*The Malay Archipelago: the land of the Orang-Utan, and the Bird of Paradize. A narrative of travel, with studies of man and nature*），華萊士（Alfred Russel Wallace）著，共兩冊，London: Macmillan，一八六九年。

政治、經濟與法律

印尼統計局（Indonesian Bureau of Statistics，現改稱StatisticsIndonesia）有大量經濟指標數據，有時也提供英文口述報告，所列表格幾乎悉數採取印尼文與英文並陳格式，亦設有方便實用的英文網站：http://www.bps.go.id/eng/。

世界銀行除了製作易於下載的數據，也提供特定經濟、社會成長領域深入報告和印尼經濟季報，參見：http://www.worldbank.org/en/country/indonesia。

經濟合作暨開發組織（OECD，本書寫作期間印尼尚未加入）撇開多重政治限制，針對印尼經濟提出一些精闢的分析，參見：http://www.oecd.org/indonesia/。

書刊讀本

1. 《地方經濟管理》（*Local Economic Governance*），雅加達亞洲基金會（Asia Foundation）編印，二〇一一年，網址：asiafoundation.org/publications/pdf/1027。
2. 〈印尼的民主化與倫理政治：九篇論文〉（Democratization and Ethnic Politics in Indonesia: Nine Theses），艾斯皮納爾（Edward Aspinall）撰，《東亞研究期刊》（*Journal of East Asian Studies*），十一卷，第二期，二八九至三一九頁，二〇一一年五月一日。
3. 《印尼的民主化問題：選舉、制度與社會》（*Problems of Democratization in Indonesia: Elections, Institutions, and Society*），艾斯皮納爾（Edward Aspinall）及麥茨納（Marcus Mietzner）合著，Singapore: Institute of Southeast Asian Studies，二〇一〇年。
4. 《印尼政府與非法行為》（*The State and Illegality in Indonesia*），艾斯皮納爾（Edward Aspinall）及范克林肯（Gerry Van Klinken）合編，Leiden: KITLV Press，二〇一一年。
5. 〈印尼的公共服務法：國家社會關係正在改變？政治依然故步自封？〉（Indonesia's

Law on Public Services: Changing state–society relations or continuing politics as usual?），卜埃勒（M. Buehler）撰，《印尼經濟研究公報》（*Bulletin of Indonesian Economic Studies*），四十七卷，第一期，六五至八六頁，二〇一一年。

6. 〈熱帶森林砍伐之政治經濟〉（The Political Economy of Deforestation in the Tropics），柏吉斯（R. Burgess）、韓森（M. Hansen）、歐肯（B. A. Olken）、波塔波夫（P. Potapov）與賽博（S. Sieber）合撰，《經濟季刊》（*The Quarterly Journal of Economics*），一百二十七卷，第四期，一七〇七至一七五四頁，二〇一二年。

7. 《印尼政壇振興傳統：從殖民主義到原民主義》（*The Revival of Tradition in Indonesian Politics: The Deployment of Adat from Colonialism to Indigenism*），戴維森（Jamie Davidson）與韓利（David Henley）合著，第五冊，Oxon: Taylor & Francis，二〇〇七年。

8. 《從改革到制度轉型：印尼成長、平權與民主統治前景之策略評估》（*From Reformasi to Institutional Transformation: A Strategic Assessment of Indonesia's Prospects for Growth, Equity and Democratic Governance*），哈佛甘迺迪學院（Harvard Kennedy School）編印，Cambridge, MA: Ash Center for Democratic Governance and Innovation，二〇一一年。

9. 〈跨文化觀點：十五個小型社會之行為實驗〉（In Cross-Cultural Perspective: Behavioral Experiments in 15 Small-Scale Societies），韓瑞奇（Joseph Henrich）、波依德（Robert Boyd）、鮑爾斯（Samuel Bowles）、坎莫若（Colin Camerer）、費爾（Ernst Fehr）、金提斯（Herbert Gintis）、麥寇瑞斯（Richard McElreath）等人合撰，《行為與大腦科學》（*Behavioral and*

Brain Sciences），二十八卷，第六期，七九五至八一五頁，二〇〇五年。

10. 《印尼文化與政治》（*Culture and Politics in Indonesia*），荷特（Claire Holt）編，Cornell University Press，一九七二年。
11. 《印尼司法演變與政治威權論文選》（*Legal Evolution and Political Authority in Indonesia: Selected Essays*），雷夫（Daniel Lev）著，The Hague: Kluwer Law International，二〇〇〇年。
12. 《威權國家：印尼社會現況》（*State of Authority: The State in Society in Indonesia*），范克林肯（Gerry Van Klinken）與巴克（Joshua Barker）合編，Ithaca, NY: Cornell Southeast Asia Program Publications，二〇〇九年。

宗教

與宗教暴力或極端主義有關的分析報告，參見衝突政策分析研究所（Institute for Policy Analysis of Conflict）網站：http://www.understandingconflict.org/，以及人權觀察組織（Human Rights Watch）網站：http://www.hrw.org/reports和塞塔拉民主和平研究所（Setara Institute）網站：http://www.setara-institute.org/en/category/category/reports。

書刊讀本

1. 《爪哇的陰影》（*A Shadow Falls: In the Heart of Java*），貝提（Andrew Beatty）著，London: Faber and Faber，二〇〇九年。
2. 〈透過非宗教政黨邁向地方伊斯蘭化：印尼兩省伊斯蘭教律法政治之比較〉

（Subnational Islamization Through Secular Parties: Comparing Shari'a Politics in Two Indonesian Provinces），卜埃勒（Michael Buehler）撰，《比較政治學》（*Comparative Politics*），四十六卷，第一期，六三至八二頁，二〇一三年。

3. 《揭開伊斯蘭面紗：印尼的宗教生活與政治》（*Expressing Islam: Religious Life and Politics in Indonesia*），費禮（Greg Fealy）與懷特（Sally White）合著，Singapore: Institute of Southeast Asian Studies，二〇〇八年。

4. 《爪哇的宗教》（*The Religion of Java*），紀爾茲（Clifford Geertz）著，University of Chicago Press，一九七六年。

5. 《印尼的宗教政治：爪哇與峇里島之宗教融合、正統與鬥爭》（*The Politics of Religion in Indonesia: Syncretism, Orthodoxy, and Religious Contention in Java and Bali*），派克德（Michel Picard）與梅蒂妮爾（Rémy Madinier）合著，New York: Routledge，二〇一一年。

6. 〈「只要清真」：雅加達的伊斯蘭幫派分子〉（"As Long as It's Halal": Islamic Preman in Jakarta），威爾森（Ian Douglas Wilson）撰，收錄於《揭開伊斯蘭面紗》（同3.），一九二至二一〇頁。

衝突與暴力

目前探討印尼特定衝突地區最詳盡的資訊，來自衝突政策分析研究所網站：http://www.understandingconflict.org/。

國際危機處理組織（International Crisis Group）網站也有實用的報告檔案：http://www.crizisgroup.org/en/regions/asia/south-east-asia/indonesia.aspx。

人權觀察組織偶爾會提供人權與衝突相關議題分析，參見：http:// www.hrw.org/asia/indonesia。

文化與政治暴力相關著作及論文

1. 〈恐懼之邦：蘇哈托以「新秩序」管控犯罪蔓延〉（State of fear: Controlling the criminal contagion in Suharto's New Order），貝克（J. Barker）撰，《印尼》雜誌（*Indonesia*），第六十六期，七至四三頁，一九九八年。
2. 《從反抗到暴動：印尼婆羅洲的集體暴力》（*From Rebellion to Riots: Collective Violence on Indonesian Borneo*），戴維森（Jamie S. Davidson）著，University of Wisconsin Press，二〇〇八年。
3. 《東南亞的砍頭行為與社會幻想》（*Headhunting and the Social Imagination in Southeast Asia*），海德（Jules de Raedt）與哈思琴（Janet Hoskins）合著，Stanford University Press，一九九六年。
4. 《印尼的集體暴力與民主化：小城戰爭》（*Communal Violence and Democratization in Indonesia: Small Town Wars*），范克林肯（Gerry Van Klinken）著，London: Routledge，二〇〇七年。
5. 《龍頭老大：雅加達幫派分子的領域性、攻擊性及榮譽心》（*The Biggest Cock:*

Territoriality, Invulnerability and Honour among Jakarta's Gangsters），威爾森（I. Wilson）著，Sydney: Murdoch University，二〇一〇年。

亞齊省衝突

1. 《伊斯蘭教與國家：印尼亞齊省的分離主義叛亂》（*Islam and Nation: Separatist Rebellion in Aceh, Indonesia*），艾斯皮納爾（Edward Aspinall）著，Stanford University Press，二〇〇九年。
2. 《自由的代價：迪洛未完日記》（*The Price of Freedom: The Unfinished Diary of Tengku Hasan Di Tiro*），迪洛（Hasan Di Tiro）著，Norsborg, Sweden: National Liberation Front of Acheh Sumatra，一九八四年。
3. 〈印尼亞齊省社會衝突生活口述紀錄〉（The Social Life of Conflict Narratives: Violent antagonists, imagined histories, and foreclosed futures in Aceh, Indonesia），崔克絲勒（Elizabeth Drexler）著，《人類學季刊》（*Anthropological Quarterly*），八十卷，第四期，九六一至九六五頁，二〇〇七年。
4. 《自由亞齊運動：剖析分離主義組織》（*The Free Aceh Movement (GAM): Anatomy of a Separatist Organization*），舒茲（Kirsten E. Schulze）著，Washington, DC: East-West Center，二〇〇四年。

馬魯古省衝突

1. 〈安汶暴力暗藏的風波及其他隱憂：媒體效應、機構與想像著作〉（Fire Without Smoke and Other Phantoms of Ambon's Violence: Media effects, agency, and the work of imagination），史派爾（Patricia Spyer）著，《印尼》雜誌，二〇〇二年，七十四期，二一至三六頁。
2. 〈馬魯古戰爭：一個腐敗國家的「互鬥」〉（The Maluku Wars: 'Communal Contenders' in a Failing State），范克林肯（Gerry Van Klinken）撰，收錄於《印尼暴力衝突之分析、表述與決議》（*Violent Conflicts in Indonesia: Analysis, Representation, Resolution*），柯波爾（Charles Coppel）編，一二九至一四三頁，London: Routledge，二〇〇六年。

全球視野69

印尼etc.：眾神遺落的珍珠

2015年6月初版
2020年4月初版第七刷

定價：新臺幣450元

著　者	Elizabeth Pisani
譯　者	譚家瑜
叢書主編	鄒恆月
叢書編輯	王盈婷
封面設計	廖韡
內文排版	林婕瀅

出版者	聯經出版事業股份有限公司
地址	新北市汐止區大同路一段369號1樓
編輯部地址	新北市汐止區大同路一段369號1樓
叢書主編電話	(02)86925588轉5315
台北聯經書房	台北市新生南路三段94號
電話	(02)23620308
台中分公司	台中市北區崇德路一段198號
暨門市電話	(04)22312023
郵政劃撥帳戶第	0100559-3號
郵撥電話	(02)23620308
印刷者	文聯彩色製版印刷有限公司
總經銷	聯合發行股份有限公司
發行所	新北市新店區寶橋路235巷6弄6號2F
電話	(02)29178022

副總編輯	陳逸華
總經理	陳芝宇
社長	羅國俊
發行人	林載爵

行政院新聞局出版事業登記證局版臺業字第0130號

本書如有缺頁，破損，倒裝請寄回台北聯經書房更換。　ISBN　978-957-08-4572-3 (平裝)
聯經網址 http://www.linkingbooks.com.tw
電子信箱 e-mail:linking@udngroup.com

國家圖書館出版品預行編目資料

印尼etc.：眾神遺落的珍珠/ Elizabeth Pisani著．
譚家瑜．初版．新北市．聯經．2015年6月（民104年）．
432面．14.8×21公分（全球視野：69）
譯自：Indonesia etc.: exploring the improbable nation
ISBN　978-957-08-4572-3（平裝）
[2020年4月初版第七刷]

1.文化史　2.社會生活　3.印尼

739.33　　104008447